La Tauromachie

Toutes les informations qui portent sur des événements postérieurs à 1970, date de la 1re édition, sont l'œuvre de Yves Harté.

En couverture : Rincon à Bayonne (Archives Auguste Lafront)

ISBN 1re ÉDITION : 2-02-002912-X
ISBN : 2-02-021433-4

CLAUDE POPELIN

La Tauromachie

Préface de Jean Lacouture
et François Zumbiehl

Édition entièrement refondue
et augmentée par Yves Harté

SEUIL

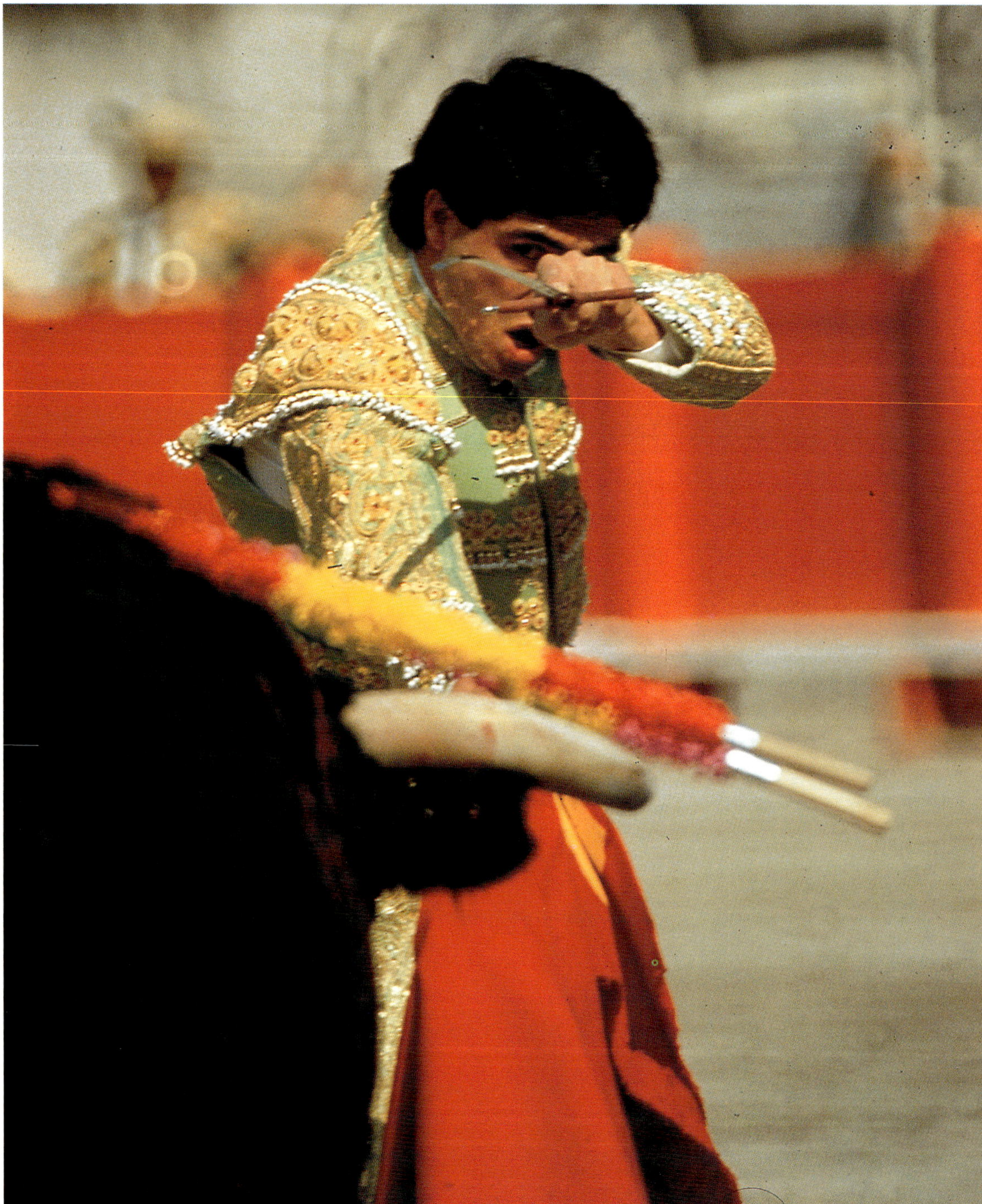

LA PRÉFACE DE CLAUDE POPELIN

Par nature, je me sens peu porté à « rompre des lances » – comme on dirait en espagnol – dans un débat pour ou contre la corrida. J'admets fort bien qu'on ne l'aime point, me suis toujours défendu d'en faire le prosélytisme et n'ai jamais eu d'autre ambition que d'éclairer plus exactement ses adeptes.

Si une certaine ignorance de la réalité tauromachique est fréquente parmi les aficionados eux-mêmes, elle est encore plus manifeste chez les adversaires de la corrida. Ils en parlent à tort et à travers, enlevant ainsi tout sens profond à leur argumentation.

Ainsi que j'ai pris le soin de le rappeler dans deux livres successifs, *Le Taureau et son combat* et *La Corrida vue des coulisses*, nous sommes devant une tradition méditerranéenne, existant en Crète dix-sept siècles avant Jésus-Christ, parvenue à Rome sous Jules César et implantée à la fois dans le midi de la France et en Espagne – où des troupeaux de taureaux sauvages descendant directement de l'auroch s'étaient conservés. La corrida actuelle, née au XVIIIe siècle en Espagne, est une version moderne et stylisée des combats historiques. Elle devait s'établir aussi solidement dans cinq pays latino-américains, en tête desquels figure le Mexique.

La tauromachie est un art, dans la mesure où elle a pour postulat de comprendre intuitivement, de dominer et de réduire une bête sauvage, redoutable par sa force physique autant que par la complexité de ses instincts naturels. Elle suppose, outre le courage nécessaire, une application de l'esprit, un ensemble de connaissances acquises, une recherche continue de la beauté du geste où s'exprime le triomphe artistique du torero. Au demeurant, le véritable combat, dont le taureau – aussi dangereux puisse-t-il être – n'offre que le prétexte, est celui singulièrement émouvant de l'homme aux prises avec lui-même, pour vaincre sa faiblesse de mortel.

Munoz, l'épée, la corne :
dans quelques secondes, ce sera lui ou moi...

On ne s'expliquerait pas autrement l'éternelle jeunesse dont jouit, auprès des populations initiées, une tradition hautement centenaire. Elle comporte assurément des détails d'une certaine cruauté. J'ai souvent soutenu que, dans un monde où toute forme d'exploitation de l'homme par l'homme aurait été positivement bannie, on pourrait être fondé à instruire le procès de la corrida et à s'attendrir sur le sort d'une bête, pourtant éminemment agressive. En attendant ce jour – encore lointain hélas ! – je ne vois pas de raison impérative pour s'attaquer à un idéal d'héroïsme étroitement intégré à la culture de quelques-uns des peuples de notre univers.

Ainsi s'érige une figure populaire, idole des foules assemblées pour vivre le spectacle captivant d'un homme issu de leur sein et recréant en champ clos la sensation de l'historique lutte de l'humanité contre les forces les plus brutales de la nature. Le rôle du torero est presque l'exercice d'un sacerdoce, qui appelle à la fois beaucoup de dignité et une sensibilité d'interprétation aux nuances multiples. Son geste ne survit pas au moment qui l'a vu naître, mais s'inscrit durablement dans la mémoire des témoins, entretenant au fond d'eux une aspiration constante à la grandeur et à la beauté.

Le nombre de livres plus ou moins directement inspirés par la tauromachie est assez considérable. À feuilleter le catalogue des deux principaux collectionneurs d'ouvrages s'y référant – Carlos Urquijo en Espagne, Eleuterio Martinez au Mexique –, on découvre qu'ils dépassent largement les quatre mille. Parmi eux s'inscrivent d'importants traités didactiques. À la fin du XIXe siècle, ce furent notamment les deux volumes de la *Tauromaquia* rédigée sous la direction du matador Guerrita ainsi que le classique Sanchez de Neira, difficiles à trouver aujourd'hui. Plus près de nous, il convient de signaler les quatre tomes de *Los Toros* de José Maria de Cossio – le troisième présentant un répertoire unique de tous les toreros grands ou modestes, ayant paru sur l'arène depuis le début de la corrida moderne – et, dernière en date, la superbe publication en trois volumes de *Los Toros en España* due au talent des éditions Orel de Madrid.

Ce dictionnaire de *La Tauromachie* se propose d'offrir à l'aficionado, ou au simple curieux, l'information la plus étendue sur la corrida. Il comprend les portraits des matadors, dont l'apport artistique a jalonné l'évolution du *toreo**, ainsi que ceux des principales vedettes de l'actualité. Il contient, je l'espère, tout ce qu'il est utile de savoir sur la technique du combat pour s'en assimiler l'esprit et mieux participer au spectacle. Il développe également les importantes données concourant à l'appréciation du comportement du taureau, sur lequel repose entièrement l'art du torero : l'aficionado véritable est avant tout un connaisseur passionné du taureau.

Une vue historique de la tradition tauromachique, partout où elle s'est manifestée (Espagne, Portugal, Provence et Landes françaises, Vallespir, Andes et, à un moindre degré, le Valais suisse ou l'Angleterre au temps de son *bullbaiting*★), n'a pas davantage été négligée. Elle semblait de nature à mieux éclairer son cours ininterrompu et à rendre plus perceptible sa progression contemporaine.

Une délicate question d'ordre linguistique ne cesse de se poser. Pour répondre aux nombreuses contingences de leur métier, les toreros se sont forgé un vocabulaire particulier. Les termes en ont été empruntés à la langue espagnole courante, mais prennent une acception sensiblement plus précise lorsqu'ils s'appliquent à la tauromachie. Un exemple caractéristique est le qualificatif de *noble*★ décerné à un taureau. Il n'implique aucune disposition psychologique propre à l'animal, comme on pourrait *a priori* le penser ; il exprime simplement le fait important que, vue sa dose relative de *nerf*★, il se défend faiblement de la corne. Semblablement, le mot *lidia*★, dont la traduction littérale serait « combat de la bête par l'homme », désigne la nécessité pour le torero d'utiliser les instincts de la bête propices à l'exécution du toreo et surtout de ne point éveiller ceux qui s'y opposent, car, une fois suscités, ils ne se prêteraient guère à être corrigés.

Des équivalents des vocables espagnols ont été employés, chaque fois qu'ils n'engendraient point la confusion. Dans un souci de clarté, il a cependant paru préférable de retenir, tout en les expliquant, les termes d'origine, consacrés par l'usage courant qu'en font toreros et aficionados.

Pages suivantes :
Comme c'est rond, une arène, comme déjà s'y dessinent les lignes de l'art tauromachique, qui tend à courber le rectiligne, l'élémentaire... (Plaza de Dax).

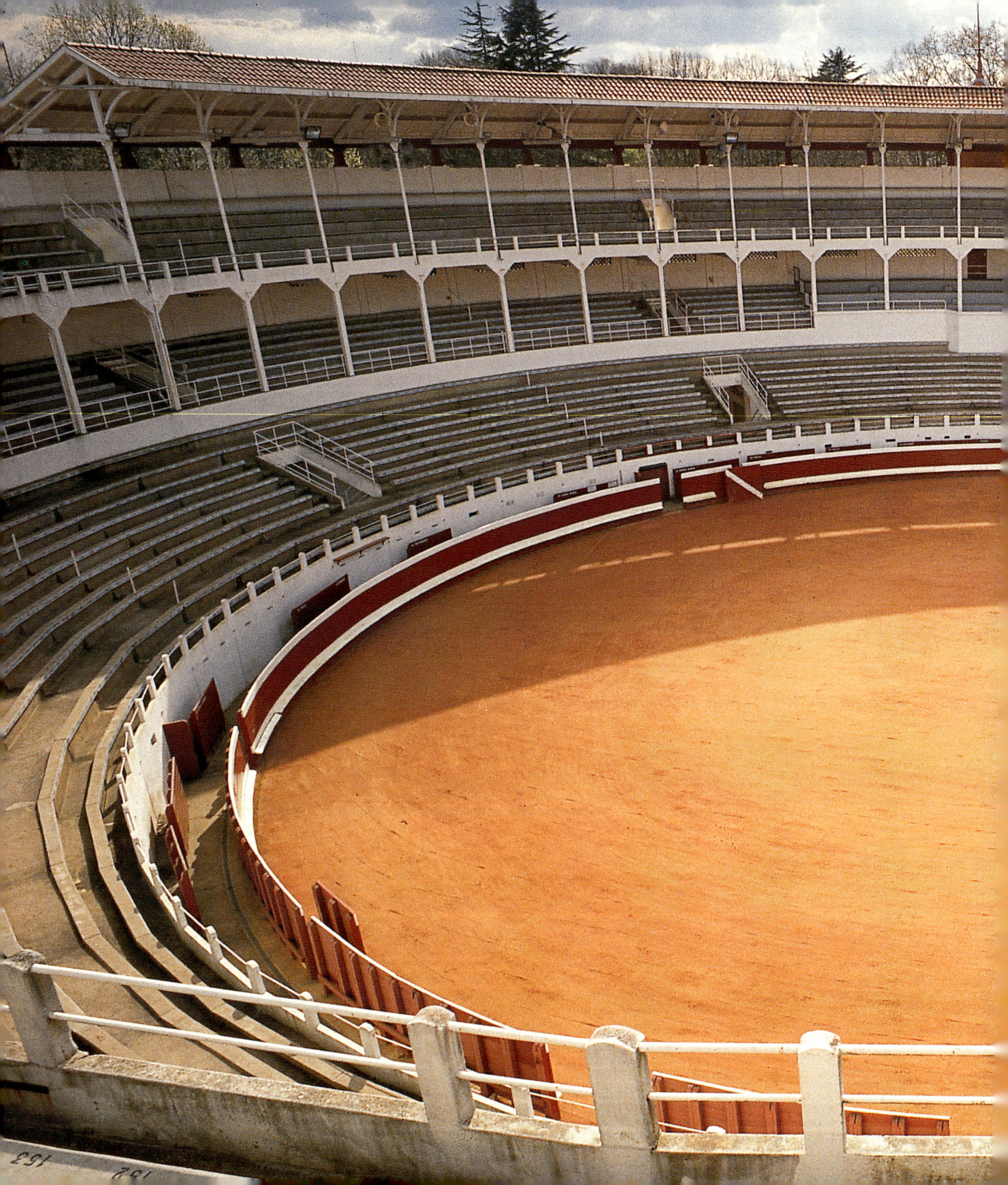

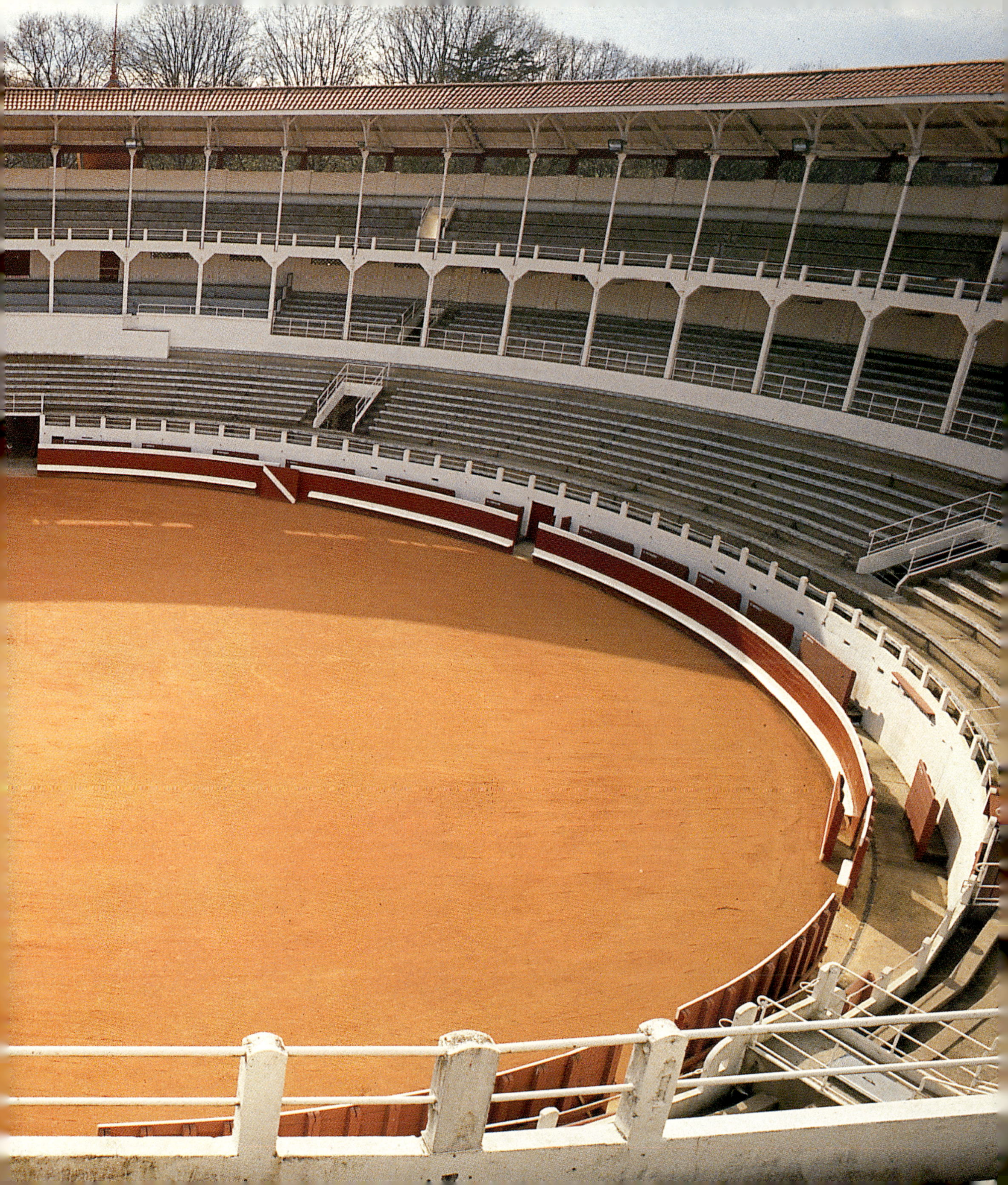

Présentation de la nouvelle édition

Claude Popelin mit la dernière main à son « Dictionnaire » en 1969. Cette même année entrait en vigueur une loi qui obligeait les éleveurs de toros braves à marquer l'année de naissance sur l'épaule des bêtes, à la suite d'une motion présentée au congrès de Séville de 1966 par un groupe de Français. Dès lors une fraude généralisée, qui consistait à présenter en corrida des novillos de trois ans, était rendue difficile, sinon impossible. Ce règlement répondait à une demande des aficionados, relayés par la critique de l'époque, le polémiste Alfonso Navalon en tête, et qui réclamaient le retour à des adversaires de respect. En 1973, tous les toros de corridas portaient le chiffre 9. Dire que la corrida actuelle en a été transformée est une litote. Les années qui ont suivi ont vu l'arrivée en piste d'un toro âgé, à défaut d'un toro fort, souvent d'une taille respectable, en même temps que les scandales dus à l'afeitado diminuaient sans toutefois disparaître. La conséquence directe a été l'arrivée de toreros d'une autre époque, et qui n'auraient pu trouver la même place dans la toreria, ainsi Francisco Ruiz Miguel, le populaire Antonio Jose Galan et, plus tard, Manuel Ruiz « Manili ».

Dans le même temps, la technique du toreo évoluait avec les apports des générations précédentes, réinterprétés et parfois vulgarisés. La corrida a-t-elle changé ? Certainement, même si l'on peut déplorer l'affadissement de la caste des toros, fruit de croisements qui privilégient la bonté au détriment de l'agressivité. Est-elle plus belle que celle de 1969 ? Peut-être. Les meilleurs après-midi sont toujours ceux d'autrefois, et d'une jeunesse que l'on a laissée s'enfuir. Nous nous sommes bien gardés d'aborder ce vaste débat comparatif, mais simplement de donner les portraits des figures nouvelles (dont certaines n'étaient pas nées l'année de la parution de *La Tauromachie*) et d'introduire certaines notions tauromachiques et des termes inusités il y a vingt-cinq ans.

Yves Harté

Notre ami Claude

L'« aficionado absolu » existe-t-il, comme l'oreille « absolue » du musicien, ou le poète absolu – Rimbaud ? Si cet être étrange naquit un jour en France, des amours du Minotaure et de la marquise de Sévigné qui, de Grignan, eût fait un détour par la Camargue, ce fut à coup sûr Claude Popelin.

Lequel, de tous les dévots du rituel sauvage et raffiné codifié au XVIIIe siècle par Pedro et Francisco Romero, de Ronda, pouvait se vanter d'avoir vu toréer entre 1910 et 1980, de Bombita Chico à Nimeno II, trois générations de toreros miracles, et arbitré les plus beaux duels (duos ?) de l'histoire de la tauromachie au XXe siècle – entre « Gallito » et Belmonte, entre Dominguin et Ordoñez ? Quel autre pouvait se targuer d'avoir paru, en costume de lumières, dans la plaza de Pampelune en 1933, servi de *sobresaliente* à Madrid en 1948 ?

Qui pouvait évoquer comme lui les *tientas* chez le duc de Tovar et Eduardo Miura, chez les Guardiola et les Urquijo ? Les après-midi passés dans les arènes entre Inacio Sanchez Mejias et Manolo Bienvenida, cape et *palos* en main ? Les longues séances de travail avec Ernest Hemingway écrivant *Mort dans l'après-midi* ? Les soirées entre Pablo Picasso et Jean Cocteau, entre Rafael Alberti et Pepe-Luis Vasquez ?

Incomparable traversée de l'océan tauromachique, qu'il contait, comme le père Énée la chute de Troie, avec un indicible mélange de nostalgie et d'espérance – se gardant avec une suprême élégance de nous accabler sous la grandeur de ses souvenirs, à la différence de tant de vieux sots qui ont voulu nous faire croire que Mazzantini toréait mieux que Paquirri, que Chicuelo ne tuait que des taureaux qui eussent épouvanté Diego Puerta... « De mon temps, mon cher, ce n'étaient pas des veaux... »

Claude aimait assez la tauromachie, après plus d'un demi-siècle de merveilles, pour en goûter les péripéties mineures, les figures secondes, les problèmes posés par un taureau *manso* de moins de 500 kilos doté de quelque *sentido,* un beau *sesgo por fuera,* un bon *quite* du plus modeste péon. Il ne se grandissait pas de son mépris pour plus simple ou plus modeste ou plus récent que lui. Il aimait faire partager ses admirations, mais n'avait pas le goût de ruiner celles des autres.

D'où lui venait cette *afición* que l'on eût dit ancestrale ? Parisien, fils de Parisiens (son aïeul Claudius Popelin était un émailleur fameux du Second Empire), il avait été initié par son père à l'Espagne et à la tauromachie dès avant la guerre de 1914, au temps de Guerrita, de Reverte et de Machaquito. Il avait, de 1918 à 1921, suivi les épisodes inoubliables de la *competencia* entre le dernier des « grands » d'autrefois, Joselito, et le premier des « grands » modernes, Juan Belmonte. Il avait été l'ami de tous les toreros des années vingt et trente, Chicuelo, Armillita, Lalanda, Domingo Ortega. De concert avec Hemingway, il avait salué et encouragé l'éclosion du génie de cet Antonio Ordoñez qui allait rester son *maestro* de référence, avant Antonio Bienvenida et Paco Camino. Et il avait pris le risque d'ouvrir les portes de la renommée, au sud des Pyrénées, à Christian Moncouquiol, dit Nimeno II.

La compagnie de Claude Popelin, lorsqu'on a eu la chance de croiser l'homme dans ses livres d'abord, puis dans la vie, comme ce fut notre cas à tous deux, est de celles que l'on ne peut oublier. Comment, après cela, poser sur la corrida le même regard, ou faire comme si son regard à lui ne nous avait pas définitivement déniaisés ? Pour tout aficionado qui, l'ayant approché, se laisserait néanmoins déborder par la passion, il reste là à jamais, ange gardien et oiseau de proie aux aguets, l'œil allumé et le sourire en coin, attendant le moment de fondre sur le détail objectif qu'on n'a pas su relever, ou sur le commentaire approximatif auquel on s'est risqué. Si courtois toujours, si soucieux de *templar*...

Socrate philotaure – amant de la vérité taurine –, Claude Popelin s'est fait un devoir d'*arrêter* – comme il savait *arrêter* en deux passes de cape les bêtes braves à leur sortie dans les arènes de *tientas* – les émotions désordonnées, les élans indicibles du néophyte, non pas, certes, pour les étouffer, mais au contraire pour les cadrer, leur assurer une vue plus claire des choses. En ce domaine mouvant, comme dans d'autres qui le captivaient également, par exemple l'éloquence et le débat politique, Popelin a pris résolument le parti de la pénétration contre le flou et la fascination. Fréquents étaient ses accès d'ironie, voire de réprobation, devant une lecture « poétique » ou intellectuelle de la corrida. Ses amis se souviennent avec quelle gourmandise il rapportait une confidence de Belmonte : le *maestro* avait une méthode simple pour se délivrer, en l'endormant, de la curiosité intempestive des écrivains et des journalistes ; il acquiesçait, imperturbable, à leurs supputations les plus saugrenues...

La grande leçon de l'auteur du *Taureau et son combat* et de *La Tauromachie* est qu'il faut ici, comme ailleurs, aller à l'essentiel et ne pas se perdre dans le décor. Or l'essentiel est que le *toreo* est une architecture avant d'être un sentiment, une forme qui s'ordonne une fois que l'homme a saisi les données de base de cette matière antagonique que constitue le taureau par excellence, et une fois qu'il a transformé, par son tact clairvoyant, l'agressivité en complicité. On commence par résoudre les inconnues de l'animal, on réduit ses aspérités, et on finit par entraîner son adhésion au projet artistique. On comprend alors qu'il n'y ait pas un mouvement du taureau qui ne soit indice, pas un geste du torero qui ne doive être pensé. Sur ce point, les articles de Claude Popelin ne laissent rien dans l'ombre, et l'on oserait presque affirmer que le présent ouvrage, mieux qu'une encyclopédie, est une cosmogonie taurine, en ce sens qu'il décrit et fait jaillir au grand jour les fondements de la *fête*. Mais on imagine le sourire interrogateur que ce terme commode eût provoqué chez Claude...

Dans une conception aussi classique de la tauromachie, l'éthique et l'esthétique se confondent : le torero ne domine l'adversaire qu'à la condition de s'être d'abord dominé lui-même, et d'avoir vaincu son instinct de fuite et sa volonté d'exclusion. La grandeur ici naît de la convergence. Toréer, c'est mettre le taureau en lumière, et non pas l'éteindre. La sérénité et l'élégance des gestes naîtront de la détermination que donnent la connaissance et le courage.

Qu'il n'y ait pas d'équivoque : pour Claude Popelin c'est l'art qui a le dernier mot ; un art qui repose sur une technique si bien assimilée que parfois son pouvoir se cache derrière une apparente facilité. Ainsi admire-t-il sans réserve, pour tout ce qu'elles impliquent de savoir et d'encouragement, la majesté d'Antonio Ordoñez et la grâce naturelle

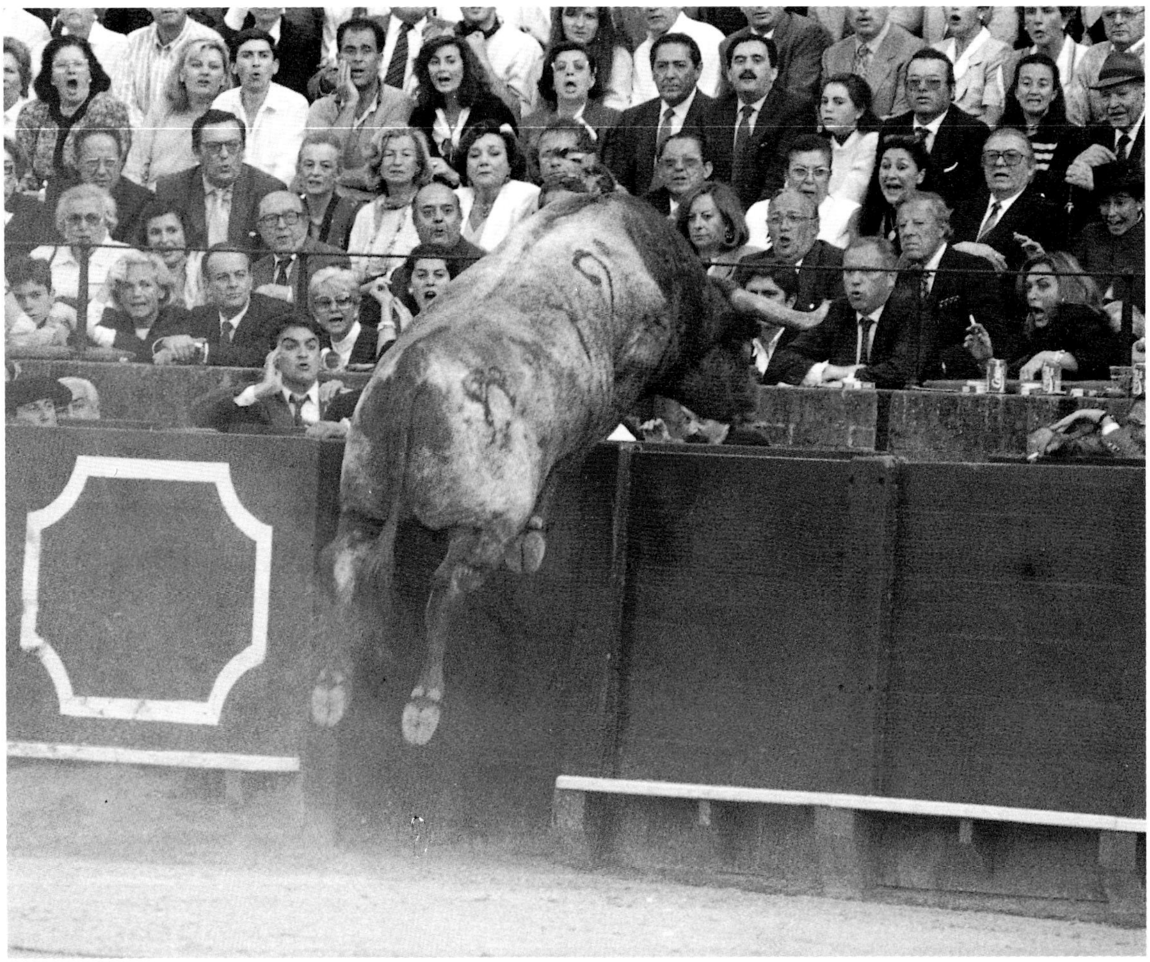

Un taureau n'est pas un parachutiste. Le plus brave n'est pas celui qui saute. Braves en revanche sont les Sévillans qui considèrent avec cette impavidité une telle performance (petit jeu pour *aficionados* chevronnés : qui reconnaît sur les gradins le grand Manolo Vasquez ?).

d'Antonio Bienvenida. Quand la maîtrise est le fruit d'une telle économie de l'expression, c'est que le *toreo* est parvenu à son degré suprême de raffinement en cultivant à son tour la litote. Au stade inférieur, mais toujours digne d'intérêt, se situe le travail consciencieux et efficace, dont on voit nettement les tenants et les aboutissants.

Claude Popelin sourit avec scepticisme mais sans malignité, devant les délires suscités par les toreros magiques, pathétiques ou hiératiques. Cependant, sans une once de sectarisme, il relève volontiers chez les *figures* qui ne sont pas du tout de sa chapelle les traits remarquables de leur personnalité, et leurs dons singuliers (qu'on lise à cet égard ce qu'il écrit de Manolete et même du Cordobés).

La finesse des portraits de toreros que l'on trouvera ici, l'équilibre des notations font penser à un Saint-Simon qui aurait renoncé à toute volonté de nuire, et qui aurait à cœur de rendre hommage à quiconque a revêtu avec sincérité l'habit de lumières. Qu'il s'agisse d'ailleurs d'évoquer un de ces hommes, d'expliquer un terme technique ou de rappeler un point d'histoire, on est confronté aux mêmes qualités d'écriture : simplicité de la phrase, pertinence de l'expression, le tout conclu souvent par un paragraphe qui laisse posément s'épanouir l'émotion.

Pédagogue hors pair (en d'autres circonstances, quelle recrue il eût été pour la Compagnie de Jésus !), Claude Popelin – tenu en aussi haute estime par l'*afición* espagnole, représentée à ses côtés par sa vibrante épouse, notre amie *SAT* – a formé toute une génération d'aficionados français, aux temps où le rituel venu d'Andalousie acquérait ses lettres de noblesse dans notre pays. Pour tous les amateurs, la réédition de ce livre publié en 1970, enrichi des apports de notre confrère Yves Harté, qui met à jour, plus de vingt ans après, cet annuaire de l'art taurin, y intégrant figures et tendances des derniers temps, permet que le magistère serein de Claude Popelin continue de s'exercer.

JEAN LACOUTURE ET FRANÇOIS ZUMBIEHL

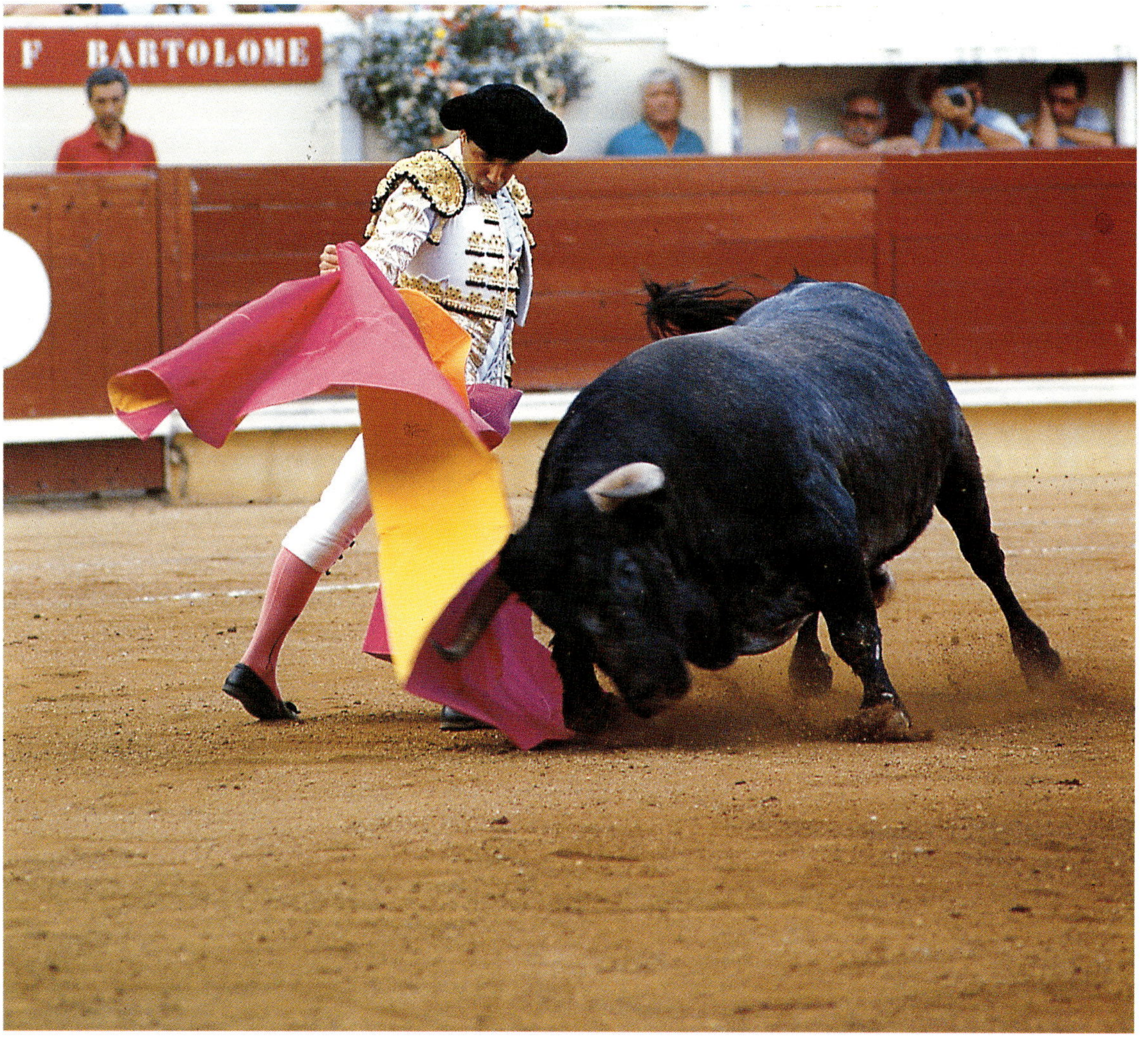

Si Julio Cesar Rincon est très présent dans ce livre, c'est qu'il est apparu comme le maestro « popelinien » par excellence du début des années 90, comme celui qui respecte avec le plus de constance et d'honnêteté les règles de son art.

A

Abanto

[qui court d'une place à l'autre] En tauromachie, l'adjectif qualifie tout taureau commençant par échapper aux capes, et pouvant faire deux à trois fois le tour de la piste à la recherche d'une issue. Bientôt, il s'arrêtera de courir et révélera, dans ses attaques, une bonne bravoure*. Le cas est assez fréquent, même dans les élevages de qualité, et il ne faut pas le confondre avec celui du *manso* qui, lui, fuit carrément les hommes [techniquement : « détourne la tête »].

Abonnement

[*abono*] Pour une saison de plusieurs corridas suivies, par exemple à l'occasion d'une feria*, les arènes espagnoles ouvrent en général un abonnement assurant l'ensemble des places désirées. Outre un avantage économique, on y gagne de s'asseoir toujours au même lieu, un angle de vue identique facilitant d'intéressantes comparaisons.

Abrir

[ouvrir] Le torero « ouvre » le taureau, quand il l'éloigne de la barrière ; il le « ferme » [*cerrar*] quand il l'en rapproche. Il faut de toute nécessité « ouvrir » le taureau qui, par sa force ou sa violence de charge, accule dangereusement l'homme contre la barrière. Il est non moins nécessaire de « fermer » un animal distrait ou hésitant à prendre la pique, tout comme celui qu'on se propose de banderiller ou de toréer, en début de faena*, au fil de la barrière.

Ces déplacements de la bête s'inspirent autant de la nature de son tempérament que de l'impératif du combat. Les toreros, dans leur vocabulaire professionnel, se servent volontiers des expressions à l'extérieur [*por fuera*] et à l'intérieur [*por dentro*] pour désigner respectivement la direction du centre de l'arène ou celle de la barrière. Ils peuvent donc aussi bien dire « Sors le taureau à l'extérieur » qu'« Ouvre-le », ou « Amène-le à l'intérieur », que « Ferme-le ».

Achuchar

Le fait, pour un taureau, de chercher constamment à bousculer le torero, même sans y parvenir. On dit couramment que le torero a été l'objet d'un *achuchon*.

Adelantado

[avancé] Terme malheureusement de plus en plus entendu. Il qualifie tout animal poussé à l'alimentation, pour le faire paraître plus que son âge. On entend dire souvent en corrida : « Ce taureau n'est qu'un *utrero adelantado.* » Il est certain que l'engraissement ne détermine pas la force d'un taureau. (V. POIDS*)

Adorno

[ornement] Nom générique donné à tout détail de grâce ou de courage contribuant à embellir l'art du torero, que ce soit avec la cape, les banderilles ou la muleta. Il surgit principalement à la terminaison des suertes*. La façon dont un torero joue avec le taureau, à la sortie d'une pose de banderilles, entre dans la catégorie des adornos. Leur répétition caractérise essentiellement le style sévillan ; il en fait, à la fois, la variété et le charme.

Afeitado

Tiré du vocable « se raser », le mot désigne pudiquement l'épointage délictueux – on dit aussi l' « arrangement » – des cornes du taureau, peu de jours avant la corrida. Il suffit pour cela de l'amarrer solidement avec des cordes, dans un bout de couloir [*mueco*], de scier l'extrémité de ses défenses et de refaire à la lime, mais plus grossièrement, leur pointe. Outre la supercherie indigne de la noblesse de l'art du toreo impliquée par ce procédé, il a la fâcheuse conséquence d'enlever le « diamant », ou terminaison dure des cornes, et de les exposer ainsi à éclater en balai [*astillarse*]. Il entraîne aussi, chez les bêtes, un déplorable choc traumatique, dont elles tardent à se remettre complètement.

L'afeitado a sévi, telle une épidémie, à la reprise des corridas après la guerre civile espagnole. L'aveuglement du public d'alors encouragea les conseillers de maintes grandes vedettes à l'exiger des éleveurs, à seule fin de rendre compatible la manifestation d'une plus grande témérité avec une diminution certaine du risque.

Une vive campagne de presse, à laquelle concourut très noblement le matador Antonio Bienvenida, eut le résultat de faire porter au règlement* des dispositions nouvelles réprimant sévèrement cet abus. Toutefois, le contrôle exercé est loin d'être aussi général qu'il pourrait paraître. Le dernier mot ne peut être proféré que par les spectateurs, et il leur appartient d'obtenir le retrait des taureaux qui ne seraient pas *limpios*, c'est-à-dire vierges de toute manipulation frauduleuse. Malheureusement, ils n'ont d'yeux que pour les cornes resserrées et négligent la pointe de celles plus largement ouvertes, davantage susceptibles de connaître l'afeitado. Soupçonnent-ils seulement combien d'oreilles, réclamées à tort et à travers, maintiennent une confusion dont se réclament les pêcheurs en eau trouble ?

Afición

Le mot, dans son sens littéral, désigne un goût prononcé pour un art ou pour un jeu. Employé tout court, sans attribut, il est devenu synonyme d'adhésion à la corrida.

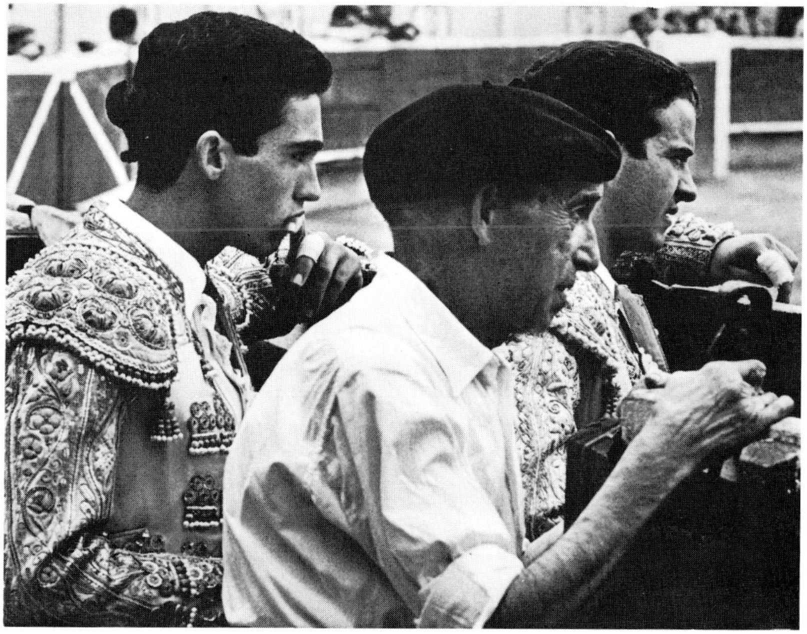

Qui des trois a le plus d'afición ? Le *monosabio*, au premier plan, celui qu'on appelle « singe savant » et qui est le prolétaire des arènes (ici, celles de Vitoria), le valet des héros ? Ou Diego Puerta (à droite), l'œil plissé par l'attention ? Ou Paco Camino (à gauche), dont le langoureux regard cache l'intelligence la plus aiguë ?

Il suppose aussi une connaissance de l'art du toreo. L'afición naît certes sur les gradins, mais ne s'affirme vraiment qu'à la sortie des arènes, lorsque le spectateur cherche – soit auprès d'un éleveur ou d'un torero, soit dans l'ouvrage d'un auteur éclairé ou le compte rendu d'un bon journaliste – une réponse aux multiples points d'interrogation que le déroulement de la course vient de poser à son esprit. Là, comme dans la vie, l'objectif est de se former une exacte échelle des valeurs. Il y faut une certaine assiduité, de l'enthousiasme réfléchi et surtout il convient d'apprendre à percevoir les détails, souvent fugitifs mais capitaux, dont l'enchaînement révèle seul le sens du combat d'un taureau déterminé. À vrai dire, le meilleur aficionado demeure encore celui qu'un oncle ou un père emmenait avec lui aux « toros », dès l'âge de dix ans, pour le former.

Considérer que le torero n'est qu'un étonnant risque-tout, attendre uniquement de lui la répétition de passes bien dessinées, tenir son adversaire pour un simple robot d'une qualité standard destinée à faciliter sa réussite ne constituent pas l'afición. Elle commence, avec ses joies profondes, par l'étude consciente d'une nature animale particulièrement complexe, sur laquelle repose entièrement l'art du torero et qui lui vaut à la fois sa passionnante émotion et son incontestable grandeur.

L'afición a naturellement crû avec le développement du spectacle. Si elle est particulièrement avertie dans les régions où s'élèvent les taureaux, elle n'en est pas moins importante dans toute ville appelée à donner un nombre élevé de corridas chaque année. S'étendant au Portugal, au midi de la France, au Maroc, à cinq nations de l'Amérique latine, le monde des aficionados comporte ses clubs, ses *tertulias* ou colloques réguliers autour d'une table de café, ses cycles de conférences, ses émissions spécialisées de télévision ou de radio, ses revues illustrées consacrées au toreo. Même Londres et Manchester possèdent leur club taurin. Le sud des États-Unis, voisin du Mexique, en compte plus d'une trentaine, sans parler de la remarquable Association de bibliographie tauromachique de Chicago, qui a pour nom « la Busca ».

Sans l'influence décisive de l'afición, le spectacle de la lutte de l'homme contre le taureau sauvage n'aurait jamais donné naissance à un art unique. Plus permanente que le public, qui achève de remplir les arènes, l'afición est écoutée des toreros ainsi maintenus, quelquefois malgré eux ou leurs mentors assoiffés de réussite facile, dans le respect de la noblesse de la tradition.

Il n'est point rare non plus, en plaza de Madrid, par exemple, d'entendre des voix s'élever du *tendido* pour conseiller les toreros débutants lorsqu'ils se trouvent en difficulté, et guider toujours avec bonheur leurs pas.

Le suprême échelon de l'afición est celle appelée *practica*. Elle est le fait des garçons qui, sans devenir professionnels, possèdent le maniement de la cape, de la muleta et voient s'ouvrir à eux les portes de la tienta★ ou du festival★. Un des aficionados *practicos* les plus connus a été l'Espagnol Julian Cañedo. Vers les années 1920, il a tué en public, avec la maîtrise qui était la sienne, jusqu'à des taureaux de quatre ans aux cornes intactes, et même dans les arènes de Madrid.

Âge

Dénomination courante des animaux de combat suivant leur âge :

choto	moins d'un an
añojo	un an
eral	deux ans
utrero	trois ans
toro	quatre ans et plus

L'appellation générale de *becerro* comprend *chotos, añojos* et *erales*. Celle de *novillo,* les *utreros.*

Le contrôle précis de l'âge, impliqué par sa fixation réglementaire suivant la nature des spectacles, ne peut s'effectuer que *post mortem.*

Un indice est la formation annuelle d'un bourrelet à la base de la corne [*anillo*], clairement perceptible dès la troisième année. Le nombre de bourrelets, ajouté au chiffre trois, donnera donc la précision recherchée.

La seule autre indication est l'évolution de la dentition. Sur la mâchoire inférieure – la supérieure étant un cartilage dépourvu de dents – apparaissent successivement huit incisives, qui remplacent les dents de lait. L'âge des taureaux peut donc se lire dans leur bouche, à l'abattoir :

deux ans	deux incisives centrales parfaitement poussées
deux ans et demi	deux immédiatement latérales
trois ans et demi	les deux suivantes
quatre ans et demi	les deux extrêmes

Pour plus d'exactitude, les Andalous comptent par saisons d'herbages. Un taureau de cinq herbes [*hierbas*] aura donc, en fait, quatre ans et demi, puisque les naissances ne sont pas réparties à longueur d'année, mais bloquées sur la sortie de l'hiver. (V. ÉLEVAGE*)

Ces méthodes ont été, jusqu'à ce jour, les plus employées, mais la précocité du bétail obtenue par le recours à une alimentation plus intensive leur fait perdre beaucoup de rigueur. Aussi, les autorités espagnoles ont-elles décidé, en 1969, que désormais le dernier chiffre de l'année de la naissance serait porté au fer rouge sur l'épaule de chaque animal. L'innovation, longtemps réclamée, est rendue possible par le fait qu'aucune bête, allant aux arènes, n'a l'occasion d'atteindre la décennie. Elle comporte, bien entendu, une stricte surveillance exercée par l'Administration sur les séances de marquage, ainsi que sur la tenue des registres de naissances des éleveurs. Dès 1973, on commencera à en voir les effets, très importants quant au sérieux de la corrida.

Agostero

[enfant du mois d'août] Nom donné par les éleveurs au produit d'une vache couverte par un étalon inconnu qui, un soir, aura clandestinement sauté le mur de la propriété.

Aguante

[attente] La faculté, chez un torero, d'attendre de pied ferme la charge du taureau [*aguantar*] et de dessiner la passe au dernier moment, de façon à bien embarquer son adversaire et à le diriger parfaitement. Elle est à la base de l'exécution de toute suerte et constitue comme le seuil à partir duquel le torero peut garder son emplacement *(parar*)*, rythmer l'avance de la bête *(templar*)* et la conduire avec précision *(mandar*)*. L'aguante requiert d'autant plus de courage que la charge* s'avère forte ou incertaine. Il dégage une grande émotion, mais son importance technique n'est pas moindre.

Ahormar

[mettre en forme] Régler le port de tête du taureau – soit la baisser, soit la relever, suivant la hauteur où il la tient – de façon qu'il entre bien dans le leurre. Le matador n'a qu'à relever ou baisser la main en toréant, mais déjà les piques* auront eu pour effet d'incliner une tête que l'animal redresse naturellement à son entrée en piste.

Al alimon

Suerte dans laquelle deux toreros, tenant chacun la même cape par une de ses extrémités, provoquent le taureau et le font passer dessous. Elle se répète plusieurs fois de suite et se termine généralement un genou en terre. Abandonnée aujourd'hui par les matadors, sans doute en raison de sa simplicité, elle est le grand recours pour mettre un débutant – ou une débutante surtout – devant la première bête de sa vie, soit dans un élevage, soit dans une *becerrada*★. En effet, un seul des partenaires guide l'animal et l'autre n'a qu'à le laisser passer.

Alegria

[allégresse] Ce terme est un exemple frappant de la façon dont le vocabulaire des toreros s'est nourri de mots courants, pris dans un sens imagé. Il s'applique aux taureaux qui accentuent progressivement la vitesse de leur charge, condition de la bonne réussite de toute suerte. Auraient-ils une tendance à s'engager trop lentement, il conviendrait de les *alegrar,* c'est-à-dire de les forcer à accélérer leur allure, soit en les appelant de plus loin, soit en faisant un geste de nature à précipiter leur course.

Appliqué au torero, le mot d'alegria est au contraire pris dans son sens original. Il qualifie celui dont le style est enjoué.

Alguazil

Qui croirait qu'il lui suffirait de revêtir une tenue d'officier de police du début du XVIIe siècle, avec chapeau à plumes, de tenir sur un cheval et de précéder le paseo★ des toreros pour assister gratuitement à une corrida se tromperait fort ! La fonction concrète des deux alguazils est l'application du règlement★ dans la piste, sous le contrôle de la présidence★, dont ils sont à la fois les antennes et les représentants.

Il leur faut, pour autant, connaître les prescriptions essentielles de la lidia★ et surveiller, sans se laisser distraire, les abus auxquels peuvent être portés certains toreros : piques défectueuses, velléités des picadors d'enfreindre les dispositions les concernant, sorties en faux répétées d'un banderillero, stratagème d'un matador qui, dissimulant son épée sous la muleta, en porterait un coup à la sauvette dans les côtes d'un taureau avec lequel il ne s'accorderait pas, etc.

Il leur appartient de faire toutes les remontrances qu'imposent les circonstances, tantôt spontanément, tantôt sur l'injonction de la présidence leur arrivant soit par un signe, soit par la ligne téléphonique établie entre sa loge et l'intérieur de la barrière. À

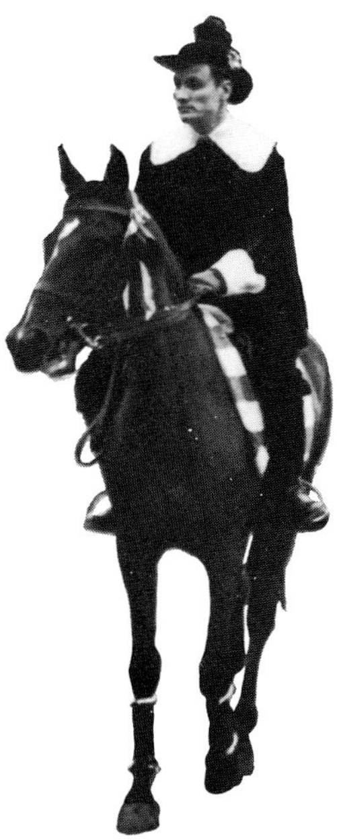

En tête du *paseo*, annoncier du grand cérémonial, personnage le plus fugitif – mais non le plus vain – de la corrida, l'*alguazil* défile. Incarnation fringante de la loi, image du Règlement, il reçoit du président la clé du toril, contrôle la distribution des oreilles, et émeut les dames du premier rang... (celles de Toulouse auront reconnu ici M. Roumengou).

chaque indication d'avis pour retard dans la mise à mort, ils se déplacent pour se situer à la vue du matador et le lui signifier en levant un, deux ou trois doigts, suivant qu'il s'agirait du premier, second ou troisième avis. La remise des oreilles est également confiée à leur vigilance, de façon à éviter toute tricherie émanant des subalternes chargés de les couper.

Ce sont ordinairement des employés de la direction des arènes spécialisés dans cette tâche et mis à la disposition de la présidence.

Aliñar

[apprêter] Synonyme de *cuadrar*★, désigne la mise du taureau dans la position propice à l'exécution de l'estocade. Lorsqu'un matador hésite à faire l'effort de dominer un adversaire, ou rencontre chez lui des défauts insurmontables et décide de le tuer rapidement, son travail de seule préparation du coup d'épée est qualifié de *faena de aliño*. Avant de se sentir frustré, le public devrait prendre en considération le comportement exact du taureau.

Aliviarse

Reproche fait au matador qui cherche à éliminer le risque d'une suerte en ne s'approchant pas suffisamment du taureau.

Al relance

Façon dont un banderillero utilise la lancée d'un taureau sortant de la pose de banderilles d'un camarade, pour planter la sienne sans perte de temps. Cela demande de l'habileté, car la bête doit être prise telle qu'elle vient, mais offre l'avantage de ne pas laisser s'éterniser le deuxième *tercio*★, avec la répétition toujours regrettable des interventions à la cape [*capotazos*] qu'il suppose.

Al revuelo de un capote

Recours servant à précipiter la prise d'une pique ou la pose de banderilles, lorsqu'un taureau se réserve. Le torero l'entraîne avec sa cape en reculant et s'efface, pour le laisser se jeter sur le picador ou le banderillero.

Alternative

La qualité dont se réclament les matadors espagnols est celle de matador du *cartel* [affiche] de Madrid, tout comme des ténors feraient suivre leur nom de la mention « de l'Opéra de Paris ». S'il leur arrivait autrefois de céder un de leurs taureaux, jugé sans intérêt, à un de leurs subalternes, ils n'admettent toutefois d'alterner officiellement qu'avec les toreros ayant reçu une investiture en règle. C'est l'alternative.

Elle se donne en début de corrida, de la main du matador le plus ancien. À la minute du troisième *tercio*★, il s'avancera vers le néophyte pour lui remettre épée et muleta, qui lui seront rendues dans les mêmes conditions au taureau suivant. Le néophyte prend aussitôt rang parmi ses aînés et, après avoir tué la première bête, combattra donc la dernière.

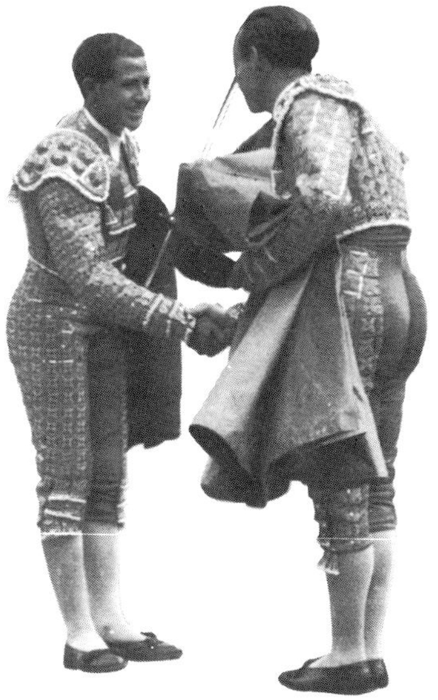

En plaza de Valencia, pour les *fallas* de mars 1936, le jeune Jaime Pericas reçoit de Domingo Ortega l'épée et la *muleta* d'« alternative ». Le voilà matador à son tour, docteur en tauromachie. Ce qui ne l'a pas empêché de sombrer dans l'oubli.

Une des caractéristiques de l'alternative est qu'elle détermine l'ancienneté de celui qui l'a reçue, au regard de ses camarades. La coutume généralement observée est de la confirmer, un jour, en plaza de Madrid, mais la date qui compte est celle de la première alternative, souvent donnée en province. Le détail détermine le placement des matadors dans le paseo*. Vus de la présidence*, le plus ancien est à droite, le suivant à gauche, le troisième au centre et, s'il y en avait un quatrième, il se situerait entre le troisième et le second.

Les seules alternatives réputées valables sont celles données dans une plaza espagnole. Une exception existe pour le Mexique, à condition que le matador ait été dûment investi en plaza de Mexico. Bien qu'il soit appelé à repasser par la même cérémonie à sa première présentation en Espagne, l'ancienneté conférée par l'alternative mexicaine n'est pas affectée.

Il n'existe pas de contrôle spécial de l'octroi des alternatives. Tout novillero peut la solliciter dès qu'il s'est assuré le consentement d'un parrain. Il lui appartiendra cependant de se maintenir à cet échelon en recueillant les engagements nécessaires, faute de quoi il serait amené à y renoncer ou à végéter dans le *monton* [tas] des oubliés.

Longtemps picadors et banderilleros se sont accordé l'alternative entre eux. S'ils y ont renoncé, leur ancienneté dans le métier joue toutefois pour leur position au paseo. Ils n'y figurent pas derrière leurs matadors respectifs, mais se situent en diagonale suivant la date de leur première intervention en corrida.

Amanerado

[maniéré] Se dit du torero qui, cessant de se confier vraiment, s'efforce d'entretenir l'illusion par une exagération de ses attitudes.

Amendes

[*multas*] V. PRÉSIDENCE*, RÈGLEMENT*

Andar

Verbe espagnol intervenant dans les expressions *saber andar entre los toros* [savoir évoluer avec aisance devant les taureaux], *andar al toro* [marcher pas à pas sur le taureau] et *andar con el toro* [déplacer le taureau en avançant vers son terrain].

D'une bête qui a le départ facile, on dit aussi qu'elle va bien [*andar bien*].

Andes

La population indienne, fixée dans cette région montagneuse du Pérou, offre le curieux exemple de s'être assimilé en quatre siècles la coutume tauromachique introduite par les missionnaires espagnols et de l'associer uniformément à ses fêtes votives. Chaque petite localité possède une arène rudimentaire où sont amenés des taureaux sans race, mais maintenus à l'état sauvage sur les hauts plateaux. La veille du spectacle, de la musique leur est jouée et les Indiens pulvérisent de leurs lèvres des gorgées d'eau-de-vie dans le but de conjurer les mauvais esprits et d'écarter les accidents. Un modeste novillero torée généralement la première bête à l'espagnole – les Indiens disent « à la mode de Lima », capitale de la nation. Ensuite, la jeunesse réclame pour elle seule les autres taureaux et les défie longuement à *cuerpo limpio*★, sous le regard admiratif des filles. Dans cette émulation collective, où personne ne parle l'espagnol mais un dialecte quechua, les blessures graves sont fréquentes sans affecter pour autant la durable vitalité de la tradition.

Angel

[ange] L'expression consacre un assez rare apport de grâce légère et de charme personnel dans l'interprétation du toreo. Beaucoup de matadors, remarqués cependant pour leurs qualités de courage et leur excellent métier, en sont plus ou moins dépourvus. Il ne viendrait pas à l'esprit de trouver de l'angel à Domingo Ortega ou au Viti, malgré le rang enviable auquel ils ont, tous deux, su accéder. En revanche, sa possession ne suffirait pas à assurer seule le succès durable d'un débutant sans constance.

Antoñete

[Antonio Chenel Albaladejo] Il faudrait parler ici d'une vie de roman pour évoquer celle du maestro Antonio Chenel Albaladejo dit « Antoñete ». Jeune homme élevé dans le sérail des arènes de Madrid, il fut opposé aux plus grands de la décennie prodigieuse des années cinquante. Antoñete était madrilène. Pourtant les gitans le considèrent comme un des leurs pour sa vie de panache, de fumée, de cigarettes, de nuits qui n'en finissent pas et surtout pour l'extrême précision de son poignet de cristal. Il fut à sa retraite, en 1985, le plus vieux torero en exercice. À peine était-il talonné par l'inénarrable Curro Romero qui a toujours pris soin de cacher son âge. À ses débuts, il confirma l'alternative dans les arènes de Madrid le 13 mai 1953, et se signala par un quasi-désastre face à des toros à problèmes d'Alipio Pèrez Tabernero avant de se racheter, deux jours plus tard, devant des Bohorquez auxquels il coupait trois oreilles. Toute sa carrière fut de ce tonneau, composée de disparitions et de retours triomphants. Cinq ans après son alternative, il quittait l'Espagne. On le signalait au Mexique, éloigné des toros. Il revint sur la pointe des pieds au début des années soixante. On le considérait comme un torero fini. Dix corridas en 1961. Aucune en 1962. Une en 1964. Quand, un après-midi d'août que Madrid change en fournaise, devant une demi-arène essentiellement composée de touristes, Antoñete retrouva l'inspiration. On se souvint de lui. L'année suivante, engagé pour la feria de la San Isidro, il signa ce qui devait demeurer la faena de sa vie face à Atravido, un toro blanc et tacheté d'Osborne. Il arrêta momentanément en 1972 et 1973. Revint à nouveau pour des adieux qu'il assura définitifs en 1975. Les nécessités de sa vie nocturne le ramenèrent en 1978.

C'est certainement à cette période, âgé de cinquante ans, fumant trois paquets de Winston par jour, incapable de courir, qu'il fut peut-être au mieux de son toreo, rappelant l'existence d'une tauromachie limpide, calme, profonde, où la muleta ne brise jamais la course du toro mais l'accompagne, guide sa charge et ne l'étouffe jamais. Le 30 septembre 1985, il se retira, âgé de cinquante-deux ans, et demanda à son beau-frère, Paco Parejo, mayoral des corrales de la Monumental qui avait déjà procédé au même cérémonial dix ans auparavant, de lui couper la coleta pour la deuxième et dernière fois.

Apagado

Qualifie le taureau dont la charge « s'éteint » par insuffisante bravoure.

Aparicio, Julio

Né à Madrid en 1932. Fils d'un ancien banderillero ayant ouvert un établissement de coiffure pour dames à Madrid, il n'eut point de difficulté à faire ses premières armes dans les tientas. La campagne de novillero qu'il mena, accouplé au Litri et sous la haute direction de Camara, connut un tel succès qu'en 1949 et en 1950 le nombre des novilladas espagnoles dépassa très largement celui des corridas. Le public se passionna, en effet, pour ces deux jeunes gens si opposés par le style.

Aparicio, torero de tête, se distinguait aussi par une fougue

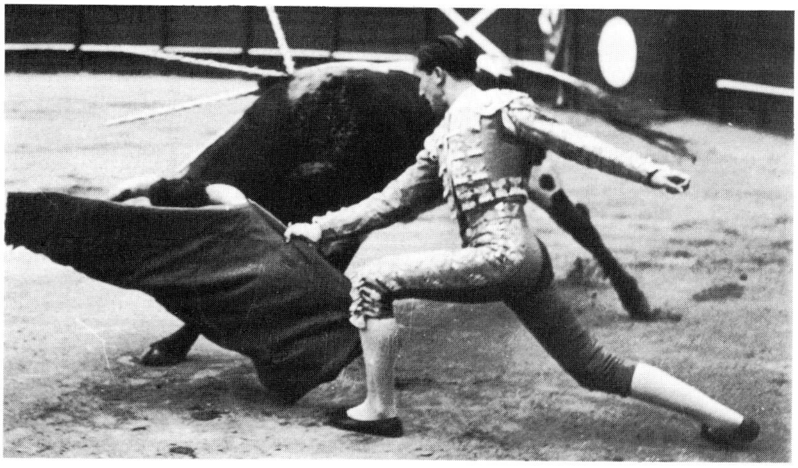

Quel merveilleux novillero fut Julio Aparicio ! Regardez-le ici, à Mont-de-Marsan, allègre et vaillant. Face à Miguel Litri, le possédé, il fut l'image même du courage lucide. L'âge lui apporta une science digne de celle des plus grands – avec, pourtant, quelque chose qui ressemblait à la satiété.

allègre, plutôt rare chez les Castillans. Technicien consommé, il variait son jeu de muleta par des passes de son invention, telle celle « du mépris », réédition très personnelle de la passe de la *firma* et le *tres en uno,* au cours duquel il enchaînait avec brio, une passe droitière à un changement de main exécuté dans le dos et à une passe de poitrine de la main gauche. (V. MULETA★)

Son alternative devait le placer dans le peloton des matadors en vedette, et faire de lui une figure des grandes ferias. Il n'est guère de plaza, même de France et d'Amérique latine, où son art classique n'ait reçu la plus large acceptation. Madrid se souvient

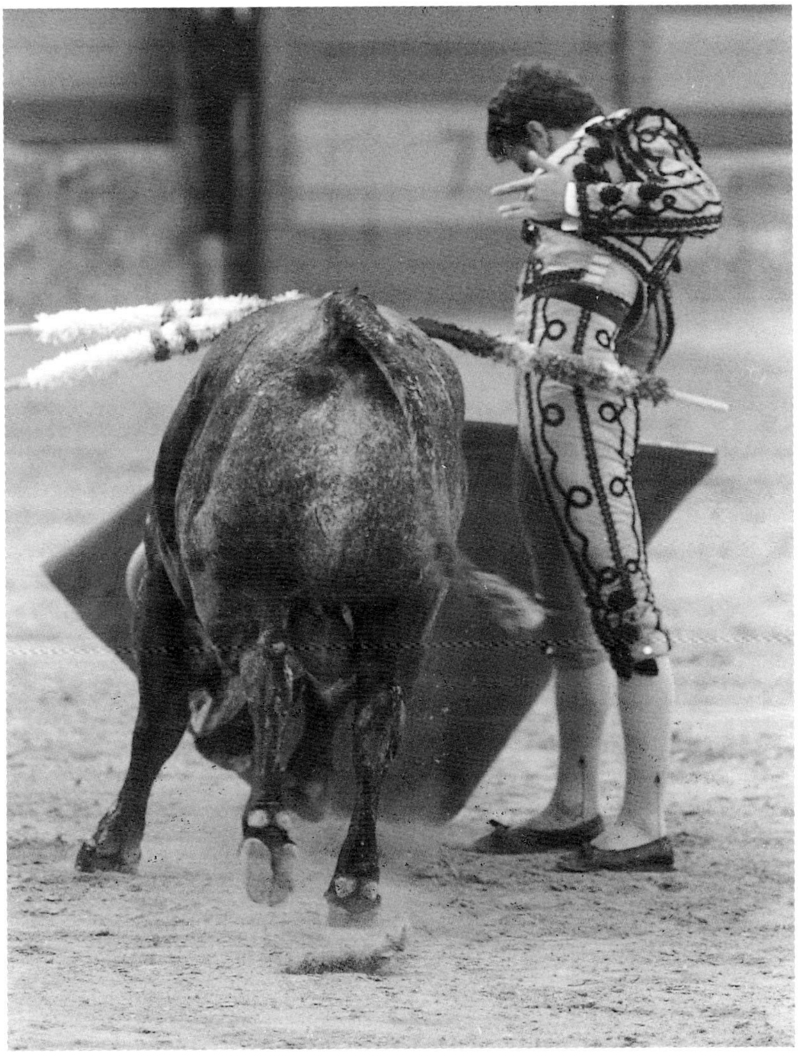

Peut-on reconnaître un grand torero à l'adhérence de ses pieds au sol ? À ce compte, Julito Aparicio, en plaza de Ronda, et en tenue « goyesque », serait des plus grands.

encore de certaines de ses grandes journées, à l'exemple de son triomphe remporté devant le taureau « Italiano » de l'élevage d'Urquijo. Retiré en 1963, il a opéré, avec moins de force cependant, un retour qui a duré jusqu'à la feria de San Isidro en 1969, où il semble avoir pris un congé définitif devant le public de Madrid avant de décrocher le 24 août 1969 à Barcelone devant des toros de Ramos Matillas et Campocerrado. Très facile avec l'épée, il n'a de sa vie jamais entendu un avis.

Son fils Julito (né le 4 février 1969) a repris le flambeau. De sa mère Malena, danseuse flamenca, il a hérité une personnalité affirmée. Torero de classe, capable de réaliser des faenas d'une grande qualité artistique, il se singularise en choisissant de ne toréer que les corridas qui l'intéressent, demandant chaque fois le prix fort. Julito a pris son alternative le 15 avril 1990, à Séville, dans un cartel de soie (parrain : Curro Romero ; témoin : Espartaco ; toros de Torealta) et l'a confirmée le 1er juin 1993 lors de la San Isidro face à des toros de Sepulveda (parrain : Ortega Cano ; témoin : Espartaco). Le jeune Aparicio est devenu également la coqueluche des gitans andalous depuis une faena matinale à Séville, inspirée et pleine de grâce, au point qu'il a été engagé sept fois comme matador (record absolu) à la Maestranza, en 1992.

Aphteuse, Fièvre

[*glosopeda*] Affection commune aux bovidés et sévissant par épidémies. Les plaies qu'elle détermine sous les pieds des taureaux tardent à se fermer et leur laissent une faiblesse de pattes plusieurs semaines après la guérison. La fièvre aphteuse se combat par des vaccinations, mais la variété des bacilles, suivant le secteur d'Europe d'où s'étend l'infection, rend souvent inopérants les sérums tenus en réserve. Une humidité prolongée de la mauvaise saison favorise sa propagation.

Apoderado

[fondé de pouvoir] Nom donné aux représentants des matadors d'alternative ou de novillos, qui se chargent de l'administration de leur carrière.

Apodo

[surnom] Une longue tradition veut que la plupart des toreros se fassent annoncer sous un apodo, plus facilement retenu par le public que leur nom d'état civil. Il surgit en général d'un détail inhérent à leur origine ou d'une circonstance de leurs premiers débuts. *Marismeño* est le natif de la Marisma (estuaire du Guadalquivir) ; *Machaquito,* le petit lourdaud ; *Manolete,* le jeune Manuel, etc. La coutume n'est toutefois pas absolue : Belmonte, Antonio Ordoñez, Camino, Puerta, par exemple, se sont refusés à y recourir.

Apuntillar

Sectionner la moelle épinière à sa sortie du bulbe avec une courte dague de dix à quinze centimètres : la *puntilla*. Recours employé seulement lorsque le taureau s'est agenouillé sous l'effet d'un coup d'épée, il est réservé au *puntillero,* dont fait généralement office un subalterne de la cuadrilla*. Sa fin est purement pratique et n'appelle pas de commentaires spéciaux, sinon que les derniers mouvements de tête de l'animal peuvent en contrarier l'exécution.

Rien n'interdit à un matador de pratiquer le *descabello** avec la *puntilla,* tant que la bête se tient debout.

Arène

V. RUEDO*

Areneros

Nom donné aux membres du service d'arène. Les quelques-uns d'entre eux qui sont affectés à celui des picadors se tiennent en piste à côté de leur cheval. Ils portent une tenue plus bigarrée et dont l'idée est venue du travestissement d'une troupe de singes savants présentée au cirque Price, à Madrid, à la fin du XIXe siècle. Aussi les a-t-on baptisés les « singes savants » [*monosabios*]. Leur tâche est assez exposée et il arrive souvent qu'ils fassent au cavalier renversé un *quite** d'urgence, en appelant le taureau sur eux avant de sauter la barrière.

Armillita

[Fermin Espinosa] « Armillita » est mort le 5 septembre 1978 à Mexico, d'une péritonite aiguë. Historiquement, c'est le matador mexicain le plus important après Gaona. Il dut sa formation accomplie et précoce à l'afición éclairée d'un père banderillero qui avait déjà fait deux bons toreros de ses frères aînés, Zenaido et Juan. Né en 1911 à Saltillo, il tua son premier *becerro* en plaza de Mexico à treize ans, débuta en novillada avec picador à quinze, prit l'alternative à seize et demi, la confirma dès son arrivée en Espagne, au printemps 1928.

Torero très *largo**, donc initié aux secrets de la réussite des suertes* les plus variées, il exécutait passes de cape ou de muleta et poses de banderilles avec une grande sécurité technique, doublée d'une intuition très développée des bêtes. Ses passes naturelles coulaient de source et, avec l'épée, il se montrait généralement sûr et rapide. Cette impression d'extrême facilité s'accompagnait certes d'une apparente froideur, mais il s'animait et se grandissait devant les adversaires difficiles, les soumettait à sa volonté de domination, faisait alors admirer son éclatante supériorité. Dans cette ligne de rare quiétude et de perfection, il a connu de véritables triomphes, aussi bien à Madrid qu'à Séville et à Mexico, où il remporta par deux fois le trophée envié de l'Oreille d'or. Un critique l'a qualifié de « Joselito » mexicain, comparaison exacte sous bien des rapports.

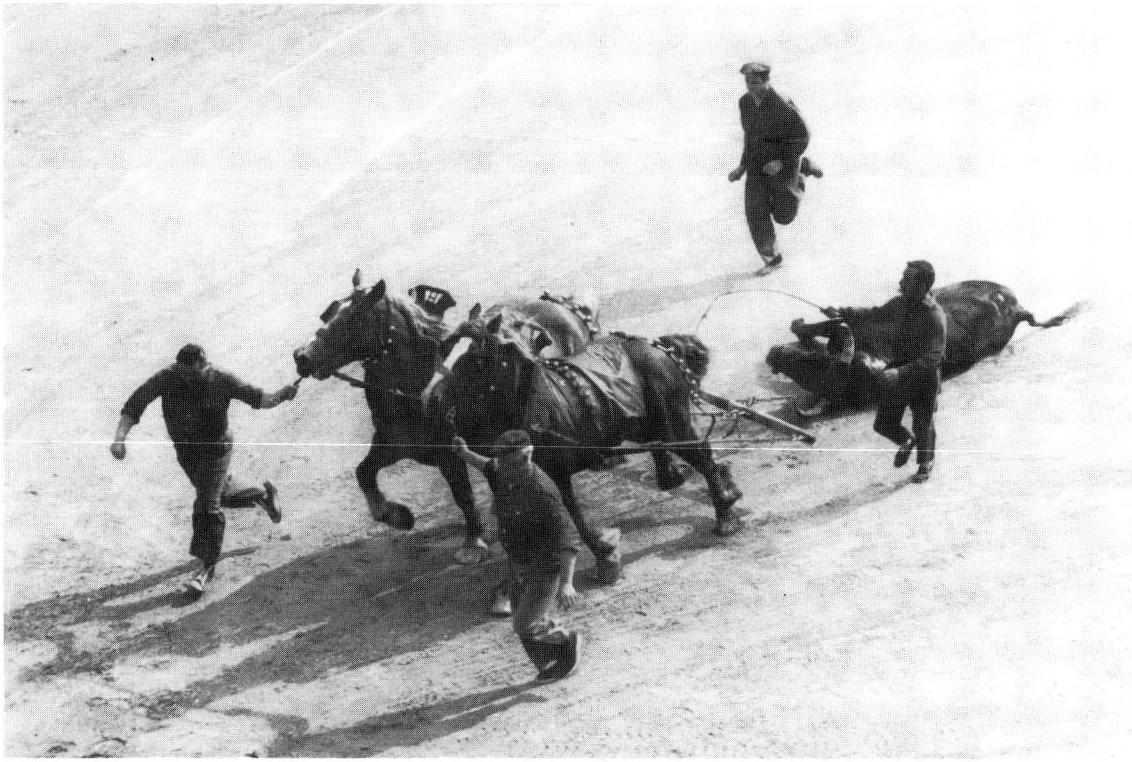

Morte la bête... Et fouette cocher ! C'est l'arrastre. Depuis vingt minutes qu'il est sorti du toril, tout fumant de colère, il a combattu. S'il l'a fait vaillamment, le taureau a droit, lui aussi, au tour de piste sous les acclamations.

Sans avoir reçu d'autre blessure grave que celle de 1944 à San Luis Potosi, et déjà riche, il prit congé de l'afición l'année 1949 en affrontant seul, dans la plaza Monumental de Mexico, six taureaux de La Punta, élevage réputé pour sa dureté comme l'est celui de Miura en Espagne. Ne peuvent être tenues pour un authentique retour les peu nombreuses corridas qu'il toréa en Europe cinq ans plus tard, car il y fit surtout figure de touriste en costume de lumières.

Son fils Manuel, après des débuts de matador plutôt hésitants, semble s'être révélé à Mexico dans une corrida de l'hiver 1969.

Malgré ce succès net, « Armillita », trop inconstant, n'a jamais occupé la place de son père dans le cœur des aficionados. Son frère Miguel, « Armillita Chico », a conquis le Mexique dès son apparition en 1979. Présenté en Espagne l'année suivante, pendant trois ou quatre saisons, il va devenir un des toreros mexicains les plus importants de sa génération, avec Mariano Ramos et Eloy Cavazos. Après dix ans d'absence, il a été engagé lors de la San Isidro 1992 pour un discret retour mais a eu l'intelligence d'effacer ce revers en offrant gracieusement ses services pour un festival au bénéfice de Julio Robles.

Devant la télévision il a coupé deux oreilles, est sorti à *hombros* et a obtenu deux contrats pour la feria de Madrid de l'année suivante. Alternative le 26 novembre 1977 à Queretajo, au Mexique (parrain : Manolo Martinez ; témoins : Eloy Cavazos et Manzanares). Présentation à Madrid le 25 mai 1983 (toros de Gabriel Rojas).

Arrastre

[action de traîner] Désigne l'enlèvement du cadavre du taureau avec un train de mules ou de chevaux. Il s'exécute au galop. Lorsque le président ordonne un tour d'honneur pour le propriétaire d'une bête remarquable de bravoure, il se fait au pas sous les applaudissements de la foule.

Arrimarse

V. EXPONER★

Arruza

[Carlos Ruiz Camino] Le nom d'Arruza est celui de sa grand-mère paternelle. Il naquit en 1920 au Mexique où venaient d'émigrer ses parents antérieurement tailleurs à Santander (Espagne). Son frère aîné Manuel, bientôt tué d'un coup de feu accidentel, l'entraîna à pratiquer le toreo sous la coupe du matador mexicain Samuel Solis. Accueillis avec sympathie, ses débuts de carrière n'eurent cependant pas de retentissement particulier jusqu'au jour où, ayant débarqué à Madrid en 1940, il vit Manolete dans l'arène et se dit : « Si cela est le toreo demandé, moi aussi je peux le faire. »

De Manolete, il n'atteignit point l'inspiration si personnelle, mais reprit avec succès sa fixité, sa position de profil, sa présentation de la muleta à corps passé, l'égala et même le surclassa dans les flexions de ceinture sur la corne, comme on put en juger précisément par sa création très originale de l'*arrucina*. (V. MULETA★) Il est à son honneur de dire qu'il ne se dégageait pas des retours inopinés du taureau avec d'inesthétiques coups de poignet. Son agilité physique l'en dispensait d'ailleurs. Il la réservait entièrement pour une telle circonstance ainsi que pour le deuxième *tercio*★ où il émerveillait quiconque par ses facultés d'immense banderillero. Jamais taureau ne l'aura gagné de vitesse, ni empêché de s'arrêter en plantant, à la pointe même de la corne. L'athlète se révélait alors plus fort que la bête.

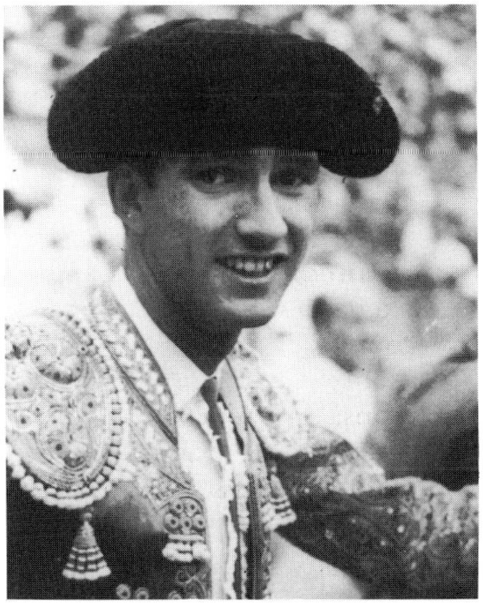

Arruza eut la sagesse de ne point prétendre déboulonner l'idole populaire pour laquelle il manifestait, même en toréant à ses côtés, une affection admirative. Plus que son rival, il parut être toujours son allié. Cette attitude déférente concourut beaucoup à lui gagner les plus larges sympathies. Au demeurant, son expression de courage viril, d'aisance et de sérénité exerçait une puissante séduction, confirmée par sa grande sûreté à l'épée.

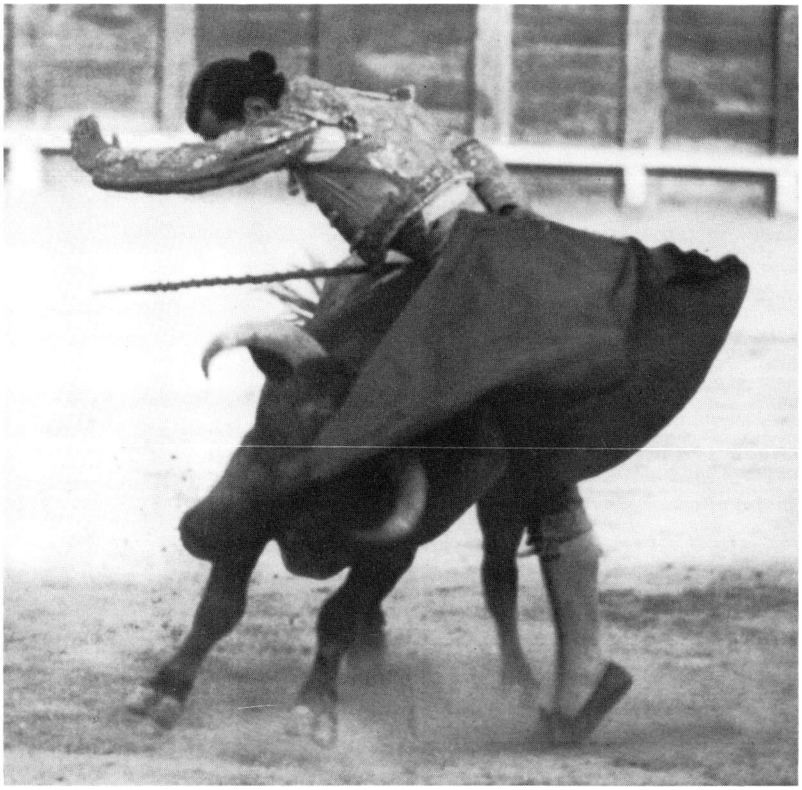

Les fantastiques qualités « sportives » de Carlos Arruza, on les voit étalées ici, dans cette *arrucina*, passe de son invention, et que bien peu ont réussi à imiter.

Dans les derniers temps, il parvint très naturellement à un degré de maîtrise dont il tira un effet de profondeur presque classique.

Entre 1940 – année de son alternative – et 1953, il ne connut que des succès constants de part et d'autre de l'océan Atlantique. Une fois retiré au Mexique, il se constitua un élevage de taureaux de combat, sans pour autant quitter totalement l'arène, car il devait encore y faire admirer, en 1956 et 1957, un beau talent de *rejoneador*★. Un stupide accident de la route, dû à la distraction du chauffeur, mit de la façon la plus inattendue un terme à sa vie particulièrement remplie et fortunée, marquée d'un nombre limité de blessures graves.

Atorado

Expression utilisée par les toreros pour qualifier l'état de lassitude et d'« indigestion de taureaux » qu'ils ressentent après de trop nombreuses et fréquentes corridas. Les grandes vedettes y sont le plus facilement exposées. Il appelle un court repos que les circonstances n'autorisent pas toujours immédiatement.

Avis

V. RÈGLEMENT★

Aviser, S'

[*avisarse*] Le fait pour un taureau de développer son attention à tout ce qui se passe dans l'arène, de chercher à déjouer les attrapes qu'on lui tend et de flairer finalement la présence de l'homme derrière le leurre. S'il présuppose, chez l'animal, une disposition [*sentido*] à apprendre plus vite qu'un autre ce qu'il ne devrait pas savoir, celle-ci s'accentue toutefois avec une mauvaise lidia* comportant des passes trop répétées, voire d'une exécution négligée, des sorties en faux ou des hésitations de la part de l'homme... Autant de détails qui éveillent immanquablement l'instinct défensif de la bête.

Aussi, pour qu'un de ces taureaux ne devienne pas franchement *avisado* et d'un maniement délicat, convient-il très tôt de ne pas « le douter » – suivant le mot favori des toreros –, de le toréer avec autorité et juste assez pour l'amener à l'estocade, en se gardant bien de lui offrir gratuitement l'occasion d'en apprendre davantage.

Tous les taureaux de caste* sont appelés à « s'aviser » plus ou moins à la fin de la faena* de muleta, si on la prolonge à l'excès. Le talent d'un torero est de la terminer en temps voulu.

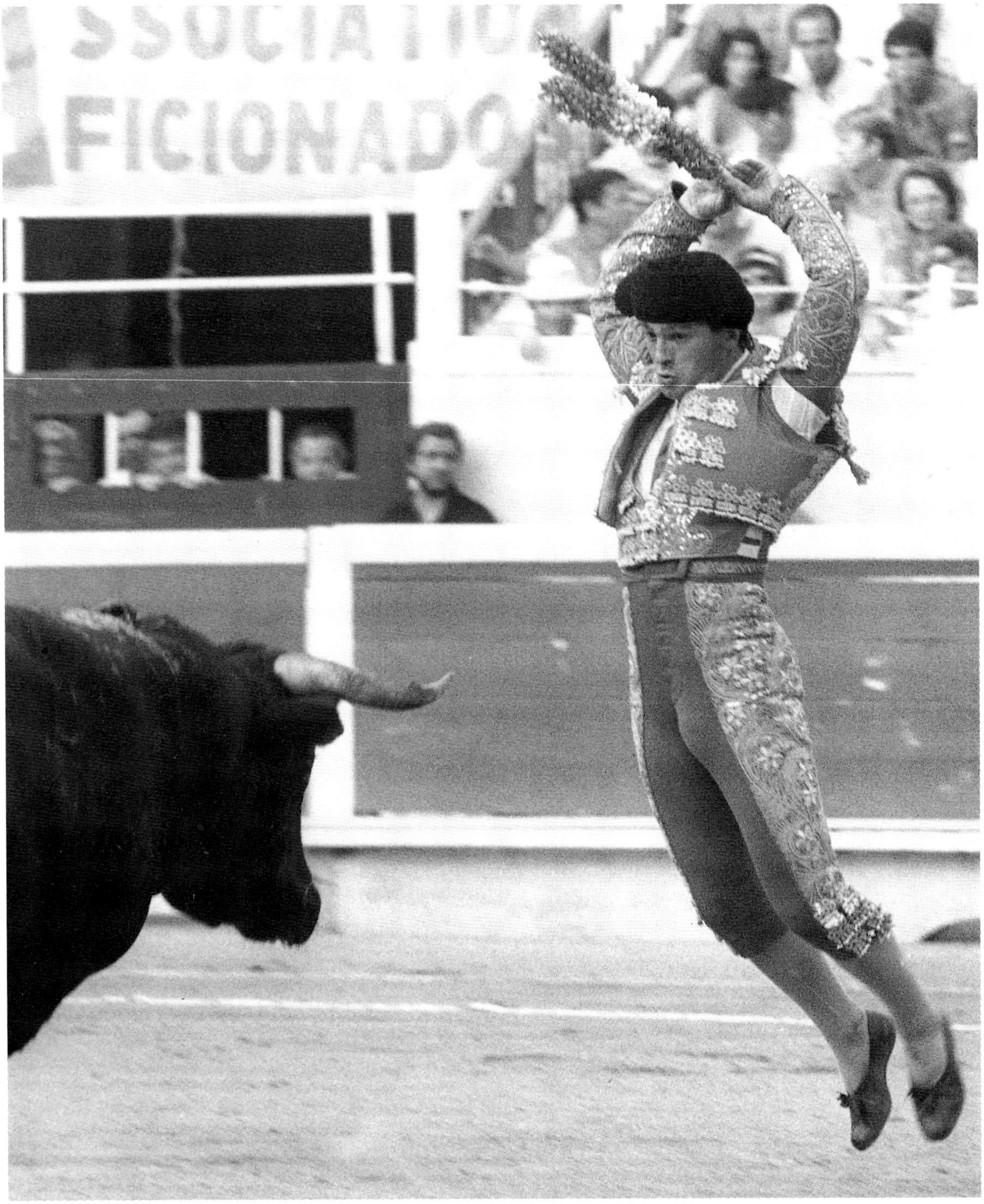
SSOCIATIO
FICIONADO

B

Bandera, Taureau de V. BRAVOURE★

Banderilles [*banderillas, rehiletes*] Bâtonnets de bois blanc, désormais ornés de papier de couleur découpé, mesurant 70 cm de long et terminés par un harpon de 4 cm dont l'usage caractérise le deuxième *tercio*★ de la corrida.

Originellement, semble-t-il, ce qui en tenait lieu se plaçait isolément et dans une course rapide, à titre de simple prouesse. Des écrits signalent cependant qu'au XVIIe siècle on les posait exceptionnellement par paire. Mention en est notamment trouvée dans la relation officielle des toros que firent courir les autorités espagnoles, venues au-devant du petit-fils de Louis XIV, leur nouveau roi Philippe V, à Bayonne, le 17 janvier 1701.

La pose par paire et dans des suertes bien définies se systématise avec l'institution de la corrida moderne, à la fin du premier quart du XVIIIe siècle. L'objectif des banderilles n'est nullement de diminuer la force du taureau qui, s'il est brave, n'accuse même pas leur accrochage dans la partie la plus charnue de son dos. Il est plutôt un moyen d'occuper un temps de récupération qui lui est laissé entre ses dures rencontres avec les picadors et le face à face final qui l'oppose au seul matador.

Bien entendu, il en est de la suerte des banderilles, comme de toutes les autres. Sa mauvaise exécution remet à la fois en litige l'esthétique du toreo et l'état de domination où doit être maintenu le taureau. Les « sorties en faux » (c'est-à-dire sans planter), les dérobades, l'abus de l'emploi de la cape pour remettre la bête en position contribuent fâcheusement à développer son instinct de défense. C'est un *tercio*★ qui, suivant la définition des professionnels de l'arène, demande à être mené « vite et bien », toutes les paires demeurant placées dans le haut du garrot et sur un espace pas plus large que la paume de la main. Le nombre des poses est fixé à trois par le règlement, mais le président a toute licence de ne pas laisser atteindre ce chiffre si l'état du taureau le lui conseille, ou d'accorder une paire supplémentaire à un matador, grand banderillero, qui l'en solliciterait.

Le placement des banderilles repose sur l'utilisation des ter-

La tauromachie n'a rien à voir avec le sport. Mais elle peut faire éclater la valeur athlétique d'un torero comme Victor Mendes, banderilles en mains.

rains*. Il consiste à se mettre dans celui du taureau pour l'appeler et obtenir ainsi de lui une charge accélérée à la faveur de laquelle le banderillero peut, tout en regagnant progressivement le terrain de l'homme, arriver à la corne, s'y arrêter [*cuadrarse*] juste le temps qu'il faut pour planter, et sortir sans être pratiquement poursuivi, le taureau revenant à sa position de dos au centre de la piste. La façon dont on s'y prend pour obtenir le résultat recherché différencie seule les diverses suertes de banderilles :

– *Au cuarteo.* De la partie centrale de l'arène, dont le taureau a été préalablement éloigné avec une cape, le banderillero fixe l'attention de l'animal, marche sur lui à pas comptés, en ligne droite, et dès que celui-ci, ne supportant plus l'intrusion d'un homme dans son terrain, commence à foncer, il se met à courir pour dépasser latéralement l'axe de la charge [*cuarteo*], gagner la corne et sortir en direction de la barrière.

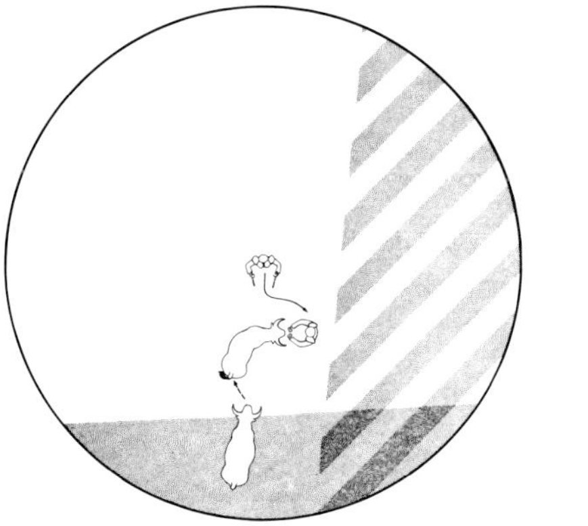

Paire au *cuarteo*.
GRISÉ : terrain de l'homme au début de la suerte.
RAYÉ : terrain de l'homme à la fin de la suerte.
BLANC : terrain du taureau.

Lorsque le taureau répond mal à l'appel du banderillero et se retourne sur lui pour le poursuivre jusqu'à la barrière, c'est l'indication qu'il a déjà commencé à reporter son point d'appui du centre à celle-ci. En fait, les grands banderilleros se réservent pour les adversaires *claros**, avec lesquels seulement ils peuvent briller.

– *De poder à poder.* Même conception, mais le banderillero, au lieu de se rapprocher pas à pas du taureau avant son départ, dessine un large arc de cercle aussitôt qu'il s'élance, et s'impose de le gagner de vitesse sur une plus grande distance. La suerte peut s'exécuter en partant de la barrière, de façon à donner au taureau une avance plus impressionnante.

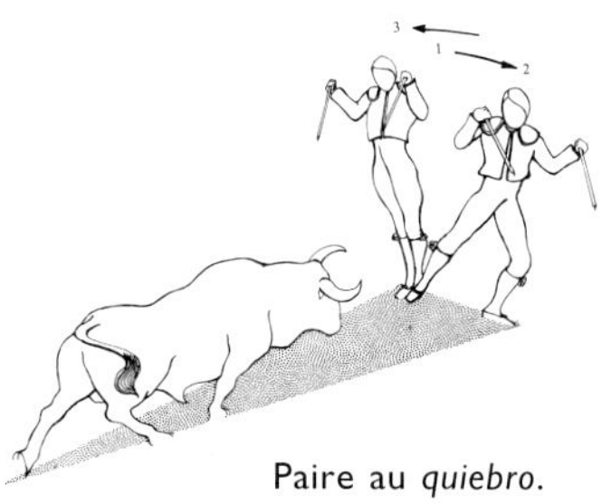

Paire au *quiebro*.
GRISÉ : terrain de l'homme.
BLANC : terrain du taureau.

– *Al quiebro* [on dit aussi, mais improprement, *al cambio*]. Qu'elle soit effectuée au centre de la piste ou, plus commodément, au fil de la barrière, le torero, arrêté sur le point d'où il appelait le taureau, le rejette vers son terrain par un écart de la jambe esquissé à la dernière seconde. Cette suerte ne requiert aucun souffle spécial, aucune disposition athlétique, mais une grande sérénité pour attendre la charge et la dévier en temps voulu.

L'opinion d'Antonio Fuentes – un maître de l'art des banderilles – était que le nom de *cambio* doit être réservé aux suertes dans lesquelles le torero utilise une cape ou une muleta pour « changer » entièrement l'axe de la charge d'un taureau et le nom de *quiebro* à celles où l'on se contente de le « briser », dans sa partie terminale, par un simple écart de la jambe. Cette question de terminologie n'en demeure pas moins très débattue.

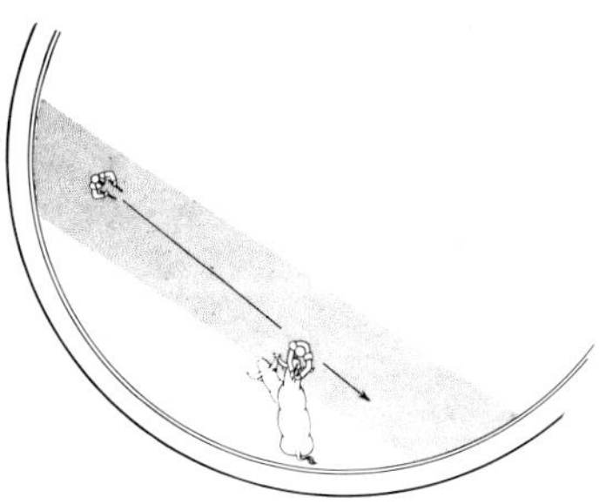

Paire *al sesgo por fuera*.
GRISÉ : terrain de l'homme.
BLANC : terrain du taureau.

Il existe également deux suertes exécutées pratiquement à taureau arrêté, mais dans lesquelles la notion de son terrain ne joue pas un moindre rôle. Ce sont :

– *Al sesgo por fuera* [de biais par l'extérieur]. Elle constitue un recours avec les bêtes dépourvues de bravoure qui ont porté leur

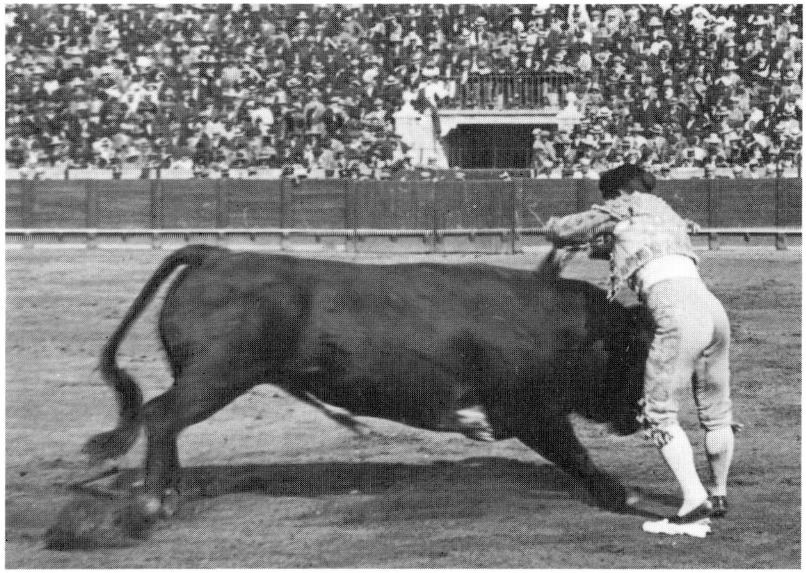

Le vieil Alcalareño dans une paire de banderilles courtes plantée au *quiebro,* dans le milieu de l'arène, le pied gauche placé sur un mouchoir pour souligner son immobilité.

point d'appui à la barrière et ne veulent pas en démordre. Le banderillero s'élance sur la ligne de séparation des terrains – désormais inversés – qui passe par la pointe des cornes et cloue au passage.
– *Al sesgo por dentro* [de biais par-dedans]. Même exécution, mais le banderillero se glisse entre le taureau et la barrière. Elle n'est donc concevable qu'avec une bête ayant catégoriquement conservé une attirance vers le centre, qui la retienne de charger à fond contre la barrière.

Pour mémoire, on qualifie de suerte *al relance* celle où l'on prend le taureau à la sortie de la paire posée par un camarade, et de banderilles *a la media vuelta* [au demi-tour], celles dans lesquelles on appelle un taureau très récalcitrant de par-derrière, pour le surprendre alors qu'il se retourne.

Nombreux sont les matadors qui ont apporté un art consommé à banderiller eux-mêmes beaucoup de leurs taureaux. Ce fut notamment le cas d'Antonio Fuentes, modèle de précision et d'élégance malgré la légère boiterie laissée par une bles-sure, de Rodolfo Gaona, réplique mexicaine de Fuentes, de Joselito El Gallo, fantastique par sa puissance de jambes et sa connaissance des terrains, de Sanchez Mejias, sensationnel dans ses *sesgos por dentro,* de Manolo et surtout de Pepe Bienvenida, l'un plus allègre, l'autre plus magistral, de Luis-Miguel Dominguin et surtout de son frère Pepe, qui pratiquait le *cuarteo* comme personne.

Un temps délaissée par les maestros, la pose des banderilles a été remise à la mode par Angel Teruel et Francisco Rivera « Paquirri » à la fin des années soixante. La génération suivante

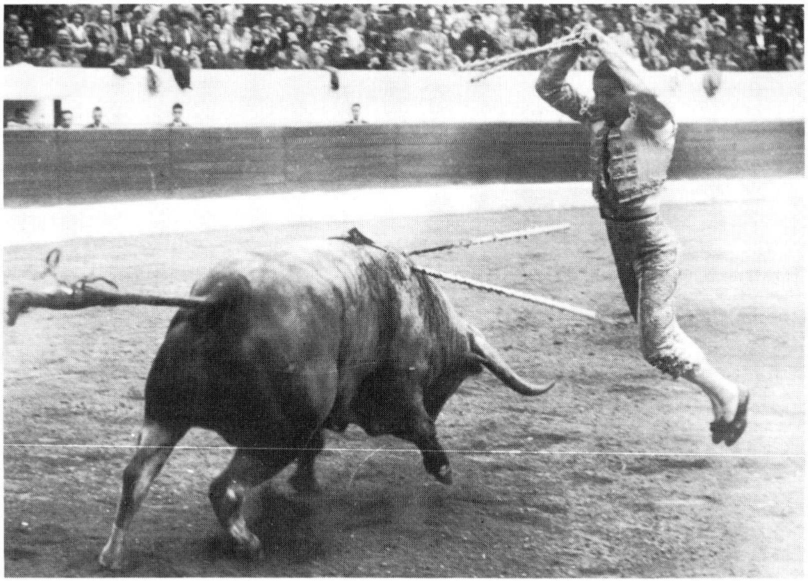

Une paire *de poder a poder* par Cesar Girón – comme un oiseau de proie...

a pris le relais. Au point que les organisateurs ont monté des carteles de matadores-banderilleros. Victor Mendes, certainement le plus complet et le plus spectaculaire banderillero actuel, Luis Francisco Espla, Morenito de Maracay et Christian Montcouquiol « Nimeño II », avant sa mort, s'y sont particulièrement illustrés.

Aujourd'hui les matadors, se reposant sur le seul succès de leur faena*, délaissent plutôt l'exercice des banderilles. On ne peut donc que se féliciter de l'exemple donné par les jeunes Teruel et Paquirri, qui s'emploient avec un rare bonheur à restaurer un jeu dont la beauté et l'audace sont des plus attachantes, lorsqu'il est conduit avec le talent et la sincérité désirables.

Même dans les cuadrillas, ordinairement portées à céder à la routine, ont figuré et figurent encore quelques artistes réputés des banderilles, tels Magritas, Luis Morales, Antoñete Iglesias, El Vito, Luis Gonzalez, Morenito de Cordoba, le Portugais Mario Coelho, Juan de Los Rios « El Formidable » (jusqu'à la blessure que lui infligea un toro de Palha le 18 août 1991 à Bilbao), Manolo Montoliu (tué à Séville le 1er mai 1992 par « Cabastito » d'Atanasio Fernandez), Vicente Yesteras, Curro Cruz, Antonio Chacón, le Colombien Rodrigo Arias, « Monaguillo de Colombia », Manolo Ortiz, Rafael Corbelle, Curro Alvarez, qui sont les plus connus des subalternes.

À Madrid, la famille Alonso Angulo fabrique, depuis un siècle, les banderilles destinées aux corridas de la capitale d'Espagne. Il en faut, par spectacle, vingt-deux paires. Elles valent vingt-cinq pesetas pièce et se montent en un quart d'heure. La dimension est toujours la même, bien qu'il existe des banderilles courtes et... d'autres spécialement préparées pour être brisées sur le frontal du taureau et, ainsi, raccourcies par le torero lui-même !

Barba

On dit d'un taureau qu'il se présente « avec toute sa barbe », lorsqu'il a une tête d'animal âgé et sérieux qui impose le respect.

Barbear las tablas

Comportement d'un taureau touché à mort, qui rabote la barrière sur une assez longue distance avant de s'agenouiller.

Barrenar

V. PIQUE★

Becerrada

Spectacle sans picador, donné par des amateurs avec des jeunes taureaux ne dépassant pas deux ans [*becerros*].

Becerrista

Tout protagoniste d'une *becerrada*★. Le mot s'emploie, en mauvaise part, pour dénoncer le matador qui systématiquement ne se confie et ne brille qu'avec des adversaires légers, dépourvus de vraie force, même si la qualité de son style est évidente.

Belmonte, Juan

(1892-1962) Sans antécédent tauromachique dans sa famille. Il tint à quinze ans une boutique de quincaillerie du commerce de son père, mais son inquiétude d'esprit et la déconfiture paternelle le firent bientôt se tourner vers la seule aventure alors ouverte aux garçons entreprenants de Séville : les taureaux qui paissent à proximité de la ville. Un de ses biographes a écrit de façon très littéraire que le style statique, dont il devait pour sa plus grande gloire donner l'exemple, naquit chez lui de les défier furtivement la nuit, une lampe d'acétylène posée au sol si ne luisait pas fortuitement un rayon de lune ! La rencontre de José Maria Calderon, ancien péon de confiance du matador Antonio Montes, engagé dans la même recherche, et qui guida personnellement les années d'apprentissage de Belmonte, explique mieux l'orientation de sa trajectoire artistique.

Une immobilité des pieds jamais atteinte dans l'exécution des suertes et conservée autant que possible entre chacune d'elles, donc un recours quasi unique à l'allonge des bras, appuyé sur une cadence *(templar★)* exquise du déplacement du leurre pour capter parfaitement le regard du taureau, telle est la révolution – pourtant jaillie du concept le plus classique de l'art du toreo – que Belmonte apporta à la corrida.

Son raccourcissement de la distance habituelle du *cite*★ introduisit aussi une sensation nouvelle, doublée d'une recherche de la beauté plastique, inconnue à ce jour. Chacune des passes du

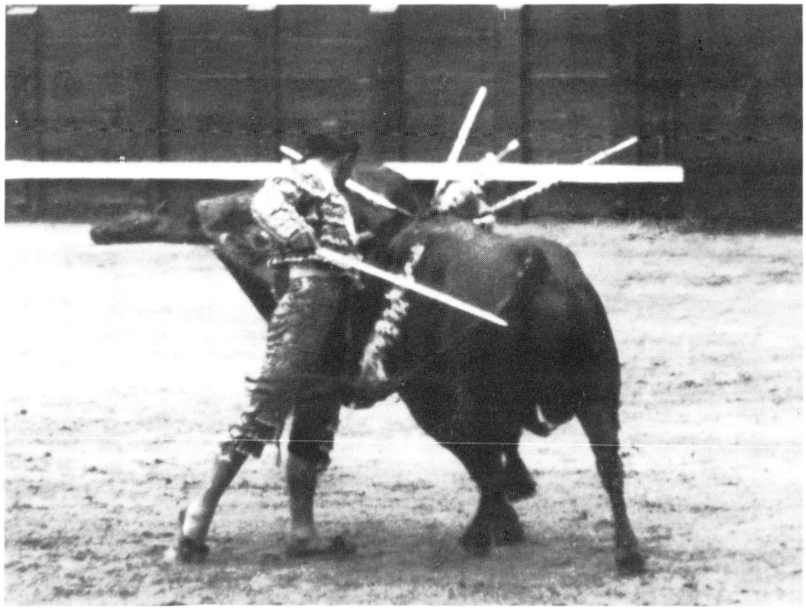

Vérité des gestes, intensité du corps à corps avec la bête, c'est la passe naturelle du grand Juan Belmonte. Avec lui, la muleta est vraiment le bouclier, l'épée vraiment une arme, le taureau non un prétexte, mais un adversaire respecté. On voit ici comme il sait « se sortir le taureau par la ceinture ».

registre plutôt limité *(corto*)* qui était le sien prenait la valeur d'un chef-d'œuvre, dans lequel son corps malingre de jeune homme souffreteux se grandissait à l'infini.

Les véroniques lentes par lesquelles il recevait une bête à son entrée, la main légèrement haute pour assurer la sortie* et pouvoir se maintenir cinq à six fois de suite sur l'emplacement choisi, ses demi-véroniques terminées par un enroulement dans le cou du taureau, les magistrales passes basses à deux mains dont il se servait pour s'emparer de ce dernier, sa façon de le faire défiler entièrement devant lui tant dans une passe naturelle que dans celle de poitrine rigoureusement exécutée à son retour, en pesant sur la jambe avancée, sa conception d'un *molinete* débutant à la manière de la *trinchera* (V. MULETA*) ont été souvent imitées par la suite, mais sans jamais retrouver son accent personnel.

Comme pour tout autodidacte, il y a lieu de distinguer deux périodes dans sa carrière. La première, d'approches successives de son idéal, de bousculades dramatiques stoïquement supportées et providentiellement dépourvues de conséquences trop graves. Ensuite la maîtrise à laquelle il avait accédé après avoir toréé cinq années en compagnie de Joselito, depuis son alternative de 1913 jusqu'à la saison 1919, vit son plein épanouissement.

Arrivé à ce point de maturité, et une fois son partenaire de choix disparu des arènes après la tragédie de Talavera, une envie persistante de se retirer l'assaillit. À Lima, l'hiver 1922, il s'écarta une première fois de la profession, mais y revint de 1924 à la fin de 1927, et réapparut encore en 1934 pour toréer ses deux dernières saisons.

De son mariage, en 1914, avec une jeune fille de la bourgeoisie péruvienne, il eut deux filles. L'aînée lui donna deux petits-enfants aujourd'hui matadors, l'un de taureaux, l'autre de novillos, sous le nom de Becca Belmonte. Avec deux frères de Juan, Manuel et José, qui se réclamèrent de sa popularité, comme de son influence, pour prendre l'alternative, et un fils naturel, Juanito, intéressant matador finalement écarté de l'arène par des blessures graves, ce sont les seuls membres de la famille Belmonte à avoir revêtu le costume de lumières.

Au printemps de 1962, Juan Belmonte, qui vivait entre sa propriété andalouse d'Utrera – « Gomez Cardena » – et son appartement de Madrid, entouré de nombreux amis parmi lesquels une majorité d'intellectuels et d'artistes, s'inquiéta d'un processus d'affection cardiaque. Ayant toujours montré une répulsion instinctive pour toute déchéance physique, il choisit de rédiger son testament et de se tuer d'un coup de revolver, montrant jusque dans cette ultime circonstance la fermeté éprouvée de son caractère.

Bicho

[insecte] Appliqué par antithèse au taureau, le mot est d'un usage très courant, utilisé par les aficionados en mal de synonymes, et qui n'hésitent point à employer des termes aussi disparates que cornu, fauve, produit, opposant...

Bienvenida

Dynastie fameuse de toreros andalous.

MANUEL JIMENEZ LUJAN
« Bienvenida I »

Fondateur de la dynastie, il est né en 1867 à Bienvenida, petite localité de la province de Badajoz, et il faut voir dans ce détail l'origine du nom de guerre adopté par la famille. S'il prétendit un moment essayer sa chance comme novillero, il se contenta toutefois de devenir un bon péon et banderillero, figurant dans des cuadrillas de matadors aussi connus à son époque que Bocanegra, Chicorro, Gordito, Hermosilla et Mazzantini. Il ressentait une grande fierté d'avoir été le premier – en bousculant un peu un camarade, raconte la petite histoire – à poser une paire de banderilles le jour de l'inauguration de la plaza de la Carretera de Aragon à Madrid. Une fois retiré, il employa ses dernières années à cultiver le virus sacré chez ses deux fils.

JOSÉ MEJIAS RAPELA
« Bienvenida II »

Né en 1880, l'aîné des deux fils du « Señor Manué » – comme on l'appelait à Séville – prit d'abord le chemin du séminaire, en sortit pour essayer de devenir novillero et opta vite pour une activité de subalterne, qu'il exerça en grande partie dans la cuadrilla de son frère Manuel. Ayant épousé une Française, il se retira en 1922, à Châteaurenard (Bouches-du-Rhône). On doit à cette circonstance le choix de la France pour terrain de début en *becerradas*★ de ses neveux Manolito et Pepe, le jour où les autorités espagnoles exigèrent qu'aucun torero au-dessous de quinze ans ne se présentât en public.

MANUEL MEJIAS RAPELA
« Bienvenida III »

Né en 1884, de quatre ans plus jeune que son aîné, il lui appartenait d'illustrer, le premier, le surnom familial de « Bienvenida ». Ayant réussi, encore enfant, à se faire emmener à Lisbonne par un organisateur de *becerradas,* il y plut et se vit engager dans dix-sept spectacles semblables à travers le pays. Novillero, il se présenta à Madrid en 1902 et éveilla suffisamment d'intérêt pour prendre l'alternative à Saragosse, le 14 octobre 1905. Son style classique quant au fond, mais purement sévillan dans sa forme, fleuri, allègre, pimenté de détails de son invention personnelle, le signala à l'attention générale.

Les durs taureaux de ces années de sa jeunesse ne se prêtaient pas tous au jeu par lequel il cherchait à se distinguer de haute lutte. Une certaine irrégularité, notamment à l'épée, lui fut beaucoup reprochée. Ayant atteint son point de bonne carburation l'année précédente, il voulut, en juillet 1910, frapper un grand coup et s'enfermer à Madrid avec six taureaux de Trespalacios. Hélas ! le troisième lui infligea une blessure qui compromit la suite de sa carrière. De son propre aveu, il voulut anticiper sur le toreo moderne en levant simplement le bras au passage de la bête pour donner une passe haute. L'animal, insuffisamment conduit, étant donné son *genio*★, lui déchira profondément le haut de la cuisse. Diminué, il perdit alors du terrain, toréa de moins en moins et pour des cachets de plus en plus modiques.

Pour élever ses enfants, il émigra bientôt en Amérique latine et besogna de son mieux dans des spectacles souvent mineurs. Felipe Sassone, le délicieux auteur péruvien, sans aucun doute un des meilleurs écrivains tauromachiques car il s'essaya dans sa jeunesse comme novillero, a raconté ce passage de sa vie dans un livre passionnant : *Casta de toreros.*

Après s'être coupé la *coleta*★ à Mexico, Bienvenida revint en Espagne, en 1924, afin de lancer ses deux fils aînés. Depuis ce jour, il n'a pas eu d'autre vocation que de faire des matadors accomplis de sa progéniture mâle et de lui transmettre le prestigieux héritage de sa grande expérience. Animé d'une éternelle jeunesse de cœur, le « père » Bienvenida ne s'éteignit qu'en 1965, après avoir vu s'accomplir la destinée qu'il avait voulue pour ses descendants.

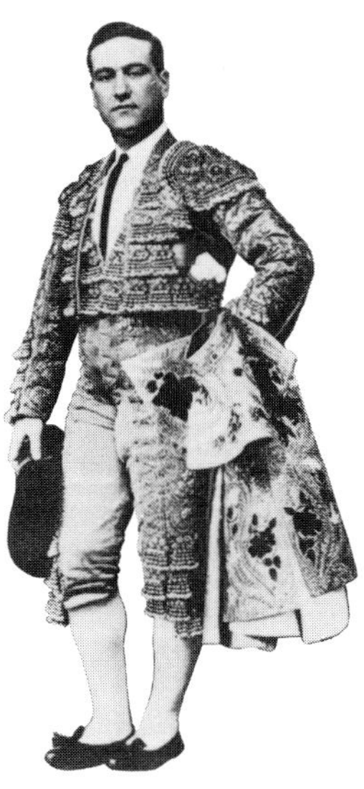

MANUEL MEJIAS JIMENEZ
« Bienvenida IV »

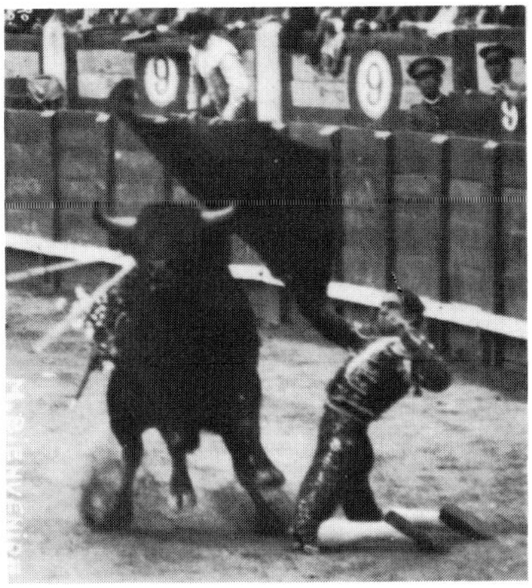

Le courage caractéristique de Manolito éclate dans cette passe de poitrine exécutée à genoux.

Manolito – ce prénom est demeuré attaché à son souvenir – naquit en 1912 et suça son afición au biberon. À dix ans, son père le consigna chez lui un jour qu'il l'avait surpris prêt à se lancer en *espontaneo*★ dans une corrida de Miuras, à Séville ! Lui aussi débuta par des *becerradas* au Mexique, puis une année entière en France, en raison de la sévérité de la disposition récente de l'Administration espagnole touchant l'âge des garçons se présentant en public. La réputation d'enfant prodige qui l'entoura en même temps que son frère Pepe ouvrit bientôt à tous deux les portes des plazas espagnoles. Fait peu courant, Manolito prit l'alternative à seize ans et demi en plaza de Saragosse, le 30 juin 1929, après n'avoir toréé que quelques novilladas piquées en Amérique latine. Torero *largo*★ s'il en fut jamais, c'était un merveilleux banderillero, un maître de la muleta, un artiste précis et enjoué avec la cape, le tout dans la note allègre et fleurie du style sévillan. La profondeur★, à laquelle il n'atteignait pas tout à fait, lui vint subitement après sa très grave blessure du 27 avril 1933 en plaza de Madrid, un taureau incertain d'Albaserrada l'ayant pris à l'aine dans une passe haute aidée, exécutée les deux genoux en terre. Cette épreuve, loin de le décourager, l'affirma encore dans son afición et inaugura, du point de vue de sa carrière, une seconde étape d'épanouissement total.

Un foudroyant sarcome du poumon devait l'enlever au début de l'été 1938. Ainsi disparut à vingt-cinq ans, en pleine ascension, une des plus attachantes figures du *ruedo*★ que l'Espagne ait connues.

JOSÉ MEJIAS JIMENEZ
« Bienvenida V »

Il naquit en 1917. À ses premiers débuts de *becerrista*, les aficionados lui trouvèrent plus de profondeur qu'à Manolito. C'était aussi l'avis de son père qui s'attendit toute sa vie à le voir « exploser ». Cependant, sous l'effet d'une nonchalance qui était un de ses charmes personnels, la chose n'est jamais vraiment arrivée. La ville ne le sollicitait guère. Enfant, il préférait déjà la solitude de la campagne, son cheval, son fusil de chasse, sa guitare... La connaissance parfaite qu'il avait des bêtes et de leur lidia★, la pureté qu'il apporta à exécuter le toreo, un style presque unique de très grand banderillero, une grande facilité à porter l'estocade★ au *recibir* lui valurent d'intéresser un large public, sans toutefois s'imposer jamais, ni livrer bataille à ses concurrents souvent moins doués. Après 1949, il ne toréa plus qu'épisodiquement et abandonna définitivement l'arène en 1957. Ayant cédé à une invitation de reparaître en 1968 à Lima, dans un festival★ de charité, il mourut terrassé par un infarctus à l'issue même du spectacle, victime de son afición et de sa générosité.

RAFAEL MEJIAS JIMENEZ
« Bienvenida VI »

Né en 1914, ce gentil garçon blond et distingué, entraîné par l'exemple de ses deux frères aînés, les accompagna dans les nombreuses tientas* auxquelles ils prenaient part. Au Mexique, où il revêtit pour la première fois le costume de lumières, comme en Espagne, il toréa une trentaine de *becerradas* et y montra une grande finesse de style. Son père s'avisa cependant de le retirer momentanément des arènes pour le laisser mûrir, et l'associa à la gérance de la propriété qu'il venait d'acquérir en Andalousie, « La Gloria ». Mais, à seize ans, Rafaelito fut lâchement assassiné d'un coup de revolver par un administrateur de son père, manifestement déséquilibré.

ANTONIO MEJIAS JIMENEZ
« Bienvenida VII »

Il est né pendant le séjour de son père en Amérique latine, à Caracas, le 25 juillet 1922. De toute évidence, sa carrière et celle de Manolito ont été les plus complètes de la famille. Aussi, les aficionados qui ont eu le privilège de voir les deux frères à quelques années d'écart discutent-ils parfois de leur supériorité relative. Tous deux avaient la même connaissance exceptionnelle du difficile art de la lidia* : un acquis caractéristique de la dynastie, poussé chez eux au plus haut degré. Manolito était toutefois plus dynamique, plus enjoué, plus sévillan dans son art, plus *largo** dans son répertoire, notamment aux banderilles. Antonio a atteint, lui, une plus grande profondeur, une quiétude hiératique qui a conféré à son toreo une beauté et un classicisme plus parfaits. Ayant débuté en 1936 comme *becerrista*, il se présenta en novillada à Madrid le 3 août 1939. Son éclatement – pourrait-on dire – date du 18 septembre 1941, dans la même plaza de Madrid. À son premier novillo d'Antonio Perez Tabernero, il commença sa faena par trois *cambios* sensationnels exécutés avec la muleta repliée (vieille suerte recueillie par le père) et que suivirent trois séries parfaites de trois passes naturelles, toutes terminées en superbes passes de poitrine. Il a ce jour-là mis l'eau à la bouche des aficionados pour de nombreuses années.

Dès la saison suivante (5 avril 1942), il prit l'alternative à Madrid dans un courageux *mano a mano* avec son frère Pepe, devant cinq taureaux de Miura et un de Figueroa. Trois mois plus tard, en plaza de Barcelone, il voulut redonner à un taureau de Trespalacios, qu'il savait pourtant assez incertain, les trois *cambios* à muleta pliée de Madrid, dont on continuait à tant parler. Dès le premier, le taureau le cueillit au ventre et il connut ainsi la plus grave blessure de sa vie. Écarté deux mois et demi des arènes, il fut longtemps incommodé et dut même se faire réopérer en 1954 d'une hernie, contenue jusque-là par une ceinture orthopédique. Son afición, autant que le besoin de subvenir à l'existence de ses père, mère et frères qui s'appuyaient désormais sur lui, lui interdit pourtant de lâcher la

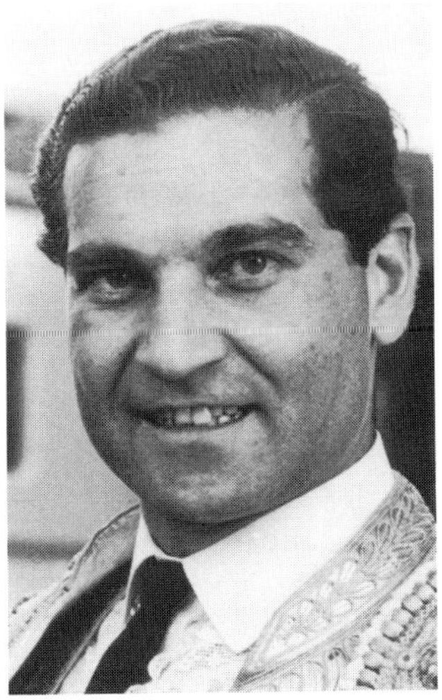

« Don Antonio », retiré en octobre 1966 après avoir fait pendant un quart de siècle honneur à son métier.

rampe. De ce passage plutôt laborieux de sa carrière, se détache une grande date. Le 21 septembre 1947, à Madrid, il s'offrit à toréer seul les six taureaux d'Antonio Perez, achetés par le *Montepio*★ des toreros pour la corrida donnée annuellement à son bénéfice. Le public répondit en masse au cartel et la réussite fut telle qu'après avoir coupé trois oreilles, Antonio se vit porter en triomphe jusqu'à la maison familiale du 3 de l'avenue du général Mola. Par la suite, il reprendra souvent, et toujours avec un égal succès, la formule des six taureaux affrontés seul. Il avait en effet, à la fois la ténacité, l'inspiration artistique, la variété des suertes et la profonde connaissance des bêtes, requises pour tenir en haleine les spectateurs au cours d'un pareil marathon. Antonio y a recouru maintes fois, notamment à Lima en 1947, à Madrid en 1954 et en 1955, devant des arènes toujours pleines. Il s'essaya même à tuer douze taureaux, tous d'élevages différents, dans une seule journée (six le matin ; six à la lumière électrique, après le dîner) à Madrid le 16 juin 1960, mais une mauvaise irrigation sanguine de la cuisse droite, souvent blessée, l'obligea à s'arrêter au neuvième.

De graves accidents – fruits de la très grande sincérité de son toreo – n'affectèrent pas sa vocation. Le dernier en date fut le 17 mai 1958, à la San Isidro madrilène. Un dangereux bœuf de Juan Cobaleda avec lequel, malgré ses trente-six ans, il s'exposait comme un novillero débutant, lui transperça le cou en direction de la trachée. Le sang mettait comme une écharpe de soie écarlate autour de son col blanc. Échappant à ses camarades, il porta tout de même un bon *pinchazo* et ne se laissa emmener à l'infirmerie qu'au bord de l'évanouissement, dans l'émotion générale.

Antonio Bienvenida était moins un torero de masses qu'une incarnation vivante de la vérité du toreo, donnant constamment en exemple (et dans les journées où il se sentait le moins compris du grand public) des détails capitaux sur la façon de mettre parfaitement en suerte un taureau difficile devant le picador, de surveiller son évolution au cours du combat, de l'enlever au *quite*★ avec la promptitude et la sécurité voulues, enfin de le réduire à sa merci, même s'il ne cherchait pas à briller de tous ses feux avec lui. José Maria de Cossio, au tome IV de son œuvre *Los Toros,* s'exprime ainsi à son sujet : « Le qualificatif qui répond le mieux à sa manière d'interpréter sa profession est celui de maître. De tous les toreros qui furent ses contemporains, très peu ont atteint à son intuition taurine, à sa conscience des terrains, à sa connaissance des caractères et des tendances des taureaux. Cette maîtrise a été le fondement très solide sur lequel il a édifié son toreo. »

Au demeurant, son humanité, sa droiture, sa probité dans l'arène aussi bien qu'en dehors d'elle, son respect profond du public (dont témoigne notamment sa condamnation catégorique de l'épointement des cornes) ont fait de lui un seigneur, dans toute l'acception du terme. Elles lui ont valu d'être choisi par ses pairs pour présider un temps le *Montepio* des toreros et de recevoir, de l'État espagnol, la croix de l'ordre de la Bienfaisance.

La dernière temporada 1966, dans laquelle il prenait congé du public, a été marquée par deux journées historiques. D'abord le *mano a mano* de la San Isidro à Madrid, en compagnie de Curro Romero. Les deux artistes se dépassèrent. La palme revint toutefois à Antonio pour sa lidia éclatante du cinquième Antonio Perez, le mieux présenté de la journée et d'une réelle caste. L'autre fait historique devait être sa course d'adieu en plaza de Madrid le 16 octobre, seul devant six taureaux, à l'âge respectable – pour un matador – de quarante-quatre ans.

C'est pourtant dans une arène que la mort l'a rattrapé. Non pas dans une de ces plazas dans lesquelles il avait si souvent triomphé mais dans une placita de tienta. Le 7 octobre 1975, à l'Escorial, près de Madrid, dans l'élevage de Amelia Perez Tabernero, Antonio Bienvenida s'efforçait de guider vers la sortie une vache del Campillo que l'on venait d'essayer. Au moment où on ouvrit les portes, la vache précédente, « Conocida », qui ne s'était pas éloignée pour regagner le troupeau, chargea le matador. Pris de dos et soulevé, il retombait lourdement sur la nuque et se brisait les vertèbres cervicales. Il mourut à quarante-sept ans, un an et deux jours après avoir fait ses adieux aux arènes de Madrid.

ANGEL-LUIS MEJIAS JIMENEZ
« Bienvenida VIII »

De deux ans plus jeune qu'Antonio, il participa avec ses frères à l'entraînement que dirigeait chaque matin leur père dans le jardin, sur l'arrière de la maison de l'avenue du général Mola, avec un bout de *talanquera* permettant d'apprendre à la sauter lestement, sous l'œil attendri des ménagères qui, délaissant balais et plumeaux, se mettaient à la fenêtre pour suivre leurs ébats, comme un spectacle sans cesse renouvelé. Ses aînés lui ouvrirent la porte de nombreuses tientas, auxquelles les éleveurs les conviaient. Gagné par l'émulation familiale, il délaissa assez vite ses études et se présenta à Madrid, le 25 juillet 1943, en novillada piquée. Soutenu par des succès où s'affirma son bon style, il prit l'alternative à Madrid dès le 11 mai 1944. Pepe et Antonio l'accompagnaient en cette cérémonie, et l'on a pu garder le souvenir d'un étincelant *tercio*★ de banderilles réunissant les trois frères.

Peu à peu Angel-Luis se désanima, toréa de moins en moins et gagna le Venezuela, où bientôt il se consacrait à une vie d'homme d'affaires. Rentré en Espagne, il y a quelques années, il dirigea successivement les temporadas de son frère Antonio, puis d'Ordoñez.

JUAN MEJIAS JIMENEZ
« Bienvenida IX »

Le benjamin de la famille est, sans conteste, le moins fortuné. À dix-sept ans (1946), il débuta dans les novilladas piquées, mais prit des coups de corne presque en série. Sa carrière de novillero s'étira en longueur. Après s'être retiré en 1951 pour deux ans, il effectua un retour et prit même l'alternative en 1955, à vingt-six ans. Il toréa toutefois un nombre limité de corridas à chaque année, accepta courageusement d'être opposé à des taureaux durs (Miura, Moreno de la Cova...), reçut d'un Cobaleda, en 1958, une dernière grave blessure, qui affecta la solidité de sa jambe et l'écarta pratiquement des arènes. Sympathique, fin, élégant et facile banderillero, mais souvent hésitant et peu dominateur, le garçon a manqué de la vigueur nécessaire à la réussite de tout torero. En voulant suivre l'exemple de ses aînés, il a été victime des mirages de l'arène.

Blando

[douillet] Taureau qui accuse la morsure de la pique ou se secoue pour chercher à se débarrasser des paires de banderilles, signes manifestes d'une insuffisance de bravoure*; à prendre en considération pour juger le travail du matador.

Boca, Abrir la

L'ouverture de la gueule, accompagnée d'une sortie de la langue, offre le meilleur point de repère pour juger du degré d'essoufflement et, partant, de faiblesse d'une bête. Elle devrait normalement ne se produire qu'à la terminaison du *tercio** de piques et d'une manière purement momentanée. Les taureaux résistants arrivent la gueule fermée à la faena de muleta et ne l'entrouvent qu'une fois dominés. Les plus forts ne cherchent même pas à reprendre leur souffle sous l'effet du coup d'épée. D'eux, les matadors disent, avec admiration, qu'ils « meurent la bouche fermée ».

Bombita

Nom de guerre porté par trois frères, dont les deux premiers s'avérèrent des matadors réputés.

EMILIO TORRES REINA
(1874-1947)

Gagné par l'ambiance de la jeunesse sévillane, il arriva rapidement à l'alternative en 1894 et tint un rang enviable parmi les vedettes du toreo de son temps. Avec un bon métier, sa caractéristique maîtresse était un courage affirmé, qui le faisait notamment s'engager à fond dans des estocades* d'où il sortait généralement bousculé. Cinq années plus tard, de très nombreuses blessures, ainsi qu'une obésité précoce, le conduisaient à s'effacer peu à peu de l'arène.

RICARDO TORRES REINA
(1879-1936)

L'absence de figure marquante entre la retraite de Guerrita (1899) et l'arrivée de Joselito (1912) porta à la première place ce second « Bombita ». Il l'occupa avec une éminente dignité, animant de sa conscience professionnelle, de son élégance et d'un sourire légendaire les grandes corridas d'Espagne et de France.

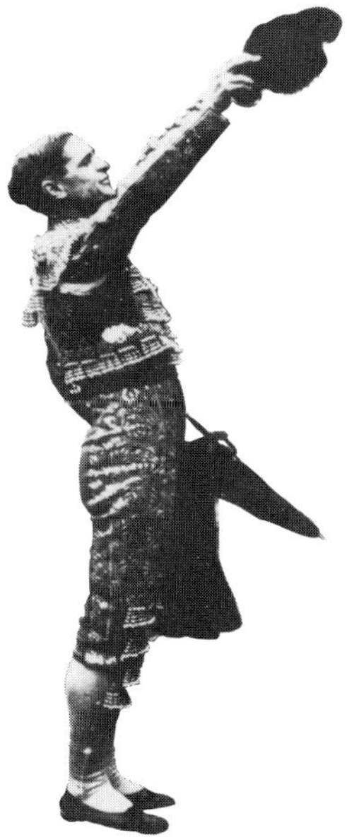

« Si tu avais vu toréer Bombita Chico... ! » Il fut l'une des références de nos pères, qui vantaient sa maîtrise, son élégance, sa dignité dans l'arène.

De registre étendu, expert dans la lidia★, il manquait néanmoins d'une véritable décision à l'épée. Son courage était cependant réel, ainsi qu'en témoigne la façon dont il ne se aissa point diminuer par de fréquentes et graves blessures. L'année de son alternative (1899), il en totalisait déjà quarante-cinq, reçues comme novillero, et la série noire ne devait pas s'arrêter là.

Ni Machaquito, plus limité malgré son extrême vaillance, ni Rafael el Gallo, plus artistique mais si irrégulier, ne furent pour lui les concurrents dangereux auxquels on avait pensé, et il eut la sagesse de laisser le champ libre à la montée impétueuse de Joselito et de Belmonte. Sa corrida d'adieu en plaza de Madrid, le 19 octobre 1913, remporta un succès populaire d'autant plus triomphal qu'il l'avait organisée au bénéfice de la belle œuvre de la mutuelle des toreros *(Montepio★)* dont il fut, à la fois, le créateur et le premier président.

Une page avait été tournée dans sa vie : bientôt marié à la fille d'un riche industriel de Barcelone, il préféra orienter ses deux fils vers des professions libérales.

MANUEL TORRES REINA (1884-1936)

La protection de son frère Ricardo lui ouvrit le chemin d'une alternative (1907) dont il ne devait jamais tirer d'autre parti que de l'accompagner souvent au programme, et sa retraite, en 1917, passa inaperçue.

Bravoure

Étymologiquement, le terme de *bravo* désigne l'animal d'un naturel sauvage, par opposition au domestique, qualifié de *manso*. Sur le plan tauromachique, bravoure est synonyme d'instinct offensif de l'animal. En troupeau, dans les pâturages, le taureau peut être approché d'assez près sans qu'il charge. Dès qu'il est isolé et, *a fortiori,* dans le champ clos d'une arène, il attaque au contraire quiconque se présente à lui, comme pour assurer son retour vers son milieu habituel.

L'art du toreo repose entièrement sur cette réaction qui assure l'allongement voulu de la charge★ à la poursuite du leurre déplacé par le torero. La bravoure a ses degrés. Ainsi distingue-t-on couramment le taureau *bravo,* le *bravito,* moins affirmé dans son attaque, le *bravucon,* taureau plus fanfaron que véritablement agressif, le *tardo,* long à s'élancer. S'il montre un grand style dans ses assauts contre le picador (épreuve la plus manifeste de bravoure) et soutient ce rythme jusqu'à l'arrêt du premier *tercio*★, c'est qu'on se trouve devant un taureau dit de *bandera* [drapeau]. Il est alors habituel d'honorer son éleveur par un tour de piste du cadavre du taureau, qu'ordonne le président.

Le seul fait pour une bête d'avoir eu de l'allant et de la noblesse au cours de la faena★ ne suffit pas à la faire qualifier de *bandera,* si

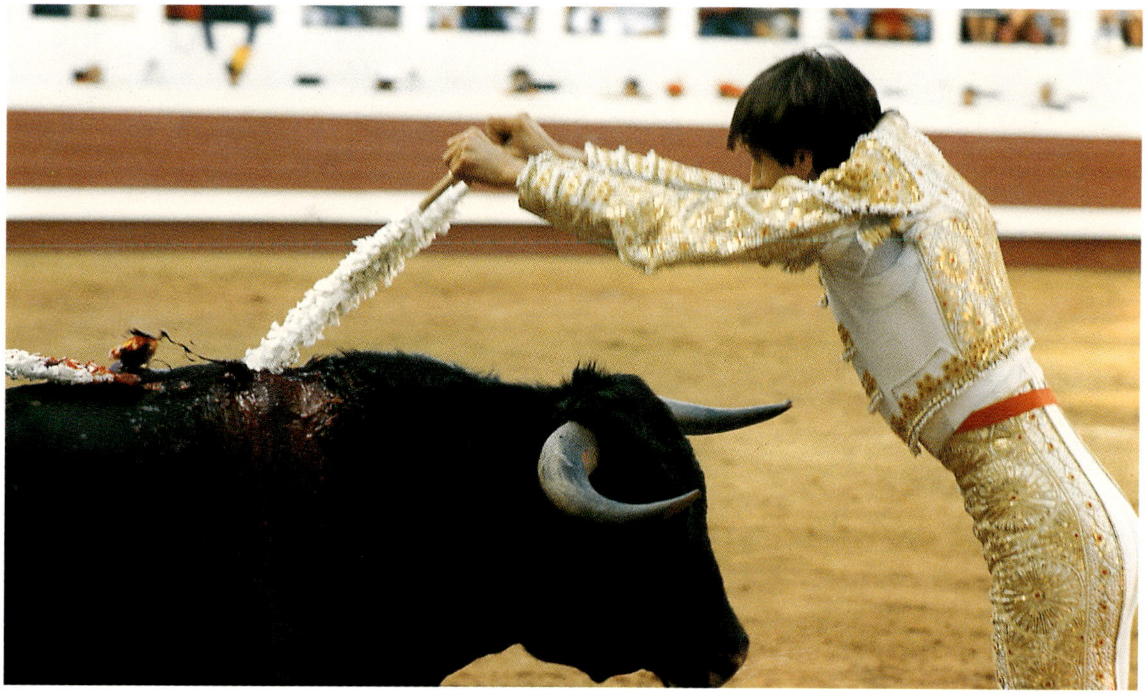

Comment résister à l'envie de faire voir quel merveilleux *banderillo* fut Nimeño, joignant le courage face aux cornes à la grâce, la sveltesse du corps à la fermeté d'âme ?

elle n'a pas poussé à fond sous la pique. La confusion du public est ici fréquente. La récompense, qu'il réclame pour l'éleveur, a souvent moins le caractère d'un hommage à l'authentique bravoure, que d'une prime à la maniabilité.

La bravoure est un attribut de naissance. Si vous réussissez à séparer de sa mère un veau de quinze jours, tenant à peine sur ses pattes, et que vous avanciez vers lui votre jambe, il la frappera sans répit de son petit front, aussi longtemps que vous ne la retirerez point. (V. TEMPÉRAMENTS★)

Brega

[lutte] C'est le travail souvent peu apparent, mais essentiel, de la mise en place des taureaux pour les différentes suertes★. Effectué avec la cape, il répond de la bonne conduite du combat et peut donner beaucoup de mal avec les animaux ingrats. Le matador concerné et, au-dessus de lui, le plus ancien, comme chef de lidia★ réglementaire, ont la responsabilité de la diriger. La cuadrilla★ y prend une large part et quelques subalternes sont réputés pour être d'excellents *peones de brega*. Le secret réside dans une efficacité obtenue avec le minimum possible d'interventions, leur multiplication tendant toujours à faire se décomposer les taureaux. (V. CHARGE★)

Brindis

Geste, accompagné de quelques paroles aimables, par lequel un

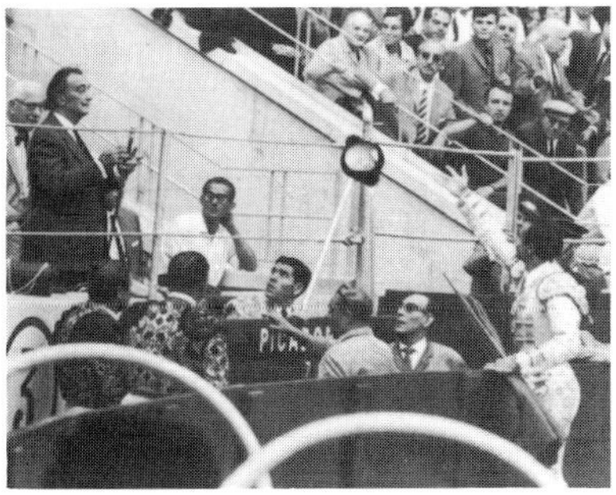

Salvador Dali, le génial Dali, a toujours rêvé d'une corrida où le taureau pénétrerait dans l'arène en parachute, et lui en motocyclette. Ici, il se contente de recevoir le *brindis* du modeste

matador offre la mort d'un de ses taureaux à une personne déterminée. Il y est tenu, vis-à-vis de la présidence, pour son premier adversaire de la corrida, mais peut aussi bien se contenter de la saluer et s'adresser ensuite à tout autre spectateur.

L'habitude s'est répandue aujourd'hui d'offrir la mort [*brindar*] à l'ensemble du public. Le matador s'avance alors vers le milieu de la piste, se découvre et lève sa *montera*★ d'un geste circulaire. Ce n'est pas toujours un hommage – la suite le laisse voir – mais plutôt une façon de rechercher l'indulgence du public, facilement pris aux apparences.

À Séville, un jour d'autrefois, le vieux Gallo, perplexe devant un adversaire qui ne l'inspirait point, fit trois brindis successifs pour gagner du temps, avant de décider brusquement de confier le soin de le tuer à son frère Joselito.

Il est traditionnel que le bénéficiaire d'un brindis envoie ensuite un cadeau au matador qui l'a distingué de la sorte.

Bronca

[dispute] Nom donné aux colères extrêmement bruyantes qui dressent le public contre un torero déficient, un taureau inapte, une décision contestée du président ou un détail d'organisation négligé. Pas toujours intégralement justifiée, cette expression de la « vox populi » est l'arme majeure des spectateurs pour se faire écouter dans l'arène.

Certaines broncas ont laissé des souvenirs historiques, par exemple celles du jour de l'alternative de Juan Belmonte, à Madrid, où la bagatelle de cinq taureaux furent rejetés de la piste pour manque de présence [*trapio*★].

Bronco

[âpre] Qualification du taureau dont le nerf★ manifestement développé fait qu'il se tient sur la défensive, raccourcit sa charge, relève la tête et frappe de la corne avant la pleine terminaison de la passe. Le défaut s'accuse toujours avec une lidia★ impropre, marquée de doutes et d'interventions confuses, de la part des cuadrillas. Le secret est de ne pas éveiller chez la bête un instinct de défense de la tête, qu'elle peut déjà posséder à des degrés divers. Autrement, elle se « décompose », c'est-à-dire riposte systématiquement d'une de ses cornes. On la dit alors « décomposée » de la corne droite, de la gauche ou des deux à la fois. Par extension, on qualifie aussi de *bronca* la charge d'un taureau bronco, et de *descompuesta* celle d'un *descompuesto*. L'animal tirerait-il sans plus sur le bronco, il serait simplement traité d'*aspero* [âpre].

Bufido

Nom espagnol du souffle très fort poussé par le taureau dans ses premières charges, au moment où il croit pouvoir atteindre la cape qui se dérobe sous ses yeux.

Derrière le *burladero* veillent les autres matadors et les péones, tandis que le maestro affronte son adversaire. Ici, c'est Antonio Ordoñez, dans les vieilles et glorieuses arènes de Ronda, sa ville natale. Où règne l'esprit véritable de la corrida...

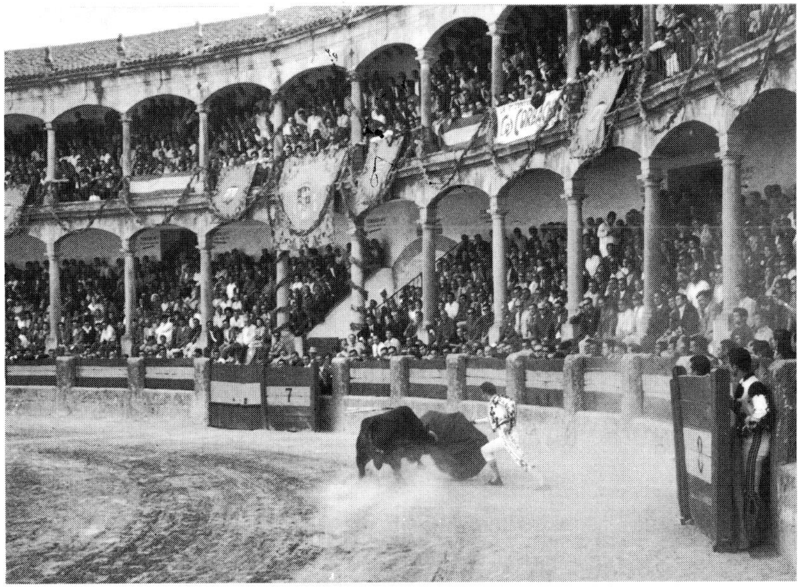

Bullbaiting

Nom anglais du combat d'un taureau contre des chiens, ayant joui d'une vogue particulière en Grande-Bretagne, et pour lequel fut élevée une race canine spéciale : les bulldogs. Il vit le jour au tout début du XIIIe siècle et se donnait encore en spectacle vers 1910, malgré une interdiction légale prononcée en 1773.

Burladero

[destiné à tromper] Abri de planches, disposé contre la barrière et qui ne sert pas tant de refuge aux toreros que de lieu où se retirer et où se tenir, quand ils ont rempli leur tâche. Il est en effet souhaitable, pour la bonne conduite du combat, que le taureau n'ait pas son attention éparpillée par trop de présences humaines autour de lui. Primitivement, les burladeros constituaient les seuls abris aménagés pour les toreros et leurs aides. À l'établissement d'un couloir intérieur à la barrière [*callejon*], ils disparurent, mais furent replacés à la demande de Juan Belmonte, que handicapaient, à ses débuts, de fréquentes blessures. Le burladero offre aussi l'avantage de communiquer avec le *callejon* et d'éviter aux toreros d'avoir à enjamber la barrière, chaque fois qu'ils entrent en piste. Lorsqu'on est poursuivi par un taureau, il faut veiller à ce qu'il ne s'abîme pas une corne en frappant le burladero. Aussi, au moment de s'y mettre, convient-il de lever haut la cape pour que le coup porte en l'air. On doit donc censurer les toreros qui font systématiquement taper un adversaire, jugé trop coriace pour leur matador, et cherchent ainsi à le diminuer.

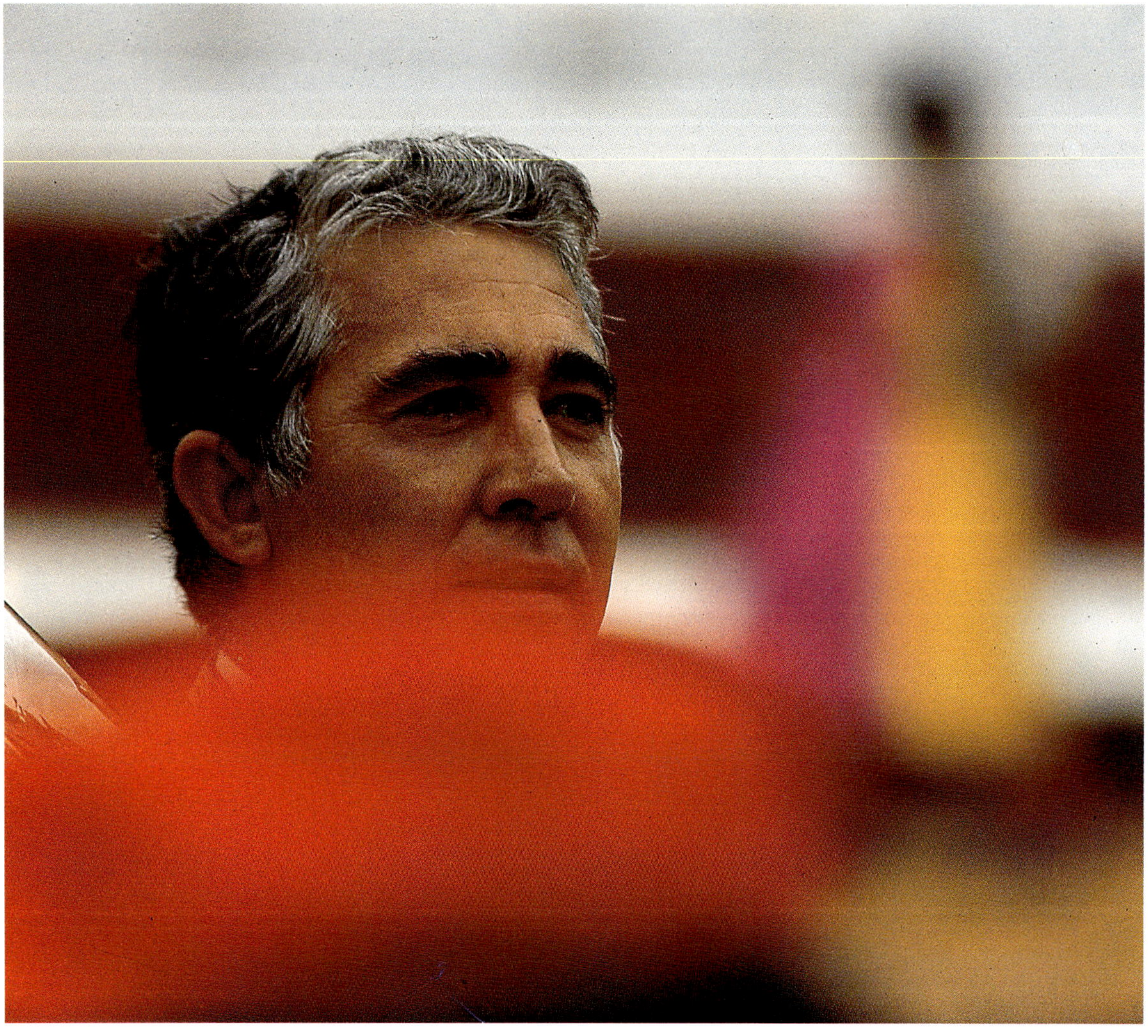

Paco Camino, le *niño sabio* (l'enfant savant) a très tôt grisonné. Mais pas son art...
L'œil était devenu celui du vieux sage, le geste resta adolescent.

C

Cabecear

[encenser] Le fait, pour un taureau, de remuer constamment la tête et de chercher à accrocher de la pointe de la corne*. Cette propension est une manifestation plus ou moins accusée de nerf* qui sera gênante à la muleta et ne doit pas être fâcheusement développée par une lidia mal conduite.

Cabestros

La bravoure* ou sauvagerie naturelle des taureaux de combat (ainsi que des vaches) se traduit par une agressivité considérable, dès qu'ils se trouvent sortis de leur troupeau. Lorsqu'il s'agit de les conduire, isolément ou en groupe restreint, pour les déplacer, les diriger sur l'arène de l'élevage ou les embarquer dans les cages [*cajones*] transportées en camion jusqu'au lieu où ils seront combattus, force a été de trouver un procédé. Il est de leur redonner l'impression d'être en troupeau. À cette fin, on utilise des bœufs appelés cabestros. Ce sont invariablement des taureaux de l'élevage qui ont été châtrés, d'où l'évolution différente de leur type morphologique. La tradition est de les choisir de robe claire pour les mieux distinguer et on leur suspend au cou une grosse cloche [*cencerro*] dont le son familier aide au rameutement. Leurs fonctions sont bien définies, grâce à un dressage approprié. Il existe les deux cabestros d'étriers, flanquant automatiquement le cavalier qui guide le groupe, celui de queue [*cola*] ainsi appelé parce qu'il se serre à celle du cheval, et deux ou trois autres chargés d'*enrobar* les taureaux, c'est-à-dire de fermer leur marche.

Les plazas de toros ne peuvent se passer de leur concours. Aussi en possèdent-elles toujours quelques-uns, confiés à la direction du mayoral* des corrales. Ce sont eux qui viennent chercher tout animal qu'il y a lieu de retirer vivant de l'arène, notamment celui qu'un matador n'a pas pu tuer dans le temps limite fixé par le règlement. (V. PRÉSIDENCE*)

Cacho, Fuera de

Ce reproche d'être, à la lettre, « hors de jeu » s'adresse aux toreros timorés, qui choisissent un emplacement extérieur aux cornes, où le danger est moindre. Leur toreo en trompe l'œil, à vrai dire, ne trompe longuement ni le taureau, improprement dominé, ni le public conscient de la perte de valeur des suertes effectuées dans ces conditions. Une région où l'on se trouve fuera de cacho est celle du cou du taureau, à corne passée. La considération vaut aussi bien pour certaines poses de banderilles que pour les passes de muleta exécutées à son abri.

Cagancho

[Joaquin Rodriguez] Pur gitan, né en 1902 dans le faubourg sévillan de Triana, il reprit le nom d'artiste sous lequel s'était fait connaître localement son grand-père, chanteur de flamenco. Encouragé par les facilités que lui offrait le milieu où il vivait, il débuta comme novillero à vingt ans, mais ne s'attarda pas outre mesure dans cette première phase, et précipita son alternative à vingt-trois ans.

Sa progression rapide fut grandement favorisée par la beauté saisissante de son toreo de cape, à la fois d'une remarquable perfection classique et d'une plasticité à laquelle n'était pas étrangère sa rare distinction personnelle. Plus gracieux et fantaisiste avec la muleta qu'authentiquement profond ou dominateur, il tuait souvent ses adversaires de façon irréprochable, mettant dans ses estocades non point, à l'exemple de tant d'autres, une fougue suicidaire, mais une perfection d'exécution et un naturel où disparaissaient les difficultés inhérentes à la suerte, lorsqu'elle est bien accomplie.

Comme tous les artistes de sa race, il ne se confiait point avec les taureaux à la charge trop peu claire et connut ainsi une alternance de triomphes et de désastres où, gagné par la sympathie, le public finit par trouver une manière de divertissement.

Sa meilleure saison fut, de beaucoup, 1930. Une grave blessure, reçue les mois suivants à Madrid, devait accroître son irrégularité et entraîner à la longue une chute sensible de ses engagements. Avec plus ou moins de fortune, il se maintint toutefois en activité jusqu'à 1950, année où il fut choisi pour donner l'alternative au tandem Aparicio-Litri, à Valence.

Constamment attiré par le Mexique, où son art a toujours été très apprécié, il a fini par s'y fixer et s'occupa jusqu'à sa mort, en janvier 1984, de la ganaderia de l'ex-torero Paco Ortiz.

Cajon

V. TORIL *

Calamochear

Ce verbe caractérise l'agitation désordonnée de la tête des taureaux décomposés. (V. CORNE*)

Callejon

V. PLAZA DE TOROS*

Camara

[José Flores] Né à Cordoue en 1899, neveu du matador Machaquito, il prit l'alternative en 1918 et ne sut pas soutenir les espoirs que ses premiers succès avaient éveillés. Définitivement retiré en 1922, après un effacement rapidement survenu, il devait se révéler le plus intelligent mentor [*apoderado*] de toreros, à la reprise des corridas après la conclusion de la guerre civile espagnole. Le lancement et la gestion des intérêts de figures aussi éminentes que Manolete, Aparicio, Litri, Pedrés suffirent à tirer son nom de l'oubli et à lui faire acquérir, dans sa nouvelle vocation, une autorité indiscutée, mais le sens commercial, dont se doublait son intuition artistique, ne manqua point de lui attirer, parfois, de vives critiques du secteur intransigeant de l'afición.

Camino, Paco

Né en 1941 à Camas (banlieue de Séville), il était le fils d'un obscur novillero, qui n'eut bientôt plus d'autre ambition que de faire un grand torero d'un de ses garçons. Sa saison triomphale de novilladas, tout au long de l'année 1959, le conduisit à prendre l'alternative à dix-neuf ans.

Jusque dans ce détail de carrière, il se rapproche de l'historique figure de José Gallito. Il n'égale certes pas ses facultés athlétiques, ni son amour-propre à toujours se dépasser. Pas davantage, il ne banderille. Toutefois, il le rappelle d'une façon caractéristique par son intelligence privilégiée des bêtes, sa puissance exceptionnelle de *muletero* [artiste de la muleta] et un sens inné de la lidia★ à réserver à chaque adversaire, où ses faenas puisent une diversité et un pathétisme du meilleur aloi, surtout sensible lorsqu'il entreprend de triompher d'un animal difficile, montrant ainsi toute l'étendue de ses recours.

Comme José, il s'attache à recevoir classiquement ses taureaux, d'une distance qui les fasse bien s'engager. Comme lui également, il a un toreo plutôt rapide, par rapport à certains pontifes du *temple*★, mais jamais dépourvu de grâce. Ses passes naturelles comptent parmi les plus authentiques et, de la banalité qu'est devenue la *chicuelina*, il a fait presque une nouveauté en l'exécutant, non point avec un brusque écart du corps, mais dans une conduite prolongée du taureau, avant de s'envelopper dans la cape.

Enfin, personne ne peut mieux donner, aujourd'hui, une idée de la beauté du coup d'épée, lorsqu'il décide de lui apporter, avec lenteur, une grande perfection. Sa sincérité dans cette suerte est d'ailleurs à l'origine des deux plus graves blessures qu'il ait reçues. Malgré des phases d'indolence, voire de routine, dont ses admirateurs fervents sont les premiers à s'indigner, il fait figure, avec Antonio Ordoñez, de maître de l'époque.

La mort de son frère Joaquim l'a éloigné une première fois des ruedos. Joaquim Camino, novillero né le 23 novembre 1943 à Camas, avait renoncé rapidement à une carrière de premier plan et était entré au service de Paco de 1965 jusqu'au 3 juin 1973. Ce jour-là, à Barcelone, le premier toro d'Atanasio Fernandez,

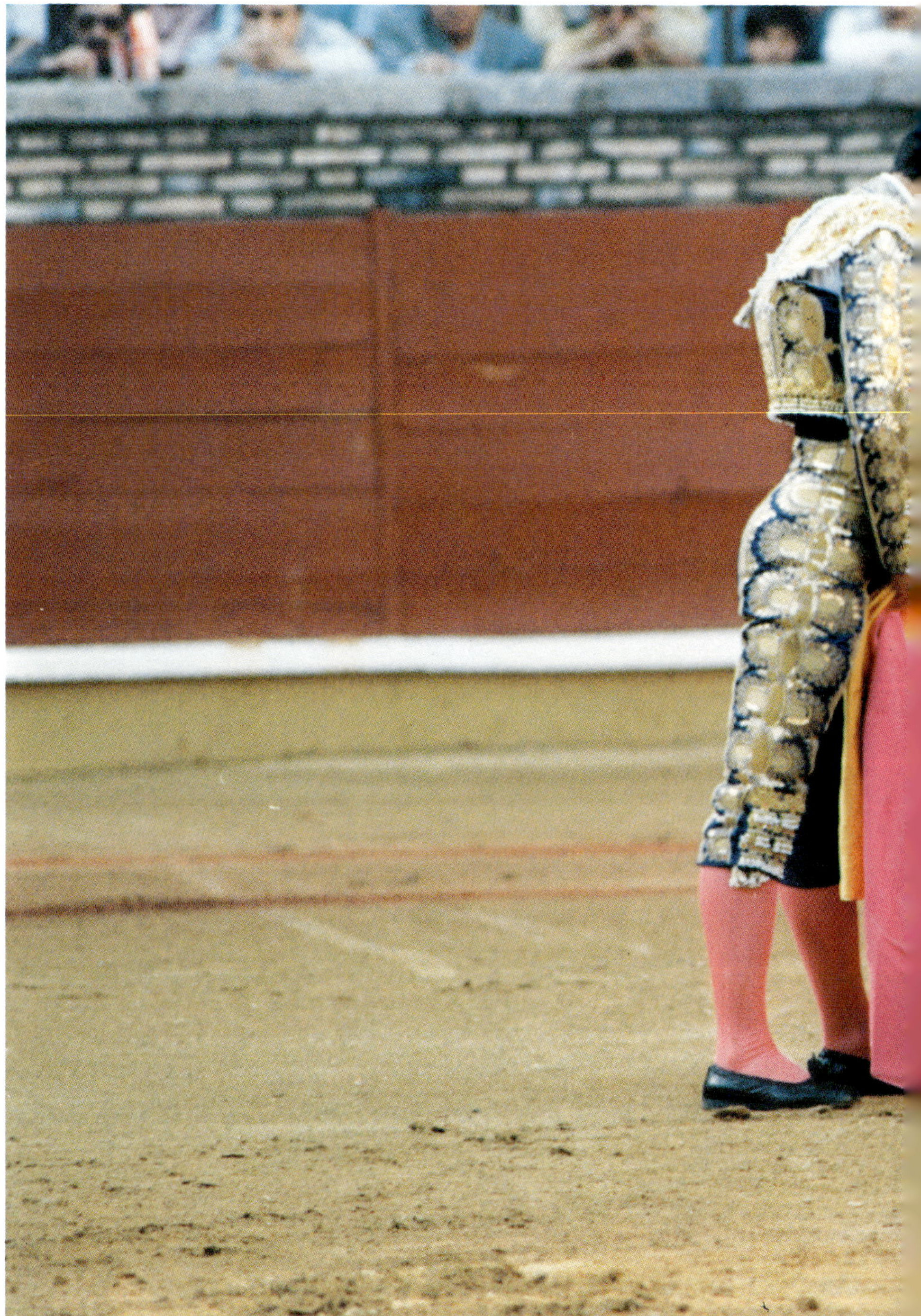

Le bruit et la fureur ?
Mais non. C'est la sérénité qu'exprime, que chante une telle véronique, la cape tenue d'une seule main, comme pour adoucir encore le leurre bienveillant.

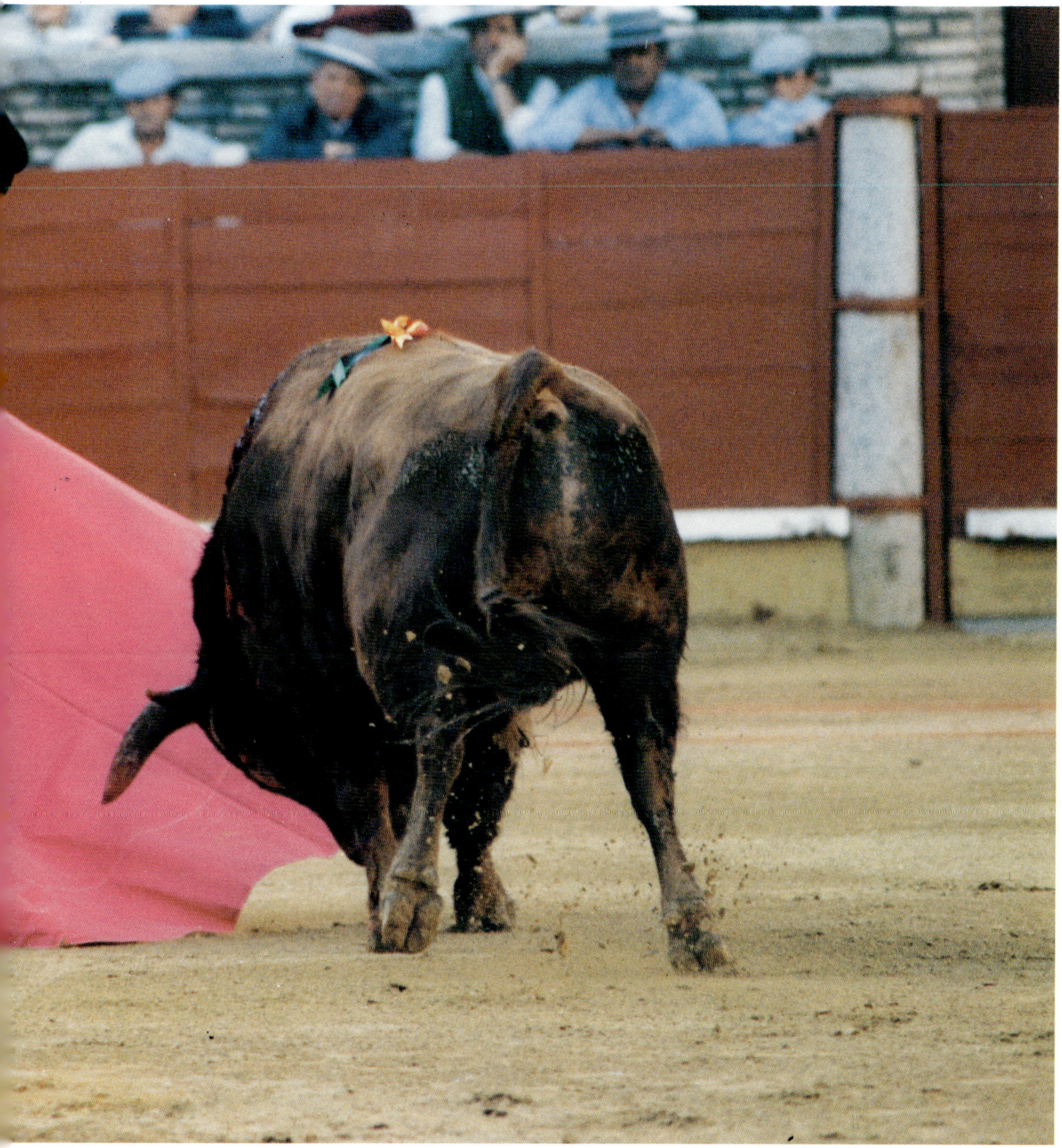

« Curioso », lui infligeait deux cornadas, l'une dans la cuisse droite, l'autre dans le poumon droit. Joaquim décédait deux jours après dans la clinique du docteur Oliva. Ce drame ne devait pas affermir une volonté déjà vacillante. Tous ses partisans s'accordent à lui reconnaître d'exceptionnelles campagnes et d'incompréhensibles dérobades dont le meilleur exemple a été celui de l'année 1967 où, après une temporada espagnole du meilleur cru, il part en Amérique où il alterne triomphes et scandales. Scandale le 29 octobre. Il passe vingt-quatre heures en prison pour avoir refusé d'estoquer un toro de La Vina. Triomphe deux jours plus tard à Cali où il remporte le trophée « Señor de los Cristales » en coupant un total de sept oreilles. Il fait pleurer Madrid le 4 juin 1970 lors de la fameuse corrida de la Beneficiensa. Seul il estoque six toros d'élevages différents, coupe huit oreilles, est raccompagné jusqu'à son hôtel à travers les rues de la capitale. Après son retour, en 1974, il a gardé un poste de premier plan dû à sa science taurine, à l'élégance et à la profondeur de ses gestes. Durant l'hiver 1977-1978, il fait ses adieux au public sud-américain et conclut par une corrida à Mexico, le 1er avril 1978. Manuel Martinez Chopera lui coupe la coleta. L'arène entière debout l'oblige à effectuer une ultime vuelta et demande à l'orchestre d'interpréter *Las Golondrinas,* paso réservé aux grands artistes des arènes. Paco Camino laissera derrière lui d'immenses souvenirs, surtout pour une manière de toréer à la cape tellement personnelle que les professionnels entre eux surnommèrent la chicuelina exécutée par Paco Camino une *caminera*. Le 22 septembre 1977, il estoque en Espagne un dernier toro de Joaquim Buendia à Logroño et arrête de toréer le 23 septembre 1982 à Valladolid face à des toros de Paco Galache. On l'a revu anecdotiquement habillé de lumières dans une arène à Nîmes, le 26 septembre 1987, quand, en compagnie de Miguel Baez Litri, il a conféré l'alternative à son fils Rafi et à celui de Litri « Mike ».

Camino, Rafi

Il est né le 13 avril 1969 à Madrid. (Alternative 26 Septembre 87 des mains de son père. Témoins Litri fils et père.) Ce nom est peut-être trop lourd à porter. Torero élégant, subtil et doué comme son père d'une véritable connaissance de la lidia, Rafi Camino, dans ses premières années de toreo a donné une impression de nonchalance et de manque d'ambition.

Campana, Vuelta de

[tour de cloche] Image consacrée pour désigner toutes fois où, sans être blessé, un torero est pris, lancé en l'air et retombe lourdement. Le seul danger encouru, outre celui d'être repris en l'air ou au sol, réside dans la brisure facile d'une clavicule.

Campuzano

Des deux frères Campuzano d'Ecija, l'aîné, Juan Antonio, était le plus à même de devenir un torero pour Séville. Juan Antonio a débuté avec une étiquette d'artiste collée sur la chaquetilla. Comment en aurait-il été autrement quand, à dix-neuf ans, on prend l'alternative à Séville le 29 avril de la feria 1973 avec des Carlos Nuñez, des mains de Dominguin et de Paquirri. Peu à peu Juan Antonio, sans jamais se départir de ses qualités de base, a été demandé face aux toros durs devant lesquels il sert encore des faenas surprenantes de classe et de grâce. Tomas, son frère de deux ans plus jeune, n'a pas eu ce genre de dilemme. Il s'est taillé la place à coups de faenas méritoires devant tout ce que l'Espagne connaît de danger à cornes.

Canal

Système de pesée des taureaux en viande morte et dépouillée, qui était le seul pratiqué avant l'obligation, relativement récente, faite aux plazas de première et seconde catégories, d'acheter des bascules à plateau utilisables à l'arrivée du bétail aux arènes.

Les toreros, comme beaucoup d'aficionados, ont gardé l'habitude d'évaluer en canal, à la façon des acheteurs de boucherie, le poids des bêtes. (V. RÈGLEMENT*) Ils parlent couramment d'un animal de 276 kilos en canal et même de 24 *arrobas*, utilisant ainsi une mesure traditionnelle en Espagne : l'*arroba* vaut 11,5 kilos.

Compte tenu des déchets de boucherie, il convient d'ajouter 40 % au poids en canal, pour estimer approximativement le poids en vif.

Capas

V. MALETILLA *

Cape

[*capa, capote*] Elle est découpée sur le modèle de la pièce vestimentaire du même nom, sans doute parce que, habituellement portée par les hommes à une époque ancienne, ils l'enlevaient de leurs épaules pour affronter le taureau. Les tailleurs des toreros la confectionnent à la mesure de chaque matador. Elle peut être en soie doublée de percale ou, plus économiquement, en percale sur les deux faces. Sa couleur écarlate s'est généralisée, du fait que les giclures de sang se détachaient moins sur elle. Avant 1914, les subalternes des cuadrillas utilisaient indifféremment des capes de teinte bleu ciel, vert Nil, jaune citron, violette. Pour autant qu'on puisse en juger, la bête n'est pas sensible à la couleur : elle est, en fait, attirée par tout ce qui remue. L'étoffe est revêtue d'un empois qui doit être renouvelé dès qu'elle ne se tient plus assez ferme.

La cape est d'un emploi courant pour recevoir un animal, l'arrêter, le détourner, le déplacer, ou à la rigueur pour briser sa force de pattes, si elle s'avère gênante. Son efficacité n'interdit

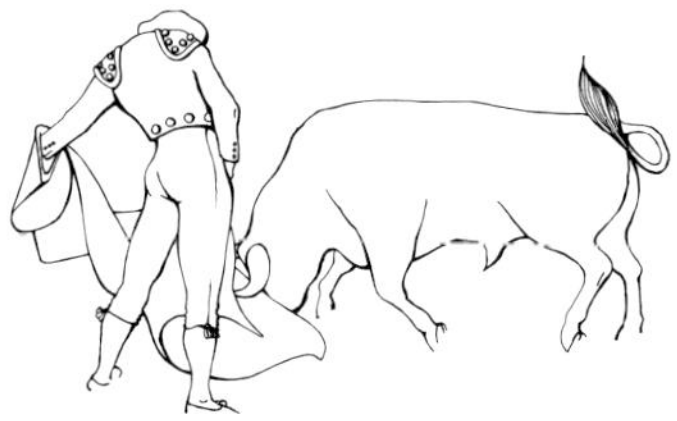

Véronique.

pas mais au contraire appelle – comme toute suerte tauromachique – un déploiement de grâce et d'art.

Les divers types de passes sont les suivantes :

– *Larga.* Passe effectuée d'une seule main et visant à donner au taureau une sortie longue [*larga*].

– *Larga cordobesa.* Caractéristique du Cordouan Lagartijo, c'est la même passe, mais se terminant par un rappel de la cape sur l'épaule en sortant de la suerte.

– *Larga cambiada.* Passe exécutée en changeant la direction de la charge du taureau.

– *Larga afarolada.* En cours d'exécution, la cape est enlevée en *farol.* Se fait couramment à genoux. Peut se combiner avec la précédente.

– *Farol.* La cape, tenue des deux mains, est élevée au-dessus de la tête du taureau, pendant qu'on tourne sur soi-même, en le laissant passer dans son dos. Elle tire son nom de la montée de la flamme dans un bec de gaz [*farol*].

– *Cambio de rodillas.* Les deux genoux en terre, avec rejet vers le centre de l'arène du taureau, primitivement appelé sur une ligne droite.

– *Véronique.* La cape présentée au taureau de face, comme sainte Véronique tendit son voile au Seigneur pour essuyer son visage, avec sortie latérale. Les matadors modernes l'exécutent les mains basses, mais force leur est de les relever plus ou moins, quand l'adversaire porte la tête haute ou n'achève pas bien son voyage.

– *Paron.* Véronique exécutée les pieds joints.

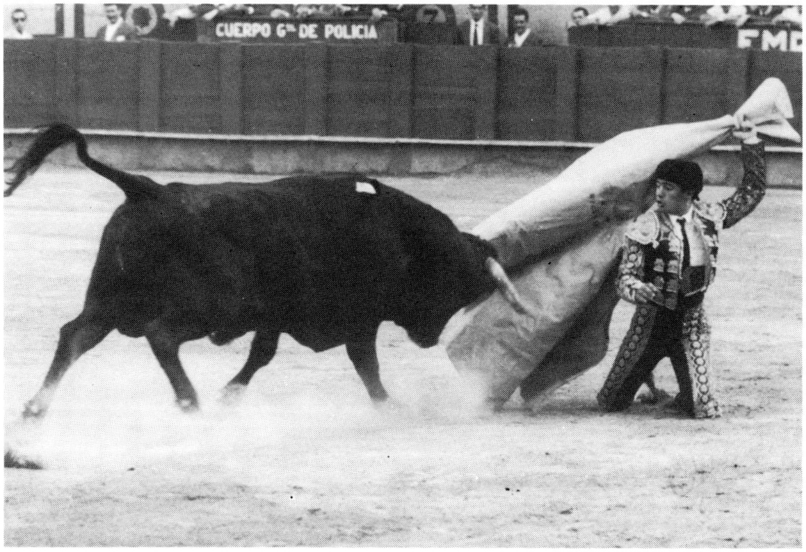

Merveilleuse *larga cambiada* de Miguelin. Le taureau est dévié en pleine charge par un retournement de la cape maniée d'une seule main.

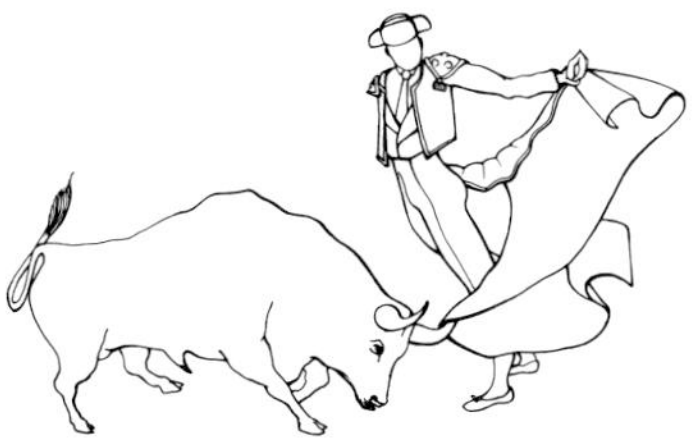

Gaonera.

– *Delantal.* Véronique au cours de laquelle la cape est ramenée au corps à la façon d'un tablier [*delantal*].
– *Por tijerillas.* Véroniques dans lesquelles on croise et décroise successivement les bras, en un mouvement de ciseaux [*tijeras*], la cape se retournant au cours de la passe.
– *Navarra.* Véronique agrémentée par un tour sur soi-même, à la sortie de la bête.
– *Chicuelina.* Suerte du même ordre où, toutefois, le pivotement s'esquisse dès que le taureau est engagé dans la cape. Pour être belle, il convient de le conduire aussi précisément que possible et de ne pas se contenter de se détacher de lui par un brusque retrait du corps, sans vrai mérite. Les plus remarquables auront sans doute été, à ce jour, celles de Paco Camino et de Damaso Gonzalez. Elles dépassent en beauté et en lenteur celles de l'inventeur de la suerte : le matador Chicuelo.
– *Gaonera.* Passe exécutée de face, avec la cape tenue dans le dos et présentée à la hauteur de la hanche. Doit son nom au Mexicain Rodolfo Gaona qui l'inventa.
– *Orteguina* [du nom de Domingo Ortega]. La même, accompagnée d'un changement de main dans le dos, après chaque passage du taureau.
– *Por tapatias. Gaonera* terminée par le haut, avec virevolte finale du torero sur lui-même.
– *Aragonesa.* Exécutée presque de dos, avec la cape tenue derrière la hanche, du côté de la venue du taureau.
– *Remate.* Toute « remise en suerte » du taureau à l'issue d'une ou

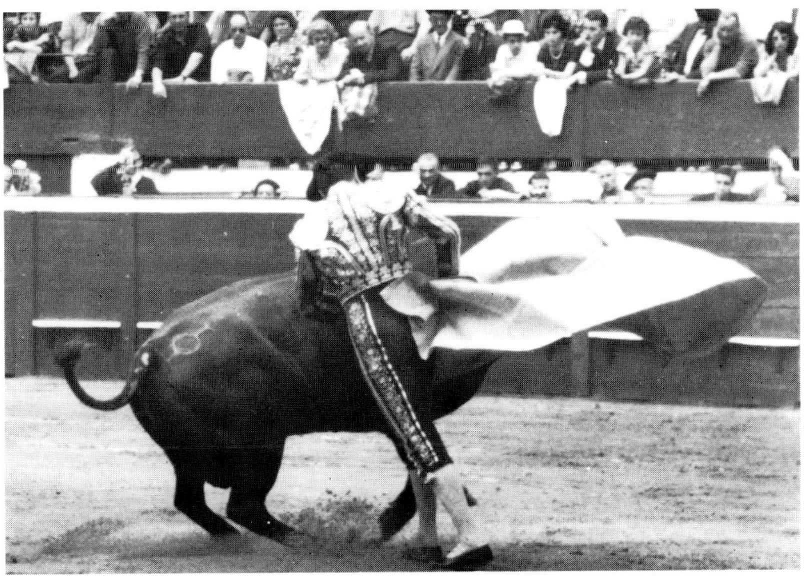

La demi-véronique, exécutée par Ostos, constitue un élégant coup d'arrêt mettant fin à une série de véroniques. Le torero retire la cape aussitôt que le taureau est passé pour le retourner de façon assez sèche et l'amener à s'immobiliser.

plusieurs passes. Les plus brillantes sont la demi-véronique, la *revolera*, la *serpentina*.
– *Demi-véronique*. Une fois le taureau engagé, la cape est gracieusement repliée sur la hanche.
– *Revolera*. Pivotement du torero, autour duquel la cape s'enroule à la façon d'une jupe.
– *Serpentina*. La même, complétée d'un coup de poignet qui fait voler un instant la cape au-dessus de la tête du torero.

Il convient de classer à part les suertes dans lesquelles le taureau ne passe pas entièrement car il y est attiré par le torero à reculons :
– *En abanico*. La cape est présentée alternativement sous l'un et l'autre œil du taureau, de façon à retarder son avance par un mouvement en éventail [*abanico*].
– *Mariposa*. Même exécution avec la cape tenue derrière le corps, les bras l'agitant comme les ailes d'un « papillon ». Elle est due au matador Marcial Lalanda.
– *Por galleo*. Même exécution mais de dos et la cape posée sur les épaules. Son nom vient du terme *gallear* [se déplacer à la façon de la poule poursuivie]. Gallito y recourait volontiers.

Aussi paradoxal que le fait puisse paraître, les véritables artistes de la cape sont beaucoup plus rares que ceux de la muleta, sans doute parce que, le taureau venant avec plus de rapidité et de force au début de son combat et ne laissant pas le temps de rectifier une erreur, il faut de toute nécessité y montrer davantage d'*aguante*★. Pepe Luis Vasquez, Antonio Bienvenida, Antonio Ordoñez, Paco Camino, Julio Robles hier se sont affirmés les

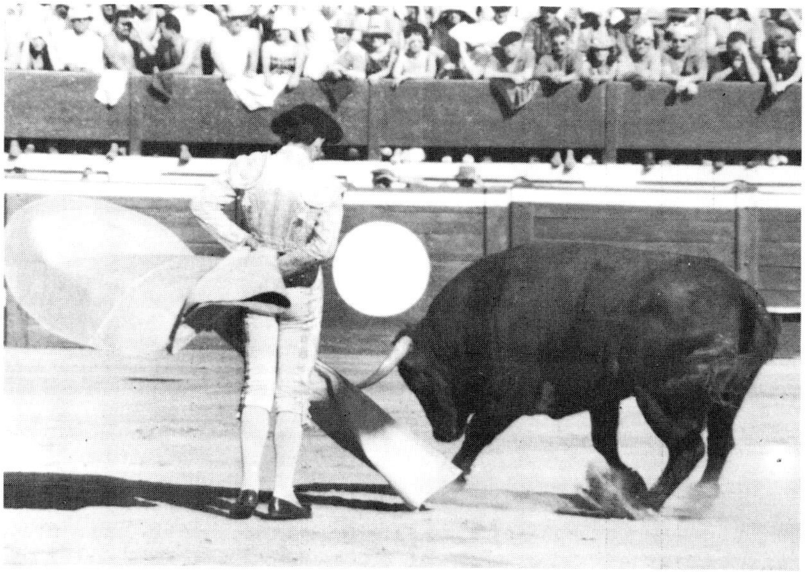

La *revolera*, telle que nous la montre Camino, est un *adorno* couronnant une suite de passes de cape.

maîtres de cette première phase de la corrida. Curro Vasquez, Curro Romero et Rafael de Paula, lorsqu'ils le désirent, sont de prodigieux capeadores, sans oublier la véronique de Paco Ojeda et l'art nouveau de Joselito et de Julito Aparicio. Mais personne, à ce jour, n'a pu surpasser la majesté et la profondeur de la véronique d'Antonio Ordoñez.

Capea

Manifestation tauromachique populaire, caractéristique des villages dépourvus de plaza, à l'occasion d'une fête votive ou de toute autre circonstance. Elle a généralement pour site la place de la mairie, pour cadre une barricade protégeant des gradins de bois, pour bétail des taureaux (voire des vaches) volumineux, mais dépourvus de caste★ et venant de petits propriétaires ruraux ou de *tratantes* [maquignons], et pour protagonistes des jeunes hommes, qui s'efforcent assez vainement d'acquérir du métier à cette école.

Sauf dans les régions d'élevage (Andalousie, Castille, Estrémadure), où s'opère une sorte d'osmose permanente entre les troupeaux et la population, les capeas n'atteignent jamais un grand sérieux. Elles sont cependant pittoresques et fertiles en suspenses tragiques, car les animaux sont souvent promenés de village en village, avant d'être enfin livrés, un jour, au coup d'épée d'un *maletilla*★. Les accidents mortels qui s'ensuivent ont finalement conduit à les interdire. La mesure s'est révélée d'une application difficile, mais elle a contribué à les faire évoluer en petites novilladas★ économiques, dans lesquelles l'âge des bêtes et leur virginité sont désormais plus étroitement surveillés. Elles n'en perdent pas pour autant leur couleur et ravissent les touristes associés à la liesse générale. Les plus recommandées sont celles de la semaine de carnaval à Ciudad-Rodrigo (Salamanque), mais il s'en donne beaucoup dans la province de Madrid après la rentrée des moissons.

Capotazo

Toute utilisation de la cape à deux mains, pour déplacer un taureau ou le mettre en suerte. Leur abus tendant à éveiller l'instinct défensif des bêtes et à les faire *cabecear*★, les cuadrillas doivent les limiter aux stricts impératifs de la lidia★.

Capote

Synonyme de cape, dans le langage des professionnels. Ils disent couramment : *echale un capote* pour demander qu'on déplace ou retourne un taureau d'une passe de cape.

Capote de paseo

Cape de soie, dont les broderies plus ou moins riches font le prix, et que les toreros lient autour de leur buste à l'entrée dans l'arène. Ils la changent aussitôt pour leur cape de combat, posée à même la barrière, et la font généralement porter à un spectateur ou à

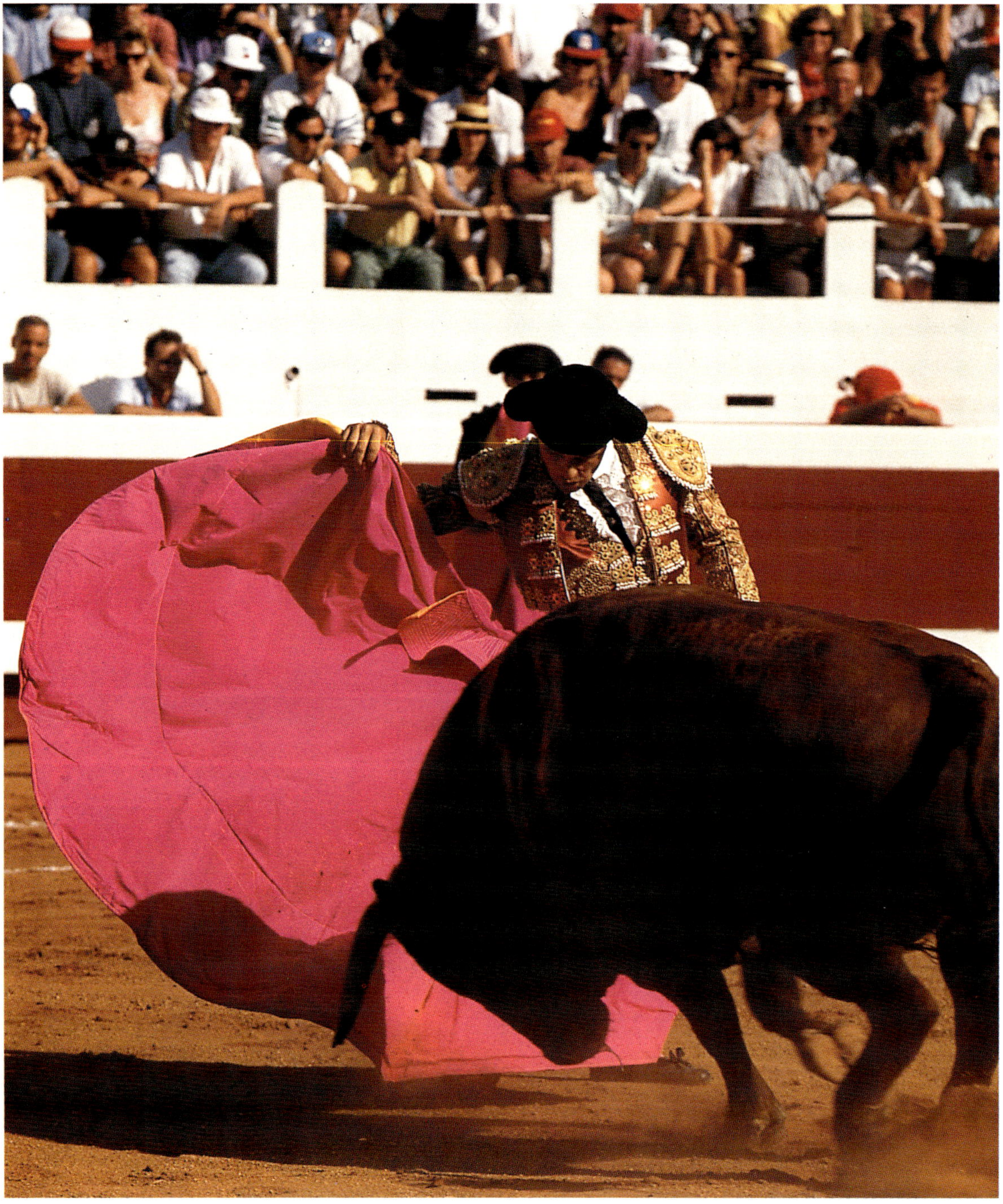

D'une cape, le grand torero peut tout faire : un nuage, un brasier, un papillon...
Ici, c'est Jose Maria Manzanares, artiste jusqu'au bout des ongles, qui invente la merveille.

une spectatrice du premier rang, qu'ils veulent honorer de cette attention. La courtoisie est alors de l'étendre sur la corde de fer, devant soi, de ne pas la salir... ni la brûler avec une cigarette, et de la rendre au garçon d'épée avant la mort du dernier taureau.

Cara, Torear por la

Est réputé toreo por la cara, celui où le torero ne fait point entièrement passer la bête et se trouve toujours face à elle. Il s'agit, à proprement parler, d'un recours seulement admis avec les taureaux dont la charge s'avère trop courte ou d'une âpreté excessive.

Cara, Volver la

[s'en aller] Action du taureau qui, placé devant le picador, refuse de prendre la pique et s'échappe. S'il esquisse le même mouvement devant un homme à pied (banderillero ou péon), son degré de couardise [*mansedumbre*] peut être tenu pour total.

Se dit aussi du matador qui, par panique, détourne la tête au moment où il porte l'estocade★.

Cargar la suerte

V. CORNE CONTRAIRE

Carnet de torero

Pièce d'identité, délivrée en Espagne par la Direction du spectacle, et que les autorités exigent pour toute présentation en public. De leur côté, les amateurs intervenant dans une *becerrada*★ sont tenus de retirer au commissariat de police une autorisation spéciale valable pour la seule journée.

Carretón

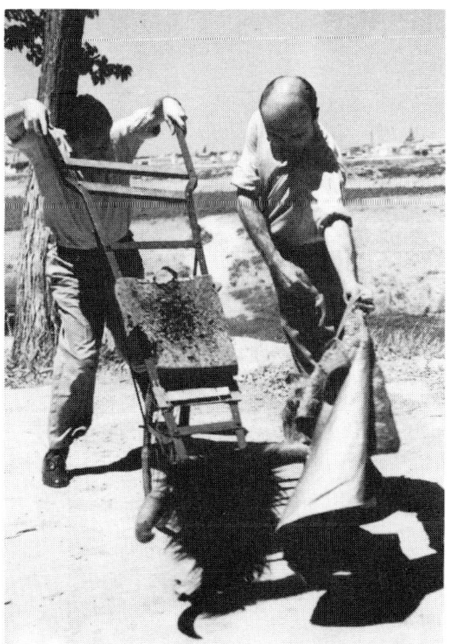

Fait d'un châssis en bois monté sur une roue de bicyclette, revêtu d'une plaque de liège précédée d'une paire de cornes, et pourvu de brancards permettant de le diriger à la main, l'engin est le seul moyen pratique d'apprendre à poser les banderilles. Il faut, en effet, s'exercer à attirer l'attention de la bête, à avancer d'abord posément, à accorder sa course sur elle dès qu'elle prend son départ, à « gagner la tête » sans appréhension, et à infléchir légèrement son propre trajet pour se placer hors du passage de la corne, avant de s'arrêter une seconde, de lever les bras et de planter. Il convient encore de ne pas oublier d'appuyer le manche des banderilles sur la paume des mains, faute de quoi elles n'entreraient pas dans le liège... et *a fortiori* dans le cuir du taureau !

Les services rendus par le taureau mécanique, poussé par un gamin habile et rapide, sont évidemment supérieurs à toute expérience *in vivo*, du moins tant que le débutant n'a pas atteint un certain degré de self-control et d'automatisme.

La tête est un peu basse... Mais le torero allonge bien le bras, « court la main ». Qu'espère-t-il, pourtant, avec son crâne dénudé ? Le *carretón* est d'ordinaire le compagnon des gosses aux mèches folles...

Henri de Montherlant, jeune homme, avait rapporté d'Espagne un tel carretón, dont il fit hommage à un club taurin de Paris, sans doute pour s'en débarrasser. Les membres, surpris et n'en ayant pas l'usage, enregistrèrent la visite de cet aimable inconnu sur leurs procès-verbaux, mais notèrent qu'ils reléguaient l'appareil au grenier.

Carril, Toro de

V. SUAVE★

Cartel, Matador de

V. ALTERNATIVE★

Cartel de toros

[affiche] Les corridas furent d'abord annoncées en ville par un crieur public. Ce n'est qu'en 1761 qu'apparurent les premières affiches. Elles portaient en caractères d'égale grosseur le nom des éleveurs de taureaux courus, puis ceux des picadors, généralement peu nombreux et à l'époque engagés directement par l'organisateur du spectacle (l'admiration de Théophile Gautier pour l'un d'eux, Sevilla, dit bien les personnages qu'ils étaient alors), enfin ceux des matadors. Vers 1855, après la réforme de la lidia★ introduite par Francisco Montes, les picadors cessèrent d'être des artistes indépendants pour figurer seulement dans l'énoncé des cuadrillas★. Ce fut aussi le début de leur déclin.

À partir de 1894, la lithographie favorisa l'illustration en couleur des affiches avec des scènes empruntées à la corrida. Une maison d'édition s'illustra dans le procédé – Ortega à Valence – et tient encore aujourd'hui le haut du pavé. Elle eut recours à des artistes spécialisés, dont les tirages originaux sont recherchés par les collectionneurs : Marcelino de Unceta, Daniel Perea, sourd-muet de naissance, Roberto Domingo, Ruano Llopis... Roberto Domingo, fils d'un peintre espagnol installé à Paris, étudia au collège Jeanson. Il ne connut l'Espagne qu'à vingt ans, lorsque son père l'y envoya régler une petite succession, et ne voulut plus la quitter, s'étant passionné pour les combats de taureaux. Servi par l'agilité et la perfection de son dessin, il a su, comme personne, recréer le mouvement de la corrida en un temps où le cinéma n'en était qu'à ses premiers balbutiements.

On assiste depuis le début des années quatre-vingt à une intéressante tentative de renouveler la conventionnelle affiche de corrida. Le mouvement est parti de Pampelune qui proposait depuis quelques années à des artistes des variations sur ce thème et a été repris en France, en 1983, très précisément à Vic-Fezensac sous l'impulsion du peintre gersois Jean-Paul Chambas. Ce dernier eut l'idée, après avoir lui-même illustré un cartel vicois, de demander chaque année à un artiste de ses amis de

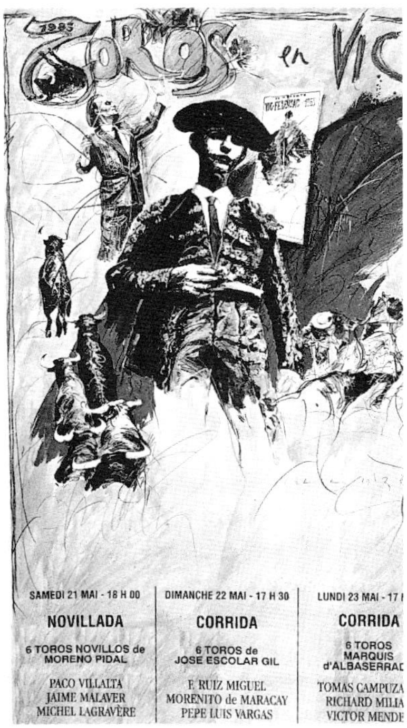

Dans l'ensemble de la culture tauromachique, l'affiche fut longtemps l'élément le plus « ringard ». Des peintres aficionados comme Jean-Paul Chambas tentent de lui conférer la modernité.

prendre les crayons. Nîmes puis Dax et Bayonne ont suivi dans la même voie, amorçant le début d'une révolution iconographique dans la représentation taurine. Cette innovation a permis au Landais Jean Ducasse d'illustrer l'affiche et les billets des fêtes de la San Isidro 1986 et 1989, et au Parisien Loren (il est vrai, adopté par Séville) celles des ferias de 1982.

Les affiches portent traditionnellement à la connaissance du public toutes les mentions utiles. Avant la publication du premier règlement*, elles se chargeaient aussi de l'éclairer sur la tenue qu'il devait garder. Ainsi, lit-on sur l'une d'entre elles, datant de 1818 : « Nulle personne, sans distinction de classe ou de situation, ne lancera sur l'arène, avant ou pendant la corrida, des chiens, chats ou autres animaux morts, ni choses susceptibles d'offenser ou d'incommoder l'assistance. »

Caste

[*casta*] La signification littérale serait celle de race. Toutefois, comme la bravoure* et le *genio** sont l'apanage des taureaux de grande race, le mot s'emploie pour désigner l'une ou l'autre caractéristique, et plus particulièrement la dernière. Dans ce sens, les toreros disent couramment d'un animal ou d'un élevage qu'il possède beaucoup de *casta*. Les bêtes offrent alors une possibilité de très beaux combats, mais réclament plus de vigilance de la part du torero, que la moindre distraction pourrait faire prendre.

Par opposition, on tient pour « décasté » [*descastado*] le bétail de moindre qualité, qui tourne au bœuf *(mansurronear*)* et, étant moins agressif, ne suscite pas la même émotion.

Castoreño

Coiffure du picador dans l'arène. C'est un feutre de castor très épais (pour amortir les chutes), à larges bords et traditionnellement orné d'un pompon de couleur. Il s'assujettit avec une jugulaire [*barboquejo*].

Cau, Jean

Peu avant d'enlever le prix Goncourt, Jean Cau a connu un légitime succès avec un remarquable reportage, *Les Oreilles et la Queue,* écrit dans la foulée d'un voyage où il accompagna Jaime Ostos, puis Luis-Miguel Dominguin dans leur saison estivale. De sa vie quotidienne avec les professionnels de l'arène, il a tiré un passionnant et réaliste récit, qui introduit le lecteur dans l'intimité d'un milieu difficilement accessible. On ne saurait cependant prendre pour argent comptant tout ce qui lui a été rapporté par l'un et l'autre de ses amis, trop heureux d'avoir une occasion de faire exposer les thèmes favoris de leur propagande.

Vers la fin de sa vie, Jean Cau revint à ses premières amours, Séville, et y écrivit trois ouvrages qui le ramenaient à la tauromachie : *Carmen, Sévillanes* et la *Folie Corrida.* Il devait décéder le 18 juin 1993 des suites d'un cancer.

Centrarse

[se centrer] Se tenir fermement sur le *sitio*★ permettant la pleine réalisation de la suerte.

Chamaco

Jamais sans doute aucun torero – fût-ce Manolete ou Cordobés – n'a-t-il déclenché un engouement local d'une telle ampleur que Chamaco dans la ville de Barcelone. Il y toréa rien moins que vingt-quatre novilladas en 1954, vingt-quatre autres en 1955, et treize en 1956, devant des arènes pleines à craquer, car il réussit le miracle d'attirer les non-aficionados, chacun voulant avoir été, au moins une fois, témoin de cet emballement populaire.

Dire qu'il bénéficia largement de l'enthousiasme féminin, que l'incessante propagande faite sur les moindres détails de sa vie contribua à l'entourer d'une atmosphère de légende n'est pas poser tout le problème. Le garçon, à la silhouette de gitan racé – bien qu'il se défendît énergiquement de l'être –, très simple et avare de paroles à la ville, se muait en un personnage dans l'arène. Tour à tour, il citait ses taureaux d'un bout de la piste à l'autre ou, confiant dans ses rares facultés d'esquive, se tenait fièrement à la pointe de leurs cornes lorsqu'ils venaient à s'alourdir, maintenant avec eux une manière de colloque continuel. Ses gestes parfois excessifs, comme celui de lever à la verticale le bras gauche, quand il toréait de la main droite, ou ses passes de dos arrachées en série, les fesses offertes à la bête, suffisaient presque à entretenir la passion de l'assistance.

D'ordinaire, Antonio Borrero, dit Chamaco, se serrait davantage sur la bête, pour obtenir plus d'effet dramatique. Mais on voit bien ici sa silhouette fine et son visage d'olive andalouse.

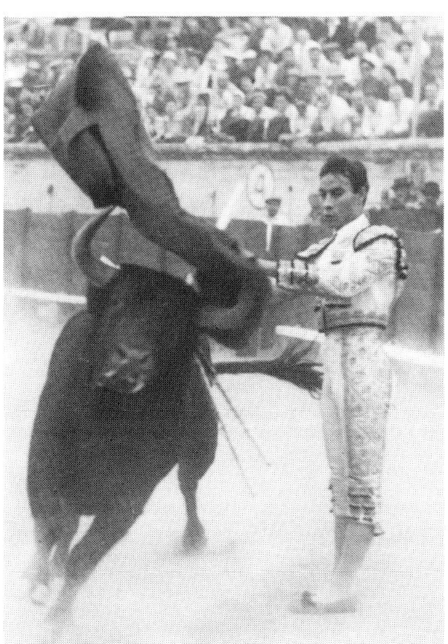

Toutefois, sa façon de retirer trop tôt le leurre de sous le mufle du taureau (en termes techniques : « couper son voyage ») enlevait à ses passes la profondeur voulue, et son sens relativement court de la lidia★ ne lui servait guère qu'à placer habilement son numéro favori. On le vit bien après son alternative, prise à la fin de la saison 1956. Il ne franchit jamais vraiment le pas important du novillo au taureau, déçut en deux ans l'attente qu'il avait éveillée, échoua à Madrid, vit s'espacer ses engagements et se retira en 1963. Un ultime retour montra qu'il avait réussi à enrichir ses connaissances, mais au prix d'un abandon de son originalité première. Il était né à Huelva en 1935.

Près de quarante ans après la commotion suscitée par l'impassibilité du père, un autre Chamaco a réussi à mettre le milieu taurin en ébullition. Antonio Borrero fils avait pourtant été mis en garde par son père contre les dangers et la servitude du métier de torero. Mieux, ce dernier, fortune faite et reconverti dans l'élevage de toros braves, avait expédié son rejeton en Angleterre afin qu'il reçut la meilleure éducation britannique. En 1990, Antonio Ruiz, à la faveur de congés scolaires, décidait de déserter le collège d'Oxford pour rester en Espagne et

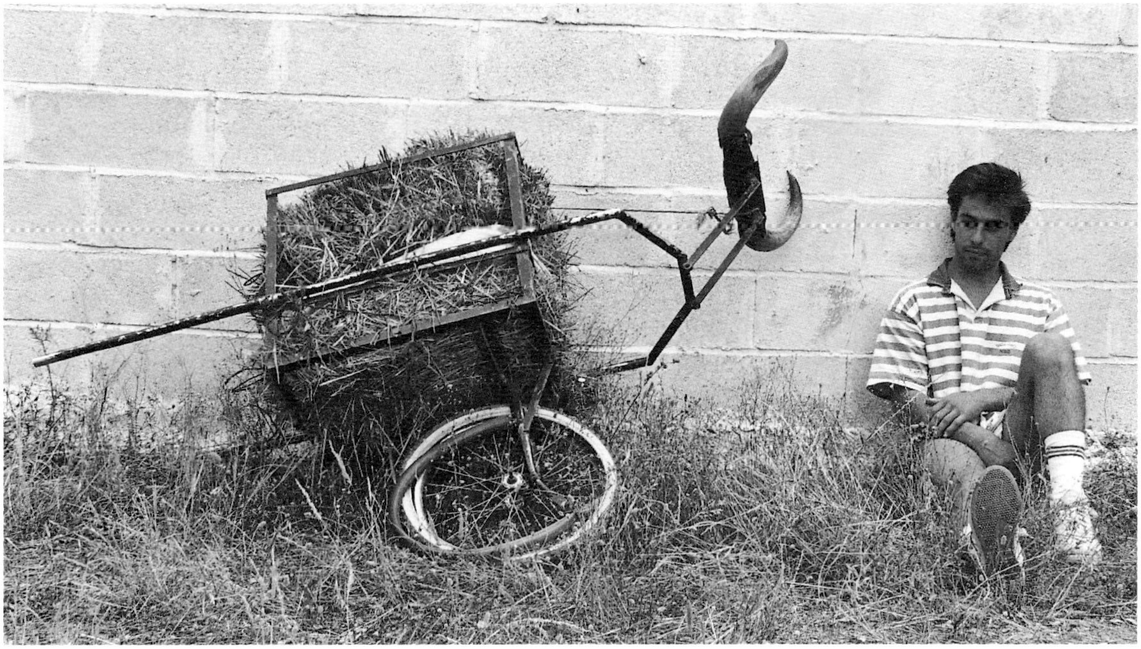

Il faut beaucoup de sectarisme « puriste » pour affirmer que Chamaco (fils) est plus touchant ici, à côté du *carretón,* que dans l'arène… On s'y hasarde pourtant !

pouvoir toréer. Le nouveau Chamaco au courage indéniable et à la technique affirmée a été autant servi par le romanesque de son histoire que par sa coupe de cheveux. Sans cesse au bout des cornes, attendant les charges, il a connu trois années de novilladas triomphales conclues par une alternative prise dans les arènes de Nîmes le 6 juin 1992 (parrain : Paco Ojeda ; témoin : Fernando Cepeda ; toros de Juan Pedro Domecq ; deux oreilles au deuxième toro, le premier brindé à son père). De lui il est intéressant de noter qu'il est autant le fils de son père que le produit d'une époque où la corrida est devenue une attraction télévisuelle tant en Espagne qu'en France, avec l'apparition des chaînes privées.

Changement du taureau en piste

Il est à la discrétion du président, mais obligatoire dans le cas où la bête est sortie du toril avec une corne cassée, une blessure ouverte ou une faiblesse des pattes visible avant sa première rencontre avec le picador. Si elle venait à s'abîmer en cours de combat, son remplacement ne pourrait plus être exigé.

Une disposition récente autorise les matadors à requérir de la présidence le changement d'un animal après avoir établi, conjointement, qu'il donne des signes d'avoir déjà été plus ou moins combattu ou, pour le moins, *tocado* [touché], c'est-à-dire qu'on a joué avec lui dans l'élevage.

Charge

[*embestida*] Fondement de la réalisation de toute suerte (autre que le *descabello*★), elle est exposée à varier assez sensiblement de nature, selon la bravoure★ et le nerf★ de chaque animal. Ni le torero, au premier chef, ni l'aficionado désireux de se former un jugement ne peuvent se dispenser de l'étudier et de l'identifier.

– *D'entrée,* le taureau brave poursuit l'homme trouvé sur son chemin, arrive à la barrière et met la corne dans le bois, tandis que le *manso* se dresse de l'avant-main [*echar las manos arriba*] à l'approche de tout obstacle, peut même freiner sa course, flairer le sol, gratter le sable, beugler et fuir devant la première cape qui lui est présentée.

– *Dans son départ,* la charge peut être spontanée *(toro alegre)* ou retardée *(toro tardo)*. Quelquefois même il faut l'arracher à la bête en marchant droit sur elle *(toro reservado)*.

– *Dans son rythme,* elle peut être brusque *(toro bronco*★*)* ou progressive *(toro de buena embestida ou de buen son)*.

– *Dans sa mesure,* elle peut être longue *(toro de arrancada larga)* ou courte *(toro de media arrancada ou de arrancada corta)* et aller en s'amenuisant au cours du combat. La charge longue favorise le torero. La courte l'oblige à un effort plus grand de conduite, visant à prolonger de quelques centimètres supplémentaires le voyage de la bête afin d'assurer sa sortie★. À défaut d'y parvenir, il lui faudrait se déplacer entre chaque passe pour reprendre du champ [*enmendarse*]. Il s'agit donc d'une notion très importante pour l'appréciation véritable du comportement d'un torero.

– *Sur son parcours,* le taureau peut baisser convenablement la tête *(humillar)* ou la tenir haute, ne pas donner de coup de corne *(toro noble)* ou l'esquisser simplement, voire frapper fort. (V. CORNE★)

– *Sur la fin de la charge,* le taureau peut passer droit *(toro de embestida recta)* ou, aussi bien, se serrer sur le torero d'un côté déterminé *(ceñirse o colarse),* biaiser *(cortar el terreno)* ou encore le chercher sous le leurre *(toro de sentido)*.

– *À la sortie de la suerte,* l'animal peut s'échapper *(toro huido)* ou revenir seul, indice de bonne combativité, ou se retourner brusquement dans un instinct défensif *(toro revoltoso)* et même poursuivre le torero qui se retirerait *(toro pegajoso)*.

Un détail à retenir est également la force que le taureau non seulement déploie dans ses premières charges, mais conserve aux suivantes. Selon le cas, on le déclare de *muchas piernas* ou bien *flojo* (faible de pattes).

Interviennent aussi les faiblesses de vue du taureau *(toro burriciego)*. Serait-il arrivé plus ou moins éborgné de l'élevage, il conviendrait de l'approcher par le côté de l'œil mort, de façon à lui indiquer toujours la sortie sur l'œil vivant.

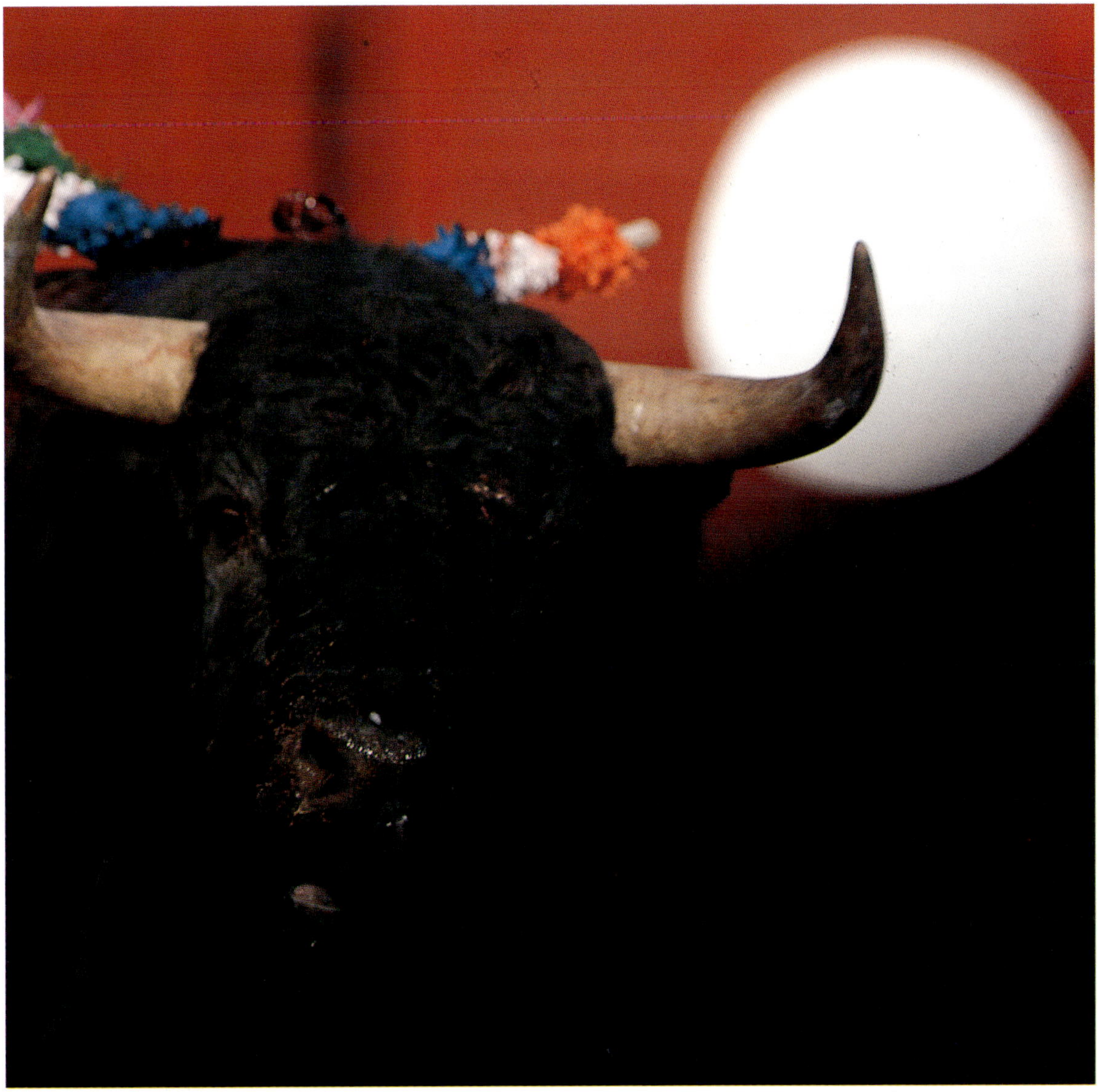

La corrida est appelée « fiesta ». L'est-elle aussi
pour le seigneur taureau ? Sur ce soleil blanc
peint le long de la *barrera*, la corne, magique, tragique,
signifie que, de cette fête, c'est bien lui le héros.

Toutes ces données sont capitales. Elles suggèrent au torero le choix exact de son emplacement, les précautions à respecter, les moyens à utiliser pour ne pas développer les caractéristiques gênantes d'un adversaire et tenter, s'il se peut, de les réduire. Les taureaux ne se révèlent que par leur charge. L'examen de leur morphologie externe, auquel on a le loisir de se livrer dans les corrales, est loin d'avoir une valeur positive, encore que certains signes d'abâtardissement (l'épaisseur des sabots, par exemple) trahissent généralement une perte de caste*.

Chicuelo

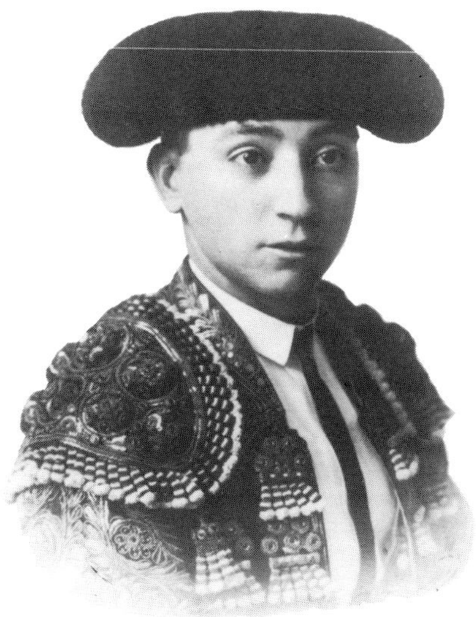

[Manuel Jimenez] Né à Séville en 1902, fils du matador du même nom ayant succombé jeune à une tuberculose, il fut recueilli par son oncle, le bon banderillero Zocato, qui mit tout son amour-propre à faire du garçon une future figure de la tauromachie. Il y réussit parfaitement, car le nom de Chicuelo demeure comme une évocation vivante du toreo sévillan dans tout ce qu'il a de grâce, d'enjouement, d'inspiration et d'exécution soignée.

À la pose de banderilles près, pour laquelle il ne se sentait aucune inclination, Chicuelo pratiqua toutes les suertes existantes. Il enrichit même leur suite déjà nombreuse par l'invention de la *chicuelina,* tirée de l'ancienne passe de cape dénommée *navarra,* et, sur le plan historique, fut le premier matador à lier systématiquement en rond les passes de muleta naturelles ou droitières. Il a donc été pratiquement à l'origine de ces longues séries de passes, dont le public se sentirait désormais frustré, si on ne les lui servait point.

Petit, blême, vite rondouillard, Chicuelo se grandissait par son art, mais n'était pas également soutenu par son courage. Un retentissant triomphe suffisait pourtant à relancer sa popularité pour plusieurs mois, tel celui qu'il remporta à Madrid, en 1928, devant l'excellent taureau « Corchaïto » et qui lui assura quatre-vingt-une corridas dans l'année.

À partir de 1940, il toréa de moins en moins et se retira en 1951, après trente-deux années d'une présence discontinue dans l'arène – il avait en effet reçu l'alternative à Séville au mois de septembre 1919, à l'âge de dix-sept ans. Déçu dans son désir de faire de ses deux fils des matadors voués au succès – aucun n'avait la vaillance requise –, il s'éteignit dans sa Séville natale en 1967.

Chicuelo II

[Manuel Jimenez Diaz] Sans aucune parenté avec le précédent, dont il emprunta le sobriquet en raison de l'identité de leurs prénoms et noms de famille, il a illustré avec Juan Montero et Pedrés l'éclosion récente de ce qu'on pourrait appeler l'école d'Albacete. Né dans la province de Cuenca en 1929, établi comme employé de commerce à Albacete, il s'imposa rapidement

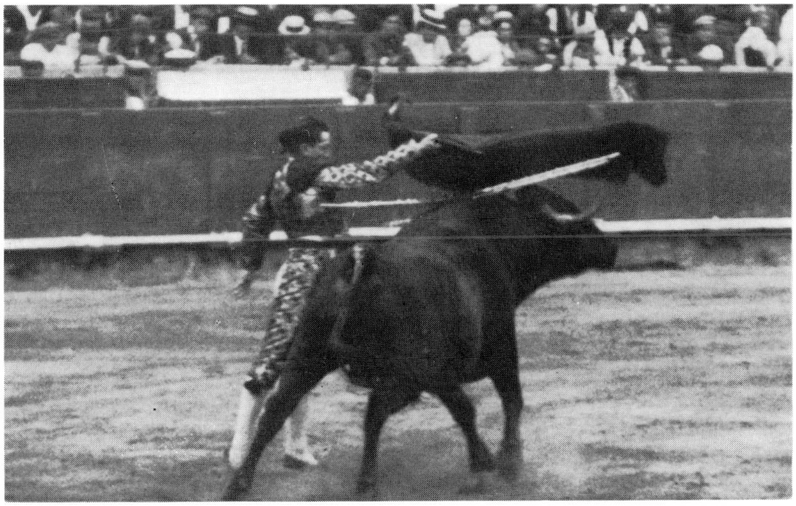

La passe de poitrine *(pecho)* de Chicuelo, qui a le mérite de conduire parfaitement le taureau dans sa charge.

par un courage à toute épreuve et une habileté à se tenir à la pointe des cornes, dont, malgré sa courte stature, il ne se départait pas face aux bêtes les plus dures. Il n'avait rien d'un styliste, mais lorsque les taureaux ne le chargeaient pas, on eût presque dit que c'était lui qui les... chargeait ! Au demeurant, ce cœur bien accroché l'accompagnait jusque dans ses coups d'épée, toujours portés avec foi et bonheur.

À sa confirmation d'alternative à Madrid (1954) face à des Carlos Nuñez d'alors, singulièrement plus entiers que ceux d'aujourd'hui, il se distingua au point de couper quatre oreilles octroyées dans l'enthousiasme populaire. Il fut appelé à toréer beaucoup, tant en Espagne qu'en Amérique latine, et totalisa même le plus grand nombre de corridas assumées par un matador au cours de l'année 1955.

Prématurément retiré à vingt-huit ans, il reprit l'épée à trente pour une nouvelle saison en Amérique latine et disparut dans une catastrophe aérienne à la Jamaïque, le 5 janvier 1960. Apparemment, et du fait de leurs déplacements continuels, les accidents de l'air et de la route n'auront-ils point aujourd'hui tué presque autant de toreros que les seuls taureaux ?

Chopera

L'histoire de cette dynastie d'imprésarios commence par un camion des années trente que conduit Severino Martinez. C'est un Basque, propriétaire d'écurie à une époque où l'Espagne attelle encore des chevaux à des fiacres et où les toros dans les arènes renversent et tuent parfois des haridelles bonnes pour l'abattoir. Severino Martinez, grand-père de Manolo Martinez Flamarique « Chopera », organise de petits spectacles taurins

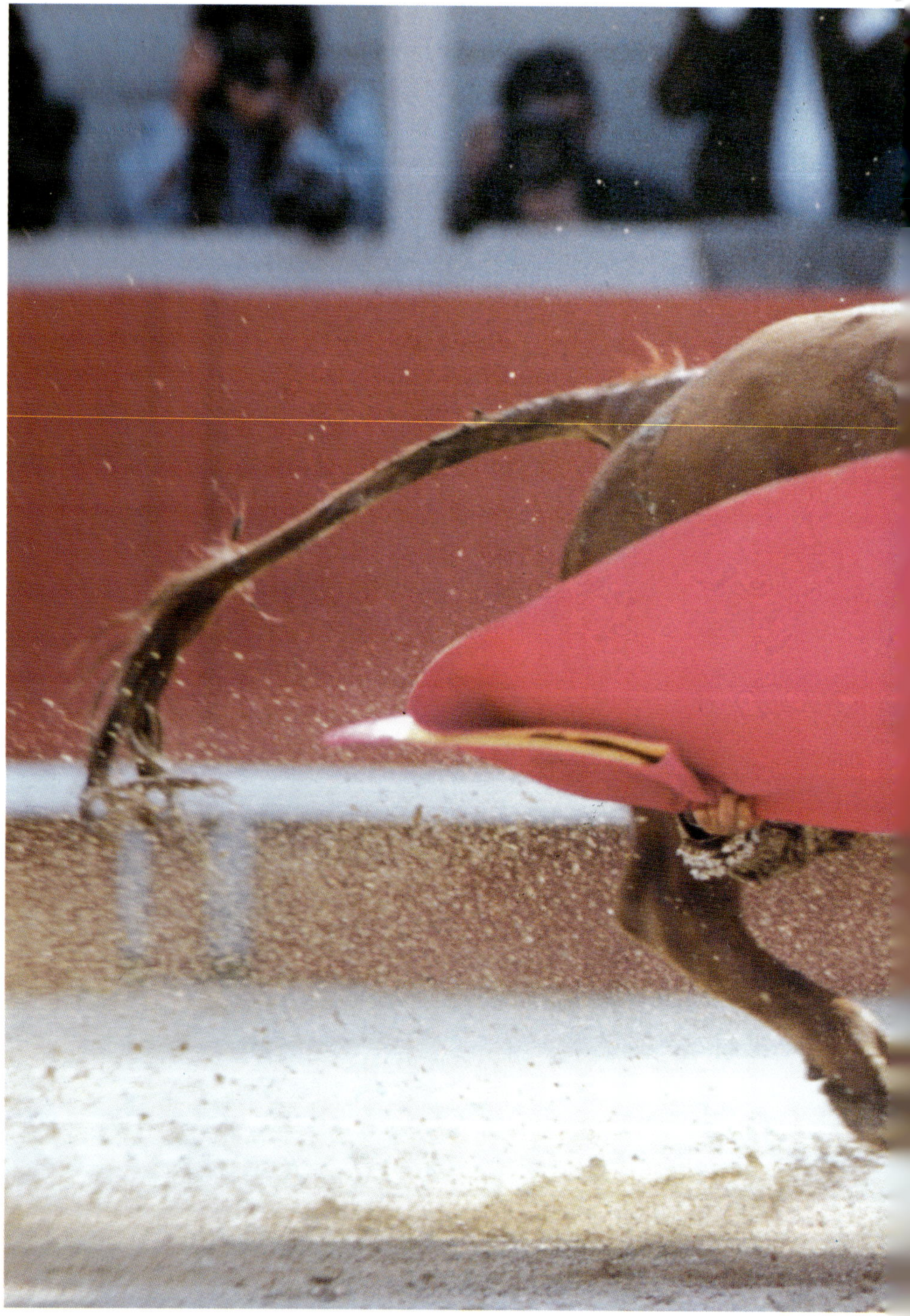

Tous les toros tueurs ne sont pas des *Miura*. Mais combien de *Miura* auront semé la terreur, comme celle éprouvée par le Quito à Arles en avril 1991 ?...

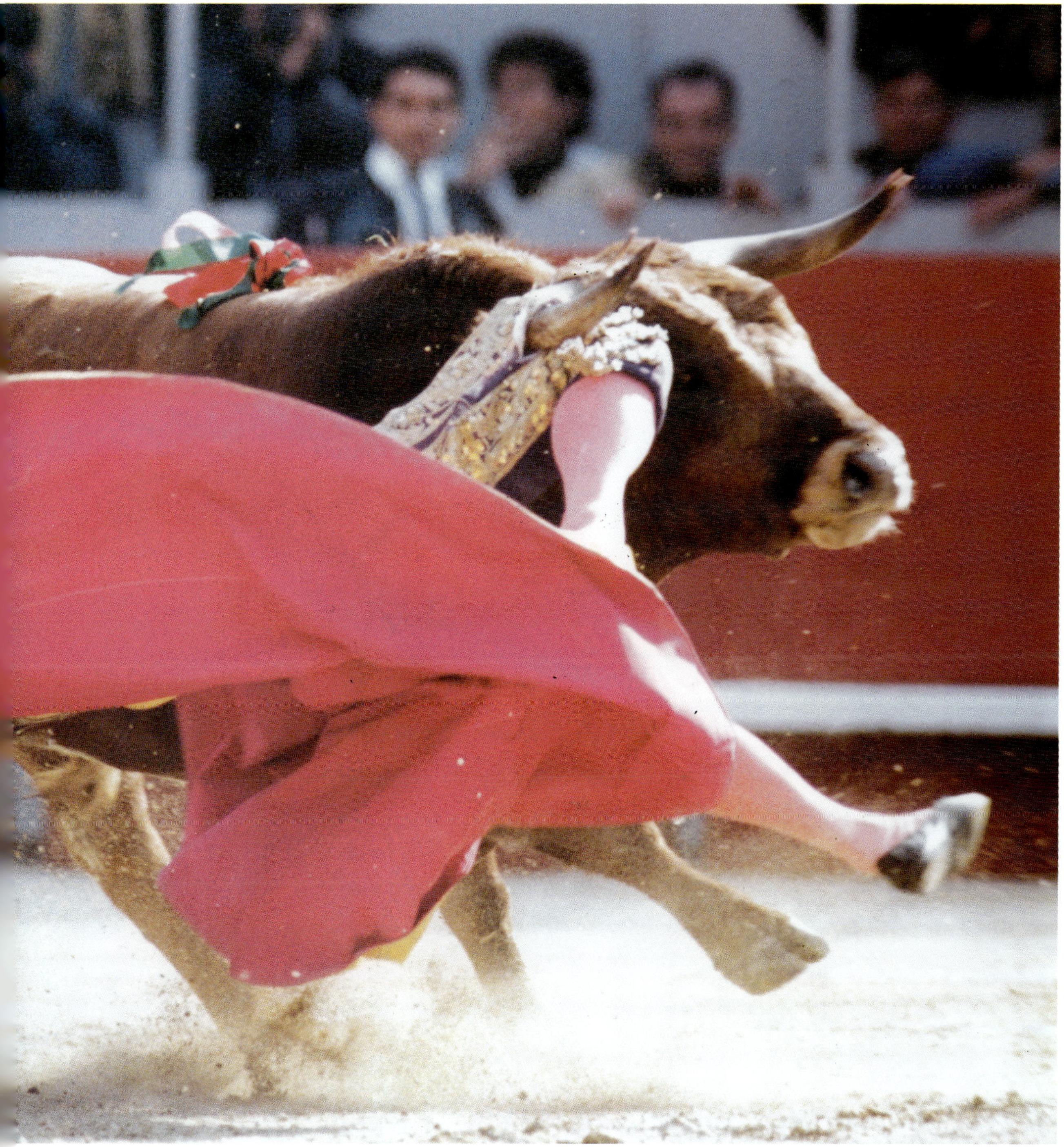

dans la région et passe du transport des chevaux à celui des toros. Un jour, le camion se renverse à Jabalquinto. Severino meurt et les toros s'échappent dans la campagne de Jaen. Son fils Pablo prend la relève et développe l'affaire. Il fournit un « plateau » selon une formule encore peu usitée. Toros et toreros dans la même enveloppe. La proximité de la frontière l'attire vers Dax et Bayonne. C'est la naissance d'un empire taurin aux structures familiales. Pablo « Chopera » dépanne Pampelune qui cherche à engager aux alentours des années quarante Domingo Ortega et Victoriano de la Serna. Bilbao et Vitoria tombent dans son escarcelle. Manolo, le second de ses fils, aujourd'hui patriarche, suit la même voie et développe le patrimoine. Manolo obtient la signature exclusive de Paco Camino et du Cordobés quand, en 1965, ce dernier rompt avec son imprésario des débuts, El Pipo. Le sommet est atteint au milieu des années quatre-vingt quand les Chopera organisent la feria de la San Isidro de Madrid.

Mais si le nom de Chopera est aujourd'hui important, c'est parce que l'empresa familiale, contrairement aux autres puissantes familles espagnoles, Canorea, Lozano, Camara, a perçu l'attrait du marché étranger tant en France qu'en Amérique du Sud. Et surtout parce que depuis toujours la « casa Chopera » a posé comme précepte que le respect du toro est la pierre philosophale de son action. Pour preuve, l'élevage des « Martinez Elizondo » propriété maison et qui produit des toros sérieux à la bravoure de fer. La dynastie Chopera continue aujourd'hui avec les deux fils de Manolo, Pablo et Oscar. Le premier, économiste, a introduit dans une base de données informatique toutes les informations, année par année, des corridas gérées : temps, forme du torero, entrées, comportement des toros, salaires des subalternes, etc. Le second, ingénieur agronome, s'occupe du campo, des toros et des toreros.

Chutes

[*caidas*] Les chutes des taureaux en cours de corrida sont des plus regrettables, puisqu'elles accusent leur faiblesse et enlèvent au combat le plus clair de son émotion. Même l'art exquis apporté par certains grands toreros à les faire se tenir debout, en les toréant doucement et la main haute, ne réussit pas complètement à dissimuler cette grave lacune d'un spectacle.

Les causes en sont diverses et suscitent de nombreuses discussions. La plus plausible a été, de tout temps, une convalescence inachevée de la fièvre aphteuse*. Un trop long séjour dans un corral, surtout boueux, peut avoir le même résultat. Il est cependant indiscutable que la tendance récente à pousser à un poids de viande élevé des animaux trop jeunes a pour conséquence de les faire s'asphyxier et, sinon toujours chuter, du moins s'agenouiller fréquemment sur leurs membres antérieurs. En effet, les novillos, sensiblement courus au même âge, mais jamais soumis à la suralimentation, ne donnent aucun signe de pareille faiblesse de pattes.

Les autres explications, comme celle tirée d'un excès de consanguinité, doivent être acceptées avec la plus grande réserve, car elles visent surtout à masquer la triste réalité du comportement de certains éleveurs, incités par des pressions extérieures à commercialiser leur bétail.

Le président demeure toujours libre d'ordonner le retrait d'une bête, qui lui paraîtrait ainsi inapte au combat.

Cintron, Conchita

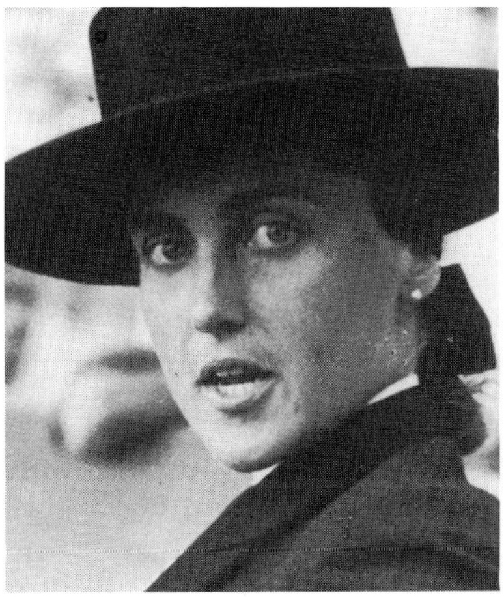

Née en 1922 au Chili, de père porto-ricain et de mère irlandaise, élevée au Pérou et citoyenne de cette nation, elle eut pour maître d'équitation le cavalier en place portugais Ruy da Camara, qui fit d'elle la plus accomplie des femmes pratiquant l'art du *rejon*. (V. REJONEADOR*) Très appréciée des Latino-Américains, elle vint après la guerre de 1940 en Europe et notamment en France, où sa popularité lui valut d'être appelée la « déesse blonde ». Elle ne se distinguait pas seulement par sa monte remarquable, mais descendait aussi de cheval, parfois pour exécuter quelques véroniques, toujours pour toréer fort honorablement de muleta ses taureaux – aux cornes légèrement épointées, il est vrai – et les tuer dans des estocades courageuses, qui faisaient pâlir maints matadors. L'Espagne ne la vit jamais sous ce dernier aspect, puisque les dispositions légales y interdisent aujourd'hui aux femmes d'exercer en public le toreo à pied.

Retirée au Portugal, elle a épousé un industriel du pays et est mère de nombreux enfants.

À soixante-dix ans elle a accepté de sortir de sa retraite pour donner l'alternative à Marie Sara Bourseiller, rejoneadora, compagne de Simon Casas, rénovateur du système taurin français et organisateur de la feria nîmoise de 1980 à 1993. Conchita Cintron est apparue dans les arènes de Nîmes, ses cheveux blonds maintenant argentés, admirable de dignité et l'on a compris alors la magie dont on nous parlait, qui, autrefois, entourait chacune de ses sorties.

Cite

[appel] Geste par lequel le torero provoque la charge du taureau, après l'avoir mis en place pour le toréer. Il doit être accusé et même répété, dans la mesure où l'animal retarde son départ. Le torero peut y joindre avantageusement un appel de la voix. La distance à laquelle doit être effectué le cite est dictée par la force de la charge du taureau. Seules, les bêtes anémiques ou épuisées laissent le torero se situer à la pointe de la corne. Il

y a donc moins lieu de s'ébahir alors de son apparente audace que de s'attrister de l'insigne faiblesse ou de la candeur révélées par son adversaire.

Clarines

Nom espagnol des clairons, dont les sonneries rituelles communiquent aux toreros les indications de la présidence. L'écrivain Angel Maria de Lera en a tiré le beau titre d'un roman tauromachique : *Los Clarines del miedo* [litt. les trompettes de la peur].

Claro

[clair] Qualifie le taureau d'un comportement ne prêtant à aucun doute ni complication, qui garde son point d'appui au centre, charge droit et poursuit le leurre aussi longtemps qu'il est maintenu sous ses yeux. Les aficionados français lui préfèrent le terme de *franchise*, guère utilisé par les toreros espagnols.

Classe

[*clase*] On dit d'un matador qu'il a de la classe lorsque s'ajoute, à une valeur morale reconnue, ainsi qu'à la possession d'un métier solide, une personnalité qui confère une originalité propre à son toreo.

Par exemple, Antonio Ordoñez ou Paco Camino ont sensiblement plus de classe que Puerta ou le Viti ; Angel Teruel plus que Paquirri ou Miguel Marquez. La classe attire, de bonne heure, l'attention du public sur des garçons et leur ouvre le chemin de la grande réussite. Elle est indépendante de la notion de style *largo** ou *corto**. Juan Belmonte, torero relativement *corto*, triompha par son immense classe. Du Cordobés, on peut dire en toute équité qu'il en a une certaine dans l'utilisation de la seule muleta.

Actuellement, on peut en dire autant de Enrique Ponce, de Joselito, Julito Aparicio et de Juan Mora, ou du jeune Manolo Sanchez, si on les compare à leurs contemporains pourtant plus demandés dans les grands rendez-vous.

Cocarde, Course à la

Populaires en Provence depuis des temps reculés, les jeux du taureau firent notamment partie de l'hommage rendu par la ville d'Arles aux visiteurs royaux. Tour à tour, Catherine de Médicis et son fils Charles IX, Henri IV, Louis XIII et même le duc d'Artois, futur Charles X, les présidèrent. Des « plans », ou places des villages, la coutume devait passer dans les arènes d'Arles et de Nîmes, débarrassées en 1812 des maisons d'habitation édifiées en leur centre, pour s'étendre bientôt à toute la région allant d'Avignon, à Marseille et Montpellier, sous la forme de la course à la cocarde appelée aussi course libre parce que avant l'apparition de semi-professionnels (dits « les tenues blanches »), elle était ouverte au premier amateur venu.

Le jeu consiste à enlever du frontal du taureau un bout de tissu

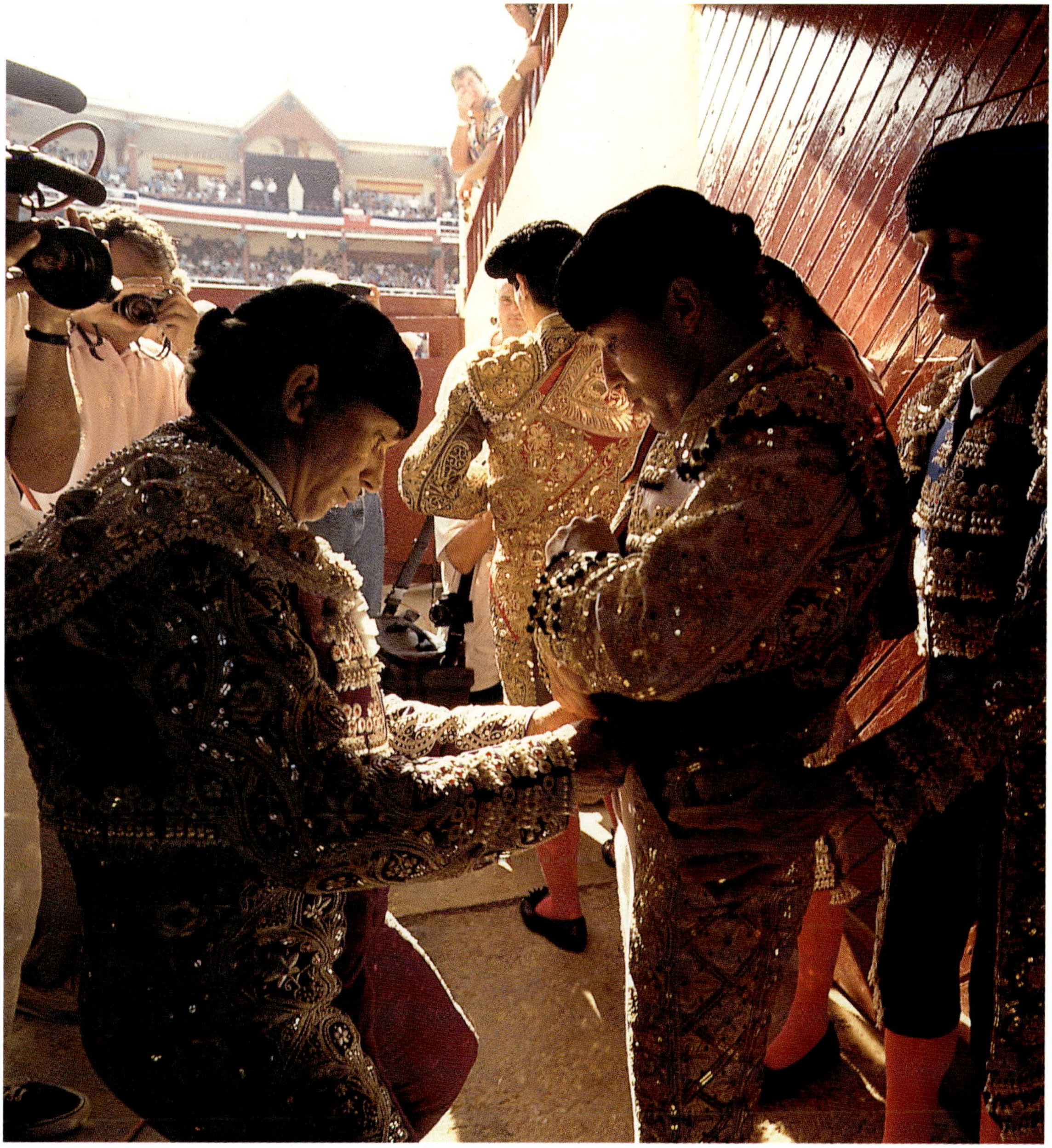

Dans le tunnel de la peur... Là-bas, dans la lumière, un public impitoyable, et, bientôt jailli du toril, une bête noire qui ne le sera pas moins...

rouge – ou cocarde – maintenu avec des ficelles et deux pompons de laine fixés à la base de chaque corne par un lien élastique. Suivant la difficulté des bêtes, la présidence accorde aux participants des primes en argent, sur lesquelles les spectateurs ont l'habitude de renchérir. La première va à l'enlèvement de la cocarde elle-même, les suivantes à celui de la ficelle, puis des glands.

La feinte employée s'appelle le *razet,* d'où le nom de *razeteurs* donné à ceux qui sont passés maîtres dans sa pratique. Elle consiste à fixer de loin l'attention du taureau, à courir sur lui, à dépasser sa tête pour ralentir sa charge et pouvoir passer le bras entre les cornes afin d'arracher la cocarde. Depuis 1900, on utilise, à cet effet, un petit peigne de fer à quatre branches baptisé « crochet », qui se tient dans la paume de la main. La sortie vers la barrière doit être prise à toute vitesse, car l'animal poursuit jusqu'à elle.

Le razet s'effectue aussi « à la reprise », s'il est précédé de l'intervention d'un « tourneur », qui retourne l'animal et le met en position pour le razeteur ou « à la bourre » (on dirait en espagnol *al relance*) lorsque les attaques des hommes se succèdent sans interruption.

Le bétail utilisé est celui de la Camargue. Son origine historique, très reculée, se confond avec celle du taureau espagnol. Cependant, l'alimentation déficiente que lui offre un territoire connaissant une remontée constante du sel (la « sansouire »), corrigée, il est vrai, par des migrations d'été sur des pâturages plus riches, comme ceux de la région du Cailar, lui a valu un type morphologique différent, notamment caractérisé par des cornes plus relevées, et tenu pour celui de la pure race de Camargue.

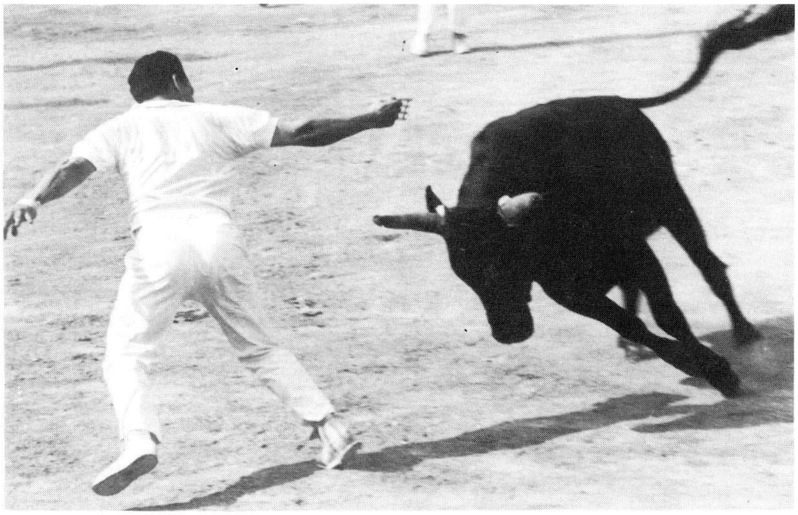

Du crochet à la cocarde,
il n'y a pas loin, dirait-on.
Essayez donc, un jour d'été,
du côté de Tarascon...
Mais entraînez-vous auparavant
à la course et au saut !

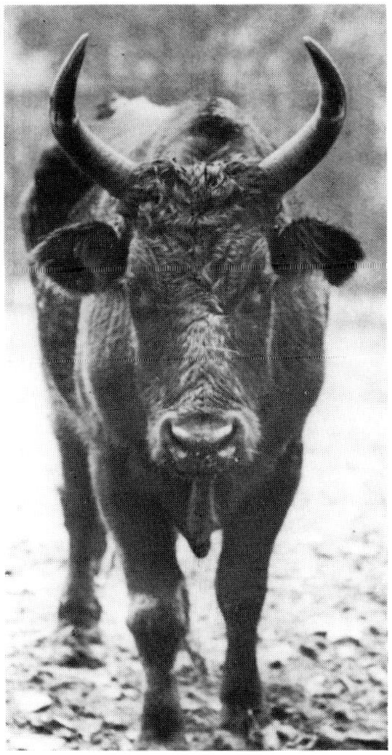

« Clairon », célèbre taureau de Beaucaire, si célèbre qu'on lui éleva une statue.

Son agressivité est aussi moins développée, comme en témoigne son attitude généralement fuyarde lorsqu'il est mis devant un picador. L'essor pris par la course libre à partir de 1870 a incité les manadiers à opérer quelques croisements avec des bêtes espagnoles, avant de s'inspirer de la leçon de sélection intelligente donnée par le marquis de Baroncelli-Javon (1869-1943). Ainsi a-t-on obtenu des taureaux « cocardiers » qui – pour la plus grande émotion des spectateurs – donnent fréquemment le « coup de barrière », c'est-à-dire s'écrasent contre elle à la poursuite du razeteur, pendant que celui-ci la franchit d'un saut allègre.

Le futur « cocardier » est choisi à trois ans parmi les mâles de la manade présentant les meilleures conditions, essayé dans des courses libres de jeunes taureaux puis, s'il intéresse le public, utilisé une moyenne de cinq à six fois l'année, à raison de seize minutes au maximum par spectacle. Ses cornes ne font l'objet d'aucune préparation arbitraire – les coups dans la barrière concourent cependant à les lui abîmer à la longue – et, neuf fois sur dix, il est châtré [provençal : *bistourné*] car on tient cette précaution pour un moyen de l'améliorer, de le rendre plus calme, plus attentif dans les courses et aussi d'un maniement plus aisé dans les transports en camion.

Les grands « cocardiers » réputés, dont le style attire la foule, peuvent demeurer en activité plusieurs années, sans que leur forme baisse. Ce fut le cas de « Prouvenço » du marquis de Baroncelli, un jour tué à l'élevage dans un combat d'amour, du « Sanglier » de Granon enterré au Cailar sous un monument évoquant sa mémoire, du « Clairon » – de Granon également – statufié sur une place de Beaucaire en un bronze qui tenta la cupidité des Allemands sous l'occupation, de « Vovo » d'Aubanel appelé à animer spectaculairement la reprise d'après la guerre de 1940.

La passion régionale pour le spectacle est entretenue par l'intérêt que portent spontanément aux réactions toujours variées des bêtes les habitants d'une terre d'élevage de taureaux. Seuls les noms des « cocardiers » figurent à l'affiche, les razeteurs n'en sont pas moins connus, et certains (Granier, Lou Pissarel, Fidani, San Juan...) sont entrés dans la légende de la course libre, pour avoir attaché leur nom à l'évocation d'un taureau fameux.

La course à la cocarde, de plus en plus nommée course libre, a spectaculairement évolué ces dernières années avec l'arrivée dans les pistes de véritables athlètes. Si Roland Castro a dominé les années soixante-dix, la véritable renaissance a été amenée par l'explosion d'un phénomène taurin, un jeune homme aux qualités de course et d'intelligence du bétail remarquables : Chomel. Il a été également le premier à rompre avec l'ancien système d'engagement course après course et à confier ses intérêts à un homme d'affaires. Souvent blessé, son tête à tête avec Nimeno II dans les arènes de Nîmes, au profit des sinistrés du Gard après les inondations de 1988, restera comme l'un des sommets de la course camarguaise.

Cocteau, Jean

(1889-1963) Dans les dernières années de sa vie, l'illustre poète a cédé à l'attirance des arènes, où il voyait passer la figure de la « dame blanche », comme il se plaisait à appeler la mort. D'un séjour en Espagne, prolongé par un léger infarctus, il a rapporté d'intéressantes notations réunies sous le titre de *La Corrida du 1er mai*. Ce sont, pour la tauromachie, des lettres de noblesse qui l'honorent et qu'elle ne saurait mésestimer.

Codicia

Exprime la combativité accusée du taureau. Un animal peut être ainsi déclaré *codicioso*.

Codillear

[plier les coudes] Défaut du torero qui n'utilise pas la pleine allonge de ses bras. Il est commun à beaucoup de débutants, et ceux qui n'en triomphent pas, même s'ils donnent l'impression factice de toréer plus serré, s'exposent à de cruelles déconvenues. On dit couramment d'eux qu'ils sont de la « chair à taureau » [*carne de toro*].

Cogida

[prise] Le mot désigne toute circonstance où le taureau prend l'homme d'une de ses cornes. Il n'y a pas lieu de la confondre avec une simple bousculade [*atropello*]. Ses effets peuvent être divers. Si le torero est seulement lancé en l'air, on a le « tour de cloche » [*vuelta de campana*]. Si la corne entre dans la chair du torero, c'est alors la *cornada*. Elle se différencie en *puntazo* ou coup de pointe léger, ne dépassant point une demi-douzaine de centimètres, et en *cornada* plus ou moins sérieuse, suivant la pénétration de la corne et l'importance des organes touchés. À vrai dire le *puntazo* est un coup de corne donné seulement de la tête ; la *cornada*, celui dans lequel la bête met toute la force de ses reins.

La région du corps la plus exposée est assurément la partie supérieure de la cuisse, jusques et y compris le triangle de Scarpa, par lequel passent l'artère ainsi que la veine fémorales. C'est là que le taureau frappe naturellement quand, rencontrant la résistance du corps, il relève la tête au cours d'une passe ou d'un coup d'épée.

Contrairement à ce qu'on pourrait penser, les cogidas n'ont pas pour cause une initiative du taureau, mais toujours une distraction du torero, une hésitation [*duda*] intempestive de sa part, ou une erreur de jugement sur le comportement de l'adversaire. Certaines viennent aussi d'un excès de confiance. Avec les taureaux, portés par leur nerf* à se défendre de la tête, l'attention du torero doit être plus soutenue, puisque les risques sont singulièrement plus sévères. D'eux, on a l'habitude de dire qu'ils « fleurent la toile cirée » [*huelen a hule*], tissu qui a longtemps recouvert les tables d'opération de l'infirmerie*.

Deux terribles et récents accidents ont enlevé à l'arène à un peu moins d'un an des figures reconnues de la profession. Chaque fois la corne n'a pas pénétré dans la chair, mais les chutes des deux toreros, Nimeño* et Julio Robles* conduisirent le premier à mettre fin à ses jours et le second à rester cloué sur un fauteuil roulant.

Cojo

[boiteux] Il arrive que des taureaux sortent du toril avec une certaine ankylose des reins [*toro derrengado*], traînent les pattes [*arrastrar*] ou accusent une nette boiterie d'un membre inférieur, accidents imputables au transport ou au débarquement dans les *corrales* de la plaza, sinon à la formation d'une tumeur ou à l'incomplète guérison d'un coup de corne reçu à l'élevage.

On entend alors fuser de toutes parts le cri de cojo, pour réclamer de la présidence le remplacement de l'animal. Celle-ci doit réglementairement se prononcer avant la première pique, mais est libre de revenir ultérieurement sur son refus, si l'invalidité se caractérisait dans le développement du combat.

Colear

[tirer par la queue] Procédé strictement interdit, à raison du *destronque* ou torsion rude à laquelle il soumet les reins des taureaux. Il est cependant l'ultime recours et toléré à ce titre, lorsqu'un animal, faisant fi des capes, va ramasser au sol un torero renversé. L'urgence est sa seule justification.

Coleta

Petite mèche que les toreros laissaient pousser de quelques centimètres sur l'occiput et tressaient, faisant d'elle un signe distinctif de leur vocation. Elle date du jour où ils ont renoncé à ramasser dans un filet, sur la nuque, leurs cheveux portés longs à la mode des *chulos* madrilènes du XVIIIe siècle. Juan Belmonte passe pour être le premier d'entre eux à avoir supprimé le port d'une coleta naturelle, mais tous continuent à s'en mettre une postiche, quand ils revêtent le costume de lumières pour paraître dans l'arène. Elle est attachée à la traditionnelle *mona* ou *castañeta* de soie noire, maintenant fixée aux cheveux avec une courte pince à pas de vis.

L'expression « couper sa coleta » est devenue synonyme de se retirer de la profession. À l'issue de sa dernière parution en public, tout torero se la fait généralement enlever par un collègue ou par un de ses proches parents, sous une ovation d'adieu partie des gradins.

Comer la muleta

[manger] Dès les premières passes de la faena*, il y a toujours intérêt à observer la manière dont les taureaux entrent dans la muleta. De ceux qui la suivent parfaitement, la tête baissée, on dit couramment en forme imagée qu'ils la « mangent ». C'est chez eux l'indication d'une belle bravoure*, unie à beaucoup de noblesse*. Le torero n'a plus la moindre excuse s'il échoue à en tirer le parti attendu.

Compas

Écartement des pieds du torero au cours de la passe. Il répond à la nécessité de prendre solidement appui et d'allonger le plus possible la charge du taureau par une extension du corps. L'exagérer [*abrir el compas*] est cependant tenu pour une inélégance.

Concours de ganaderias

Corridas dans lesquelles le bétail est fourni par des élevages [*ganaderias*] différents, de façon à établir une émulation entre eux. Dans les véritables – un ramassis de taureaux d'origines diverses ne constitue jamais un concours –, les éleveurs mettent tous leurs soins à présenter les produits de meilleure note et les directeurs d'arènes à engager des matadors réputés pour leur expérience de la lidia*, l'objectif principal devenant alors de faire valoir la qualité des bêtes retenues. Le concours de ganaderias le plus fameux et le plus fréquenté est assurément celui donné par la ville de Jerez, dans la première quinzaine de septembre.

Une adjonction au règlement taurin autorise depuis 1969 la pratique du « pardon de la vie » [*indulto*], au meilleur toro. En 1992, le ministre de l'Intérieur José Luis Corcuera a étendu la mesure, dans un règlement revu et corrigé, à toutes les corridas.

Au Mexique, où les étalons de grande classe sont moins nombreux qu'en Espagne, la coutume de rendre à son propriétaire un animal exemplairement brave demeure en vigueur. Le procédé n'est toutefois pas le plus sûr, vu sous l'angle de la sélection. Témoin le cas de « Desteñido » de J. P. Domecq, héros d'un des premiers concours de Jerez, et dont la descendance laissa tant à désirer qu'elle fut finalement abattue.

Conocedor

V. TIENTA*

Cordobés, El

Manuel Benitez, pour l'état civil, est né à Palma del Rio (province de Cordoue) le 4 mai 1936, deux mois avant l'éclatement de la guerre civile espagnole. Orphelin de père et de mère, il fut recueilli par sa sœur Angela, mais confié, les jours de travail, à la garderie d'enfants de la section locale de l' « Auxilio social » de la Phalange. Très jeune, l'afición d'un camarade l'entraîna à courir l'aventure des randonnées furtives dans les élevages, puis des vaches de petites *capeas** villageoises, tout en prêtant ses services comme tâcheron.

Venu à Madrid avec l'illusion d'y trouver la chance qui semblait se dérober à lui, il travailla en qualité de maçon chez un entrepreneur de travaux publics. Compatissant, l'homme organisa à ses frais la novillada sans picador d'août 1959 de Talavera, où Benitez vêtit son premier costume de lumières (loué chez un fripier), mais il se découragea devant son échec et se contenta de le muter à un travail de nuit, pour qu'il pût au moins chercher des occasions de s'entraîner le jour. Bientôt, requis pour le service militaire, il l'effectua comme conducteur de char dans un camp voisin de Madrid. Bon soldat, il lui arrivait de s'échapper à l'annonce d'une *capea* aux alentours. La sanction était alors de le consigner et de lui raser les cheveux, comme le faisait déjà la garde civile de Palma del Rio, quand elle l'arrêtait pour quelque infraction, et cette vexation n'aura peut-être pas été étrangère au goût prononcé, qui devint le sien, de les porter abondants !

Désespéré de ne pas trouver l'ouverture ardemment désirée, Benitez se préparait à émigrer en France et à y chercher un emploi, lorsque le hasard d'une camaraderie lui fit rencontrer un modeste marchand de fruits de mer, connu pour avoir administré la carrière de quelques toreros. Rafael Sanchez, familièrement appelé El Pipo, céda à son insistance tenace, le conduisit dans les élevages de Salamanque et, avec le surnom de El Cordobés imaginé par lui, le présenta en novillada avec picador, le 7 août 1960 à Cordoue, ville où le garçon avait autrefois sauté en *espontaneo*★, comme d'ailleurs à Madrid. Négligeant son ignorance patente, le public cordouan n'eut d'yeux que pour la manifestation d'un courage peu commun, affirmé dans des bousculades multiples, et dont un chroniqueur écrivit, ce même soir, qu'il mettait « le tilleul à prix d'or ! ». Le Pipo partit aussitôt pour Madrid où il engagea les bijoux de sa femme au Mont-de-Piété, afin de subvenir aux frais de la poursuite de la tournée.

À Barcelone, au début de 1961, il frappa le grand coup. Aucune forme de publicité, murale, par tract, photographique, radiophonique ne fut oubliée. Il n'hésita pas davantage à utiliser un récit romanesque de la jeunesse bohème de son poulain, précédemment rédigé pour une feuille de Cordoue, avec des têtes de chapitre percutantes : « L'homme le plus près de la mort », « Seul devant le danger », « Courte histoire d'un long calvaire »... Ingéniosité suprême, il fit coïncider la venue à Barcelone du Cordobés avec la première projection d'un film où celui-ci tenait le rôle principal, et dont le titre était *Chantage à un torero*, de Rafael Gil, qui fut ensuite présenté à Cordoue le jour même de l'alternative de Manuel.

La lame de fond, d'abord surgie d'Andalousie, balaya irrésistiblement la totalité du pays. Presque du jour au lendemain, le

Cordobés se convertit en idole nationale et en millionnaire, avant même de recevoir l'alternative à Cordoue (1963) et de la confirmer à Madrid (1964) à l'âge déjà avancé, pour un matador, de vingt-huit ans. Son vrai génie a été d'attirer aux arènes, avec une formule de torero assez élémentaire, une masse de spectateurs qui n'y mettaient pratiquement jamais les pieds. Du Pipo, dont il s'était séparé entre-temps, il sut recueillir le talent diplomatique et s'en faire une arme dans la vie. Paternel avec les humbles, il se rendait aussi bien à une chasse du général Franco, à qui, en plaza de Bilbao, il offrit la mort d'un de ses taureaux : « Parce que vous êtes un très bon gouvernant et pour que vous nous restiez cent ans de plus ! »

La figure humaine du Cordobés dépasse assurément de beaucoup celle du torero. Bien qu'il ait en certaines occasions démontré le contraire, il s'intéresse rarement à la conduite rationnelle du combat et se tourne systématiquement vers la réalisation de suertes où il introduit une sensation très personnelle de tremendisme★.

Inexistant avec la cape, plein d'appréhension dans ses coups d'épée portés sans passer franchement la corne, il tire d'une muleta, utilisée avec une rare habileté, les effets attendus de son public : les *cites*★ à distance extrêmement raccourcie, les passes données à pieds joints et parfois de dos, les « sauts de la grenouille » ou sautillements répétés, au cours d'une série de passes de poitrine exécutées un genou en terre, pour « allégrer »

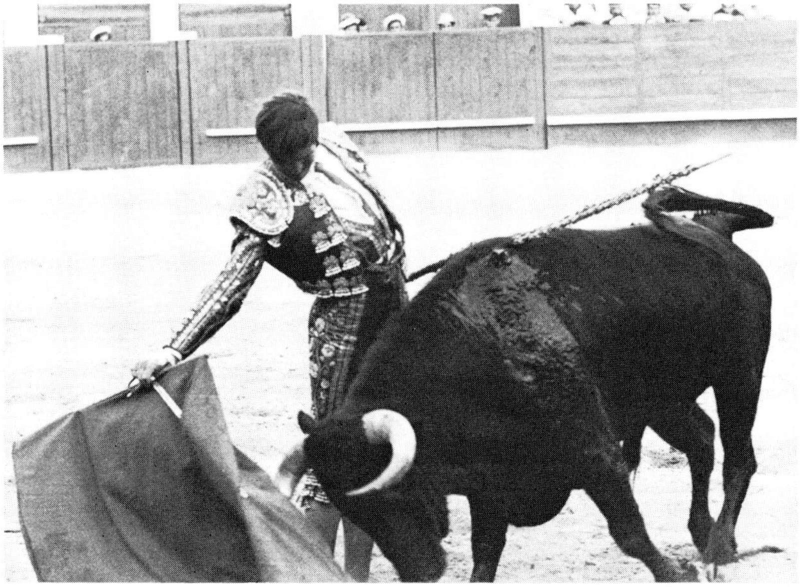

Quelque chose de crispé
dans le geste, de trop cambré
dans l'attitude...
Mais, qu'on l'aime quand même,
ou qu'on le déteste,
on le regarde avec passion.
Le Cordobés a un génie,
celui de la présence.

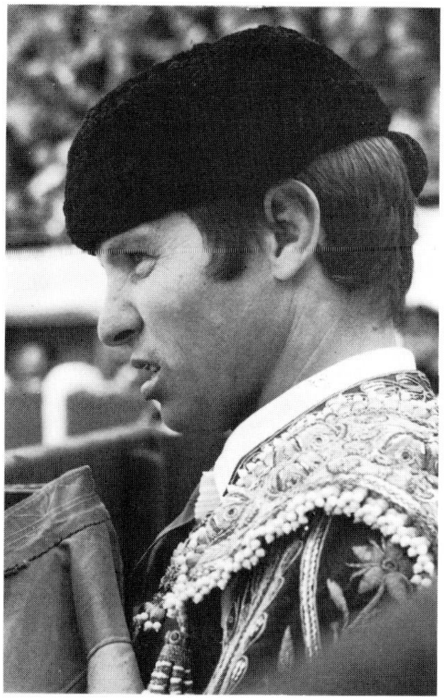

Montera sur l'œil, le rictus provocant, les mèches folles, Benitez l'ensorcelé guette son adversaire – ou le public ?

(V. ALEGRIA★) une bête déjà sensiblement alourdie. Sa manière de « perdre le respect du taureau », au grand ébahissement de ses admirateurs, réclame des adversaires qui peuvent être pesants, mais qui se recommandent par leur noblesse ainsi que par leur force relative. S'ils montrent quelque velléité de frapper de la corne, il se méfie, torée très imparfaitement et enregistre des désastres – tels les deux, historiques, de Pampelune – dont l'alternance avec ses triomphes a longtemps entretenu des courants passionnels.

La lenteur avec laquelle il laisse passer les bêtes peu rapides ne relève aucunement du véritable *temple*★, car celui-ci suppose un contrôle pris sur la charge de toute sorte de taureaux. Faute de l'avoir acquis, on comprend qu'il se montre si pointilleux sur le choix de son bétail et principalement depuis le fameux cauchemar de Villalobillos – sa propriété andalouse – dont il sortit angoissé, avec l'idée de se retirer.

En 1972, à trente-six ans, Manuel Benitez annonçait sa retraite. Sept ans plus tard, les dépêches de l'agence espagnole EFE alertaient toutes les rédactions du monde. El Cordobés était de retour. Quoi que l'on ait pu penser du style baroque et personnel que le « chevelu » (comme le nommait la presse espagnole à ses débuts) imposait dans l'arène, force est de constater que peu de toreros ont drainé comme lui autant de public dans les plazas. Le 22 juillet 1979 il réapparaît à Benidorm, première de vingt-neuf corridas. Évitant les grands rendez-vous, El Cordobés, contrairement à d'autres (Pedres, Rafael Ortega, Domingo Ortega), est resté fidèle à sa manière. Le même magnétisme dans et hors de la place, la même facilité à lier les faenas, à enrouler les toros à la force du poignet, la même ceinture qui lui permettait d'accompagner les cornes d'adversaires – il est vrai, soigneusement choisis –, à exacte portée du prochain *cite*.

L'enthousiasme n'est pourtant pas à la dimension de la première époque. Pendant les deux ans qu'a duré son retour, « El Cordo-bis », comme l'avait baptisé plaisamment Jean Lacouture, a paru vouloir prolonger la nostalgie des années de son explosion. Celle des années soixante, du boum touristique en Espagne, de la dictature *blanda* du vieux généralissime. Mais ces débuts de la décennie quatre-vingt, celui de la toute nouvelle Movida, d'une monarchie qui s'oppose à la tentative anachronique du coup d'État du lieutenant-colonel Tejero est d'une autre nature. El Cordobés a souvent donné l'impression de plagier El Cordobés. Le 14 septembre 1981, un vieil *espontaneo*, Villarroel, nourri de cette même légende, saute en piste à la suite d'un pari pour se présenter devant le toro du Cordobés. La bête de « Los Guateles » ne lui laisse aucune chance et l'égorge d'un coup de corne. Manuel Benitez El Cordobés a arrêté de toréer le soir même et a regagné à Palma de Rio sa villa Lobillos, laissant derrière lui la réputation sulfureuse d'un torero hors du commun, inimitable et au sourire saturnien. Le 11 avril 1993, un autre Cordobés aux cheveux de paille a pris l'alternative à Séville. Il a intenté un procès en paternité à Manuel Benitez pour le forcer à le reconnaître devant les tribunaux comme son fils légitime. Ces derniers lui ont donné raison. Mais la tauromachie n'y a rien gagné.

Cornada

V. COGIDA ★

Corne

[*cuerno, piton*] Transformation kératinisée de l'épiderme cutané, revêtant une excroissance osseuse de l'os frontal.

Les cornes sont la défense donnée par la nature aux bovidés. Celles des taureaux sauvages ont conservé une allure et un aigu qui les distinguent tout de suite des races domestiques. Leur développement est appelé à prendre des formes diverses, que l'on retrouve dans les *reseñas,* ou descriptions précises des bêtes par la robe★, la morphologie★ et l'armure.

Sont réputées défectueuses pour la corrida, et facilement protestées, les cornes trop tournées vers le bas *(toro gacho)* ou resserrées en pinces de homard (*toro brocho, toro cubeto* si le défaut est très accentué), ainsi que celles abîmées de la pointe *(toro astillado),* en balais *(toro escobillado),* ou privées de leur aigu *(toro mogon).*

La couleur des cornes est aussi prise en compte dans l'identification des animaux. Ainsi, sans trop s'y attarder, distingue-t-on :
– *Astiblancos*. Corne blanche se terminant par une pointe noire.
– *Astinegros*. Corne noirâtre de bout en bout.
– *Astiverdes*. Corne verdâtre, avec pointe noire.
– *Astisucios*. Corne de couleur indéfinissable, d'une nuance sale.

Au détail près, assurément non négligeable, que les cornes relevées (*toro corniveleto,* on dit aussi *veleto* tout court) ou effilées de la pointe *(toro astifino)* sont les plus coupantes, tout le danger du coup de corne réside dans la façon dont le taureau le porte, soit dans l'instinct défensif *(genio★)* plus ou moins développé qui

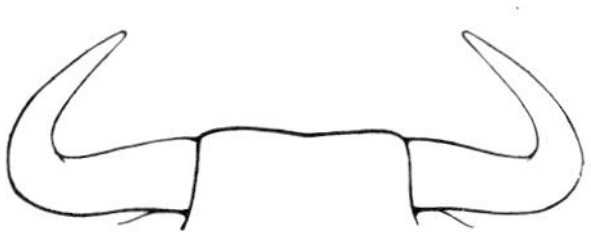

Corniapretado

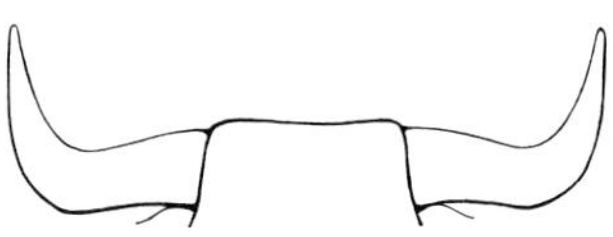

Corniabierto

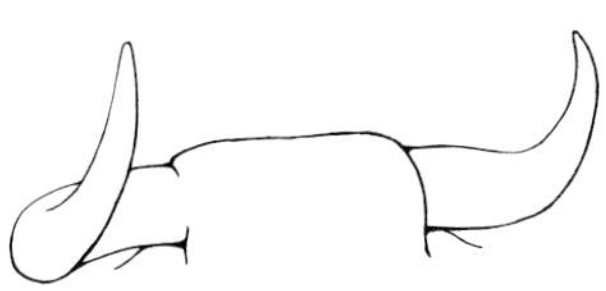

Cornivuelto

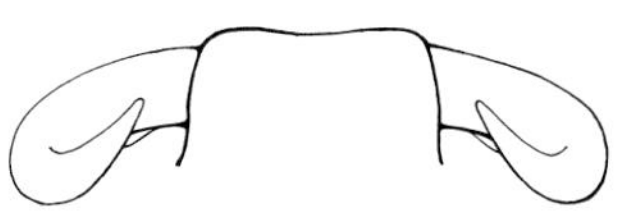

Brocho

le pousse, ou non, à multiplier ses coups de tête ou encore à taper plus fort.

La chose commence par un léger *punteo,* une manière de frapper de la seule pointe, de chercher ainsi à accrocher la cape ou le torero entrevu. Cette caractéristique, par laquelle un animal, presque dès sa sortie du toril, révèle avoir une certaine dose de nerf* n'est pas terrible en soi si le torero, fort de son expérience et de sa décision, repère la corne en mouvement – généralement unique au début –, commence par toréer sur l'autre, prend soin de bien embarquer et de *templar** la bête, limitant au minimum les occasions qui lui sont offertes d'allonger son coup. Autrement, le défaut promet de s'aggraver sérieusement et c'est plus que n'en peuvent supporter les matadors inefficaces ou timorés.

Le taureau est alors naturellement conduit à frapper à fond, de toute la force de ses reins [*cornear*] et, s'il relève violemment le cou, à chercher à enlever sa victime en l'air [*derrotar*], devenant d'un maniement particulièrement délicat.

Le fait, pour un animal, de *puntear, cornear* ou *derrotar* – si important qu'il n'échappe à aucun spectateur averti – ne doit pas être confondu avec l'*hachazo* [coup de hache] ou façon qu'a le taureau d'élever sèchement la tête à la sortie de toute suerte, encore que les toreros, dans leur langage imagé, arrivent à dire d'une bête, qui remue la tête à tort et à travers, qu'elle lance beaucoup d'*hachazos.*

Il arrive souvent qu'un torero soit pris, enlevé et rejeté sans avoir reçu de blessure, mais le taureau s'acharne sur sa proie dès qu'il la trouve au sol, et ne se laisse pas aisément détourner. Il a pour habitude de doubler ses coups – tel le boxeur, ses « crochets » – notamment lorsqu'il sent la moindre résistance, ce qui conduit les toreros à ne jamais mettre de boutons de manchette, de crainte que leur rencontre puisse déchaîner le réflexe de l'animal.

Les taureaux administrent couramment des coups de plat de corne [*varetazo*] qui peuvent être douloureux sur le moment, mais ne laissent d'autres traces que des ecchymoses ou des froissements de côte, à la sortie de l'arène.

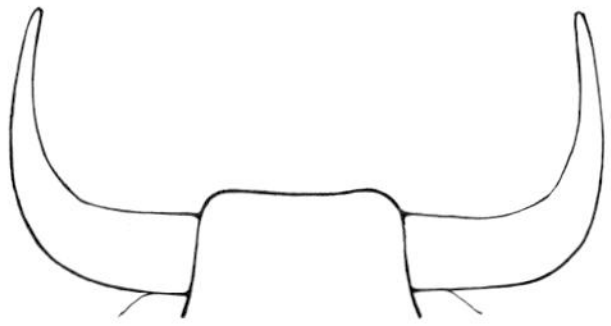

Veleto

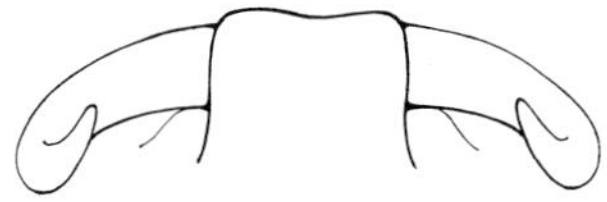

Cornigacho

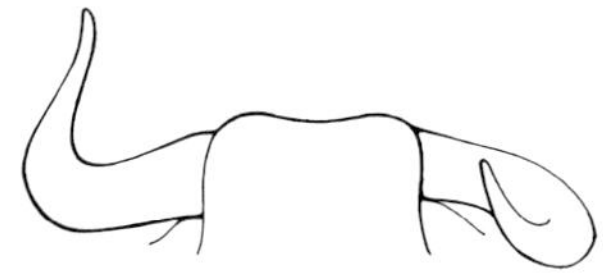

Bizco

Corne contraire

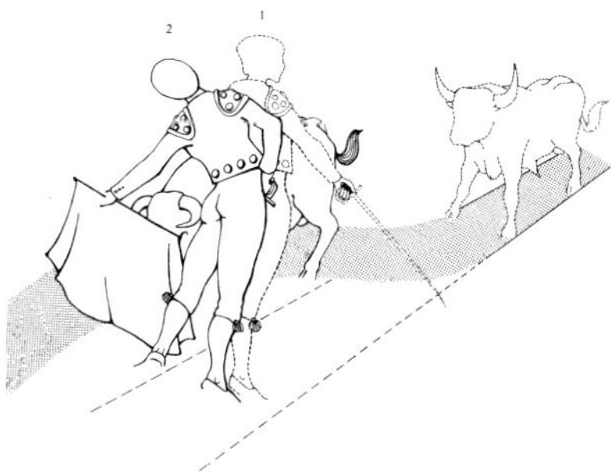

1. Position pour le *cite*.
2. « Charge » de la *suerte* dans l'avance du taureau.

[*piton contrario*] La corne opposée au côté sur lequel le torero se place par rapport à la bête, sert de fondement à une technique essentielle du torero à pied. Les taureaux pouvant difficilement corriger leur axe de charge, une fois lancés à fond, observent attentivement le déplacement de leur adversaire pour chercher à l'atteindre en chemin, tel le chasseur vise en tête le gibier qui fuit. Tout déplacement en direction de la corne contraire (on pourrait aussi bien dire l'œil contraire) ou même une simple avance du leurre vers elle contribuent à les tromper en leur faisant croire qu'on va poursuivre sa route... alors qu'on s'arrêtera à leur départ !

Il existe deux façons de marquer cette indication, capitale pour orienter le passage de la bête et ne pas se laisser enlever par elle :
1. Au cours même de la charge, par une légère avance de la jambe qui permet de mieux porter le leurre dans la direction voulue. C'est, suivant l'expression consacrée, « charger la suerte » [*cargar la suerte*].
2. Avant la charge – si elle était retardée –, en commençant de contourner à distance la corne extérieure, ce qui est communément appelé « se croiser » [*cruzarse*].

Pour mémoire, « charger la suerte » requiert que la jambe sur laquelle on pèse, après l'avoir avancée, soit celle du côté de la sortie du taureau et non celle de celui de sa venue (... également baptisée « contraire » pour une raison différente tirée de l'emplacement du torero dans le toreo de face, primitivement seul pratiqué). En réalité, la jambe dite « contraire » n'est utilisée qu'à forcer le départ des animaux réservés en la leur offrant, de prime abord, comme appât.

On accuse de « décharger la suerte » tout torero qui, au lieu d'avancer opportunément la jambe, la retire par appréhension de l'arrivée du taureau, pour la porter en arrière.

Correr por delante

Tirer à soi sur plusieurs mètres un taureau, avec la cape ou la muleta, pour le déplacer d'un point à l'autre de la piste.

Corrida

Le mot n'est devenu d'un usage courant qu'à partir du spectacle moderne, institué par les premiers toreros professionnels du XVIIIe siècle. Auparavant, on ne parlait que de « courir les taureaux », tout comme on dit courir le cerf ou le sanglier en termes de vénerie.

Les origines connues de la corrida remontent au XVIIe siècle avant J.-C. Des découvertes archéologiques attestent qu'à cette époque, en Crète, les spécialistes de la capture des taureaux sauvages – taurocathapsies – donnaient en exemple leur adresse, à la requête de la foule assemblée lors de fêtes religieuses, et avant de livrer les animaux aux autels sur lesquels ils étaient sacrifiés. Des fouilles ont également établi que cette pratique, devenue un jeu, avait force de coutume en Thessalie. D'après Pline l'Ancien, c'est dans ce dernier pays que Jules César vint chercher le combat du taureau pour l'introduire à Rome. La lecture de Suétone et de Pline le Jeune prouve qu'il continuait à se donner sous Tibère et sous Néron.

On peut penser que les légions romaines, stationnées en Espagne et dans le sud de la Gaule, mirent à profit l'existence locale de taureaux sauvages pour s'exercer à la tauromachie. Toujours est-il que celle-ci devint une tradition populaire chez les habitants de ces régions.

La chevalerie – arme principale de la longue lutte de l'Espagne contre les Maures – eut l'idée d'introduire le taureau sauvage dans son entraînement habituel du tournoi, donnant ainsi naissance à la *lanzada* ou combat à cheval, avec mise à mort à la lance. Il est peu vraisemblable que cette coutume ait été apportée par les envahisseurs arabes, car l'Afrique d'où ils venaient semble avoir été dépourvue du bétail approprié, et aucun témoignage historique ne vient affirmer le contraire. Si, au cours de leur occupation de l'Espagne, ils se mirent au combat du taureau, on peut toutefois tenir certains dessins de Goya, les situant à l'origine du toreo comme dénués de fondement. Il s'était simplement inspiré d'une affabulation de son grand ami, l'écrivain Moratin, sur les débuts de la tradition tauromachique.

La pratique de la *lanzada* devint vite une clause de style chez les seigneurs et les rois, en Espagne comme au Portugal. Le dernier souverain espagnol astreint à s'y conformer, au moins une fois, a été le petit-fils de Louis XIV, Philippe V. L'évolution de la technique militaire lui enleva, à la fin du XVIIe siècle, toute actualité. Pour répondre au goût populaire du jeu du taureau, les aides des cavaliers étudieront alors les possibilités offertes par le toreo à pied qui deviendra la base de la corrida moderne, divisée en trois actes [*tercios*★] logiquement ordonnés en vue de la domination de la bête sauvage. L'on peut y voir, suivant la brillante formule de l'Espagnol Lafuente Ferrari, comme une représentation symbolique, sur quelques mètres carrés de sable, du grand drame de l'histoire de l'humanité désarmée devant les forces de la nature et réduite à imaginer les moyens – armes, techniques, idées – de sa survie.

La transformation du combat primitif en un spectacle populaire a suivi l'apparition d'un public régulier, né de la transformation économique et sociale contemporaine. Plusieurs générations de toreros devaient s'employer à l'accroître par un perfectionnement continu de leur art.

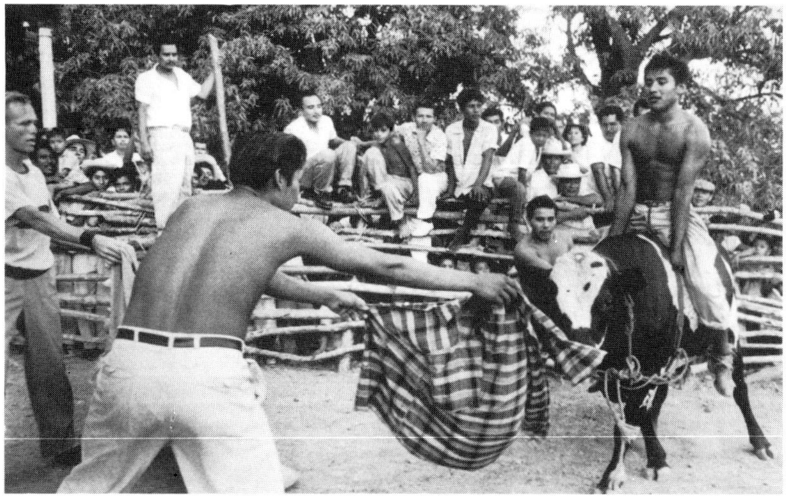

Les Indiens du Mexique ont réinventé une tauromachie. Un futur *Armillita*, peut-être, est parmi ces jouteurs naïfs.

L'étape décisive a été la seconde moitié du XIXe siècle. Elle a vu notamment l'adoption de la corrida par les Latino-Américains, chez lesquels les conquistadors espagnols avaient antérieurement introduit leurs jeux de taureau. Tous les pays où s'implantèrent des élevages (Mexique, Pérou, Venezuela, Colombie, Équateur) ont recueilli la vieille tradition – originellement d'inspiration méditerranéenne – qu'ils soutiennent aujourd'hui de leur enthousiasme, et par la construction de plazas et la formation de matadors nationaux. C'est à partir de 1853, aussi, que l'impératrice Eugénie acclimata à Bayonne les premières corridas sur le territoire français, et en 1889 que la venue aux arènes de la rue Pergolèse, à Paris, de toreros réputés, donna aux Méridionaux l'occasion de greffer, avec succès, le spectacle espagnol sur leur fonds de coutumes tauromachiques anciennes.

Le XXe siècle n'a pas enregistré une extension territoriale comparable. En revanche, l'intérêt pour l'art du toreo s'est considérablement accru, faisant même apparaître, au-delà de ses frontières géographiques, des colonies d'aficionados de qualité, favorisés par l'essor des voyages et des vacances. En ce sens, la tauromachie n'a jamais tant été à la mode. L'écueil pour elle, dans son évolution en spectacle de masse, est – Luis-Miguel Dominguin aime toujours à le rappeler – que le toreo n'est pas à proprement parler un art de masse, puisqu'il suppose, pour être pleinement goûté, une connaissance des taureaux à laquelle on n'accède pas en voyant une demi-douzaine de courses. Les toreros sont, de ce fait, portés à mettre davantage l'accent sur le côté aimable ou spectaculaire de leur travail, donc à choisir des adversaires souvent plus faciles, et cette tendance s'exerce au détriment du sérieux du combat, qui est pourtant le véritable fondement de la corrida et son plus réel facteur d'émotion.

Cortes, Manolo

Manolo Cortes, sévillanissime torero, était peu destiné aux corridas de combat avec lesquelles il a contruit finalement sa carrière. Né le 11 juin 1949 à Gines, faubourg de Séville, il a pris l'alternative à Valence le 14 mars 1968 des mains d'Antonio Ordoñez, (témoin : Diego Puerta), et l'a confirmée à Madrid le 14 mai suivant (parrain : Ordoñez ; témoin : Miguelin). Torero élégant mais froid, il a connu ses plus grands succès face aux Miura devant lequels il a été systématiquement demandé dans les années soixante-dix et quatre-vingt.

Cortes, Sebastian

V. GITANS*

Corto

Tout torero qui, par nonchalance ou par la limitation de ses dons naturels, restreint son répertoire de suertes à un nombre peu élevé de passes essentielles : la véronique, la demi-véronique, voire la *chicuelina* à la cape* ; les passes naturelles et droitières, celles de poitrine et celles « aidées par le haut ou par le bas », à la muleta*. Sa constance à les perfectionner et à en tirer le plus d'émotion possible, tout en leur conférant une originalité personnelle, fait surtout de lui un artiste du troisième *tercio**. Citant à courte distance, toréant toujours de près, s'appliquant à lier les passes en rond, son objectif est la recherche de la sensation plus que la domination de la bête. Aussi ne donne-t-il pleinement sa note que devant les adversaires ne venant ni trop vite, ni trop fort et ne présentant pas de réelles difficultés. De là à se les assurer d'avance dans le choix du bétail, il n'existe qu'un pas vite franchi par les tenants du genre.

Ce ne fut cependant point le cas du plus célèbre d'entre eux, Juan Belmonte, appelé à affronter des animaux moins triés qu'aujourd'hui, ni entièrement celui de Manolete, qui accepta fréquemment de combattre les durs taureaux de Miura, devant lesquels se sont dérobés un Litri ou un Pedrés. Malgré les effets plus ou moins variés que le Cordobés tire de sa muleta, son manque de confiance avec la cape le classe dans la catégorie des toreros cortos.

Au regard du torero *largo** tenu pour le classique, le corto figure le romantique. Le public, attiré par lui, réagit cependant à sa multiplication par une attente, souvent déçue, d'un torero *largo* de haute qualité.

L'appartenance à l'un ou l'autre des deux styles ne dispense pas le torero d'avoir une classe* qui le mette personnellement en valeur. Autrement, le premier conduit facilement à l'académisme et le second au pur tremendisme*.

Costillares

[Joaquin Rodriguez] Enfant du traditionnel faubourg de San Bernardo, où il naquit à Séville en 1748, il dut à son père, employé à l'abattoir, de fréquenter assidûment celui-ci avec la cohorte de jeunes gens chez qui l'apparition de la corrida moderne suscitait la vocation. Cet abattoir, sur lequel étaient dirigés les surplus de taureaux braves des élevages environnant la ville, était devenu une véritable école de tauromachie pratique, dont les témoins de l'époque se plaisent à évoquer, dans leurs écrits, le souvenir d'agitation et de haut pittoresque.

Matador à vingt-cinq ans, il fut le premier à porter dans l'arène les couleurs de sa Séville natale. En compagnie de Pepe-Hillo, qu'il avait découvert sur place et encouragé au début de sa carrière, il livra une rude bataille, pour laquelle le public de Madrid se passionna, aux frères Romero, de Ronda, et particulièrement à Pedro. Cette opposition entre des figures de style différent contribua à l'extension fulgurante de la popularité du nouveau spectacle à travers l'Espagne aficionada.

La famille Romero avait accrédité le coup d'épée au *recibir,* spectaculaire parce qu'il s'exécute immobile, sur la venue du taureau. Encore fallait-il que ce dernier eût gardé un élan suffisant pour rendre la suerte possible, et il n'en allait pas ainsi de toutes les bêtes arrivées au stade final du combat, voire fuyardes. Costillares eut l'idée de reprendre l'autre façon de tuer, en se jetant sur le taureau, mais la perfectionna et lui conféra une rigueur répondant à la fois de son émotion et de la beauté de sa réalisation. Ainsi, le tient-on pour l'inventeur du *volapié* (V. ESTOCADE*), dont l'usage de plus en plus courant devait autoriser ultérieurement le développement artistique de la faena* de muleta, sans que la mise à mort eût à en souffrir excessivement.

C'est également avec Costillares, soucieux d'esthétique comme tout Sévillan, que la véronique commença à prendre sa forme classique. Sa popularité le maintint vingt-deux ans dans l'arène, bien que souffrant, les derniers temps, d'une lésion interne qui paralysa sa main droite, et dont l'aggravation le conduisit au tombeau en 1800.

Costume de lumières

Caractérisé par l'addition de broderies à un habit de soie de couleur vive, il a été imaginé en 1830 par le matador Francisco Montes, pour donner plus d'éclat au spectacle qui prenait une extension toute nouvelle. Son nom – *traje de luces* – vient des paillettes dont il est parsemé : en langage de tailleur espagnol, des *luces* ou « lumières ».

À un allégement près des broderies, en vue de réduire son poids, il n'a subi aucune modification importante. Il est confectionné sur mesure par une demi-douzaine d'ateliers spécialisés, répartis entre les villes de Madrid, Séville, Barcelone et Mexico, qui fournissent également aux toreros capes, muletas et épées. Son prix est fonction du travail commandé aux brodeuses. Le tissu est maintenant de soie artificielle.

Les matadors et les picadors (ceux-ci sur leurs seules vestes) peuvent porter indifféremment des broderies d'or, d'argent ou de jais. Les banderilleros, uniquement celles d'argent ou de jais, afin qu'on les identifie dans l'arène.

Dans le langage des toreros, la veste se nomme *chaquetilla,* le gilet *chaleco,* la cravate *panoleta,* la ceinture *fajin,* la culotte *taleguilla* et les glands dorés qui la serrent au-dessous du genou *machos*. D'un torero qui se montre très décidé, on dit allusivement « qu'il s'est bien attaché *los machos* ».

Courir la main

Expression très employée, précisant que le bon torero doit allonger le plus possible la charge* d'un taureau, par un déplacement continu de la muleta. (V. MANDAR*)

Coussins

[*almohadillas*] Coussins rectangulaires, dont la location est assurée à l'intérieur des arènes, pour permettre aux spectateurs de ne pas s'asseoir directement sur la pierre des gradins. De temps immémoriaux, leur jet sur la piste est la manifestation suprême d'un public exaspéré par la présentation répétée de taureaux ridicules ou par le manque de vergogne occasionnel d'une vedette engagée à prix d'or.

Il est immédiatement réprimé d'une interpellation du contrevenant, suivie du paiement d'une forte amende. Toutefois, lorsque la limite du tolérable est franchie, les *almohadillas* volent par dizaines et la police se trouve bien empêchée de sévir avec rigueur. Leur chute autour du taureau atteste l'indignité du spectacle et souligne la défaillance des autorités à faire respecter le règlement* officiel. Force est de reconnaître qu'elle a la valeur d'un ultime recours populaire contre la perpétration de certains abus.

Critique taurine

Sa naissance comme son développement ont étroitement suivi les étapes successives de l'instauration de la corrida moderne dans les deux derniers siècles.

Au XVIe et au XVIIe siècle, les fêtes princières ou royales, animées par le seul toreo à cheval, faisaient déjà l'objet de *relaciones,* ou récits en vers. Revêtant plutôt la forme de compliment de circonstance, elles renseignent sur leur déroulement général, mais s'abstiennent de porter une appréciation technique.

Il faut attendre l'extension du spectacle, au XVIIIe, ainsi que la formation dans les villes d'un public encore limité, mais régulier, pour voir apparaître un début de critique écrite. Son précurseur direct est un ingénieux Madrilène, Juan Marras, à qui l'idée était venue, vers 1800, de vendre à l'entrée des arènes de la capitale des *estadillos,* soit des imprimés comportant des tableaux où les aficionados, avec un crayon également offert par lui, pouvaient noter, dans des cadres appropriés, le détail du comportement des taureaux courus sous leurs yeux. De ce jour, les discussions passionnées des *tertulias* [réunions de café] connurent des bases plus concrètes.

Le succès de l'innovation la fit reprendre un peu partout en province et elle inspira le premier organe de presse qui se risqua, dans la foulée de la popularité de Paquiro Montes, à ouvrir en 1851 une chronique tauromachique. Publication consacrée aux tirages de la Loterie nationale, *El Enano* – tel était son nom – eut beaucoup d'imitateurs sans qu'aucun ne parvienne à le supplanter de longtemps.

L'arrivée de la lithographie en couleur servit de base au lancement d'une revue spécialisée, *La Lidia,* qui parut pendant dix-neuf ans, de 1882 à 1901. Elle dut une grande partie de son succès à la collaboration exclusive d'un artiste sourd-muet de grand talent, Daniel Perea, dont les épreuves merveilleusement suggestives sont aujourd'hui très recherchées des collectionneurs.

Elle s'effaça, à son tour, devant l'utilisation des procédés de reproduction photographique, à laquelle recourut la revue *Sol y Sombra,* en prenant soin d'étendre régulièrement son information à l'ensemble de la péninsule, ainsi qu'à l'Amérique latine et à la France. Plus lue que la plupart de ses concurrents, souvent éphémères, elle parut de 1897 à 1924.

Autour de 1890, s'amorça toutefois un phénomène nouveau. Consciente de l'expansion croissante de l'afición, la presse quotidienne voulut avoir sa propre chronique tauromachique. S'adressant à un cercle plus ouvert de lecteurs, elle modifia naturellement la formule, s'écarta de la pure notation technique, inspirée des primitifs *estadillos* de Juan Marras, et entreprit de publier des comptes rendus plus littéraires. Le genre, inauguré par les plumes rivales des célèbres Don Modesto et Don Pio, trouva son apogée en Gregorio Corrochano. Maître écrivain, fort de solides connaissances acquises dans l'intimité de José Gallito et surtout de son beau-frère Ignacio Sanchez Mejias, il occupa longtemps l'importante tribune de l'*ABC.* Il excellait à dégager d'un spectacle une impression dominante, qui colorait ses articles et les rendait attrayants pour la partie la moins initiée du public. Telle était son autorité, qu'il put édifier des réputations ou les réduire en cendres. Du Niño de la Palma, père d'Antonio Ordoñez, il réussit à faire momentanément une vedette par le seul titre d'une de ses plus fameuses chroniques : « Il s'appelle Cayetano et vient de Ronda. »

Le danger présenté par cette école est qu'elle tend à s'éloigner des considérations précises répondant à la légitime curiosité du lecteur, et néglige l'utile détail du comportement des bêtes pour mettre de préférence l'accent sur la réussite, plus ou moins méritoire, du torero. L'accès de la critique aux *mass media* de la radio et de la télévision, forcément ouverts eux aussi à la propagande publicitaire des toreros, a achevé de la désorbiter quelque peu. Même les deux grands et populaires hebdomadaires spécialisés, que sont aujourd'hui *El Ruedo* et *Digame,* tous deux édités à Madrid, n'échappent pas totalement à cet écueil.

Une nouvelle génération de *revisteros* [litt. rédacteurs de *reseñas,* ou comptes rendus des corridas] à la fois probes et très compétents ne fait toutefois point défaut. Le passionné Alfonso Navalon du quotidien *Informaciones,* l'érudit Vicente Zabala du *Nuevo Diario,* Luis de Urrutia de *Madrid* unissent ainsi leur jeune autorité à celle déjà fortement assise de Selipe, Don Justo, Luis Bollain, Antonio Diaz-Cañabate, spirituel et vigoureux commentateur de l'*ABC*, et de quelques autres.

L'existence d'une presse tauromachique est commune aux divers pays où la tradition de la corrida a pris une certaine ampleur. Le Midi français compte la plus ancienne revue illustrée, *Toros,* tirée à Nîmes depuis 1925, sans autre interruption que celle des années de guerre, et qui bat ainsi tous les records de durée. Son indépendance comme sa foi éclairée ont accrédité son nom jusqu'au-delà des Pyrénées. Elle poursuit l'œuvre éducatrice entreprise par Alfred Degeilh, alias « Aguilita », polémiste de grande classe et directeur d'un *Toril,* qui parut à Toulouse de 1922 à 1939.

La part de la critique taurine, dans la définition et l'épuration de l'art du toreo en moins de deux siècles, s'est révélée décisive. Toute atteinte à son indépendance ou à sa sincérité a pour conséquence de remettre en cause l'avenir même de la corrida. On ne lui demande pas de tomber dans un dénigrement systématique, dont la tauromachie ferait finalement les frais, ni d'afficher un sectarisme déplacé. On souhaite même la voir conserver sa forme vivante, son enthousiasme et éviter de s'enliser dans le jargon technique, source de bien des confusions.

Ce qu'on est en droit d'exiger, toutefois, c'est qu'elle assume entièrement sa mission et donne avec précision les éléments valables d'une appréciation exacte. Il n'est pas possible de faire passer plus longtemps, comme taureaux, des novillos poussés au grain pour dissimuler leur insuffisante maturité ; d'omettre le nombre de piques et la façon dont elles auront été prises ; d'imputer gratuitement à un bétail, cependant brave, la défaillance éventuelle d'un torero ; de taire comment une séquence importante de la lidia* s'éclaire par le comportement caractéristique d'un animal ; de décrire une faena* sans indiquer pourquoi elle s'élève au-dessus de la moyenne ou ne sort pas de la banalité ; de déclarer « malchanceux à la mort » un matador qui aura échoué par simple effondrement de son courage à l'heure de l'estocade.

Ces notions sont aussi utiles au public des arènes qu'à celui des stations d'hiver les bulletins d'enneigement et autres informations météorologiques, dont on s'étonnerait que la pression des syndicats d'initiative régionaux les fît, un jour, disparaître de la presse écrite ou parlée.

Il est aujourd'hui difficile de passer sous silence l'existence en France et en Espagne d'une nouvelle génération de journalistes taurins dont le style rompt avec celui de leurs prédécesseurs. La plupart d'entre eux ont, avant d'écrire, connu les arènes comme amateurs, voire comme novilleros. Ainsi, en France, *Libération* s'honore chaque semaine d'une remarquable chronique signée par le Nîmois Jacques Durand. *Le Figaro* dispose d'un spécialiste taurin. Si l'on peut déplorer en revanche que certains journaux régionaux aient rompu avec leur tradition de critiques, d'autres, comme le *Midi-Libre* sous la signature de Jean Louis Lopez, ou *Sud-Ouest* qui fait cohabiter la longue expérience de Georges Dubos et l'œil exercé de Vincent Bourg « Zocato », *Midi-Olympique* qui accueillait l'enthousiasme de Claude Pelletier, hélas disparu le 26 mai 1993, maintiennent et renouvellent l'exercice du journalisme taurin. En Espagne, « Barquerito » du *Diaro* 16, Joaquim Vidal du *Pais*, Javier Villan du *Mundo,* José Antonio del Moral pour ses interventions radiophoniques, Paco Apaolasa, voix autorisée des journaux du Nord, et surtout José Carlos Arevalo, directeur de la revue *Toros,* sont les nouveaux guides de l'afición.

Cuadrar

Mettre d'équerre les pattes avant du taureau préalablement au coup d'épée, afin de permettre sa bonne exécution. Le déplacement d'une patte peut, soit donner au taureau un temps d'avance sur le matador, soit entraîner, par le déplacement de l'épaule, l'obturation du passage assigné à la lame. Certains taureaux inquiets sont très longs à se laisser placer dans la position voulue et pourtant la précaution répond au succès de la suerte.

Cuadrilla

Troupe de subalternes au service du matador. Elle comprend trois banderilleros et deux picadors. Leur engagement, strictement réglementé par le syndicat des subalternes, doit se faire au début de saison et pour toute sa durée sauf indemnisation. Si l'un venait à être blessé ou si le matador devait renforcer sa cuadrilla, pour un *mano a mano*★ ou une course dans laquelle il tuerait seul six taureaux, il pourrait engager des toreros haut le pied sans leur réserver une place fixe.

Les subalternes s'habillent et s'équipent à leurs frais, mais leurs déplacements professionnels sont pris en charge et leur salaire, désormais tarifé pour chaque course, d'après un tableau où les matadors sont classés en diverses catégories (exceptionnelle, première, deuxième, troisième) suivant le montant moyen des honoraires perçu par eux. Il est aussi tenu compte du rang occupé par chacun dans la cuadrilla, le premier picador touchant la même somme que le premier banderillero.

Outre la connaissance du métier, la qualité exigée des subalternes est la discipline la plus absolue à l'égard du patron, traité de *maestro*. Parmi eux figure le péon de confiance – *peon* étant synonyme de subalterne – appelé par le matador, sinon par son manager, pour le conseiller de son expérience et l'assister d'une cape efficace. Bien des jeunes espoirs n'ont percé que grâce à son aide vigilante. La figure d'Enrique Belenguer Blanquet demeure inséparable de celle de Joselito, comme celle de Patatero l'est de Ricardo Bombita. Pareillement on se souvient toujours de la place tenue par David auprès de Manolete, par Luis Morales auprès de Manolo Gonzalez, par Juan de la Palma auprès de son frère Antonio Ordoñez, par Luis Gonzalez auprès de Jaime Ostos, par Antoñete Iglesias auprès du Cordobés des premières années d'alternative, etc.

Le sixième personnage de la cuadrilla, et non le moindre, est le garçon d'épée. Sa tâche consiste à prendre soin des épées transportées dans leur *funda* [étui], et à empaqueter capes et muletas dans l'*espuerta,* valise de cuir repoussé se fermant avec une simple toile imperméable et destinée à être chargée sur la galerie des voitures automobiles. Mais il est aussi les yeux et les oreilles de son matador, se charge des communications confidentielles, reçoit les journalistes, l'habille, le suit de l'intérieur de la

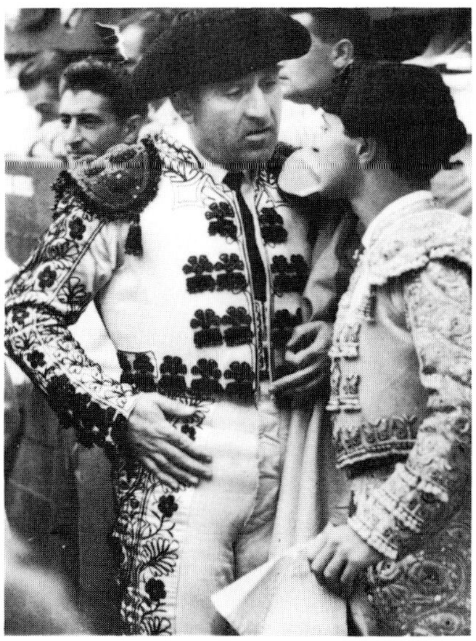

Il n'est qu'un membre de la cuadrilla,
ce vieux péon bedonnant et musculeux.
Mais regardez-le face
au prestigieux Diego Puerta, enfantin sous sa *montera*...
Qui parle d'or ? Lequel en sait plus long ?
Et qui sauvera l'autre, tout à l'heure ?

barrière pour tenir à sa disposition cape, muleta ou épée, et saute en piste le recueillir s'il est blessé. On comprend que son salaire égale celui du membre le mieux payé de la cuadrilla. D'ailleurs, une Association des garçons d'épée veille à la défense de leurs intérêts professionnels.

À l'inverse des années d'après-guerre, les meilleurs péons de brega ont souvent moins de quarante ans. Parmi eux d'ex-matadores, El Mangui (Espartaco) ou Gabriel Puerta, Rafael Torres, Rafael Corbelle (qui fut le mentor de Manzanares et d'Ortega Cano), Curro Cruz, Juan Montiel, Mariano de la Viña et Martin Recio.

Cuchares

[Francisco Arjona] (1818-1868) Fils, petit-fils et neveu de toreros solidement introduits dans la profession. Bien que né à Madrid, il fut élevé à Séville où sa mère réussit à le faire admettre, dès l'âge de douze ans, à l'école de tauromachie que venait d'instituer le roi Ferdinand VII.

Excellent banderillero et matador sérieux, il incarna cependant, au milieu du XIXe siècle, le toreo sévillan dans tout ce qu'il peut comporter de séduisant, d'habile, de plaisant (pour la partie la moins exigeante du public) et de relative mobilité des pieds. Il souleva l'ire des aficionados classiques, partisans de la seule domination du taureau avec la main gauche, en pratiquant le premier les passes de muleta de la droite, notamment par passes hautes liées à des passes de poitrine, mais force est de reconnaître qu'il ouvrit ainsi, dans la rigidité des principes initiaux, une brèche que devaient franchir allégrement l'ensemble des toreros venant après lui.

Connu pour ses boutades, dont le sens général était qu'il ne descendait pas dans l'arène pour se faire étriper bêtement, il en proféra une, lapidaire et d'une éternelle actualité : « Hésiter devant le taureau, c'est se donner soi-même le coup de corne ! »

Sa rivalité avec El Chiclanero, protégé du grand Montes, engendra une passion qui s'étendit plusieurs années aux diverses plazas de la péninsule. Dès leur présentation à Madrid, ils soulevèrent un incident presque sans précédent. Tous deux, pour une question de priorité d'alternative, entendirent mettre à mort le premier taureau. Armés de leur muleta et de leur épée, ils se dirigèrent simultanément vers lui et, au grand scandale de l'assistance, se le disputèrent. Cuchares réussit à l'abattre, mais ce fut au prix de son arrestation immédiate, ordonnée par le duc de Veragua, président de la course.

El Chiclanero allait l'emporter nettement par sa rigueur plus émouvante et mieux vue des « classiques », lorsque la tuberculose l'enleva en peu de mois, et Cuchares régna un temps seul sur les arènes. Ses engagements ayant commencé à fléchir, il décida d'aller toréer à Cuba, toujours colonie espagnole, et où se donnaient de fréquentes corridas. Là, la mort l'attendait, à cinquante ans, sous la forme d'une impitoyable attaque de fièvre jaune.

Cuerpo limpio, A

Expression signifiant qu'on aborde le taureau « à corps découvert », sans utiliser cape ou muleta pour fixer son attention et le conduire. On ne compte donc plus que sur sa propre habileté à tromper les charges par une série de *recortes*★ et à échapper ainsi à l'animal autant de fois qu'il repart sur vous. Si la pose de banderilles s'effectue a cuerpo limpio, c'est surtout dans les *quites*★ d'urgence qu'on a recours au procédé.

Le matador attendant contre la barrière la sonnerie du troisième *tercio*★ l'emploie pour voler au secours d'un banderillero en danger. De même, le *monosabio* (V. ARENEROS★), témoin du péril couru par un picador tombé « à découvert », soit à portée immédiate du taureau. La beauté de ces interventions est dans la spontanéité du risque pris par pure solidarité entre gens de l'arène.

Dans les tientas★ de mâles, les mises en suerte, ainsi que les *quites*★ au cavalier s'effectuent obligatoirement a cuerpo limpio, pour que les jeunes taureaux, non retenus comme futurs étalons, puissent être ultérieurement utilisés en corrida. On doit les courir de préférence en ligne droite, car les *recortes*★ sont susceptibles d'éveiller leur instinct défensif (V. AVISER★). Il est toutefois toléré d'avoir à la main un bâton. Le seul fait de le poser sur le frontal du taureau, lorsque vous êtes trop serré, l'engage à relever la tête et à ralentir sa charge, laissant ainsi le temps à un camarade de prendre le relais de la poursuite, afin que vous puissiez gagner un burladero ★ et y retrouver votre souffle.

Cuidado, Toro de

Synonyme de taureau dangereux, avec lequel il convient de prendre des précautions.

D

Danser

[*bailar*] Se dit du torero, quand il ne garde pas son emplacement au cours des passes et remue constamment. Dû à un manque de confiance, le fait ne détruit pas seulement l'esthétique du toreo. Il enlève aussi toute possibilité de domination sur la bête.

Découvrir, Se

Qualifie la situation dangereuse où se met le torero chaque fois qu'il retire trop vite l'étoffe de sous les yeux du taureau. La moindre rafale, soufflant dans le leurre, produit un effet semblable et, à ce titre, le vent comporte plus de risques que la pluie. Si le sol devenait glissant, l'homme a toujours le recours d'enlever ses escarpins et de toréer dans ses bas roses pour mieux agripper le sol des pieds. Le vent le laisse pratiquement désarmé.

Degollar

[égorger] Placer lâchement l'épée dans le cou du taureau avec la nette intention de trancher le poumon. Le *golletazo* (V. ESTOCADE*) est le dernier recours d'un matador en crise de courage et, comme tel, violemment réprouvé par le public. Il se reconnaît immanquablement au fait que le taureau vomit, par saccades, des flots de sang noir. Un peu de sang rouge, rejeté par la bouche, n'a pas la même signification, car sa couleur claire atteste qu'il provient d'une hémorragie plus accusée du médiastin ; le coup d'épée peut donc avoir été courageusement porté et bien placé ; le matador n'encourt alors aucun blâme.

Désarmer

[*desarmar*] Action d'un taureau qui accroche le leurre (et plus couramment la muleta) pour l'arracher des mains du torero. L'inadvertance de ce dernier ne peut toujours être mise en cause. En effet, la bête peut *puntear* (V. CORNE*) fortement, ou avoir une charge* délicate à *templar**. Cependant, un torero averti ne devrait pas laisser se répéter l'incident plusieurs fois de suite, sous peine de s'avouer incapable de s'ajuster au comportement de son adversaire.

D'un taureau qui relève brusquement la tête en cours de suerte, par exemple au coup d'épée, on dit aussi qu'il « désarme ».

Descabello

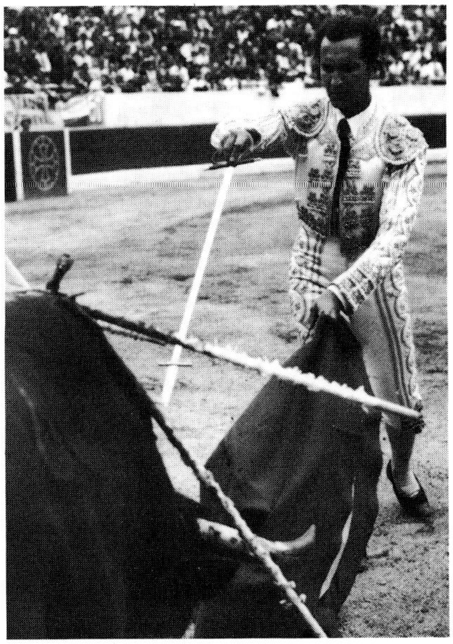

Coup de grâce par lequel, de la pointe de son épée, le matador tranche la moelle épinière du taureau à la sortie du bulbe, lorsqu'il est trop alourdi pour qu'on puisse lui porter utilement un nouveau coup d'épée. Il se manque facilement si la bête, en relevant légèrement la tête, obture avec son occiput l'étroit interstice par où la lame doit entrer. Dans ce cas, les essais [*intentos*] de descabello peuvent se multiplier, pour peu que le matador y apporte quelque précipitation ou nervosité.

L'épée utilisée [*verdugo*] est plus courte, élargie de la pointe, munie d'une barrette d'arrêt pour éviter que, trop enfoncée, on ne puisse la dégager et que le taureau, d'un brusque coup de tête, ne l'envoie dans le public.

La pratique du descabello s'apprend exclusivement à l'abattoir. Elle ne justifie jamais, à elle seule, l'octroi d'une oreille !

Luis-Miguel, exécutant avec une gravité sacerdotale le *descabello,* suerte ultime : épée en forme de croix de grand inquisiteur ou de conquistador.

Descordar

Sectionnement de la moelle épinière du taureau, par un coup d'épée qui bute sur les vertèbres et les sépare violemment. La bête tombe alors paralysée. Il ne peut être intentionnel, puisque l'épine dorsale de la bête est enfouie sous une couche de chair. On le tient donc pour un accident fortuit, dépourvu de toute valeur.

Desecho

[rebut] Nom appliqué au bétail non retenu en tienta*, ou affecté d'un petit défaut physique. Il peut aller en novilladas*, mais doit être annoncé comme tel sur l'affiche.

Desolladero

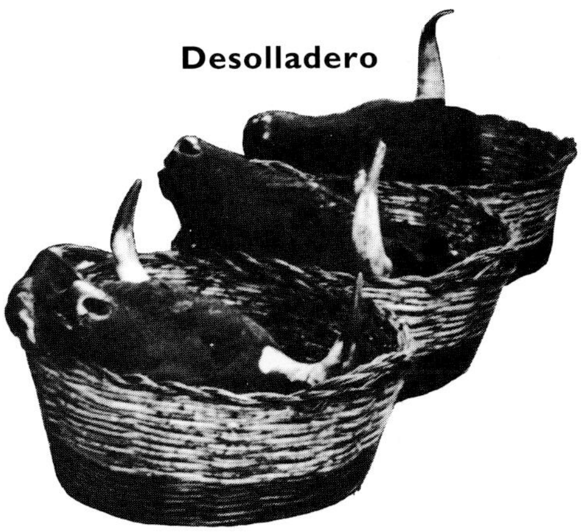

Nom donné à la cour de service des arènes, où s'élève le bâtiment destiné à l'équarrissage des bêtes mortes, au fur et à mesure de leur enlèvement. Toute personne intéressée peut y contrôler les poids *en canal**, les dentitions (V. ÂGE*) et l'état réel de la pointe des cornes.

À la Monumental de Madrid, l'entrée en est libre et l'habitude veut qu'éleveurs, professionnels et critiques taurins s'y retrouvent avec la direction de la plaza pour échanger leurs points de vue aussitôt après la corrida.

Le moment des puristes et de ceux qui veulent garder au rite sa rigueur : ni l'âge des bêtes (que dévoile leur dentition), ni l'état des cornes ne peuvent plus être camouflés. Il est un peu tard, bien sûr...

Devise

[*divisa*] Couleurs d'un élevage que, pour son identification, le taureau porte sur le haut du dos, en un flot de rubans maintenu par un très léger crochet et placé, juste avant sa sortie, à l'aide d'une longue perche. La devise est obligatoirement rappelée au public sur l'affiche de chaque corrida.

Elle est un attribut de l'élevage, que recueille tout nouveau propriétaire de son prédécesseur. Il peut toutefois y apporter quelques modifications. La maison de Miura utilise, pour son bétail, des couleurs différentes : vert et noir à Madrid, vert et rouge dans les autres plazas. L'origine de cette alternance tient au fait qu'à sa création (1842) une ganaderia plus ancienne se présentait déjà à Madrid avec le vert et le rouge. Il en va de même pour les taureaux de José Escobar.

Diestro

[maître dans un métier] Pris substantivement, il s'applique au seul matador.

Distanciarse

Le fait, pour un torero gagné par l'appréhension, de se tenir à une distance exagérée du passage du taureau dans son travail de cape ou de muleta. On peut en rapprocher le très vilain défaut de ne pas présenter celle-ci d'équerre [*cuadrada*] et de chercher à placer d'avance sa pointe [*pico*] sous l'œil opposé de l'animal. Le garçon, qui torée ainsi avec le *pico* de la muleta, renonce à toute précision, en voulant écarter le risque fondamental de la suerte.

On utilise, dans le même sens, le verbe *despegarse* [se décoller] mais son emploi est amphibologique. En effet, le taureau a une tendance naturelle à se rabattre sur l'homme et force est de le décoller de soi dans une mesure raisonnable. On dit, par exemple, d'un *codillero** qu'il ne réussit pas à se *despegar* des taureaux. Tel le coureur automobile, le torero a entre ses mains une sorte de volant de direction, dont il doit user avec une égale délicatesse.

Division de opiniones

[avis partagés] Sanction d'un travail du matador qui ne fait pas l'unanimité dans l'assistance : les sifflets se mêlent aux applaudissements. L'histoire est classique du petit novillero qui, revenant dans sa province après un début à Madrid, se fait interroger par ses familiers. Les télégrammes de presse étaient très laconiques et ils demandent des précisions. Le garçon allègue qu'il a soulevé une division de opiniones et ajoute très vite, pour ne pas mentir : « C'est-à-dire que les uns s'en sont pris à ma mère et les autres à mon père. »

Dominguin

Nom de combat d'une famille de toreros castillans, dont l'apport à la tauromachie a été des plus importants.

Si le dernier du nom, Luis-Miguel, a atteint une plus haute

notoriété, la part de son père, Domingo Gonzalez Mateos, créateur de la tradition familiale, n'en a pas moins été décisive. Fils de paysan, né en 1895 dans la province de Tolède, il se sauva à Madrid dès son plus jeune âge pour servir dans une taverne, l'hiver, et fréquenter à la belle saison les *capeas*★ où il fit ses premières armes. La providentielle rencontre du fameux imprésario Eduardo Pagés lui valut un jour de conquérir le public de Barcelone et de s'acheminer vers l'alternative, qu'il reçut à vingt-trois ans, en 1918. Soutenu par un courage affirmé, il trouva dans le vide laissé par la mort de Joselito et la retraite momentanée de Belmonte, l'occasion d'occuper trois années une place enviable, parcourant même à plusieurs reprises les plazas d'Amérique latine. Son afición éclairée et la conscience d'une certaine limitation de ses moyens devaient pourtant l'orienter bientôt vers une carrière d'organisateur de corridas, dont les plus grandes réussites ont été manifestement de révéler l'exceptionnel Cagancho, puis de découvrir, à vingt-quatre ans, et de former Domingo Ortega, qui, sans lui, ne serait jamais sorti du cercle étroit de ses premiers pas. Il attendit ainsi l'heure de donner leur chance à ses fils et eut la satisfaction de savourer le triomphe du cadet, Luis-Miguel, avant de s'éteindre en 1958.

DOMINGO GONZALEZ LUCAS

Né en 1920, matador en 1942, il se distingua par son intelligence et par son courage qui faisait de lui un exécutant remarqué de l'estocade★ au *volapié*. Son toreo, plutôt sobre et pas toujours assez dominateur, lui a valu quelques blessures graves. Après une dernière corrida à Mora de Tolède, en 1948, il s'employa à aider son père et organisa les campagnes de Luis-Miguel. Il assuma ensuite la direction de la plaza de Vista Alegre (seconde de Madrid), que celui-ci avait rachetée et agrandie (mais qui va être détruite). Passionnément aficionado, il y donnait, certains jours, des spectacles de débutants, dont le seul but était de découvrir de nouvelles valeurs de la tauromachie. Il fut ainsi le premier à s'intéresser à Sebastian Palomo Linares et on lui doit entièrement la « mise en orbite » d'Angel Teruel.

JOSÉ GONZALEZ LUCAS

Plus connu sous l'appellation de Pepe Dominguin, il naquit en 1921 et reçut l'alternative l'année 1944. Dans le sillage de son plus jeune frère, il toréa un assez grand nombre de corridas, montrant du savoir, de la finesse et aussi une certaine nervosité dans l'*aguante*★ qui parfois le handicapait. Son triomphe, incontesté aux banderilles, faisait de lui un artiste exceptionnel du deuxième tiers, dont le souvenir vit encore dans la mémoire des aficionados, maintenant qu'il est retiré et collabore aux entreprises familiales.

Il était le plus beau, le plus savant et – dès le lendemain de la mort de Manolete, qu'il défia tardivement – le *numero uno*. Le voici, cape en main, considérant le *ruedo* de l'œil du stratège, sûr de lui, de son art, de son métier, sinon de son public...

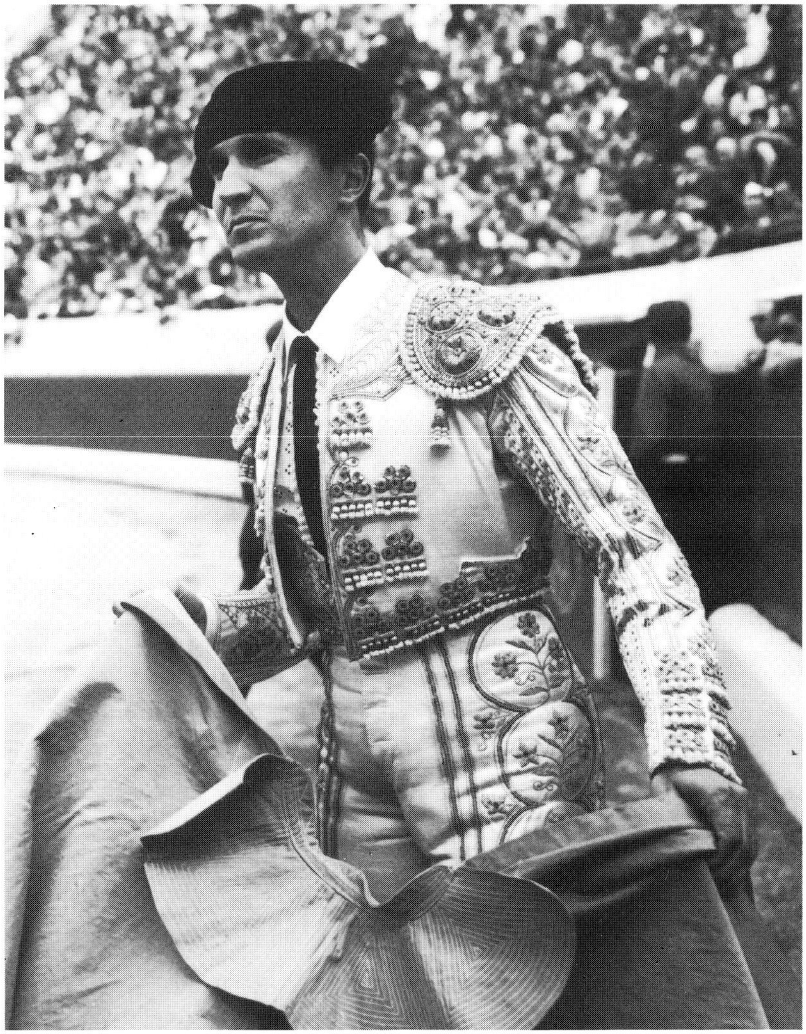

LUIS-MIGUEL GONZALEZ LUCAS

Luis-Miguel Dominguin (tout court, puisqu'en 1964 il a obtenu du ministère de la Justice espagnole le droit de figurer désormais à l'état civil sous son surnom d'artiste) naquit à Madrid en 1926, débuta dans des spectacles mineurs à onze ans, reçut l'alternative des mains de Domingo Ortega à dix-huit ans et la confirma l'année suivante (1945) à Madrid, avec Manolete pour parrain.

Son toreo était du style le plus *largo*★ qu'on puisse imaginer. Aucune suerte n'existait qu'il ne connût et ne pratiquât classiquement. En ce sens, et par opposition à des toreros d'un art plus délicat, on aurait pu le dépeindre comme un agrégé de grammaire de la tauromachie. Dans cette ligne, il était utilement servi par des qualités athlétiques non négligeables et par une intelligence à interpréter les taureaux qui, son amour-propre l'y poussant souvent, lui permettaient d'avoir raison des plus difficiles. L'impression d'extrême aisance, sous laquelle il dissimulait son courage instinctif, était relevée d'une note d'élégance et de rayonnement, qui lui tenait lieu de la grâce plus largement dispensée, par exemple, aux toreros andalous.

Voir toréer Luis-Miguel était toujours un spectacle et lui-même, très conscient de l'orientation plus frivole du public de son époque, s'entendait à l'animer par des incidents de nature à créer une légende autour de son nom.

Un an après son alternative, il nourrit le projet de surclasser rien moins que Manolete, par l'exemple d'un style plus rigoureux que le sien. Le Cordouan, défié dans une lettre ouverte adressée à la presse, finit par accepter de se mesurer avec lui. Après deux ou trois journées où ils toréèrent côte à côte, ce fut la tragédie de Linares (28 août 1947) dans laquelle Manolete succomba sous la corne du taureau « Islero » de Miura.

Le 12 mai 1949, en plaza de Madrid, il interrompit un début particulièrement brillant de faena, faite à un taureau de la veuve de Galache, pour se retourner vers les gradins et lever l'index, signifiant ainsi qu'il se considérait comme le « numéro un » de la tauromachie de son temps. La protestation populaire éclata très vive, mais la qualification devait lui rester, d'autant plus qu'il s'attacha par la suite à la justifier.

Le 2 octobre 1952, dans sa plaza de Vista Alegre pleine à craquer, il se divertit à assurer seul la lidia* d'un excellent septième taureau, offert par lui au public en supplément de programme. Il le reçut en tenant la cape d'une main... comme c'est la théorie pour les subalternes, l'arrêta avec des véroniques, le mit exactement en suerte devant le picador, exécuta rapidement le *quite*, puis, démontant le cavalier, prit sa place et – fait sans précédent – donna la seconde pique en costume de lumières. De l'assistance une voix s'éleva : « Puisque tu piques si bien, pourquoi laisses-tu tes picadors le faire parfois si mal ? » Enfin, il banderilla l'animal, le passa dans sa muleta et le tua d'une estocade, donnant ainsi en exemple l'étendue de ses connaissances.

Un épisode moins agréable pour lui fut l'affrontement (doublé d'une grave blessure) qu'il eut à subir, au cours de la saison 1959, de la part de son propre beau-frère Antonio Ordoñez, et surtout la façon dont Hemingway, partisan d'Antonio, le raconta dans son reportage intitulé : « Un dangereux été. » À la vérité, il suffit à Luis-Miguel d'en extraire quelques lignes, cruelles envers Manolete, pour soulever l'Espagne entière contre l'écrivain acharné à le diminuer.

Jusque dans son retrait définitif de l'arène (les précédents avaient été temporaires), il surprit l'opinion. Rendu amer par une corrida assez décevante de taureaux de Palha, fin septembre 1962, à Madrid, il rentra chez lui et on put l'entendre dire, entouré de ses enfants : « Maintenant que ma carrière de matador tire à sa fin, il me reste au moins celle de père de famille. »

Il faut croire que sa carrière de père de famille ne l'a pas assez occupé. Le 10 juin 1971, Luis-Miguel Dominguin reprend le chemin des arènes. À près de cinquante ans, hiératique, et plus maître que jamais, il réapparaît dans un costume de lumières dessiné par Pablo Picasso. Lors des trois temporadas qu'a duré son retour, il a rappelé, visage sec et gestes lents, ce que pouvait être la connaissance absolue du toreo, cette impression qu'aucun fauve ne saurait déranger son encyclopédique science, ni son élégance altière. Il torée même à Belgrade (ex-Yougoslavie), en compagnie de Robert Piles, les 2 et 3 octobre 1971. À Bayonne, le 3 septembre 1972, un toro l'envoie à l'infirmerie et l'oblige à écourter sa temporada. Sa dernière corrida en Espagne se déroule à Barcelone à l'automne 1973. Il part pour une saison sud-américaine. Une *cogida,* le 1er décembre, à Quito, lui brise le coude. On ne l'a plus jamais revu dans une arène.

« Je n'aurais jamais admis de faire de mon retrait un spectacle, confia-t-il plus tard à François Zumbielh, et j'aimerais que l'on se souvienne de moi comme un homme qui a véritablement sacrifié toute sa vie au toreo. »

Restera le souvenir d'un maestro, synthèse de toutes les époques de la tauromachie du siècle.

Dominio

[domination] Désigne l'empire pris par le torero sur la bête. Il doit être recherché avec d'autant plus d'obstination que celle-ci menace de se défendre ou risque de déborder l'homme par la violence de son attaque. Certaines passes ont pour objectif de réduire sa force et de lui faire baisser la tête, qu'elle agiterait [*cabecear*] ou tiendrait haute : à titre d'exemple, les passes de muleta par le bas. Mais leur effet n'est que momentané. Le *dominio* s'assure par une attention suivie à bien toréer, c'est-à-dire à garder son emplacement, à conduire exactement, à donner parfaitement la sortie, quels que soient les risques que cela représente. En fait, à un torero qui a le courage de se confier à fond, il existe peu d'adversaires qui ne finissent par se livrer plus ou moins complètement. Les matadors timorés se dérobent en général à cette obligation et attendent des taureaux plus faciles pour donner une idée de la qualité de leur art plastique. Il n'est pas d'autre raison à l'irrégularité qui leur est souvent reprochée.

Dormirse

Comportement du taureau qui cesse de pousser sous la pique et se contente de demeurer collé contre le *peto*★, comme s'il « s'endormait ». Le détail ne plaide pas en faveur de la bravoure de l'animal.

Duende

[lutin, esprit] Chez les Andalous et les Gitans, le mot est couramment utilisé, en art flamenco comme en tauromachie, pour qualifier les moments d'inspiration d'un artiste. Quand on dit d'un torero *que tiene duende*, cela revient à dire qu'il est susceptible d'une inspiration exceptionnelle, communiquant tout à coup à son toreo une grâce unique. L'interprétation populaire est qu'il reçoit alors... la visite d'un esprit !

Les toreros réputés pour avoir eu du duende sont uniformément andalous et en nombre restreint. Par exemple : Rafael el Gallo, Cagancho, Gitanillo de Triana, Chicuelo, Pepe Luis Vazquez, Manolo Gonzalez, Antonio Ordoñez... Ce sont de purs artistes, voués souvent – tels Curro Romero, Rafael de Paula ou actuellement Julito Aparicio – à une certaine irrégularité, que le public, dans son attente du miracle, est porté à leur pardonner. Ils sont peut-être appelés à laisser les souvenirs les plus vifs dans la mémoire des aficionados ayant bénéficié de quelques-unes de leurs grandes journées.

Dynasties

Jusqu'à ces dernières années on se référait pour parler de dynasties aux arbres généalogiques auxquels se rattachaient des toreros célèbres. Ainsi en a-t-il été des Gallos★. L'époque actuelle a été le témoin d'une surprenante évolution. Une grande partie des toreros qui ont embrassé le métier sont fils de toreros réputés. Chamaco, Litri, Camino juniors n'avaient pas besoin de succès dans l'arène pour assurer leur existence. Francisco Rivera, novillero en 1993, fils de Paquirri, petit-fils d'Ordoñez, arrière-petit-fils du Nino de las Palmas, non plus. Ni Sanchez Mejias, descendant de Joselito et d'Ignacio Sanchez Mejias, l'ami du poète Federico Garcia Lorca. Leur défi est double. Triompher et faire oublier le nom qu'ils portent. Jusqu'alors peu y ont réussi.

E

Écoles

Séville et Ronda, les deux premiers centres de l'afición, où se forma le toreo à pied, suscitèrent assez rapidement deux importantes figures qui s'opposèrent leur vie durant, non point par la façon – toujours impérative – de mener le combat, mais par l'interprétation personnelle qu'ils en donnaient. Pepe-Hillo, le Sévillan, cherchait à plaire par son enjouement, multipliait les effets brillants, cédait souvent à son inspiration du moment. Pedro Romero, l'enfant de Ronda, cultivait la sobriété, la domination des bêtes difficiles, l'exécution rigoureuse des suertes. Ils donnèrent ainsi naissance à deux courants artistiques, à vrai dire complémentaires, qu'on retrouve tout au long de l'histoire de la corrida et que l'on qualifie l'un d'école sévillane, l'autre d'école de Ronda. Cette coïncidence, où sans doute s'exprimait aussi la différence de tempérament de l'Andalousie de la plaine et de l'austère Sierra, ne doit cependant pas conduire à penser qu'il ait existé de telles écoles, au sens pédagogique du terme.

La seule instituée officiellement le fut à Séville, en 1830, par le roi Ferdinand VII, soucieux de raviver une tradition populaire qui avait eu à souffrir des années de guerre avec la France. Confiée à Pedro Romero, alors retiré et âgé de soixante-seize ans, elle ne dégagea pas de grandes valeurs tauromachiques – le fameux Paquiro Montes, déjà en possession de son métier n'y fit qu'un bref passage – et elle devait disparaître au bout de quatre ans.

Le toreo s'apprend plus par une longue pratique qu'à travers un enseignement général, qui entrerait mal dans la tête des garçons touchés par la vocation et par l'ambition de s'assurer une place au soleil. « Le seul véritable professeur, écrit Felipe Sassone, se souvenant de sa jeunesse de novillero au Pérou, est le taureau qui, de sa corne, sanctionne les erreurs des débutants et fait entrer la vérité du toreo dans leur esprit, leur chair et parfois leur sang. »

La formation des futurs toreros débute au coin d'une rue avec des jeux d'enfants, se poursuit par des exercices quotidiens de *toreo de salon* (ou « contre l'ombre »), passe par les cours des abattoirs sur lesquels les propriétaires de taureaux de combat envoient périodiquement le déchet de leur troupeau, se couronne dans les tientas*, essais précédant la sélection des vaches reproductrices dans les élevages, lorsqu'un certain acquis leur en ouvre l'accès. L'étape des *capeas*★ de village, d'ailleurs maintenant en butte à des mesures administratives en raison des accidents qu'elles entraînent, est en voie de disparition. L'engagement dans des novilladas économiques (sans picador et avec du bétail de moindre caste) tend à les remplacer. Enfin, vient le début en novillada★ intégrale, où le problème est d'éveiller l'intérêt du public et d'obtenir son soutien.

Sous le nom d'écoles, des petits établissements offrent aux touristes des bêtes généralement déjà toreées, pour qu'ils puissent au moins éprouver la sensation de les approcher et se faire photographier devant elles. Point n'est nécessaire de souligner que leur valeur d'enseignement est pratiquement nulle. D'ailleurs, peut-on prétendre s'initier au toreo en un seul après-midi ?

École taurine

En 1975, un ancien novillero de Zamora, Enrique Martin Arranz, décide d'ouvrir une école de tauromachie à Madrid, au centre du parc de la Casa del Campo dans les arènes désertées du Syndicat des toreros. L'objectif est de fournir un enseignement général comme dans tout établissement scolaire et de donner en plus une formation taurine. Accueillie avec scepticisme, cette idée s'est peu à peu imposée et a même été imitée. L'École nationale taurine de Madrid, à qui la municipalité a cédé à vie les installations, fournit chaque année un contingent notable de novilleros et a produit plusieurs matadors de qualité au nombre desquels Lucio Sandin, El Yiyo★ ou Joselito. Albacete, Salamanque, Nîmes essaient de suivre cet exemple qui tranche avec les temps maintenant presque disparus de formation sur le tas dans les *capeas* de village.

Église

L'habitude prise par la chevalerie espagnole de combattre les taureaux à la lance, pour son entraînement militaire (V. CORRIDA★), comportait fréquemment des accidents mortels, d'autant plus remarqués que les victimes étaient des personnalités importantes du royaume. Déjà, la reine Isabelle avait voulu, sans aucun succès, imposer l'emboulement des cornes. Pour la même raison, en 1567, le pape Pie V condamna la coutume, allant jusqu'à menacer d'excommunication les souverains qui la toléraient, et du refus d'inhumer en terre sainte les cavaliers succombant dans ces combats. Jamais directive pontificale ne trouva dans la catholique Espagne une moindre audience. L'interdit, retiré par Grégoire XII, fut cependant à nouveau prononcé par Sixte V. L'austère Philippe II protesta de la « grande violence ainsi faite à son royaume », négocia avec le Vatican et obtint finalement du pape Clément VIII le retrait des dispositions édictées.

Bien que critiqué par divers théologiens, le spectacle moderne de la corrida n'a pas encouru un tel ostracisme de la part de l'Église catholique. Le règlement officiel associe même le clergé à sa célébration, en exigeant la présence d'un chapelain des arènes, chargé d'administrer les derniers sacrements en cas de besoin. Il prévoit également l'installation d'une chapelle, pour que les toreros puissent s'y recueillir avant de gagner la porte du paseo★.

Élevage

[*ganaderia*] Sans céder au paradoxe – et pour simplifier l'exposé de la question –, on pourrait presque soutenir qu'avant l'apparition de la corrida moderne il existait, répartis en Espagne, des troupeaux de taureaux originellement issus de la race des aurochs et maintenus à l'état sauvage par leur détenteur, mais qui ne faisaient l'objet d'aucun test systématique de bravoure★, sinon de façon rudimentaire.

L'essor du spectacle tauromachique, au début du XVIIIe siècle, a très naturellement entraîné la constitution d'élevages proprement dits, où la valeur combative est désormais contrôlée par une épreuve [*tienta*★] permettant de sélectionner les femelles et les étalons, avant toute reproduction. À titre de précision, chaque étalon couvrant

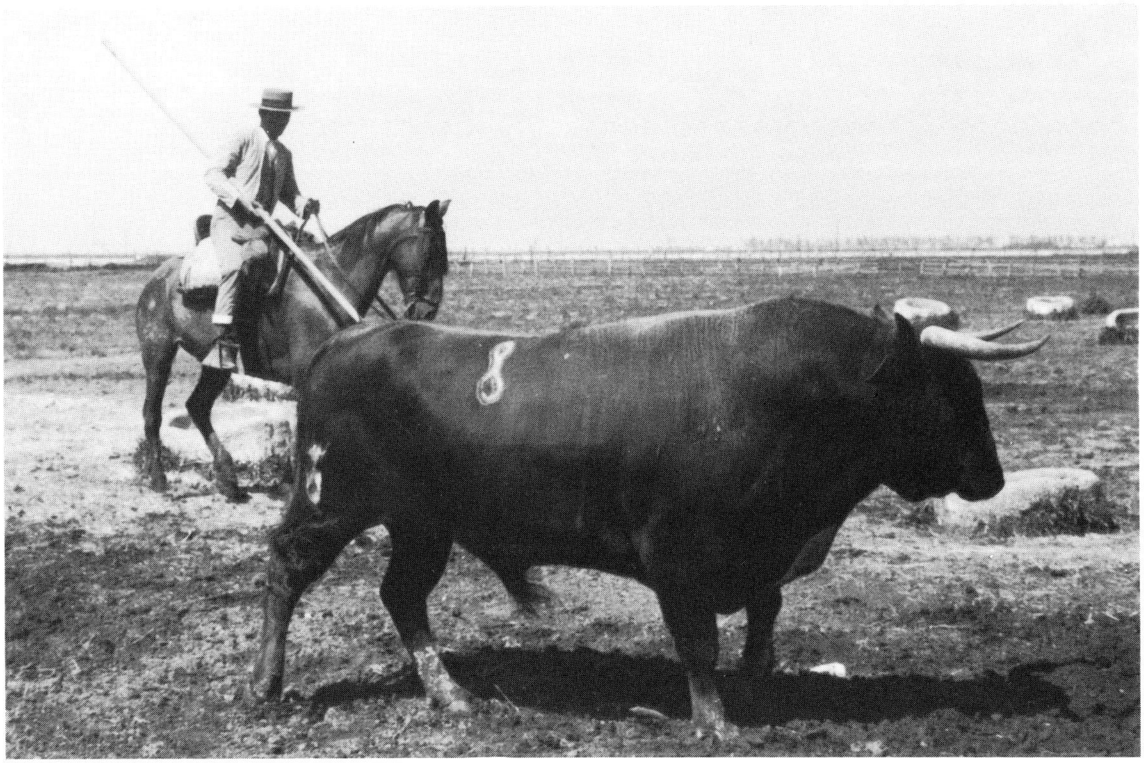

À Toruño, dans la campagne de Séville, Salvador Guardiola possède l'une des plus célèbres *ganaderias* andalouses. Sous la garde d'un bouvier à cheval, voici un des produits types, au *trapio* magnifique, de cet élevage.

plus d'une trentaine de vaches au printemps – pour qu'elles vêlent en hiver –, le nombre de ceux-ci est forcément limité et leur choix très minutieusement effectué. Le procédé ne tend pas seulement à développer la bravoure, mais également et, surtout aujourd'hui, à éliminer le *genio*★ excessif. En fait, il est courant, chez les éleveurs consciencieux, que 60 à 70% des jeunes vaches se voient expédiées à l'abattoir pour un détail quelconque de leur comportement, personne ne voulant céder de son sang aux concurrents, à moins que ce ne soit sous la forme de la vente d'étalons, à un prix très élevé. La sélection se prête aussi à une évolution du type morphologique, singulièrement abusive dès qu'elle porte, par exemple, sur le resserrement systématique des cornes.

Quatre régions se sont spécialement prêtées à l'élevage : la Navarre, le Campo Charro (Salamanque), la Castille, l'Andalousie. La race navarraise, petite, mais infatigable et nerveuse – le taureau des dessins de Goya –, illustrée par ses célèbres Carriquiri, qui servirent de première base à la création de l'élevage de Miura, fut pratiquement écartée des arènes à la fin du XIXe siècle. Salamanque relégua assez vite sa race *morucha*★ aux labeurs et à la boucherie, tout en continuant à la faire servir à des fêtes de villages. Les derniers beaux taureaux castillans de la race *girona* et des rives du Jarama ne survécurent pas aux abattages massifs de la guerre civile espagnole. Ce sont donc les Andalous, à travers deux élevages particulièrement réussis, et fondés l'un en 1775 – les *Vistahermosa* – l'autre en 1780 – les *Vasquez* –, qui prirent finalement le dessus. Et le premier, en un peu plus d'un siècle, a presque totalement éclipsé le second. C'est lui ou plutôt sa descendance qui a fourni entièrement le bétail maintenant élevé à Salamanque ainsi qu'au Portugal, les étalons et vaches avec lesquels ont été croisés des Camargue français, les troupeaux implantés en Amérique latine (au Mexique, par l'achat de la moitié des marquis de Saltillo de pure origine *Vistahermosa*, auquel le matador Ricardo Torres Bombita avait décidé en 1905 le propriétaire de l'hacienda de San Mateo et d'où sont dérivés les plus sérieux élevages mexicains d'aujourd'hui, tel celui de Mimiahuapam).

La réalisation scrupuleuse de la tienta ne constitue pas la seule garantie de la qualité d'un bétail. Entrent aussi en ligne de compte les croisements opérés pour « rafraîchir le sang » et qui, malgré le soin dont on les entoure, peuvent donner des résultats contraires [*no ligar*], obligeant l'éleveur à abattre toutes les vaches issues d'eux, après vérification du comportement de leurs produits dans les arènes. Jouent encore, d'une année à l'autre, les considérations météorologiques influant sur la poussée des herbages de telle région et les épidémies de fièvre aphteuse★ susceptibles d'affecter sensiblement la force de pattes des animaux.

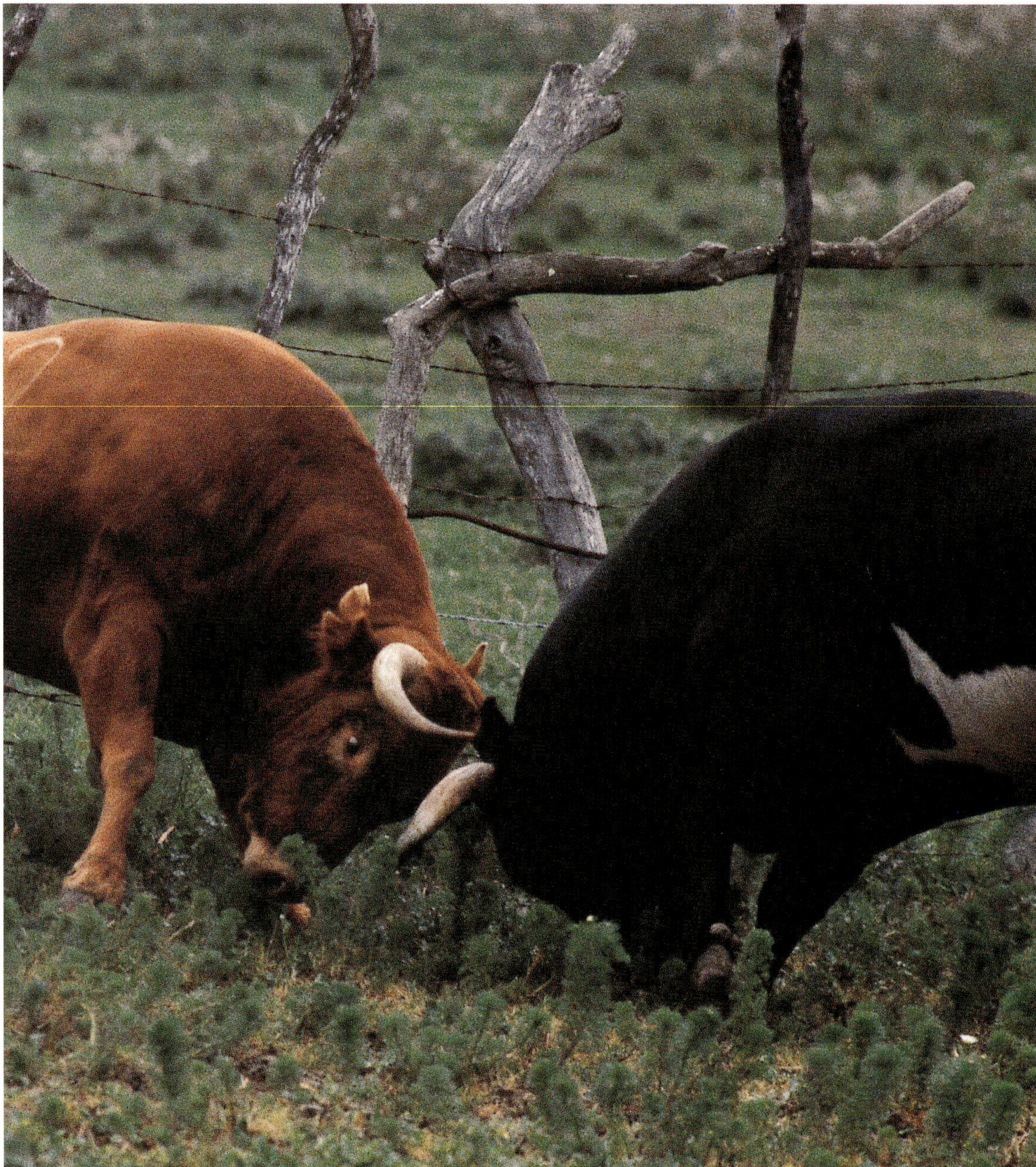

Toro rouquin, œil-de-perdrix contre toro pie.
C'est de cette violence vierge que devra
se rendre maître le torero. A quel prix !

Comme le choix heureux d'une corrida repose essentiellement sur la connaissance des taureaux annoncés à l'affiche, force est de se tenir au courant de cet ensemble de circonstances, un peu à la façon dont on suivrait, sur une cote boursière, la hausse ou la baisse des valeurs mobilières. Certains noms d'élevages peuvent être toutefois retenus, quoique leur énoncé ne soit pas exhaustif, puisque extrait d'un total de deux cent soixante-quatre.

En Andalousie : les La Corte, Juan Guardiola Soto, Buendia, Bohorquez, Benitez Cubero, Cuadri Vides, Urquijo, Torrestrella, Marques de Domecq, Juan Pedro Domecq, Pablo Romero, José Luis Osborne, Eduardo Miura, Villamarta, Carlos Nuñez, Vazquez Garcés, José Escobar...

À Salamanque : les Atanasio Fernandez, Lisardo Sanchez, Antonio Perez...

En Castille : les Maria Teresa de Oliveira (maintenant annoncés sous le nom de *El Campillo*), les Domingo Ortega, Baltasar Iban, Gomendio et ceux d'El Pizarral...

Au Portugal : les Coimbra, Infante da Camara, Pinto Barreiros, Ribeiro Telles, Branco Nuncio, Murteira Grave et Vinhas... tous réputés pour leur particulière combativité et leur bonne présentation.

En Camargue française, les deux élevages offrant les meilleures conditions pour la corrida sont tous deux importés du Portugal : les Hubert Yonnet venus de chez Pinto Barreiros, les Paul Ricard achetés à Emilio Infante da Camara.

Pour une production moyenne d'une quarantaine de taureaux de combat par an, l'élevage doit entretenir près de quatre cents bêtes, soit les naissances de la première année, les bêtes arrivées à un an, celles de deux, les mâles jusqu'à leur quatrième année, deux à trois étalons de divers âges, les femelles reproductrices dites « de ventre », réduites en nombre par la pratique de la tienta, mais conservées souvent au-delà de dix ans lorsqu'elles donnent des rejetons intéressants. Le problème suppose un espace où les troupeaux puissent se mouvoir en liberté, une herbe suffisante et si possible précoce, enfin la proximité d'une eau abondante. Si ces conditions optimales se trouvent encore réunies dans certaines provinces de l'Espagne, du Portugal ou du Mexique, il est certain qu'elles sont menacées par l'extension de la culture. Comme le disait avec humour un des éleveurs les plus connus, Antonio Perez Tabernero, le plus grand ennemi de la corrida s'avère être le tracteur !

Sauf dans une semaine de gel, le bétail n'est point nourri au fourrage. Il en va autrement des taureaux de *saca*, c'est-à-dire en âge d'être courus, isolés pour être montrés en groupe aux acheteurs des plazas de toros et mis au poids de chair réclamé par eux. L'usage des fourrages composés et de tourteaux est écarté, car il a semblé qu'il tendait à domestiquer les animaux. On se rabat donc sur les traditionnelles fèves, les glands de chêne, auxquels on ajoute, dans les derniers temps, de l'avoine pour lustrer le poil et toujours – à titre d'excitant de l'appétit – le sel moulu dont les taureaux se montrent très friands. La dépense s'élève alors à plus de quarante pesetas par jour, un assez joli prix de pension ! Cette suralimentation complète l'effet du pâturage naturel, mais ne peut en tenir lieu. La différence d'ossature que présentent à l'œil nu un taureau andalou et un taureau de Salamanque résulte simplement du fait que le premier, élevé dans une région plus tempérée, a bénéficié d'une herbe précoce et plus abondante.

Nuit et jour, hiver comme été, la vie du bétail se déroule dans la liberté de la nature. Les taureaux s'y défendent contre les loups descendus des hauteurs, à l'époque des grands froids. Les vaches y vêlent parmi les premières fleurs agrestes, sous le contrôle des bouviers à cheval, soucieux de marquer aussitôt le nouveau-né à l'oreille et assez vite pour ne pas donner à la mère le temps de les charger, lorsqu'ils mettent pied à terre. Vers les huit à dix mois, veaux et génisses sont sevrés [*destete*] par une séparation d'avec leurs mères. Presque aussitôt, se pratique la ferrade [*herradero*] dont l'objet est à la fois de placer au fer rouge sur leur cuisse droite la marque de l'élevage [*hierro*] et sur leur flanc un numéro d'ordre qui, depuis 1968 et pour les mâles, doit obligatoirement être complété du dernier chiffre du millésime de l'année, de façon à permettre l'identification de l'âge légal de quatre ans dans les arènes où ils seront, un jour, conduits. À cette occasion, la bête se voit gratifiée d'un nom qui permettra de suivre son histoire dans le livre de notes de l'élevage et de s'y référer. Dès lors, mâles et femelles seront radicalement séparés. En fait, à de très rares exceptions près, les taureaux des corridas n'ont jamais eu l'opportunité d'engendrer, fonction réservée aux seuls étalons.

Tous les soins impliqués par l'état de santé des taureaux s'administrent sous la surveillance d'un vétérinaire. On utilise une étroite impasse [*cajon de curas*] pour les attacher solidement et leur faire avaler de grosses pilules – plutôt des boules – contre la douve, leur injecter du sérum contre la fièvre aphteuse, ou encore les opérer. À cette dernière fin, on a plus souvent recours aujourd'hui à un pistolet pneumatique fabriqué en série aux USA et qui projette une aiguille munie à son arrière d'un petit « container », chargé d'une dose appropriée de barbiturique. Tous procédés dont il faudrait veiller à ce qu'ils ne s'emploient point hors de l'élevage... Enfin, certains propriétaires de troupeaux aménagent, sur le parcours d'un couloir resserré, une profonde piscine d'eau sulfurée afin de protéger leurs produits contre les affections du derme.

La responsabilité d'un éleveur (surtout celle de résister aux pressions parfois malhonnêtes, dont il devient l'objet de la part de certains toreros) est beaucoup plus lourde qu'on ne pourrait l'imaginer à voir un taureau sortir du toril et finir sa vie dans un geste héroïque d'une durée de vingt minutes. Sa vocation est peu enrichissante, car au regard d'un prix variant de 33 000 à 66 000 pesetas par bête, suivant la qualité de la *ganaderia* [mot espagnol pour élevage], compte tenu des taureaux qui s'entre-tuent et du fait que les invendus de fin de saison doivent être tôt ou tard abattus et vendus au coût de la viande, les frais encourus absorbent le plus clair des bénéfices. Aussi le propriétaire a-t-il généralement une autre activité, souvent celle d'exploitant agricole, et se réclame-t-il des services d'un *conocedor* [régisseur averti] qui peut être son propre chef bouvier ou *mayoral*★.

Il serait difficile de passer sous silence l'irruption au début des années soixante-dix d'un paysan de Castille dans le gotha des fils de familles éleveurs. Victorino Martin, éleveur de vaches domestiques, était rongé par l'afición aux toros braves. Entre 1961 et 1963, il achetait une « vacada » complète aux frères Escudero Calvo. Le fer, pourtant d'origine aristocratique et de pure essence Saltilla par un sang d'Albaserrada gardé pratiquement pur, était passé de mode. Il fallut beaucoup d'énergie à Victorino Martin pour se faire une place dans le gotha taurin. Il y réussit par plusieurs coups d'éclat et un sens affirmé de la publicité. Alors que tout le monde dédaignait celui que l'on appelait le maquignon de Galapagar, une idée de génie le propulsa jusque dans les arènes de Madrid. En 1968, Victorino Martin offrit gratuitement une corrida entière pour Palomo Linares et El Cordobés, vedettes révoltées de ces années-là. Le succès fut total. Alors que l'ensemble de la profession déplorait la faiblesse et la fadeur du bétail, sortirent six exemplaires de légende, forts, grands et jamais réduits. Ce fut une sorte de révolution. Andrès Vasquez, torero madrilène, prêta ensuite son concours au succès naissant en désirant toréer ces bêtes que personne ne voulait voir. Victorino Martin désormais devint *persona grata* et éleveur reconnu. Les « Victorino Martin » ont fourni des après-midi inoubliables. On se souvient à Madrid de Baratero, qui, en 1969, a pris cinq piques et auquel Andrès Vasquez a coupé deux oreilles, de Pajarero, *vuelta au ruedo* en 1970, ou de Belador, gracié lors de la corrida de la Presse en 1982. Désormais les toros de Don Victorino Martin, pour leur solidité, leur trapio et leur intelligence au combat, sont à eux seuls les animateurs d'un après-midi, dont uniquement les Miura, jusqu'alors, pouvaient se prévaloir. On

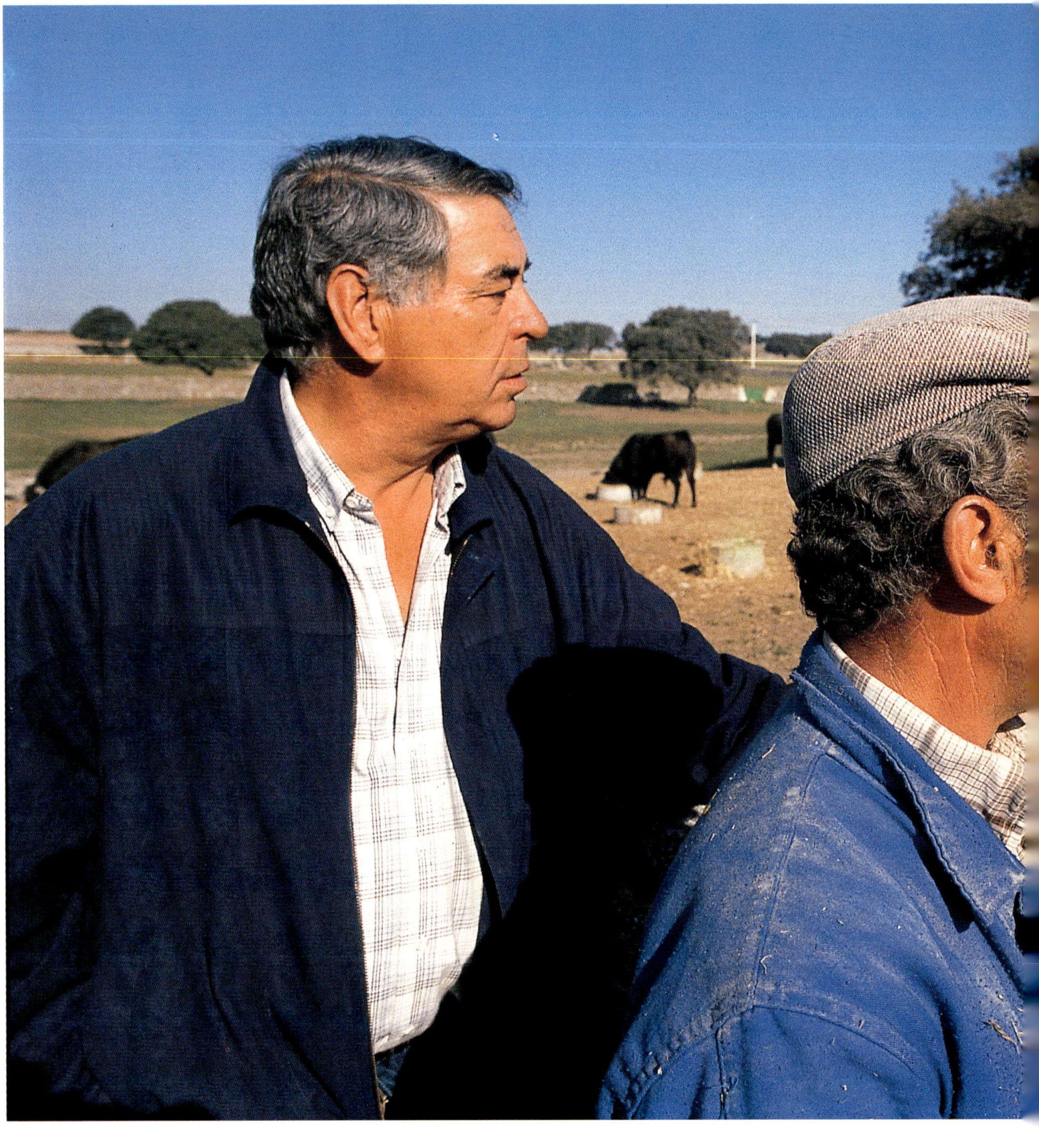

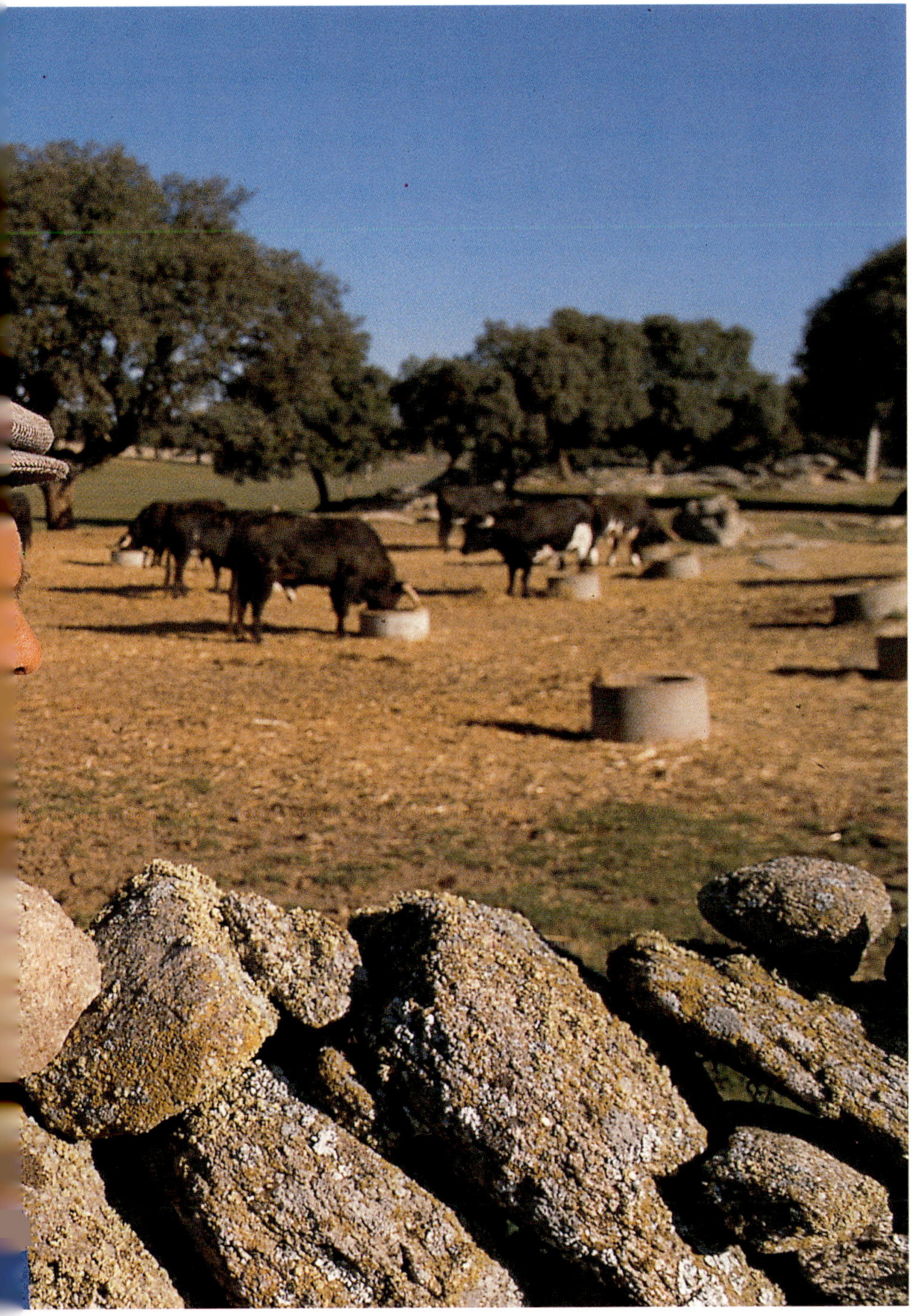

Est-ce à ce moment-là, au moment où le grand promoteur Manolo Chopera (à gauche) repère les bêtes encore dans le *campo*, que se décide le sort de la *feria*, en tout cas de telle ou telle *tarde* de Séville ou de Nîmes ?

ne saurait conclure ce chapitre sans ajouter qu'en France l'afición a conduit également à un surprenant bouleversement. En Camargue naissent, grandissent et combattent des toros de caste. Pour preuve, l'apparition en Espagne des toros d'Hubert et de Christophe Yonnet, du Mas de la Belugue – seuls à ce jour à avoir été présentés à Madrid, après une novillada à Barcelone le 21 juin 1987 –, et l'exemple suivi notamment par Luc Jalabert qui présente des bêtes de son élevage du Laget, fortes et de tempérament, ou de l'élevage de Mroz, qui donnent des produits au caractère plus agréable et que les toreros commencent à apprécier.

Embraguetarse

Se serrer dans l'exécution de l'estocade, au point que la corne passe à la hauteur de la braguette. On dit indifféremment *atracarse,* utilisé dans le sens imagé de « se gorger » du taureau.

Embroque

Mot du vocabulaire tauromachique pour désigner la position précise où, dans son avance, le taureau est à même de cueillir le torero d'un coup de corne.

On construit avec lui le verbe *desembrocarse :* se sortir des cornes lorsqu'elles vous serrent.

On accuse aussi de se placer hors [*fuera*] de l'embroque les matadors qui se tiennent abusivement à corne passée pour arracher de près une suite de passes à un taureau alourdi.

Emplazarse

Attitude d'un taureau qui, à sa sortie du toril, gagne le centre de l'arène et y défie à distance tout torero venant l'en retirer. Elle est l'indice d'un instinct défensif accusé, trahissant une dose de nerf* assez élevée. Les péones de la cuadrilla, conscients de l'imprévu et de la violence de sa première charge, s'y reprennent à plusieurs fois pour le décider à abandonner son refuge occasionnel. Une fois qu'il l'aura déserté, il ne cherchera vraisemblablement plus à le réoccuper.

Empresa

Désigne la direction des arènes. Celles-ci appartiennent souvent à une municipalité, qui sous-traite leur gérance. La Monumental de Madrid, propriété de l'Association de bienfaisance, est concédée à une société par actions, moyennant un tribut annuel fixé au contrat de location. Les empresas ne sont pas aussi libres qu'on pourrait le penser, car elles doivent naviguer entre les prétentions des toreros vedettes, les exigences des éleveurs de qualité, dont le bétail se retient très à l'avance, et enfin les réactions toujours vives d'un public facilement passionné. Il leur faut aussi faire face à la perception d'un impôt élevé sur le prix de chaque billet d'entrée.

Encierro

Conduite des taureaux aux arènes pour les y enfermer [sens littéral d'*encierro*] en vue d'un spectacle. Avant les chemins de fer et les camions automobiles, elle s'opérait à cheval par les chemins de campagne et s'achevait au petit matin dans les rues de la ville, le bétail avançant entouré de cavaliers et des *cabestros*★.

Si la coutume a subsisté dans certains villages, une seule ville, celle de Pampelune, est aujourd'hui légalement autorisée à s'en réclamer, pour conserver à sa feria★ de San Fermin une de ses plus originales attractions, marquée d'une grande animation populaire et parfois, il faut le dire, de quelques accidents malgré les précautions prises. Préalablement parqués de nuit dans l'enclos de la Rochapea, les taureaux de la corrida de l'après-midi sont lâchés, sur le coup de 7 heures du matin, dans une enfilade de rues fermées aux croisements par des barrières de bois, derrière lesquelles se presse la foule de curieux. Les bêtes franchissent au petit galop les 825 mètres du trajet aux arènes, cependant que court, devant elles, une jeunesse de deux à trois cents garçons, un foulard rouge généralement noué autour du cou. L'entrée à la

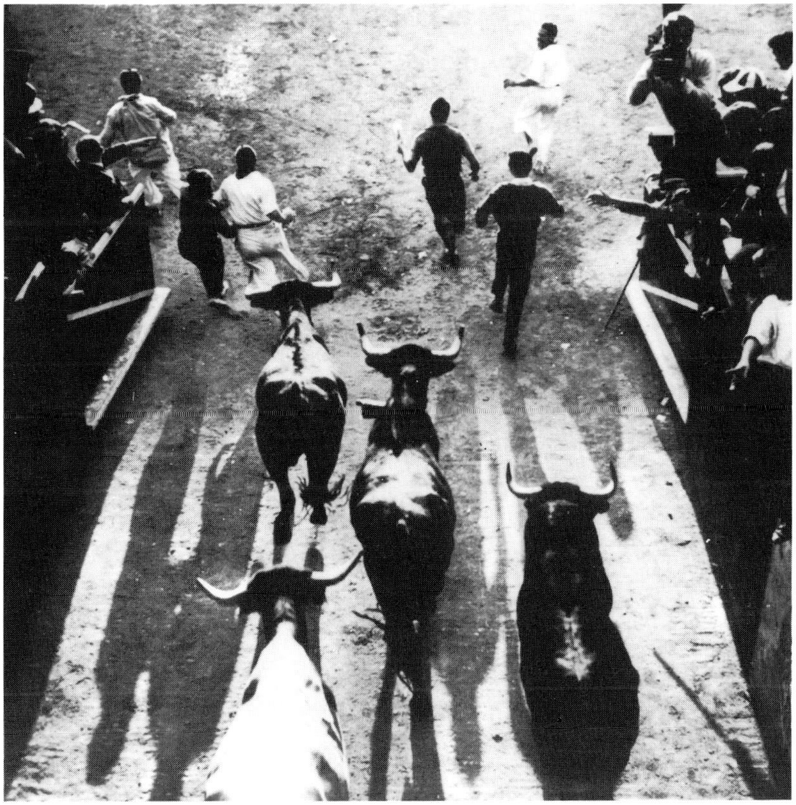

L'*encierro* de Pampelune, au moment de l'entrée aux arènes. Au premier plan, le *cabestro*, à la robe claire, accompagne les taureaux qui combattront le soir.

plaza est particulièrement émouvante. La porte principale s'avérant trop étroite pour la ruée de tant de monde, les derniers arrivés n'ont d'autre ressource que de se coucher les uns sur les autres et de former un mur humain, escaladé par les taureaux.

Cette tradition, déjà célébrée par Hemingway, a inspiré à Dominique Aubier sa passionnante *Guerre à la tristesse*. La cérémonie se renouvelle à chaque levée du jour et on a le loisir de l'observer sous les angles les plus divers. Le meilleur emplacement est cependant à l'intérieur des arènes, face à la porte principale. Outre la vue qu'il donne de l'arrivée des taureaux, il permet de suivre ensuite les joyeuses bousculades suscitées par le lâcher de vaches navarraises emboulées, qui ne se lassent pas de charger les téméraires poussés à les défier par l'excitation de l'atmosphère de fête.

Par assimilation, on appelle également encierro tout lot de taureaux enfermés pour une corrida. Dans ce sens, on dit couramment un bel encierro de Miura (ou de tout autre élevage).

Encimista

[étouffant] Utilisé à l'origine d'une manière péjorative pour qualifier les toreros qui ne laissaient pas respirer leurs opposants au point de les étouffer et de les changer en statues de sel, il désigne aujourd'hui une conception du toreo, popularisé par Paco Ojeda mais initié par Damaso Gonzalez et, dans un autre genre, par El Cordobés. Le toreo encimista s'oppose au toreo classique pour la distance qu'il laisse au toro. Le grand succès de Paco Ojeda était de rentrer dans le terrain de l'animal, au plus près des cornes, et de ne plus en sortir, au point de pouvoir presque monter sur le toro *(encima del toro)*, d'où le terme.

Enhebrar

Laisser le taureau donner le coup de tête dans l'étoffe, par exemple à l'occasion de passes de muleta hautes, dans lesquelles le torero ne se soucie point de le conduire suffisamment. Trop répété, le détail ne provoque pas seulement le *desarme**, il pousse très inutilement les bêtes à frapper de la corne.

Enmendarse

[s'améliorer] S'emploie dans deux sens. Appliqué au taureau, il exprime la perte d'une âpreté ou d'un défaut, constatés à sa sortie, sous l'effet généralement combiné de piques bien portées, d'une lidia* exacte et d'une faena* intelligente.

Appliqué au torero, il souligne le travers de ne pas garder son emplacement à la fin d'une passe et de reculer pour prendre du champ (techniquement : perdre du terrain). C'est que l'homme cède alors, par pusillanimité, à la poussée de la charge ou bien n'allonge pas assez les bras pour conduire et faire sortir la bête. Avec celle qui raccourcirait son élan, le matador n'aura d'autre recours que d'enmendarse. Le jugement de valeur de l'aficionado repose, une fois de plus, sur l'appréciation juste du comportement du taureau.

Entablerarse

Littéralement, se réfugier dans les *tablas* ou planches, synonyme de barrière. Se dit du taureau qui vient s'y appuyer au dernier *tercio*★. Le matador doit alors chercher à l'attirer au centre, avant de se contenter de le toréer dans ce terrain★ où la forte *querencia*★ de l'animal l'y retient, au point qu'il passe tout seul dans les deux sens au fil de la barrière.

Enterreurs, Ronde des

Terme utilisé pour stigmatiser la manœuvre par laquelle la cuadrilla fait tourner sur lui-même un taureau, que vient d'estoquer son matador avec l'objectif de faire s'enfoncer l'épée insuffisamment entrée, ou plus simplement d'amener la bête à s'agenouiller pour la livrer au *puntillero*. Elle est, en principe, interdite par le règlement★.

Détail technique : l'épée tend à s'enfoncer si, avec une cape, on retourne le taureau du côté où elle est placée, et à ressortir, quand on s'y emploie en direction contraire.

Envainada

[engainée] Lame placée entre la chair et la peau du dos, donc privée de toute efficacité. Elle est le fait d'une inadvertance du matador.

Épée

Les épées au fourreau, attendant la main du valet d'épée, qui les tendra au Cordobés.

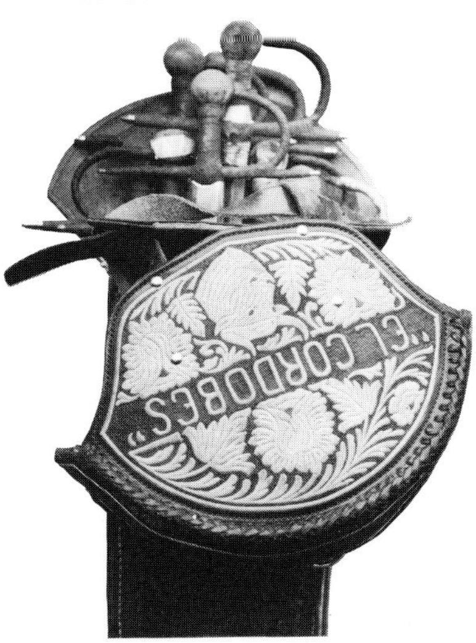

[indifféremment *espada* ou *estoque*] Elle comporte une lame d'acier d'environ 0,85 m, plate, à double tranchant et arête médiane, l'acier étant forgé à froid et non trempé, pour offrir plus de résistance et de flexibilité. La lame présente une légère courbure [*muerte*] dans le sens du plat. Souvent les matadors l'accentuent par une pesée exercée avec l'appui du haut de la barrière [*dar la muerte*]. Elle est également affûtée sur les deux tiers de sa longueur et on peut voir l'aide du matador en vérifier le fil avec une petite pierre de meule, dans les minutes précédant le paseo. Le pommeau, en plomb, est recouvert de peau de chamois. La garde, montée sur une barrette d'acier fixée à la lame, s'enveloppe de lanières de laine écarlate.

Le coup d'épée porte le nom d'estocade★. Suivant la façon dont celle-ci est exécutée, son effet peut varier. L'objectif, conforme aux canons de la tauromachie, est de pénétrer en avant de la quatrième ou de la cinquième vertèbre, et de trancher les gros vaisseaux aboutissant à l'arrière du cœur, soit principalement la veine cave postérieure et rarement l'aorte.

L'épée étant lourde d'environ trois kilos et les faenas modernes s'allongeant au-delà de la durée initialement prévue, les matadors, depuis une quinzaine d'années, lui substituent un modèle

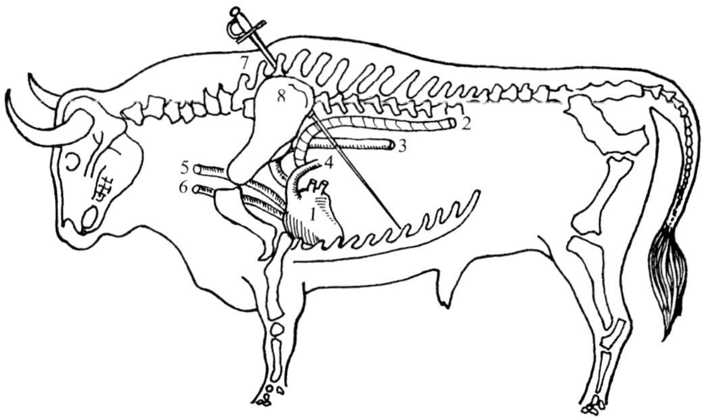

1. Cœur.
2. Aorte postérieure.
3. Veine cave postérieure.
4. Artère pulmonaire.
5. Aorte antérieure.
6. Veine cave antérieure.
7. Vertèbre dorsale.
8. Omoplate.

factice en fer blanc ou en aluminium, pour toréer de muleta. L'obligation où ils se trouvent alors de requérir l'arme véritable, au moment de la mise à mort, compromet sa réussite lorsque le taureau est de ceux qu'on ne devrait pas lâcher une minute. En fait, le règlement officiel exige des matadors qui recourent à l'épée factice la présentation d'un certificat médical attestant quelque lésion du poignet.

Escarbar

[gratter] Se dit du taureau qui, retardant sa charge, se met à gratter nerveusement le sol de ses pattes antérieures. Cette réaction de perplexité et non de colère, comme on pourrait le penser, n'accrédite pas l'idée de sa totale bravoure. En conséquence, dans la tienta★, destine-t-on à l'abattoir les vaches qui le font, même une seule fois.

Tout animal porté à escarbar de façon accusée révèle ainsi une relative *mansedumbre*★. La chose peut se produire épisodiquement, si la suerte de piques est menée avec une lenteur excessive et le taureau placé trop loin, compte tenu de son tempérament. La faute est alors imputable à la négligence, plus ou moins délibérée, dont la cuadrilla fait preuve dans sa *brega*★.

Escupir

[cracher] Mouvement du taureau qui rejette une épée placée superficiellement.

Espantada

[fuite épouvantée] Panique, allant jusqu'au franchissement de la barrière, montrée par un torero en train de toréer. Les espantadas subites de l'artiste exquis qu'était Rafael el Gallo sont demeurées légendaires. Le public, plus amusé que furieux, les attendait et se divertissait à les compter en chœur, lorsqu'elles accompagnaient une faena★ malheureuse.

Espartaco, Juan-Antonio Ruiz Roman

Juan-Antonio Ruiz Roman est né à Espartinas, près de Séville, le 3 octobre 1962. Son père était un banderillero des années soixante. Il prend l'alternative à Huelva, le 1er août 1979, devant des toros de Carlos Nuñez (parrain : El Cordobés ; témoin : Manolo Cortes) et la confirme le 25 mai 1982 à Madrid (toros de Matias Bernardos). Son sourire évoquait trop celui du Cordobés pour que, dès ses débuts, on ne le présente pas comme un successeur possible. Et les organisateurs de novilladas, qui pensent toujours par référence aux années passées, en profitèrent pour monter une campagne fructueuse pendant deux ans. Espartaco-Mangui fut un duo que l'on retrouvait à tous les cartels. Le premier, furieusement souriant. Le second, héritier, disait-on, de la profondeur classique. Quinze ans plus tard, El Mangui est un peón que les cuadrillas s'arrachent. Et Espartaco le numéro un de la tauromachie actuelle. Ce ne fut pas sans mal. Il lui fallut briser l'image toute faite qu'on lui avait collée de torero tremendiste, prouver qu'il avait surtout une technique, un sens du terrain à occuper véritablement prodigieux. De plus l'arrivée dans les années quatre-vingt du phénomène Ojeda puis, en 1990, la découverte de Cesar Rincon occultèrent ce simple constat : Juan-Antonio Ruiz « Espartaco » était, année après année, à la tête du classement au nombre des corridas toréées et des oreilles coupées. Huit ans à ce jour. Mieux que Joselito et que Domingo Ortega. Jusqu'alors il lui manquait une seule couronne : la consécration de Séville. Certes la Maestranza s'était déjà rendue un soir d'avril 1987 après sa faena au toro Facultades de Manolo Gonzales. Mais le triomphe absolu, celui du dominateur changé en artiste, arriva ce jeudi 29 avril 1993 : deux oreilles coupées à un noble et brave Nuñez del Cuvillo et la Giralda s'inclina sur son passage. « La meilleure faena de ma vie est toujours celle du lendemain, précisa-t-il avec son grand sourire. Mais celle que je viens de réaliser, je la garderai toujours avec moi. » Contrairement à d'autres toreros, et malgré sa précocité, Espartaco s'est forgé une véritable intelligence de la lidia, corrida après corrida. Il est actuellement l'un des rares toreros à se prévaloir d'avoir toréé tout type de toros avec une égale constance.

« Pourquoi croyez-vous que je m'agenouillais si souvent devant la porte du toril pour une larga ? confiait-il à Jose Carlos Arevalo. Seulement pour faire joli ? Pour mettre le public en joie ? Non. Pour construire un courage instinctif. C'est ainsi que j'ai acquis la première partie du courage. La seconde étant plus réfléchie et basée sur la connaissance que tu as du toro. Car si te sort un toro que tu ne comprends pas, ton courage s'en va comme par enchantement. Je ne suis pas un homme courageux. J'ai appris à le devenir. » C'est ainsi qu'après avoir commencé comme El Cordobés, toréé comme Paquirri, Espartaco, au faîte de sa maturité, évoque irrésistiblement la figure de Dominguin.

Espontaneo

Le *torilero,* ou gardien du toril, jette un regard circulaire autour de la piste afin de voir si tout est en ordre et ouvre la lourde porte de bois. À peine le taureau est-il avancé, qu'un garçon saute des gradins dans le couloir de la barrière, enjambe hâtivement celle-ci, dénoue une muleta liée à sa taille, échappe aux peónes partis à sa poursuite et s'exerce à faire quelques passes avec plus de gauche témérité que de réussite. Vite saisi par les subalternes, il s'agenouille parfois devant la présidence pour implorer son pardon, mais n'en est pas moins remis à la police.

C'est le numéro, devenu classique aujourd'hui, de l'espontaneo. Le garçon ainsi désigné obéit rarement à une impulsion romantique ou à un pari échangé avec un camarade. Il est presque toujours un *maletilla*★ déçu de n'avoir pu percer et décidé à frapper un grand coup pour essayer de se faire remarquer.

Aussi, l'abus est-il assorti de sanctions : une amende de cinq cents pesetas, accrue en cas de récidive, et l'interdiction de participer pendant deux ans au moindre spectacle taurin, sous peine d'acquitter dix mille pesetas d'amende supplémentaire, la détention étant appliquée aux insolvables. Même le matador ou les subalternes qui se seraient faits ses complices, seront frappés de peines précisées au règlement★ officiel.

L'espontaneo étant en général de condition très modeste, on le traite aussi, par dérision, de *capitalista*. L'un ou l'autre mot s'emploient indifféremment.

Estocade

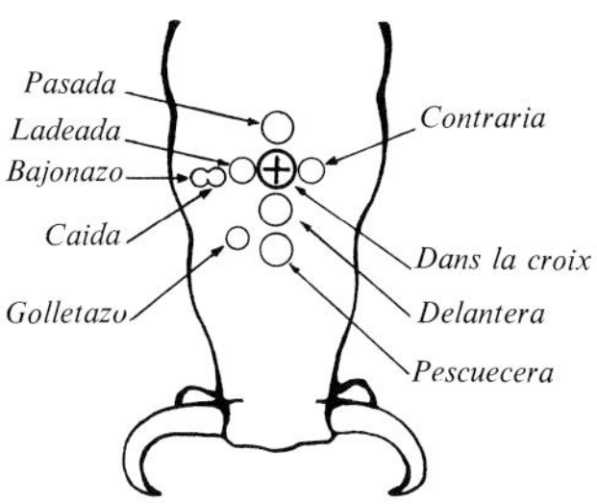

Qualification des coups d'épée d'après leur emplacement.

[coup d'épée] Couronne le combat de chaque taureau. Elle est plus qu'une clause de style, les créateurs de la corrida moderne l'ayant inventée, au XVIIIe siècle, pour la substituer aux mises à mort moins nobles, qui se pratiquaient antérieurement. Sa justification est dans une exécution conforme à un ensemble de règles qui font d'elle, lorsqu'elles sont respectées, la suerte la plus exposée de la tauromachie :

1. Les pattes du taureau doivent préalablement avoir été mises d'équerre *(cuadrar★)*.
2. Il y a lieu de se situer à une courte distance de la tête du taureau et de ne point se profiler à l'extérieur du berceau des cornes.
3. La muleta tenue en avant et basse, pour amener le taureau à découvrir le garrot [*morrillo*], doit capter son regard dès le début de la suerte.
4. Tout en s'élançant droit, les yeux nécessairement levés sur le point visé – la « croix » [*cruz*], étroit intervalle entre l'épaule et

l'épine dorsale –, le matador avance légèrement la muleta de façon à tirer de l'animal l'esquisse d'un départ et « croise » aussitôt, c'est-à-dire porte le leurre vers sa droite pour marquer très exactement la sortie de la bête. « Qui ne croise pas, va en enfer ! » dit-on.
5. Le bras tenant l'épée se déclenche simultanément, pour l'enfoncer sans effort dans les chairs.
6. Une flexion de ceinture assure le passage de la corne, à la sortie de l'homme par le flanc du taureau.

Quant à la rapidité de l'exécution, elle est fonction de la nature de l'animal. Est-il noble*, on se doit d'entrer lentement en décomposant les temps et en « se laissant voir ». Se défend-il de la tête, il convient d'accélérer sa course pour le surprendre.

La description donnée ci-dessus est celle du *volapié* ou suerte la

Voici ce qu'on appelle une estocade « en se mouillant les doigts ». Olé pour Luis Francisco Espla, maestro...

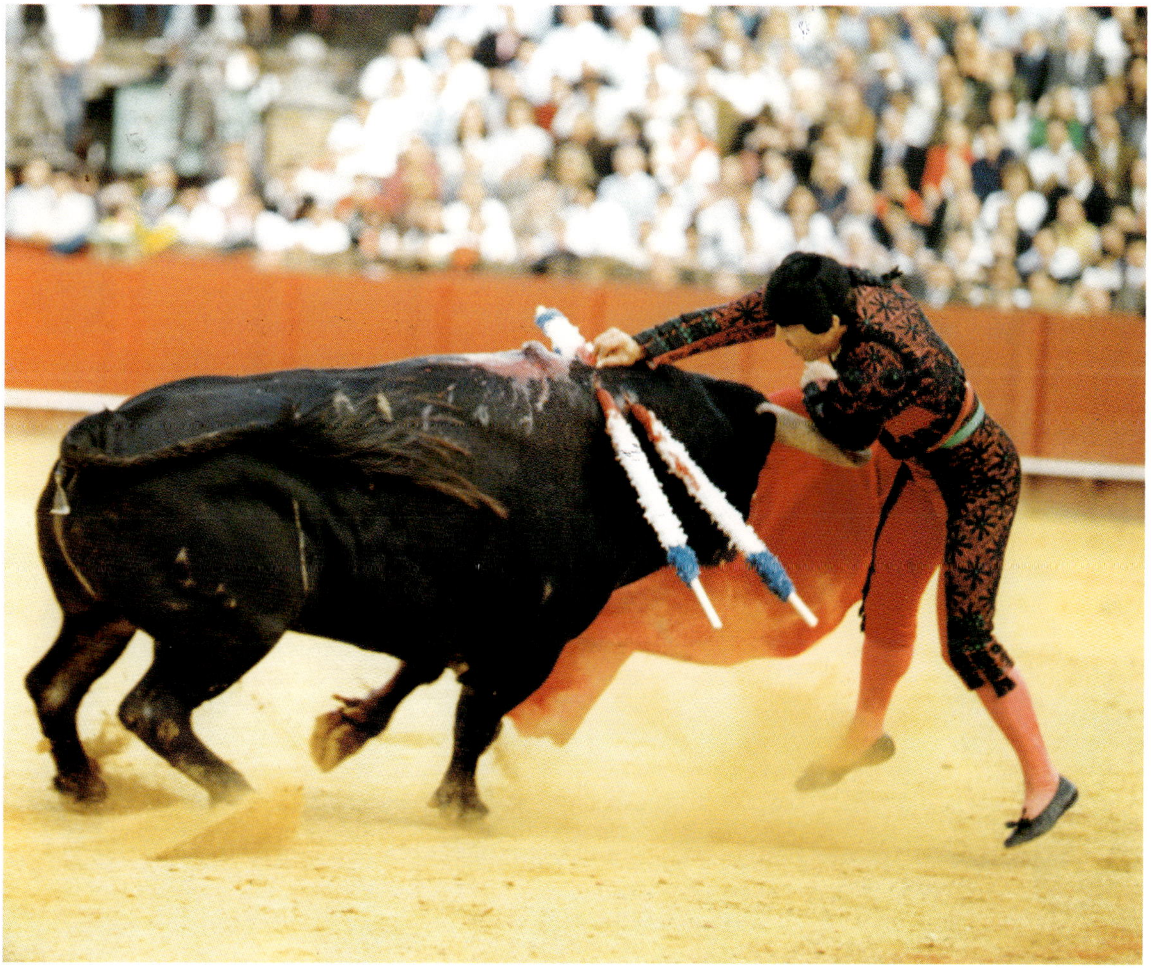

plus courante, à taureau pratiquement arrêté. Il en est d'autres, moins souvent employées aujourd'hui, dans lesquelles le taureau part le premier.

Dans toutes, la réussite veut qu'on perde un instant de vue la tête du taureau et qu'on se fie presque automatiquement au *dominio*★ pris sur lui. La lidia★ et son enchaînement rationnel au cours des trois *tercios* de la corrida visent d'ailleurs à un tel résultat final. Dans ce sens, l'estocade peut être tenue pour la clef de voûte de l'art du toreo. Aussi, proclame-t-on qu'elle est « la minute de vérité » !

Elle exige autant de métier que d'authentique courage. Pas mal de matadors, plus artistes qu'héroïques, n'hésitent pas à chercher les moyens [*ventajillas*] de la rendre moins dangereuse. Ils aveuglent la bête de la muleta déployée, sans l'attirer vers eux, ne se lancent pas droit, décrivent un détour [*cuarteo*] les mettant hors de portée de la corne et compensent leur éloignement par une allonge du bras, qui exclut toute visée précise ou aboutit à mettre l'épée de travers, donc à la priver de son efficacité.

Si les détails de l'exécution peuvent échapper aux spectateurs les moins avertis ou les moins bien situés pour en juger, l'emplacement des épées révèle inexorablement les déficiences du matador. C'est la raison pour laquelle il leur est donné tant d'importance.

À noter toutefois que :

– L'estocade *delantera,* d'ailleurs assez efficace, n'implique pas une déviation critiquable du matador, sinon une visée un peu en avant.

– La *contraria* montre que le matador, s'engageant très à fond, a frappé au point juste, mais du côté opposé de l'épine dorsale.

– Les coups arrêtés par le haut de l'épaule [*pinchazos en hueso* ou sur l'os] ne peuvent être *a priori* taxés de défaut de visée et doivent être jugés d'après la façon dont ils ont été portés.

– Les taureaux qui relèvent la tête pour couvrir leur garrot [*cubrirse*], et ils tendent tous à le faire plus ou moins après un premier coup d'épée manqué, rendent l'estocade difficile, « ne laissant pas mettre le bras » suivant l'expression consacrée des matadors. Aussi y a-t-il tout intérêt à s'employer à fond, dès la première fois.

Sont toujours tenues pour défectueuses les épées placées de travers : appelées *tendenciosas* ou *atravesadas*, d'après le degré plus ou moins accentué de leur déviation. Elles signalent que le matador a pris peur et s'est « jeté dehors », recourant à une allonge démesurée du bras. En revanche, les *tendidas,* d'une trajectoire trop horizontale, n'appellent aucun blâme spécial, mais sont d'une efficacité douteuse et requièrent généralement d'être complétées par un *descabello*★.

Suivant la pénétration de l'épée, on distingue l'estocade entière, la demi-estocade et le *pinchazo* profond (tiers d'épée). L'efficacité des trois est également assurée, à partir du moment où la lame,

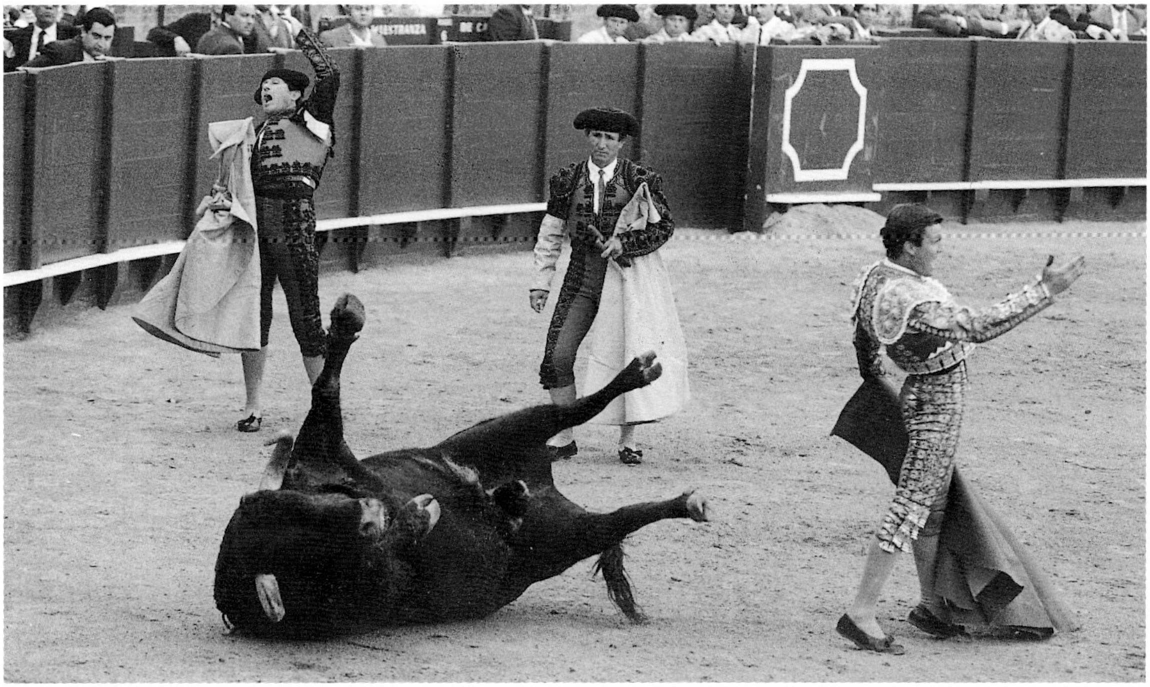

Si foudroyante est l'estocade que le *peón* (à gauche) lève le bras plus haut encore que le maestro...

bien placée et entrant avec l'inclination voulue, atteint la veine cave antérieure à la sortie du cœur, et détermine une hémorragie interne, sous l'effet de laquelle se couche le taureau. Dans les cas où l'hémorragie est plus violente, celui-ci peut rouler mort à terre. La buccale dénonce un coup porté trop bas *(bajonazo)* et atteignant le poumon, synonyme d'assassinat.

Les bons *muleteros* (ou maîtres de la muleta) ne font pas à coup sûr de grands exécutants du coup d'épée. La raison en est que, leur attention étant développée à ne jamais « perdre de vue la tête du taureau », il leur est malaisé de le faire obligatoirement à l'instant de l'estocade. Inversement, des matadors réputés pour leur coup d'épée sont souvent limités dans le maniement de la muleta par le fait qu'ils ne réussissent pas à bien garder le regard du taureau fixé sur le leurre, de passe en passe. Il existe comme une contradiction difficile à assimiler, entre ces deux moments du toreo. Parmi les artistes récents de l'épée, se comptent Rafael Ortega, Paco Camino (deux fois gravement blessé dans cette suerte), Jaime Ostos... D'autres, tels El Viti ou Miguel Marquez par exemple, y apportent plus de profonde résolution que de véritable orthodoxie.

Force est de reconnaître que la demi-*lagartijera* ou demi-lame portée, avec allonge du bras, dans le haut du garrot et d'un effet rapide, n'était à son origine qu'un recours mis au point par le

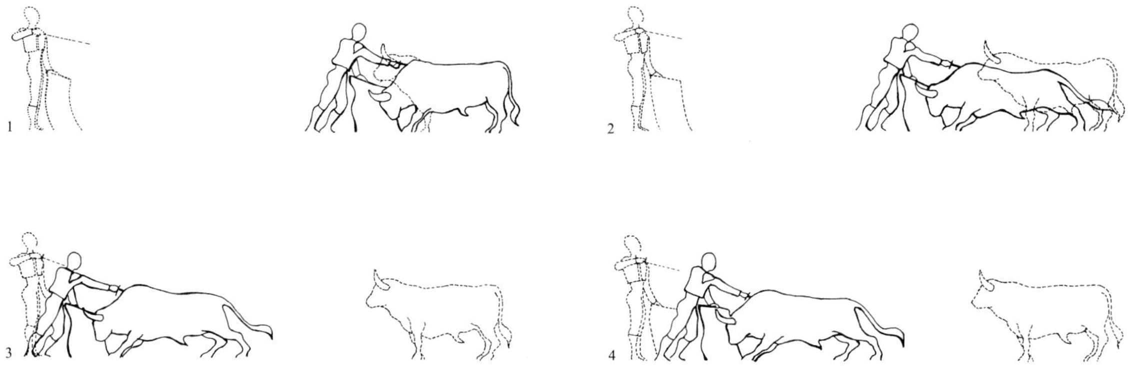

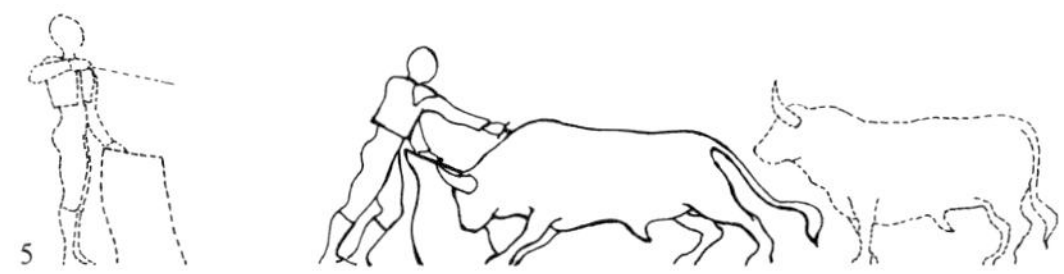

1. *Volapié*
2. Suerte *de arrancar*
3. Suerte *de recibir*
4. Suerte *de aguantar*
5. Suerte *a un tiempo*

grand Lagartijo, pour s'exposer moins.

En conclusion, un matador est rarement malchanceux à l'estocade – comme on l'entend trop dire – mais plutôt maladroit ou simplement en mal de courage.

Étouffer la charge

[*ahogar la embestida*] Défaut du torero qui, avec la muleta, ne laisse pas entièrement sortir la bête, soit par le fait d'un allongement insuffisant du bras, soit par préoccupation de la retenir plus à sa portée. Il est ainsi immanquablement conduit à raccourcir peu à peu sa charge et à compromettre l'harmonieux développement de la faena★.

Certains matadors, pressés de placer un exercice de *porfia*★, dont ils escomptent un prompt succès populaire, étouffent arbitrairement la charge d'un bon adversaire, par des passes en *recorte*★, afin de précipiter son alourdissement. Ils se comportent comme l'écrivain qui s'arrêterait au milieu d'une phrase pour la terminer avec des points de suspension.

Étrier

[*estribo*] Lorsque, dans la suerte de piques, un taureau *derrote* (V. CORNE★) par nerf★ plutôt que de pousser par bravoure★ et qu'on entend le lourd étrier résonner sous les coups de corne répétés, on dit pittoresquement « qu'il le fait chanter » et le détail, de nature à consterner son éleveur, alerte les aficionados sur la difficulté que présentera la bête au dernier *tercio*★.

Le mot *estribo* s'applique aussi au marchepied peint de blanc, permettant de sauter la barrière en souplesse. Parfois, les matadors s'y asseyent pour donner des passes de muleta hautes, au commencement de leur faena.

Exposer

[*exponer*] En tauromachie, synonyme de prendre des risques particuliers, soit qu'un adversaire résiste avant de se livrer et frappe fort de ses cornes, soit que le torero recoure à des suertes★ plus dangereuses que d'autres par des détails de leur exécution ; celles en vérité qui exigent de conduire la bête plus attentivement au lieu de la tromper par un artifice d'adresse. L'expression « exposer » ne devrait pas être confondue avec celle d'*arrimarse* [se rapprocher du taureau] bien qu'elle ait une résonance analogue. Pour toréer, il faut assurément se placer à une distance suffisamment proche de l'animal et s'y tenir, mais si celui-ci ne présente aucune difficulté foncière, le risque cesse d'être aussi considérable. Le plus grand est de « se rapprocher » des taureaux avec lesquels il faut, de toute nécessité, « exposer ».

Extraño

[extravagance] Dans l'arène, tout accident survenant à l'homme (V. COGIDA★) est imputable à lui seul, à un relâchement de son attention, une erreur de jugement ou une soudaine incapacité de trouver aussitôt la riposte voulue à une initiative du taureau. Luis-Miguel Dominguin aime à dire que le torero qui n'analyse point la raison exacte pour laquelle il vient d'être pris, le sera immanquablement à nouveau et d'identique façon. En principe, le taureau ne se trompe jamais, sinon l'homme !

Les bêtes sont cependant capables de mouvements sortant de la normale et totalement imprévisibles, qu'on qualifie d'extraños. Un exemple classique est la manière dont il leur arrive parfois de faire un faux pas à la pose d'une paire de banderilles ou au placement de l'épée, compromettant ainsi la réalisation de la suerte. L'extraño a plus souvent pour cause le fait que leur regard a été détourné au dernier moment par quelque agitation insolite sur la piste. Sous cette forme, il peut surgir à tout moment pendant les piques et rendre périlleuse l'exécution du moindre *quite*★.

F

Faena

[travail] Désigne l'ensemble des passes de muleta*, par lesquelles le matador – au cours du troisième *tercio** – achève de dominer son adversaire et le prépare à recevoir le coup d'épée. Son premier objectif est l'efficacité, mais elle est l'occasion pour l'artiste de faire admirer un style et une grâce appréciés de l'ensemble du public. Elle doit être construite en fonction du développement des réactions de la bête et ne peut jamais être conçue d'avance [*prefabricada*] sans encourir un échec plus ou moins certain.

À un journaliste qui lui demandait, un jour, s'il pouvait arrêter au préalable dans sa tête la faena qu'il ferait, Angel Teruel répondit spontanément : « Avec des adversaires dociles, on peut tout se permettre, mais, bien qu'on les souhaite, ils n'abondent point ! Je vous avouerai qu'à mes débuts je rêvais toujours de réaliser des choses extraordinaires qui surprendraient le public, et que les taureaux ne m'ont jamais laissé en placer une seule ! »

L'émotion et la beauté de la faena résident précisément dans la difficulté à vaincre. Sa longueur dépend de la force et de la bravoure* de chaque animal. Elle s'arrête obligatoirement lorsqu'il cesse de « passer » et doit toujours être limitée par le souci de lui laisser un dernier élan, nécessaire à l'exécution du coup d'épée. De toute façon, elle s'écourterait dès qu'il commencerait à s'aviser* sérieusement. En fait, le matador – comme tout aficionado suffisamment observateur – est à même de calculer d'avance le nombre à peu près exact des passes auxquelles peut répondre correctement un taureau déterminé et de ne pas en attendre plus.

Feria

[foire] Dans un pays à vocation longtemps agricole, comme l'Espagne, les foires ont été et demeurent la tradition de nombreuses villes. L'affluence des paysans de la région, venus pour traiter leurs affaires, se prête à l'organisation de fêtes et de plusieurs jours de corridas, qui figurent parmi les plus remarquées de l'année.

La feria la plus colorée, et la plus belle par l'ancienneté des arènes, est incontestablement celle de Séville (avril). Du point de vue tauromachique, sa demi-douzaine de spectacles est suivie avec une attention spéciale, car leur résultat décide en grande partie des engagements que feront les imprésarios, tout au moins en début de saison.

Elle est précédée de celles de Castellon de la Plana, la première en date, fin février, et des *fallas* de Valence animées par leurs feux d'artifice et leur concours de sculptures satiriques (semaine du 19 mars). Leur succèdent les ferias de Jerez, Cordoue, Grenade, Pampelune avec sa liesse et ses *encierros*★ matinaux le 7 juillet, Valence le 24 du même mois, Vitoria le 5 août, Malaga la première quinzaine d'août, Saint-Sébastien du 8 au 15 août, Bilbao du 15 au 23 août, Colmenar le 26 août, Albacete le 10 septembre, Salamanque le 12, Valladolid le 16, Logroño le 21, Barcelone pour ses fêtes de *la merced* les derniers jours de septembre...

La dernière des grandes ferias de l'année passe pour être celle de la Vierge du Pilar à Saragosse (12 octobre) mais, en fait, la saison des courses est officiellement clôturée dans la petite cité andalouse de Jaen, quelques jours plus tard.

Madrid a longtemps célébré la fête de son patron, saint Isidro Laboureur (15 mai), par une corrida unique où les paysans, portant leur couverture à carreaux pliée sur l'épaule, envahissaient pittoresquement les gradins du soleil. Si l'on en juge par une peinture de Goya, la feria attenante à la rive droite du Manzanares revêtait le caractère d'une simple kermesse populaire. Depuis quelques années, la capitale a utilisé cette date traditionnelle pour monter une semaine de corridas, qui s'est finalement étendue à deux, devant l'affluence d'un public auquel se mêlent beaucoup d'aficionados venus exprès de l'étranger. Pour un matador ou un éleveur, avoir triomphé à la San Isidro lui vaut une cote décisive. Les plus importantes des alternatives★, d'abord données en province, y sont généralement confirmées.

Cinq villes françaises se sont réclamées de la coutume espagnole pour organiser avec succès des ferias de deux à trois corridas : Arles pour Pâques, Nîmes et Vic-Fezensac (Gers) à la Pentecôte, Mont-de-Marsan pour sa fête votive de la Sainte-Madeleine en juillet, Dax la troisième semaine d'août.

Il en va de même en Amérique latine, où l'on compte notamment les ferias du Christ des Miracles de Lima au Pérou, de Cali, Medellin et Manizales en Colombie, de Tlaxcala et de la plaza du Toreo de Mexico au Mexique, de Valencia et de Maracaibo au Venezuela, de Quito en Équateur.

Ferrade

Nom donné en Camargue au marquage des veaux et des génisses. Les bêtes, réunies en troupeau par les gardians, sont dirigées au galop, l'une après l'autre, sur l'endroit choisi. Il est de tradition que les invités cherchent, au prix de fréquentes bousculades, à arrêter les bêtes et à les renverser. Les ferrades constituent ainsi une attraction régionale très courue. Elles entretiennent assurément l'afición locale.

Fers

[*hierro*] Marque de l'élevage apposée au fer rouge sur la cuisse des veaux, dans leur première année, pour authentifier l'origine du futur taureau en toute circonstance et aux yeux du public.

Le fer est la propriété de l'éleveur, qui le reçoit de son prédécesseur. À son défaut, le groupement des éleveurs ne lui permettrait pas de faire courir ses produits dans les arènes, où il exerce statutairement un contrôle sanctionné par des amendes et des veto très stricts. Il ne suffit donc point d'acheter des bêtes dans des élevages associés au groupement. Il faut, le cas échéant, acquérir en plus un fer disponible, que son détenteur met en vente à un prix jamais négligeable. Autrement, l'impétrant devrait se soumettre à la procédure des novilladas de *prueba* [épreuve] avant d'être admis au groupement.

La marque d'un élevage ne peut être modifiée sans que celui-ci perde son rang d'ancienneté, déterminé par la date de sa première présentation en plaza de Madrid.

Il est bien entendu admis qu'un bétail récemment racheté sorte, pendant trois ans, sous son fer d'origine. C'est le cas, depuis 1968, pour les taureaux précédemment au marquis d'Albayda, maintenant passés aux mains de Clemente Tassara et qui sont singulièrement moins agressifs que les siens avaient la réputation de l'être.

1. Joachin Buendia (ex-Santa Coloma).
2. José Escobar.
3. Clemente Tassara.
4. Corte (comte de la).
5. Pablo Romero.
6. Manuel Arranz.
7. Antonio Perez de San Fernando.
8. Salvador Guardiola Fantoni.
9. Villamarta (marquis de).
10. Eduardo Miura Fernandez.
11. Juan Pedro Domecq Diez (ex-Veragua).
12. Concha y Sierra.
13. Carlos Nuñez.
14. Antonio Urquijo de Federico.
15. Atanasio Fernandez Iglesias.
16. Sanchez Fabres frères.

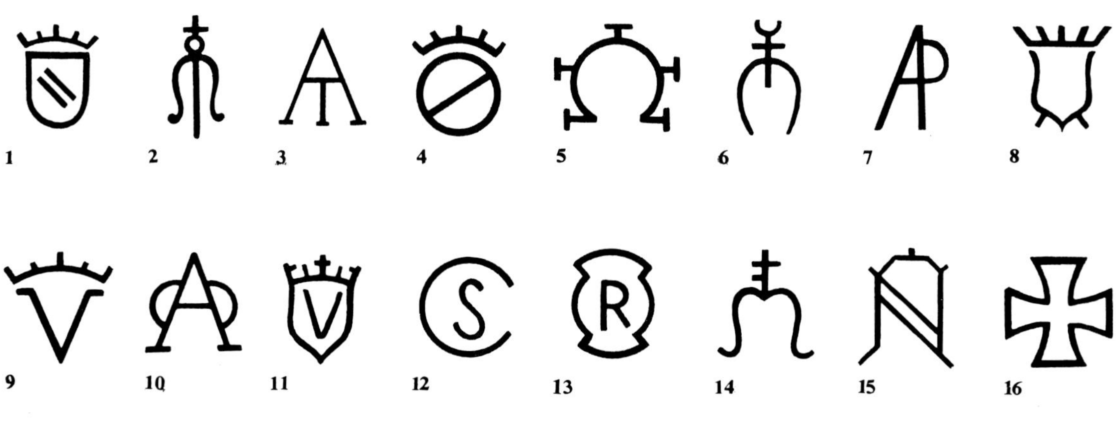

Tout animal dépourvu de fer est de ce fait suspect et réputé *cunero* [enfant trouvé].

Festival

Démonstration de toreo où entrent des matadors, des novilleros ou des amateurs reconnus pour leur expérience. Les taureaux, légalement épointés des cornes, ne sont guère âgés de plus de trois ans [*utreros*] et reçoivent une pique ou deux. Les participants ne revêtent pas le costume de lumières et portent simplement le *traje corto* ou vêtement des habitants de la campagne andalouse.

Les festivals se donnent plutôt hors de la saison des courses et leur but est de venir en aide à une œuvre de bienfaisance.

Fiesta brava

D'un emploi courant, l'appellation s'applique à la corrida. Son sens littéral est celui de la « fête sauvage », *brava* signifiant en espagnol sauvage et non brave, comme dans le cas du taureau.

On dit aussi la *fiesta nacional,* les Espagnols pouvant revendiquer à juste titre le mérite de l'avoir tirée des séculaires combats du taureau, pour en faire un spectacle national.

Films

Parmi les nombreuses œuvres cinématographiques inspirées de la corrida, les plus remarquées ont été :
– *Currito de la Cruz,* dans sa première version parlée, interprétée par le matador Pepin Martin Vazquez.
– *La Course de taureaux,* remarquable assemblage de documents tauromachiques réunis par Pierre Braunberger.
– *Ni Sangre ni Arena,* interprété par Cantinflas, où le génial comique mexicain, d'ailleurs torero amateur, déploie sa fantaisie dans un cadre de notations toujours exactes.
– *Torero,* récit attachant de la vie du matador mexicain Luis Procuna.
– *The Brave One,* projeté en France sous le titre de *Les clameurs se sont tues,* film en couleur américain sous direction mexicaine, débutant par des scènes très émouvantes prises dans un élevage et s'achevant sur une faena historique de Fermin Rivera à Mexico.
– *Tarde de toros,* brillant reportage en couleur d'une corrida toréée en plaza de Madrid par Domingo Ortega, Antonio Bienvenida* et Enrique Vera. Malheureusement, les taureaux sortent presque tous avec des charges courtes, et une incroyable affabulation sentimentale en alourdit le déroulement : la femme d'un des matadors se glisse au premier rang des gradins pour lui dire qu'elle sort de chez le gynécologue... et lui annoncer qu'elle sera mère!
– *Los Clarines del miedo,* excellente étude dramatique sur les toreros de *capeas,* tirée du beau roman de Angel-Maria de Lera.
– *La Corrida interdite,* court métrage tourné par Colomb de

Daunant. Il comprend une suite de très belles séquences en couleur, prises au ralenti et orchestrées sur de la musique de Bach.
– *Apprendre à mourir,* histoire d'un apprenti torero dont le seul intérêt est d'être interprétée par le Cordobés, fort à l'aise dans son rôle d'acteur.
– *Le Moment de la vérité,* de Francesco Rosi, le grand cinéaste de Salvatore Giuliano, est, plastiquement, une des œuvres les plus belles qu'ait inspirées la tauromachie, Miguelin en est le héros, acteur adroit, mais moins fascinant dans l'arène que les taureaux dont quelques gros plans sont de toute beauté.
– *Drame du taureau,* court métrage réaliste sur les coulisses de la corrida, où le grand artiste de la caméra qu'est Lucien Clergue a donné un exemple de son rare talent.

Flamear

Agiter doucement la cape ou la muleta, d'un côté à l'autre, pour attirer l'attention d'une bête.

Flanelle

Synonyme de muleta.

Forcados

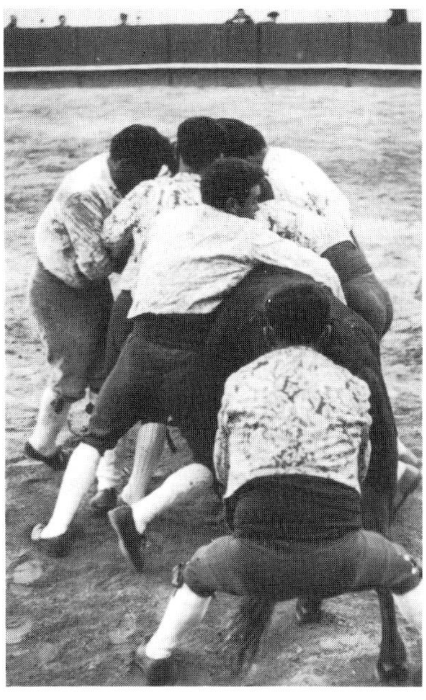

Nom donné aux membres d'une équipe, généralement venue de la campagne, qui se charge d'immobiliser à bout de bras le taureau par une manœuvre appelée *la pega,* en honneur dans les corridas portugaises.

Les forcados opèrent au moment où se retire le Cavalier en plaza *(rejoneador*).* Leur chef avance vers le taureau emboulé, comme pour lui placer une paire de banderilles. Dès que l'animal part, l'homme s'arrête, l'attend à distance et, s'accrochant à son cou, le corps placé entre les cornes, résiste de son mieux aux coups de tête qui cherchent à le rejeter. S'il a réussi à se maintenir, ses compagnons accourent sur les flancs de la bête, cependant que l'un d'eux la saisit par la queue. Une fois l'exercice consommé, les forcados se détachent un à un. Le dernier à le faire est celui de queue. Il se dégage à la faveur de l'entrée des *cabestros** venus retirer le taureau de l'arène.

Ce sont souvent des amateurs, formés en petits groupes, qui portent – telle une équipe de football – les couleurs d'une localité provinciale. Ils revêtent le costume classique des *campinos* de la province de Ribatejo où s'élèvent la plupart des taureaux portugais : bas blancs, culottes courtes, justaucorps et le classique bonnet en pointe, de laine rouge ou verte, terminé par un gland. L'ancienneté de la tradition explique sa popularité continue au Portugal.

Forcée, Passe

Toute passe exécutée sur le retour brusque du taureau, pour s'en délivrer. La plus caractérisée est en passe de poitrine. Celle-ci revêt tout son sens et sa beauté lorsqu'elle est « forcée », à la suite d'une naturelle ou d'une passe droitière, et non pas tirée de la bête avec une préparation mesurée. (V. TOREO TIRÉ*) On utilise indifféremment le qualificatif d'*obligada*.

Fortuna

[Diego Mazquiaran] Matador basque, né en 1895 et d'une grande sûreté à l'épée, il a été le protagoniste d'un incident inédit. Le 23 décembre 1928, un taureau, que l'on conduisait à l'abattoir de Madrid, s'échappa en ville, semant la panique. L'ayant rencontré sur la Gran Via, Fortuna le retint d'abord avec son pardessus, puis envoya un taxi quérir sa muleta et son épée et l'abattit en pleine chaussée sous l'ovation des passants enthousiastes. Ce geste lui a fait décerner la croix de la Bienfaisance.

Français

L'année 1968, en matière taurine, n'a rien vu des événements de Mai. En revanche, l'histoire tauromachique retient que, le 3 décembre 1968, deux jeunes Nîmois, Bernard Dombs, Simon Casas de son nom de bataille, et Alain Montcouquiol, Nimeño, ont reçu la bourse de la vocation pour leur désir d'« être toreros ». Il est vrai que, depuis le milieu du siècle dernier, des Français se sont essayés à toréer comme les Espagnols. Le loufoque Félix Robert, ancien écarteur landais, a bien pris l'alternative en 1894 et l'a confirmée à Madrid le 2 mai 1899. Plus tard, l'Arlésien Pouly (Pierre Boudin de son véritable nom) a réussi une carrière plus sérieuse que son prédécesseur. Pour autant, la France jusqu'alors est considérée à juste titre comme une terre exotique et le torero français comme une curiosité. Après les années soixante-dix, plus rien n'est comparable. Ce qu'un siècle d'osmose n'a pu réaliser, dix ans de luttes et de militantisme vont l'imposer. Actuellement, l'existence d'un milieu taurin français n'est plus remise en cause, malgré les diverses embûches et aléas liés davantage à un difficile exercice de la profession qu'à un véritable ostracisme. La France compte des toreros. Derrière le pathétique destin de Nimeño* émergent les noms de Richard Milian, Patrick Varin, Denis Loré, Stéphane Meca. Mais surtout des Français banderillent (Jean-Marie Bourret avec Enrique Ponce) ou piquent dans des cuadrillas espagnoles (Michel Bouix), pour ne parler que des plus connus. Un syndicat des toreros français, dirigé par l'ancien matador de toros Frédéric Pascal, se bat pour la reconnaissance d'une profession et de son statut. Des rejoneadors, comme Luc Jalabert, ont confirmé leur alternative à Lisbonne et à Madrid. Et pour boucler la boucle, Simon Casas, reconverti dans l'organisation, a, pendant toute la durée de son mandat à Nîmes, hissé cette dernière place au rang des meilleures de la planète taurine. Le temps n'est plus où des cuadrillas se perdaient sur les routes du Gers en cherchant où pouvait bien se trouver Vic-Fezensac, où un succès dans les ferias de Bayonne, Arles, Béziers, Dax, Mont-de-Marsan, Nîmes, Vic passait pour une aimable tocade d'un public ignorant. L'activité taurine française et ses retombées économiques font maintenant de ce pays une province taurine à part entière.

Franklin, Sydney

Né en 1905 à Brooklyn, faubourg de New York, il sera le premier Américain du Nord à avoir pris l'alternative en plaza de Madrid (1945). Constamment sur la défensive, il y montra cependant une réelle habileté. Il faut reconnaître qu'étaient alors déjà loin les vingt-cinq novilladas toréées par lui en Espagne, de 1929 à 1930, au cours desquelles, se présentant à Séville, Madrid, Bilbao, Saint-Sébastien, Santander, Valencia..., il se distingua par un courage et d'indéniables connaissances dont Ernest Hemingway s'était fait l'écho. Une grave blessure le décida à se replier sur le Mexique où il poursuivit sa vie aventureuse.

Son alternative fut sans lendemain, à l'exception d'une course de Miura que, malgré son manque d'entraînement, il revint toréer à Tanger en 1952, sans trop de bonheur. Par la suite, il vécut longtemps à Séville, comme chauffeur de voiture de remise. Il avait eu un prédécesseur en la personne de son compatriote Harper Lee, mais celui-ci ne prit en 1910 qu'une alternative mexicaine, et John Fulton, investi à Séville en 1963, ne confirma point son titre à Madrid.

Frascuelo

[Salvador Sanchez] Ses débuts furent ceux d'un autodidacte. Né en 1842, dans un village de la plaine de Grenade, ses parents l'amenèrent en bas âge à Madrid, où ils étaient venus chercher du travail. Dépourvu d'afición, mais désireux de se situer, il songea à devenir torero et fit ses premières armes dans les *capeas* populaires de la province. Il y gagna la sympathie du banderillero Juan Mota, touché par sa jeune vaillance, et lui dut d'entrer comme *sobresaliente* dans des cuadrillas, au sein desquelles il développa ses connaissances taurines.

Matador à vingt-cinq ans, son style l'apparentait aux toreros sobres et efficaces de la Castille, mais il plut par un tempérament de lutteur indomptable qui intéressa le public. Son courage exemplaire se manifestait principalement dans la témérité de ses *quites*★ d'urgence et dans ses coups d'épée où, suivant l'expression consacrée, il « mettait tout le paquet ».

Sa présence aux côtés de Lagartijo, plus *largo*★ et plus artiste, équilibrait les programmes par l'évocation d'une personnalité et d'un amour-propre, seuls susceptibles de lui être opposés avec succès. Au cours de vingt années consécutives, tous deux formèrent la *pareja*★ [tandem] à la mode.

La diminution de ses facultés physiques, à laquelle ne furent pas étrangères de sérieuses blessures, comme celle de la corrida patriotique dite « du Gran Pensamiento » reçue en estoquant au *recibir* (V. ÉPÉE*) dans le terrain de la barrière, l'éloigna de l'arène, à quarante-huit ans, en 1890. S'il avait, un jour, recherché l'amitié des hommes politiques qui ramenèrent sur le trône le jeune roi Alphonse XII, il choisit alors de se retirer dans un village de la sierra de Madrid, Torrelodones, et d'y monter un commerce d'épicerie. Une pneumonie mit fin à ses jours en 1898.

Freg, Luis

D'abord employé aux douanes de son pays, ce Mexicain a laissé le souvenir impérissable de ses formidables estocades et d'un courage exemplaire, accrédité par la bagatelle de quatre-vingts blessures graves, dont quatre suivies d'extrême-onction, généralement dues à la limitation caractérisée des recours de son toreo. Né vers 1888, il fut de 1911 à 1934 une figure familière des plazas mexicaines, espagnoles et françaises, avant de périr noyé dans un prosaïque accident de navigation fluviale, près de Veracruz. On le vit même participer à un spectacle sans mise à mort, donné l'automne 1925 aux arènes de Lutèce à Paris, avec Saleri II pour compagnon et du bétail français de la veuve Viret.

De ses deux frères, Salvador et Miguel, le plus jeune et le plus artiste succomba presque sur le champ de Madrid, en 1924, d'une blessure au cou, reçue en tuant témérairement, dans le terrain du toril, un novillo qui s'y était retranché.

Fuentes, Antonio

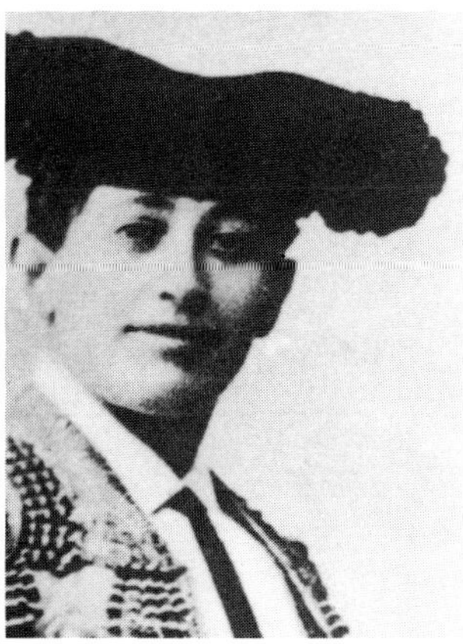

Né à Séville en 1869, il a légué le souvenir d'une élégance unique et d'une maîtrise consommée de la pose des banderilles, auxquelles on se réfère souvent. Sa carrière débuta de la façon qui s'offrait le plus naturellement à lui, d'abord dans les *capeas* locales, puis comme banderillero de plusieurs cuadrillas.

Matador en 1893, il pécha par une fréquente irrégularité et tarda à s'affirmer. Ce n'est qu'au départ de Guerrita et, paradoxalement, après une très grave blessure reçue à Saragosse, dont il conserva une légère boiterie, que de 1905 à 1908 il atteignit sa pleine forme, sans renoncer pour autant à un emploi systématique de la main droite dans ses faenas de muleta et à une façon de tuer plus habile qu'orthodoxe. L'année 1908 vit le commencement de son déclin, qui se prolongea pratiquement jusqu'en 1921. Très apprécié en Amérique latine pour la qualité de son art, il fut notamment appelé à inaugurer la première plaza importante de Mexico, le 17 décembre 1899.

G | H | I

Gagner du terrain

Gagner du terrain sur le taureau [*ganar terreno al toro*] est un impératif du toreo de cape et de muleta. Il revient à se déplacer très légèrement en direction du centre de l'arène, après chaque passe, de façon à conserver toute sa force à l'appel sur la corne contraire★. Les animaux, dominés par cette tactique, se livrent mieux. Autrement, ils sont engagés à gagner progressivement du terrain sur l'homme, risquent de le déborder et de l'enfermer dans un espace trop restreint, où il se sentira de moins en moins à l'aise et s'expose à être pris.

Tel est le sens du conseil souvent adressé de la barrière à un matador : *« Salte por fuera »* [avance vers l'extérieur]. Relativement inutile avec les adversaires sans tempérament ni force, d'une innocence parfaite, cette pratique audacieuse assure la réussite des véroniques de réceptions, des *quites*★ et du début de la faena★. Les déplacements ne sont pas assez importants pour empêcher que celle-ci – suivant la règle de l'art – se termine là où elle avait commencé, c'est-à-dire dans le secteur de l'arène choisi par le matador comme convenant le mieux à un taureau déterminé.

Quand, à l'exemple de Joselito hier, Angel Teruel ou tout autre lient aujourd'hui une demi-douzaine de passes hautes à deux genoux, c'est qu'ils s'attachent à avancer constamment, même dans cette position peu confortable. Gagner du terrain suppose toujours une grande sécurité à *mandar*★.

Gaiola, A puerta

[à la sortie de la cage] Expression empruntée au portugais pour qualifier toute suerte exécutée devant la porte du toril, à une dizaine de mètres de laquelle se situe le torero préalablement à son ouverture.

La plus habituelle est la *larga cambiada* à genoux. (V. CAPE★) La difficulté n'est pas tant d'écarter le taureau dans son premier élan, mais de se relever assez vite pour supporter son violent retour et de l'arrêter par une série de passes de cape, avant d'avoir pu l'étudier.

Gallito

[petit coq] Surnom que portaient dans l'arène les membres d'une dynastie de toreros gitans, dont l'histoire presque légendaire se rattache à une époque souvent qualifiée d'âge d'or du toreo.

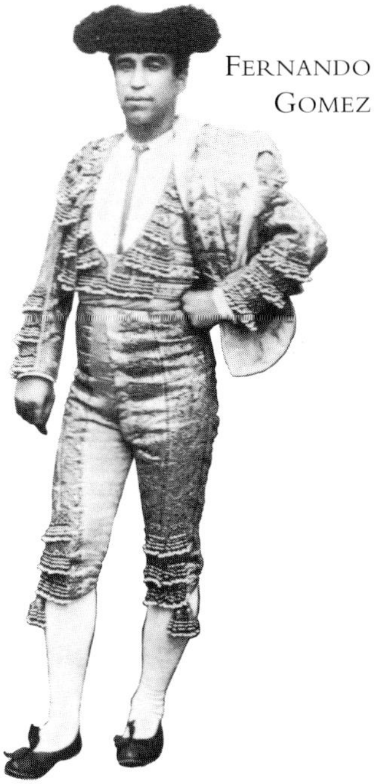

FERNANDO GOMEZ

Le premier à recevoir ce sobriquet fut un excellent banderillero, José Gomez, qui servit dix-huit années dans la cuadrilla du fameux Lagartijo. Entraîné par l'exemple, son frère cadet Fernando commença par courir les corrales sévillans de la Tablada et les *capeas* de la région, avant de s'inscrire lui aussi dans les cuadrillas de matadors connus, seul moyen existant autrefois de se faire remarquer du public. Consacré matador en 1868, il se fit appeler *El Gallo* [le coq]. Volontiers savant dans la conversation, il ne montra pas toujours le même bonheur à mettre en pratique ses connaissances. Souvent défaillant avec l'épée, il se rachetait de ses insuccès avec un joli toreo de cape*, imaginant l'émouvant *cambio de rodillas* adopté depuis par des générations de toreros. Pour élever les six enfants qu'il eut de son mariage avec l'artiste gitane Gabriela Ortega, il lutta de nombreuses années, à quelques mois près, jusqu'au jour où une crise cardiaque le terrassa à cinquante ans, en 1897. Les laissant encore tout jeunes et sans ressources, son dernier geste fut d'appeler sur eux, en des lignes pathétiques, la protection de celui qui avait été un temps son propre banderillero : le grand Guerrita.

RAFAEL GOMEZ ORTEGA
« El Gallo »

(1882-1960) En âge d'avoir déjà reçu les leçons de son père, il porta à quinze ans la responsabilité de faire vivre sa mère et ses frères et sœurs. Lancé en Andalousie par une série d'affrontements entre cuadrillas juvéniles de Cordoue et de Séville, il prit l'alternative dès 1902. Un différend survenu entre Mosquera, imprésario de Madrid, et les deux figures de l'époque, Bombita et Machaquito, lui donna l'occasion de sortir du second rang où il paraissait devoir végéter. Il révéla alors une intuition des taureaux, un art épuré et marqué d'une grâce naturelle inégalable, qui lui feront pardonner des hésitations, voire des paniques incompréhensibles devant des adversaires qu'il refusait brusquement de voir, et tout un ensemble de superstitions et de relatives loufoqueries s'étendant jusqu'à sa vie privée, comme son mariage de quinze jours avec la Pastora Imperio, ou ses pérégrinations de plusieurs années en Amérique latine. L'épithète de « Divin Chauve », dont on le gratifia en raison d'une calvitie précoce, exprimait l'attente jamais lassée de le revoir dans une de ses journées d'apothéose. N'ayant jamais réussi à mettre une peseta de côté, il effectua plusieurs retours à l'arène et toréait encore à cinquante-quatre ans, lorsque la guerre civile de 1936 mit un terme définitif à sa carrière agitée. Recueilli par sa sœur, la veuve de Sanchez Mejias, il attendait chaque jour, à son café de la rue de Tetuan de Séville, la visite des aficionados charmés par sa personnalité et qui se présentaient à lui avec des provisions de cigares, connaissant sa passion pour les havanes.

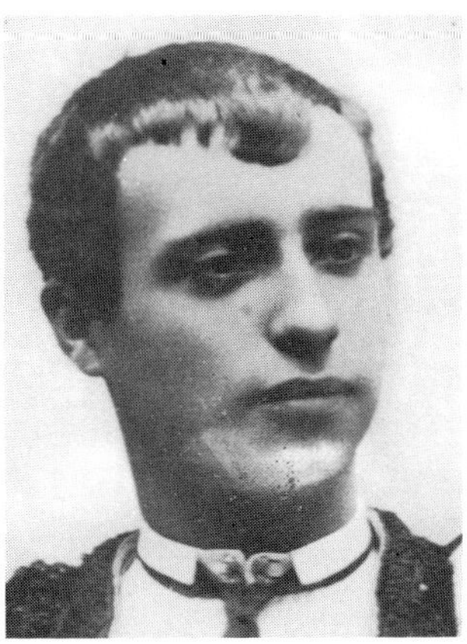

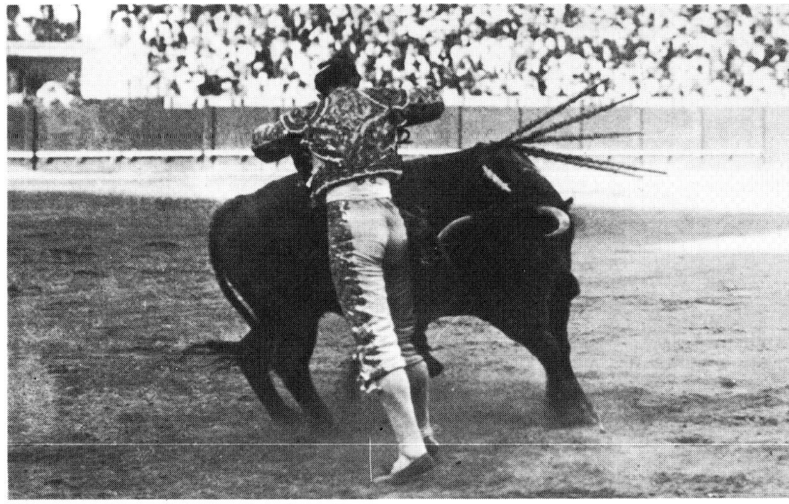

Le dernier des Gallito
et le plus grand, Joselito.
On le voit ici, solide, allègre,
si sûr et vaillant, avec ses jarrets
de champion et ses épaules
d'homme en forme, exécutant
la passe qu'il inventa, le *kikiriki*.
Trop rare image du plus grand
des toreros modernes.

José Gomez Ortega

(1895-1920) Devant son souvenir, tout aficionado bien né se découvre. *Joselito* – ce diminutif lui est resté jusque dans l'histoire de la tauromachie – voyait déjà les passants former le cercle autour de lui, quand bambin il toréait « de salon » avec des petits camarades de son âge sur l'Alameda de Hercules, quartier des artistes, du flamenco et des torerillos, à Séville. À treize ans, il revêtait son premier costume de lumières dans une *becerrada*★, point de départ d'une longue série triomphale de ces spectacles, qui lui fit courir les plazas de Portugal et d'Espagne avec son jeune compagnon Limeño. L'entraînement continu que supposa ce début, et le fait que les éleveurs andalous – Eduardo Miura en tête – lui ouvrirent largement l'accès de leurs tientas le dispensèrent de s'attarder à la phase des novilladas. Il en avait toréé juste quarante-cinq, dont cinq retentissantes à Madrid, lorsqu'il décida, à dix-sept ans, de prendre l'alternative à la fin de la même saison, à Séville, puis de la confirmer à Madrid le 1er octobre 1912. Tout le monde criait au miracle devant ce gamin qui non seulement montrait plus de savoir que ses aînés, mais avait aussi la sagacité de réclamer des bêtes toujours respectables pour faire mieux ressortir sa précoce et absolue maîtrise.

La suprématie incontestée de Joselito serait difficilement compréhensible, si on ne tenait compte de sa connaissance extraordinaire des taureaux. En fait, fréquentant les élevages jusqu'entre deux séries de corridas, il avait pratiquement étudié les mères de tous les adversaires qu'on lâchait pour lui dans les arènes. Si l'un d'eux venait à poser un problème particulier, il s'approchait du mayoral★ de l'éleveur pour l'interroger : « N'est-ce pas le fils de telle vache et de tel étalon ? Oui ! Alors je m'explique son comportement... »

Des jambes d'acier, une svelte ceinture d'une extrême flexibilité, une grande allonge des bras, un amour-propre jamais en défaut concoururent également à faire de lui un artiste unique de la lidia★. Décidé et précis avec la cape, providentiel dans les *quites*★, varié et fleuri dans ses *remates*★, jouant avec ses taureaux avant de les banderiller et y procédant dans les terrains où ils répondaient le mieux, dominateur comme personne avec la muleta, facile et sûr sinon d'un grand style à l'épée, il a été l'incarnation la plus accomplie du torero *largo*★, doté d'un immense coup d'œil [*vista*★]. La seule bête qui le mit vraiment en difficulté, pendant trois quarts d'heure – racontaient ses intimes –, fut, en tienta★, une vache de quatre ans, qu'il laissa reposer pendant le déjeuner pour la reprendre après et triompher d'elle. Loin de les craindre, il aimait plutôt les redoutables taureaux de Miura et n'hésitait pas à en combattre sept à la suite, exercice étendu par lui à d'autres élevages, et dans lequel il réussissait à intéresser le public de bout en bout de la corrida.

Joselito surclassa aussitôt ses contemporains et mit son amour-propre à pousser à la retraite Bombita, dont il avait toujours tenu les partisans pour hostiles à son frère Rafael. Il devait en aller autrement avec Juan Belmonte, surgi en 1913. Le *Trianero* (originaire du faubourg sévillan de Triana) apporta – à l'intérieur d'un style plutôt *corto*★, il est vrai – une note de profondeur★ faite d'*aguante*★ et de *temple*★ rarement atteinte. Le contraste entre les deux hommes et la réunion dans la même arène de deux arts complémentaires passionnèrent le public pendant six ans. La compétition, loin de prendre de l'âpreté, tourna à une entente amicale, Belmonte apprenant de Joselito certains secrets de la lidia et Joselito, de Belmonte, à épurer plus rigoureusement son style.

Quelques blessures inhérentes à sa profession, mais dépourvues de véritable gravité, accréditèrent l'idée de son invincibilité. Aussi, la consternation fut-elle énorme d'apprendre qu'il avait été tué, le 16 mai 1920, en plaza de Talavera de la Reina. Un taureau de peu de caste – « Bailador » de la veuve Ortega –, mais affecté d'une vue basse, le « cueillit » alors qu'il pensait pouvoir écarter sa brusque charge en allongeant simplement le bras. La mort fut presque instantanée, sur un arrêt du cœur consécutif à un effet de « shock », entraîné par une forte hémorragie. Ses obsèques prirent presque le caractère d'un événement national et il repose au cimetière de San Fernando, à Séville, sous un groupe de bronze, chef-d'œuvre du sculpteur Benlliure.

Détail curieux, ce gitan si courageux appréhendait les voyages par mer et ne franchit qu'une fois l'Atlantique, pour toréer l'hiver 1919 au Pérou et un après-midi à Montevideo, où il donna l'alternative à un amateur de ses amis.

Joselito avait fait entrer dans sa cuadrilla son frère aîné de onze ans, Fernando Gomez Ortega (1884-1921) dont il appréciait les conseils, mais qu'il ne laissait sortir qu'avec les bêtes faciles, mettant sur les autres son immortel péon de confiance, Enrique Belenguer Blanquet. Les deux derniers rejetons de la dynastie ont été les fils d'une sœur, mariée à un cousin banderillero, Enrique Ortega, El Cuco. Le manque de persévérance du premier, Rafael Ortega Gomez, Gallito, a frustré les vifs espoirs éveillés par son alternative en 1940. Le second, José, après une timide apparition en novillada, a choisi de servir dans des cuadrillas.

Ganaderia

V. ÉLEVAGE*

Gañafon

Nom réservé par les toreros à un violent coup de corne vertical décoché par le taureau en direction de la figure. C'est en vérité un *derrote* plus accusé. (V. CORNE*) Rare est le matador qui, l'ayant enduré au cours de la faena, ne se sente incité à l'interpréter comme un indice de décomposition de la tête du taureau et ne passe le plus tôt possible à l'estocade.

D'une bête, on dit communément qu'elle *tira* [lance] des gañafones.

Gaona, Rodolfo

Né en 1888 à Leon de las Aldamas, son souvenir demeure étroitement associé à l'expansion considérable que la corrida a connue au Mexique au début du XXe siècle. Deux toreros de son pays l'avaient, à vrai dire, précédé en Espagne : Ponciano Diaz, au cours de l'année 1889, puis, à partir de 1907, le millionnaire Vicente Segura, dont l'habitude était de reverser ses honoraires à des œuvres de charité. Tous deux, très vaillants, n'atteignaient toutefois point à la classe qui devait faire de Gaona à la fois l'idole de ses compatriotes et, par son exemple, le promoteur de plusieurs générations de matadors aztèques.

Fils d'un commerçant peu fortuné, il bénéficia très tôt du choix qu'avait fait du Mexique un torero espagnol émigré, Ojitos, pour y ouvrir une école de tauromachie. Il avait déjà récolté des succès notoires dans plus d'une centaine de spectacles, lorsque son maître s'avisa de le conduire, à vingt ans, en Espagne et de lui faire prendre l'alternative dès son arrivée, en 1908.

Une élégance rarement égalée, dont il était aussi prodigue à la cape qu'à la muleta et aux banderilles, qu'il posait avec une maestria unique, et sa jeune beauté d'Indien racé exercèrent

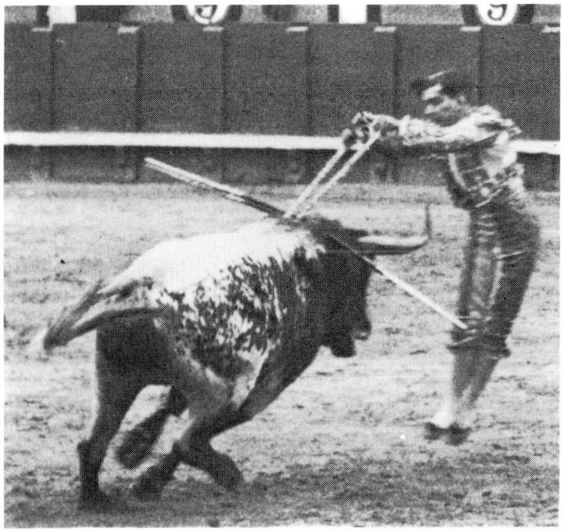

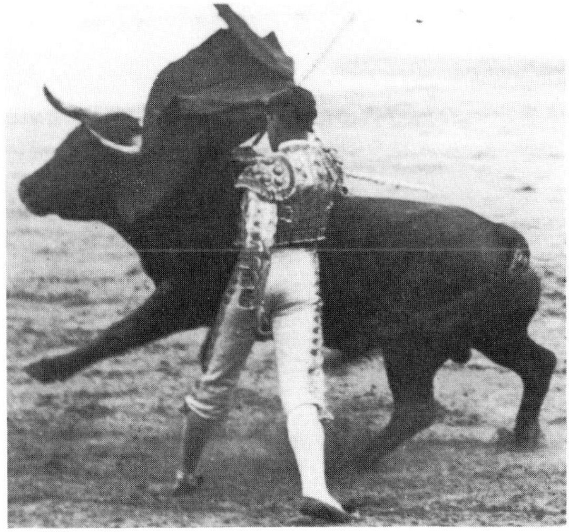

C'est dans la suerte des banderilles qu'il fallait voir Gaona. Le voici, tout de sveltesse, d'autorité physique et de grâce, seul rival, en ce domaine, du grand Antonio Fuentes. Mais son élégance très rare faisait aussi de lui un bel artiste de la *muleta*.

aussitôt leur séduction sur le public de la péninsule. Après ses campagnes de 1911 et de 1913, marquées de succès continus, il fut sur le point d'accéder la toute première place, devenue libre avec l'effacement de Bombita et de Machaquito. L'autorité exceptionnelle, bientôt prise par Gallito et Belmonte, lui en retira cependant l'occasion. Sans déserter l'Espagne, Gaona s'attacha alors davantage à toréer dans sa patrie, où la qualité de son art et une énorme popularité lui ont valu de prolonger brillamment sa carrière jusqu'en 1925.

Porté par un courage naturel que réclamait d'ailleurs le bétail peu commode de l'époque, il s'est souvent montré un tueur résolu et, occasionnellement, ne reculait pas devant la pratique du coup d'épée au *recibir*. Il est toutefois plus connu pour son apport de la *gaonera* (V. CAPE★) qu'il révéla aux Madrilènes, le lundi de Pâques 1911. Sa version originelle tirait une surprenante beauté du fait que l'animal était toréé de bout en bout, grâce à une action continue du bras tenant la partie de cape dégagée de derrière le corps, important détail négligé par la plupart de ses futurs imitateurs, plus préoccupés d'esquiver le passage de la corne avec une flexion de la ceinture.

Figure historique du toreo mexicain, Gaona, qui était venu en France toréer un dernier festival aux arènes de Bayonne en 1950, s'est éteint en 1974, à l'âge de quatre-vingt-six ans.

Garrocha

Désigne indifféremment l'arme du picador ou la lance de bois longue de plus de trois mètres et munie d'un léger fer, utilisée dans les élevages pour déplacer le bétail. Tout cavalier expert dans son maniement est qualifié de *garrochista,* nom communément donné aux cavaliers de l'estuaire du Guadalquivir qui veillent sur les troupeaux de taureaux. Le poète Fernando Villalon les chante dans ses vers fameux :

Luces de Sevilla
faro de los garrochistas
que anochecen en la Isla...

On appelle saut à *la garrocha* celui qu'exécute un torero au-dessus du taureau, en s'élevant sur une perche. Il est aujourd'hui, tels les sauts autrefois courants, pratiquement tombé en désuétude.

Garza, Lorenzo

Né en 1909, à Monterrey (Mexique), il s'est accrédité, principalement auprès de ses compatriotes, par un toreo très courageux d'attente imperturbable des charges et de grande immobilité, où s'annonçait curieusement la future manière de Manolete★ et de ses héritiers. La pratique en était plus facile avec les adversaires venant bien droit, qui ne sont pas légion. Aussi ne perça-t-il point tout de suite en Espagne, comme il en nourrissait l'espoir, et dut-il même renoncer à une alternative prématurée. Toutefois, deux novilladas toréées à Madrid, *mano a mano* avec son compatriote El Soldado lui ouvrirent la voie de la réussite en 1934. La rivalité des deux garçons passionna les spectateurs. L'un ayant estoqué un de ses taureaux en utilisant son mouchoir de poche comme leurre, l'autre le fit simplement à main nue.

Chemin faisant, Garza sut, avec une belle obstination, trouver le difficile *sitio*★ propice à l'application de sa technique et reprit presque aussitôt l'alternative. Sans jamais participer de la conception classique, celle d'aller aux taureaux et de les dominer plutôt que de mettre à profit leur passage pour émouvoir (V. PARON★), il excella sur le plan de la sensation. Tous ceux que Manolete entraînerait à sa suite, quinze ans plus tard, vibrèrent d'abord pour lui.

Écarté d'Espagne par la guerre civile, puis par un long conflit syndical entre toreros des deux pays, il n'y revint qu'en 1945, mais avec un égal succès. Longtemps fêté dans sa patrie, où il connut les plus grands triomphes, il s'est finalement retiré pour se consacrer à la gérance d'un capital réuni au prix d'assez nombreuses blessures.

Gavilanes

Branches transversales de la garde de l'épée du matador. L'expression *hasta los gavilanes* a le sens de « jusqu'à la garde ». Du matador qui a porté un tel coup d'épée, on dit aussi, en style imagé, qu'il s'est mouillé la main (de sang) [*mojarse la mano*].

Gazapear

Comportement d'un taureau qui, lorsqu'on l'appelle, avance à pas comptés et ne donne pas la charge attendue pour la réalisation de la passe. L'ennui de ce travers est de n'être pas corrigible, bien qu'on soutienne que de bonnes piques peuvent réussir à le supprimer. Souvent, il se manifeste d'ailleurs au moment de la faena★. Son origine réside dans la conjonction d'une grande bravoure, qui porte le taureau à avancer de façon continue sur le torero, et d'un manque de force, qui le retient de prendre sa course.

Le cas de l'animal *gazapon* ne doit pas être confondu avec celui du *probon,* de naturel méfiant, incertain dans ses départs et dont la charge n'est jamais très accélérée. Sa caractéristique, lorsqu'on l'appelle, est de baisser la tête, comme s'il allait s'élancer, et de ne pas le faire tout de suite.

Génération

Celle de 1979, appelée ainsi parce que la majorité des toreros marquants ont pris l'alternative cette année-là, comporte les noms d'Espartaco, de Paco Ojeda, d'Emilio Muñoz. Elle cohabita avec celle immédiatement précédente des Paquirri, Linares, Manzanares, Niño de la Capea, Roberto Dominguez et poussa à la retraite les gloires des années soixante. D'autres noms apparaissent aujourd'hui avec force : Enrique Ponce, Joselito, Jesulin de Ubrique, David Luguillano, Sanchez Mejias, Pareja Obregon, et les fils de Litri, Camino, Chamaco. C'est peut-être chez eux que l'on trouvera le torero de l'an 2000.

Genio

[au sens littéral: tempérament] Les toreros n'utilisent cependant le mot que pour qualifier l'instinct défensif du taureau. Quand sa nervosité naturelle s'accuse, il est porté à tenir la tête haute, à frapper violemment de la corne. Tandis que la bravoure★ commande l'instinct offensif du taureau (ou sa charge), le genio suscite seulement sa défense de la tête. Ce sont deux réactions de la bête indépendantes l'une de l'autre. La bravoure est un attribut de naissance ; le genio se développe généralement avec l'âge de l'animal. Un peu de genio donne de l'émotion au combat, trop le rend difficile et particulièrement dangereux, incitant les toreros à prendre alors quelques précautions élémentaires. (V. BRONCO★, NOBLE★, TEMPÉRAMENTS★)

Giraldilla

Appellation générique des passes hautes de muleta, dans lesquelles le torero accomplit un tour complet sur lui-même. Elle s'inspire de la façon dont tourne aux vents la girouette surplombant la fameuse tour mauresque de la Giralda à Séville.

Girón, Famille

En 1926, débarquait en Espagne un novillero de Caracas, Julio Mendoza, au type indien accusé, aussitôt apprécié pour son courage. Une afición qu'il tenait de son père, torero local, le soutint

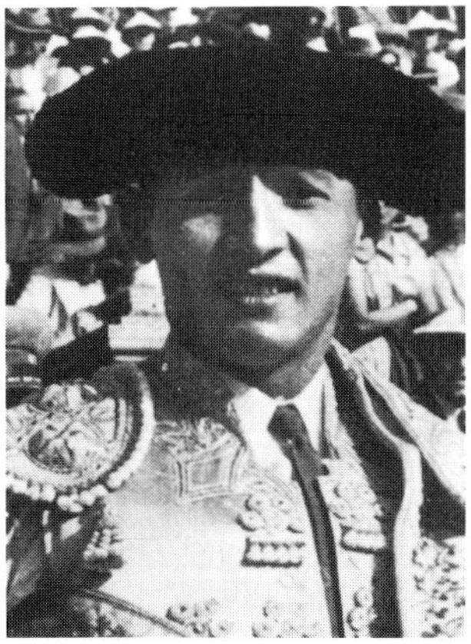

Les Girón ne sont ni les Gallito, ni les Bienvenida. Mais Cesar fut et resta jusqu'en 1969 un grand torero, par l'imagination et le style...

toute sa vie, mais quelques années après une alternative, confirmée à Madrid en 1928, il se fixa dans son Venezuela natal, où son exemple devait susciter, entre autres vocations taurines, celle de la famille Girón.

Né en 1933, l'aîné, Cesar, arrivé en Espagne en 1951, eut beaucoup à lutter pour se faire une place parmi ses collègues espagnols. De grandes facultés physiques, un évident courage, un style *largo** étendu jusqu'aux banderilles, qu'il posait avec facilité et allure, une fréquente recherche de l'effet spectaculaire, tout comme sa régularité, finirent par le faire triompher des obstacles rencontrés sur son chemin. Arruza, déjà pratiquement retiré, revint exprès du Mexique, dans un geste de solidarité latino-américaine, pour lui donner, en 1952, à Barcelone, une alternative que Madrid confirmait à la San Isidro 1955. Cesar Girón a animé par sa présence bien des corridas d'Espagne, de France et d'Amérique latine. Il peut s'enorgueillir d'avoir coupé deux queues dans une même feria à Séville et de s'être vu décerner, deux années différentes, le trophée Manolete en plaza de Cordoue. Sa sécurité devant les taureaux l'a incité à ne jamais se retirer complètement et il poursuit une carrière, aujourd'hui caractérisée par une particulière application à styliser son toreo.

Rafael, le second en âge – il est né en 1937 –, devint novillero, puis matador (1956) dans le sillage de Cesar. Excellent banderillero, le meilleur en fait d'une famille toute portée vers cet art, il préféra assez vite s'intégrer à la cuadrilla de son frère.

Curro, né en 1938, débuta comme novillero à dix-sept ans, reçut des mains de Cesar l'alternative quelques mois plus tard et la confirma, en 1958, à Madrid. Un métier solide, un entrain inlassable, une activité presque bouillonnante et le désir de satisfaire tous les publics lui ont valu un large accueil populaire, sans lui permettre toutefois d'atteindre à la classe de son frère aîné. Il se montre également capable de faenas* sérieuses devant les spectateurs dont il peut penser qu'ils les apprécieront.

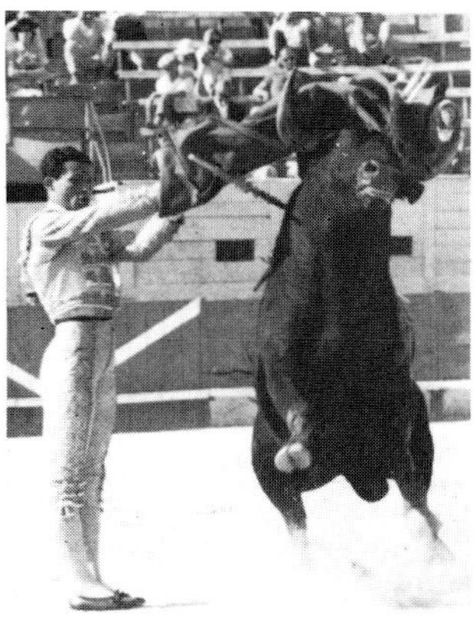

Curro manque toujours un peu de classe, mais sut souvent affronter avec brio de rudes adversaires (tel celui-ci, au cours d'une statuaire).

Efrain apprit son métier en Espagne dans des novilladas sans picador, avant d'aborder l'expérience de l'alternative (1963). Plus effacé que servi par la figure de ses deux frères, il se recommande pourtant par une conscience professionnelle et un courage, qui lui font ne pas hésiter à affronter le redouté bétail de Miura.

De la dynastie Girón, les deux principales figures ont disparu. Cesar, qui avait été marié avec l'une des filles de l'industriel Paul Ricard et dont la dernière saison en Espagne eut lieu en 1970, s'est tué le 19 octobre 1971 dans une collision, à Caracas, entre sa voiture et un camion. Curro a arrêté sa carrière en 1977 à Grenade avant de disparaître des suites d'un ulcère à l'estomac mal soigné. Leurs frères Rafael, Efrain (dernière corrida en

Espagne le 14 août 1977), Fredy (novillero de 1973 à 1975), se sont retirés des arènes et vivent au Venezuela.

Gitans

Les Gomez, « Los Gallitos », famille qui donna El Gallo et Joselito, furent certainement les plus célèbres. Mais il semblerait qu'un pacte secret lie la tauromachie et les gitans. À eux, dès lors qu'ils manifestent quelques qualités, l'art le plus pur et le plus inégalement dispensé. Ainsi Rafael de Paula de Jerez, qui pensa devenir chanteur de flamenco, avant de se tourner vers les toros. Ce fils spirituel de Cagancho a mis quatorze ans à confirmer son alternative et donc à toréer en dehors d'Andalousie. Ce 28 mai 1974, il fait pleurer Las Ventas de bonheur pour son toreo lent et inspiré. À nouveau à l'affiche l'année suivante avec Curro Romero, il provoque un scandale majuscule en refusant de voir un seul de ses adversaires. On murmure que Curro Romero aurait du sang gitan, ainsi que Paco Camino qui s'en est toujours défendu. Mais Manuel Amador, Sebastian Cortes (l'un des plus fins toreros qui ait été donné de voir avant qu'une blessure ne l'enlève des arènes), Julito Aparicio, Curro Caro et Javier Conde le sont. Quant à Camaron de la Isla, immense chanteur flamenco, disparu en 1992 des suites d'un cancer à quarante et un ans, il commença comme novillero avant de choisir le « cante-jondo ».

Gitanillo de Triana

[Francisco Vega de los Reyes, alias *Curro Puya*] Fils et petit-fils de gitans, né à Séville en 1903, il travailla à la forge paternelle et, au détail près qu'à quinze ans il arrêta (en compagnie du futur Cagancho) un taureau échappé et rôdant dans les parages de sa demeure, n'aborda les tientas* qu'à l'âge de vingt ans. Le grand Juan Belmonte, témoin ce jour-là de son étonnante intuition à la cape, lui apporta aussitôt son appui. Les véroniques de Gitanillo, exécutées sans effort, les mains très basses et en conduisant la bête avec une lenteur saisissante – à vrai dire, une transposition inédite du toreo de muleta dans celui de cape – suffirent à l'accréditer comme un artiste tout à fait exceptionnel. Ses faenas* étaient au demeurant empreintes des mêmes qualités. Cependant, il manquait de recours devant les adversaires qui, ne baissant pas bien la tête ou ne partant pas assez droit, contrariaient sa recherche esthétique. Une nonchalance caractéristique des gens de sa race l'envahissait alors et le retint d'accéder pleinement aux faveurs du grand public. Il connut cependant de splendides journées, parmi lesquelles celle où il conquit, à Mexico, la fameuse récompense annuelle de l'Oreille d'or, moins de deux ans après son alternative en 1927.

Une mauvaise fortune qui lui valut deux accidents d'automobile très graves, outre les classiques blessures de la profession, lui fit trouver la mort, à Madrid, le 31 mai 1931, devant le taureau « Fandanguero » de Graciliano Perez Tabernero, dès la première passe haute aidée d'ouverture de la faena. À la rupture d'une artère qui se rouvrit par trois fois, s'ajoutèrent l'arrachement du nerf sciatique et des complications méningées qui le tinrent deux mois et demi dans une douloureuse agonie.

Son plus jeune frère Rafael, entraîné par son exemple, devint un matador également racé et d'un classicisme affirmé, mais qu'il distillait au compte-gouttes. Manolete le sauva un jour de l'enlisement où il était tombé, en s'en faisant accompagner dans la plupart de ses corridas. Ainsi, Rafael fut-il le témoin du drame de Linarès. Retiré en 1958, il devint l'animateur par excellence des spectacles de flamenco madrilènes et se tua en voiture, à l'aube du 24 mai 1969, au retour d'une fête de nuit, pour laquelle Luis-Miguel Dominguin avait sollicité son concours.

Gonzalez, Damaso

Cet enfant d'Albacete, né en 1948, se vit sortir de l'anonymat de novilladas sans picador par l'ex-matador Pedrès, sur l'indication d'un de ses anciens banderilleros. À l'exemple des garçons de la toute jeune génération, il semble avoir tiré la leçon de la force et des faiblesses du Cordobés, en associant un toreo classique à certains recours du populaire *tremendisme*★, ce qui peut paraître une gageure.

Une attente complète de la charge, le choix d'un emplacement audacieux lui font « se passer le taureau par la ceinture », avec une précision dans la conduite et un synchronisme des temps saisissant. Ses véroniques, ses *chicuelinas,* comme ses passes de muleta sont empreintes de beauté et d'une grande émotion. Lorsque le taureau s'alourdit, Gonzalez aborde alors un exercice de *porfia*★ devant le berceau des cornes, qui éclipse tous les *tremendismes* et est à peine soutenable.

Petit, malingre, pâlot, tel Belmonte autrefois, il est tout courage et tête. À un grave accident près, auquel il s'expose trop généreusement, on pourrait attendre de lui qu'il corrige certains travers, comme celui d'étouffer un peu la charge des bêtes, source de dangereux accrochages, et qu'il améliore sa technique encore déficiente du coup d'épée.

Blessé de deux coups de corne à la cuisse, le jour de son alternative à Alicante (juin 1969), il demeura cependant en piste jusqu'à ce qu'il eût terrassé son adversaire, donnant un bel exemple d'honneur professionnel.

Pendant vingt ans, jusqu'à sa première retraite en 1988, Damaso Gonzalez a forcé l'admiration de ses confrères et contraint les toros les plus réservés à lui livrer jusqu'à la dernière goutte de leurs charges. Son secret ? Le temple, la capacité à

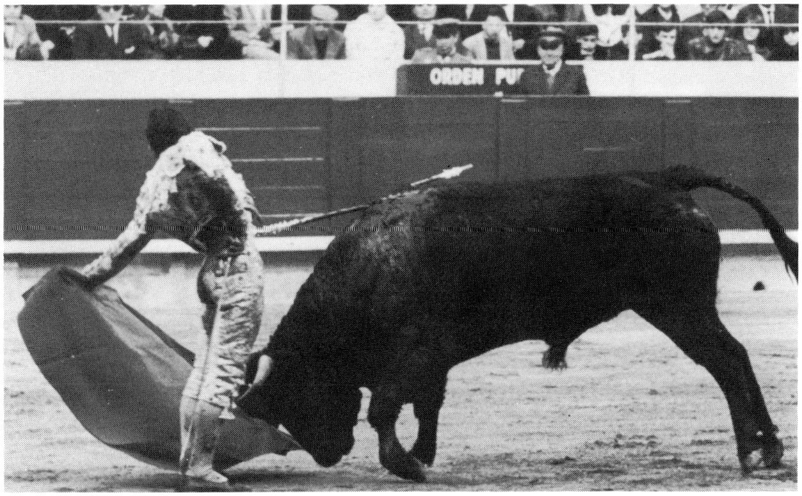

Damaso Gonzalez est-il le lointain héritier de Belmonte ? Certains l'espèrent, beaucoup le nient. Mais cette naturelle admirable, donnée de face comme aux plus beaux temps, Belmonte l'aurait enviée au petit Damaso...

accorder le retrait de la muleta à de brusques charges et un invraisemblable courage qui l'amena jusque dans le berceau des cornes. Le grand public, qui lui reprochait la longueur de ses faenas et la monotonie qu'elles engendraient, ne s'est véritablement rendu compte de l'apport de Damaso Gonzalez que le jour de son départ, et surtout après l'apparition de Paco Ojeda. Car ce qu'on salua chez Ojeda avait été précédemment inventé, expérimenté et reproduit, temporada après temporada, par Damaso Gonzalez. Leur seule différence, a justement noté le critique du journal *El Pais* Joaquim Vidal, réside dans la taille et l'irréprochable plastique terrienne d'Ojeda. Mais, pour le reste, pour cette approche au fil des cornes, pour ce mouvement de balancier de la muleta qui fait qu'alternativement la tête du toro se déplace d'un côté à l'autre du corps du torero, pour ces faenas réalisées dans un mouchoir de poche, le « petit » Damaso avait tout inventé. Damaso Gonzalez est revenu vers les toros après avoir donné l'alternative à son compatriote Manuel Caballero dans les arènes de Nîmes lors de la feria 1991. Le succès remporté l'a convaincu de continuer. Et tous les toros passent à nouveau dans sa muleta.

Gonzalez, Manolo

Sans antécédent tauromachique dans sa famille, il est né en 1929 à Séville, devint novillero à seize ans et demi (1945) et matador à dix-neuf ans (1948). D'emblée, il fut adopté par le public de Madrid, se présenta en Amérique latine, toréa jusqu'à vingt-deux fois à Barcelone la seconde année après son alternative.

Plutôt râblé, sa petite taille le conduisait à rechercher un toreo à pieds joints, souvent profilé et parsemé des *recortes*★, si chers à l'école sévillane, mais marqués d'une grâce irrésistible et animés d'un courage remarquable. Il ne l'abandonnait pas devant les bêtes difficiles et, suivant l'euphémisme en usage chez les gens de la profession, on le voyait rarement « s'affliger ». Le large mouvement de bras, par quoi il compensait sa courte allonge de jambes, conférait à son jeu de cape une ampleur et une légèreté, qu'éclairait son sourire d'enfant heureux. Des *chicuelinas* très serrées et faites, les mains basses, avec la cape peu ouverte, eussent suffi à établir sa forte personnalité. Il avait également une souveraine façon de se dégager d'un retour inopiné du taureau avec une passe de muleta en *farol,* rappelant celle si caractéristique de Juan Belmonte.

Fortune faite à vingt-quatre ans, il se retira en pleine jeunesse, s'établit dans la campagne de Séville et se maria. Tenté par des engagements alléchants en 1960, il réapparut brièvement, sans toutefois retrouver ses accents d'antan.

Goya

[Francisco Goya y Lucientes] (1746-1828) Aragonais et n'ayant quitté sa province qu'à vingt-neuf ans, pour s'installer à Madrid, le génial artiste en vécut intensément les traditions et la plus vivante de toutes : celle du combat du taureau. Lui-même confia à son ami Moratin « avoir autrefois toréé [dans des *capeas*★ sans doute] et ne craindre aucun rival dans le maniement de l'épée ».

Cette circonstance a contribué à faire de sa suite de gravures sur *La Tauromachie* une admirable étude du comportement du taureau dans l'arène. D'une planche à l'autre, on suit son mouvement incessant, ses hésitations soudaines, ses départs en flèche, sa tête tenue haute lorsqu'il craint, l'abaissement de ses cornes en direction de l'homme qu'il veut saisir, tout ce qui exprime sa vitalité et son danger unique, tout ce qui permet aussi d'apprendre à le connaître et à le tromper. S'étant proposé d'illustrer les différents aspects de son spectacle favori, Goya aboutit ainsi au plus étonnant enseignement tauromachique.

La majorité des bêtes dessinées par lui appartiennent manifestement à l'ancienne race navarraise. Pas très lourdes, courtes d'échine, ensellées de reins, les cornes pointant vers le ciel, elles devaient lui plaire non seulement pour l'habitude qu'il en avait, mais encore par leur nature infatigable, leurs jarrets d'acier et la violence de leurs attaques.

Granero, Manuel

(1902-1922) Élève de violon au conservatoire de musique de Valence, sa ville natale, il éveilla vivement les espoirs des partisans de Joselito, frustrés par sa disparition et anxieux de lui trouver un continuateur. Matador à dix-huit ans, il évoquait le disparu par sa précocité, sa prestance, un toreo *largo*★, fin, facile surtout sur la main droite et agrémenté de maints détails personnels, telle sa passe *de la firma* [de la signature] dans laquelle, abaissant en cours de charge la muleta, il trompait le taureau comme en un *recorte*★.

Le commerçant de Salamanque dont il avait conquis l'amitié et qui lui servait de mentor, un peu grisé par son heureux lancement, le poussa trop vite, sans lui laisser le temps de prendre plus d'aplomb. L'accident, appréhendé de tous, se produisit en plaza de Madrid, un triste jour de mai de 1922. Granero commit l'imprudence d'attendre de pied ferme le taureau « Pocapena » du duc de Veragua, dans le terrain de la barrière, alors que son adversaire recherchait celle-ci et en plus se serrait visiblement sur l'homme du côté droit. Enlevé dès sa première passe haute à deux mains et blessé à la cuisse, Granero fut roulé au pied même de la barrière et la corne, pénétrant par l'œil, lui fractura le crâne. Le douloureux souvenir de ce drame a longtemps endeuillé l'afición madrilène.

Gregorianas

Armure de fer forgé et articulée à la hauteur du genou, que portent sous leur pantalon de gros daim les picadors à la jambe droite, du côté de la venue du taureau dans la suerte★ de pique. Elle doit son nom à l'inventeur : Gregorio Gallo. Dans sa forme actuelle, on la qualifie plutôt de *mona*. La semelle de la chaussure droite du picador est également renforcée pour éviter qu'elle ne soit transpercée d'un coup de corne.

Groupement des éleveurs

La protection de la race du taureau de combat est confiée à une association rattachée au ministère de l'Agriculture espagnol. Sous le nom de *Grupo de criadores de toros de lidia,* elle réunit les propriétaires des seuls troupeaux d'origine confirmée, répartis en trois zones d'élevage : Salamanque (60), Centre (87), Midi (117). Elle fait régner une stricte discipline parmi ses membres, examine les demandes d'adhésion et subordonne sa réponse à des épreuves préalables, veille sur la transmission des fers★ et des devises★, contrôle les ventes de vaches et d'étalons (en principe interdites à l'extérieur du groupe, avec une tolérance pour l'Amérique latine), tient enfin un *studbook* pareil à celui établi pour l'amélioration de la race chevaline.

Demeure en marge, le bétail « non associé » en raison de ses origines confuses et de sa qualité généralement moindre. Cependant, par la pratique plus rigoureuse des tientas★ et, il faut l'avouer, par quelques emprunts clandestins d'étalons au *Grupo de criadores,* il s'est en partie sensiblement amélioré. De tout temps, il fut réservé aux spectacles sans picador et, au moyen de fortes amendes et de veto appliqués aux plazas, les *criadores* veillaient jalousement à ce que celles-ci ne l'emploient pas autrement. Toutefois, certains propriétaires de ces bêtes, réputées de seconde catégorie, se sont réunis eux aussi en un *Grupo de ganaderias de lidia*. La demande croissante de taureaux, consécutive à l'élévation du nombre des corridas, leur a ouvert, en 1969, la voie d'un accord avec le premier groupe, suivant lequel ils pourront désormais, sous certaines conditions, faire toréer leurs produits avec picadors et même accéder individuellement à la catégorie supérieure après avoir satisfait à l'épreuve de novilladas d'essai.

Les deux groupes publient, chaque année, un relevé [*relacion*] de leurs élevages, avec mention des anciennetés et des origines, qui est d'un grand secours pour le spectateur averti.

Guason

[railleur] Les toreros utilisent volontiers le mot pour stigmatiser un adversaire irrégulier, qui se bat par à-coups et n'en fait qu'à sa tête.

Guerrita

[Rafael Guerra] Son nom est inséparable de l'historique des générations de toreros originaires de Cordoue, où lui-même naquit en 1862. La mère, intéressée à une tannerie de famille, haïssait tout ce qui touchait aux taureaux pour avoir vu son beau-frère, le matador Pepete, succomber tragiquement sous la corne d'un Miura ; mais le père exerçait les fonctions de concierge à l'abattoir, et le jeune Rafael, trompant sa surveillance, se mêlait à la jeunesse qui improvisait des *capeas*⋆ dans une cour de l'établissement, lors des arrivées de bétail provenant des élevages de combat. Quand les parents le découvrirent, il était déjà trop tard : la vocation du garçon s'affirmait irréversible.

Guerrita suivit la voie, habituelle à l'époque, de subalterne de cuadrilla⋆. Des qualités extraordinaires de banderillero le firent bientôt remarquer, au point que son patron, Fernando el Gallo, déjà sur son déclin, se prévalait de lui pour défendre ses engagements de matador. Guerrita passa ensuite chez le grand Lagartijo, heureux d'accueillir un collaborateur si populaire, auquel il devait bientôt conférer l'alternative, ne se doutant point qu'un jour proche ce jeune coq se dresserait contre lui et le pousserait à s'éloigner des arènes.

Torero *largo*⋆ dans la pleine acception du terme, dominant toutes les suertes existantes avec une aisance naturelle et une connaissance des bêtes qui faisaient merveille, il régna en maître incontesté sur la tauromachie, de 1888 à 1899. Ni l'élégance suprême d'Antonio Fuentes, cependant assez irrégulier, ni le toreo suicide de Manuel El Espartero, finalement victime du taureau « Perdigon » de Miura, ne réussirent à lui porter ombrage. Un de ses faits d'armes est d'avoir combattu, le même jour et avant que circulent les automobiles, trois taureaux à 7 heures du matin, à San Fernando, trois autres à 11 heures à Jerez et trois derniers à 5 heures de l'après-midi à Séville. Il n'eut même pas le temps de changer de costume et sa culotte était trempée de sueur. Il abattit ses neuf adversaires de neuf estocades, deux *pinchazos* et un *descabello*.

Les dernières années, la sûreté de son métier commença pourtant à lasser le public. Y ajoutèrent leur effet les attaques persistantes d'un secteur de la critique taurine, portant sur sa préférence pour certains élevages et sur l'utilisation de ses picadors, auxquels il enjoignit de recevoir les taureaux de flanc et non plus de face, avec l'idée que cela les briserait davantage, toutes habitudes appelées à prospérer après lui. Il est vrai que Guerrita ménageait peu les journalistes. À l'un d'eux, venu lui demander de l'argent avant une corrida, il se contenta de désigner, avec hauteur, un costume de lumières posé sur une chaise et de dire : « Je vous le prête. Revêtez-le et vous pourrez gagner honnêtement ce que vous sollicitez de moi. »

Devant l'hostilité accrue d'une partie du public, particulièrement à Madrid, il décida tout à coup de se « couper la *coleta** » à trente-six ans. « Je ne me retire pas des taureaux, proclamait-il avec tristesse ; ce sont eux qui me chassent ! » Le remous fut assez considérable, mais il ne quitta plus les exploitations agricoles qu'il avait pu acheter aux alentours de Cordoue, et se contenta de s'asseoir chaque jour, pour l'apéritif, à une table du club inauguré à son nom, où le retrouvaient ses admirateurs en provenance des divers coins de l'Espagne. L'été, il villégiaturait régulièrement à Saint-Sébastien, sans renoncer au port de son costume de ville andalou, et bien des gens l'entouraient, à la sortie des arènes, pour avoir le privilège de l'entendre commenter la corrida. Il devait ainsi vivre heureux jusqu'au seuil de l'année 1941.

Hachazo

[coup de hache] Sec relèvement de la tête du taureau, lorsqu'il atteint le leurre ou le voit se dérober devant lui. Un des secrets du toreo bien conduit est de le retarder le plus possible en déplaçant avec précision l'étoffe, de manière à allonger au maximum la charge* du taureau. En effet, le hachazo marque toujours sa terminaison. Il ne convient pas de le laisser donner avant la pleine sortie* de l'animal.

Hemingway, Ernest

(1898-1961) Le célèbre auteur américain, prix Nobel de littérature, aura été aussi un très grand aficionado. Sa compatriote Gertrudt Stein, fixée à Paris, lui suggéra assez tôt de s'intéresser à un thème dont elle pensait qu'il devrait l'inspirer. Il connut ainsi l'atmosphère des fameuses fêtes de Pampelune qu'il évoqua dans un de ses premiers romans : *Le soleil se lève aussi*. Par la suite, il découvrit, à fréquenter le milieu des toreros, un plaisir jamais démenti et qui lui valut de rassembler des notations d'une grande richesse, avec lesquelles il composa son *Mort dans l'après-midi*, sans aucun doute le meilleur ouvrage d'initiation à la corrida, paradoxalement dû à une plume américaine.

Hemingway n'a jamais pratiqué le toreo, fût-ce en tienta*. Cependant, son génial esprit d'observation, soutenu par une passion pour toutes les formes de l'aventure humaine, l'a conduit à le vivre aussi intensément que pouvait le faire un non-professionnel. Sa technique consistait à s'attacher un torero ami, à s'entretenir longuement avec lui, à l'accompagner dans ses déplacements, à le retrouver dans sa chambre d'hôtel avant et après les courses, qu'il suivait ordinairement à côté du garçon d'épée. Le premier en date fut Manuel Garcia « Maera » (1896-1924), un grand banderillero de cuadrilla, devenu matador à la force du poignet. Le second, Antonio Ordoñez, à l'époque où, vers la fin de sa vie, Hemingway disait un dernier adieu à la corrida en écrivant, sous le titre de *Un dangereux été,* le récit de la rivalité d'Antonio et de son beau-frère Dominguin.

Ni l'un ni l'autre de ses deux grands informateurs ne surent se garder de la tentation d'influencer ses jugements touchant

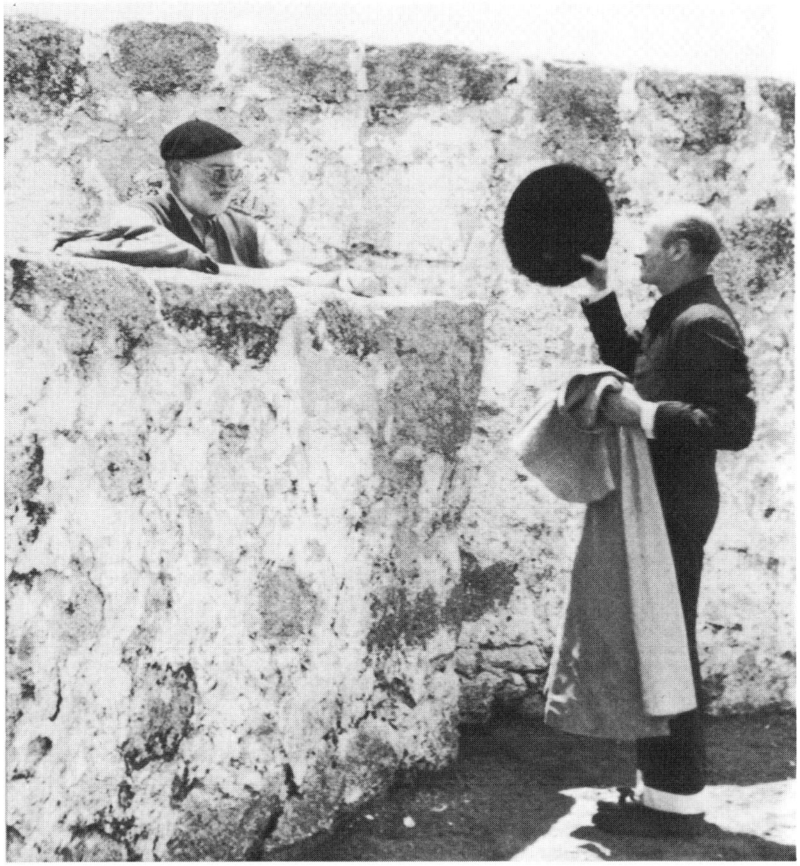

Derrière le *burladero* d'une arène de campagne, « Don Ernesto » reçoit le *brindis* d'un torero amateur.

la valeur de certains de leurs collègues. À ce détail près, dont elle ne porte pas la responsabilité, l'œuvre tauromachique de « Don Ernesto », ainsi que l'appelaient affectueusement les toreros, respire la légendaire sincérité du personnage. Elle n'aurait pas autrement suscité aux États-Unis un important mouvement d'afición où se rangeait discrètement, mais passionnément – on peut le dire maintenant qu'il n'est plus –, le président John Kennedy.

Herradero Séance de marquage des jeunes bêtes dans l'élevage*. La nécessité de les attraper à la course et le nombre assez élevé des participants entraînent généralement des moments de désordre. Par similitude, on crie facilement à l'herradero quand les cuadrillas, déconcertées par le comportement menaçant d'un taureau dans l'arène, multiplient à tort et à travers leurs interventions, sans obéir à la logique d'une lidia* efficace.

Honda [profonde] Estocade* portée à fond. On l'appelle également entière [*entera*].

Hueso [os] Se dit du taureau particulièrement difficile et retors. L'expression tomber sur un hueso est classique chez les matadors.

Huido Animal fuyard. (V. BRAVOURE*)

Ida Nom donné à l'estocade légèrement déviée, pénétrant en droit fil et à la verticale. Due à un déplacement ultime du poignet, elle est peu efficace.

Igualar Autre synonyme de *cuadrar** pour la préparation du coup d'épée.

Infirmerie Son existence à proximité de la piste, avec accès direct et indépendant, est une imposition du règlement*. L'article 27 de ce dernier précise même, par le détail, la disposition du local, le mobilier sanitaire exigé et l'équipement chirurgical voulu. Il spécifie en outre le personnel médical, dont la présence est requise. Soit, pour les plazas de première catégorie : un chirurgien-chef, responsable du service, un chirurgien adjoint, un médecin aide-opérateur, un médecin transfuseur, un médecin anesthésiste, un infirmier et un garçon de salle d'opération. Pour que les blessés soient examinés avec la plus grande célé-rité, un des médecins ou des aides restera en permanence dans le local de l'infirmerie, les autres se plaçant dans le *burladero** intérieur à l'arène, prévu à leur intention et portant la mention *Medicos*.

Tout examen médical donnera lieu à l'établissement d'un certificat [*parte medical*] qui indiquera la nature de l'accident et justifiera aussitôt aux yeux de la présidence l'impossibilité où se trouverait l'intéressé de poursuivre le combat.

De la rapidité et de l'exactitude des soins dépend la vie des toreros. Les deux dangers majeurs ont été pratiquement écartés par les progrès de la thérapeutique. L'un est la facile infection des plaies, ouvertes par des cornes non aseptiques et comportant d'importantes déchirures. Jusqu'à l'utilisation des sulfamides, elle a été une cause fréquente de douloureuses amputations, voire de décès. En ce sens, on peut dire que le docteur Fleming, inventeur de la pénicilline, s'est révélé être le plus grand ami des toreros. Ils lui ont, d'ailleurs, érigé une statue devant l'entrée de la plaza de Madrid. L'autre est l'effet de « shock ». ou contraction instantanée des vaisseaux sanguins sous l'effet d'une forte hémorragie, qui oblige le cœur à travailler davantage et conduit rapidement à une syncope mortelle. Les transfusions sanguines, opérées en temps voulu, permettent maintenant d'arrêter le processus.

Une fois opéré d'urgence, le blessé est transporté dans une clinique et, dès qu'il se peut, envoyé à la maison de santé des toreros, que leur Mutuelle [*Montepio*★] possède à Madrid. Le fait, pour un torero, de passer la nuit à l'infirmerie est toujours signe d'un état particulièrement critique s'opposant à son transfert.

Le certificat médical qualifie le sérieux des blessures suivant une échelle de termes d'un usage bien établi : *menos grave* [sans gravité], *reservado* [sans gravité, sauf complication possible à surveiller], *grave* [blessure caractérisée], *muy grave* [état très grave], *gravisimo* [état des plus graves], *mortal de necesidad* [ayant provoqué la mort].

Les toreros sont tous habitués à considérer les blessures comme des accidents naturels de leur profession. À peine rétablis, ils n'ont d'autre souci que de se rendre chez un éleveur de taureaux pour reprendre leur entraînement et pouvoir honorer le plus vite possible les engagements signés. En réalité, ce n'est pas sur l'arène, au soleil de l'après-midi, dans la chaleur du combat et l'enthousiasme du succès qu'ils sentent la présence de la mort. Elle les attend plutôt à l'infirmerie. Là, elle rôde autour de la table d'opération, s'insinue dans l'ambiguïté des premiers diagnostics, s'embusque dans les chambres attenantes où les blessés graves sont momentanément hospitalisés. C'est son domaine de prédilection, sa véritable chasse gardée.

Irrégular

Qualificatif appliqué à un lot de taureaux dont le comportement s'est révélé inégal. S'il a été seulement quelconque, on le traite de *regular,* dans l'acception espagnole du terme, qui est « passable ».

J | L

Jesulin de Ubrique

[Jésus Janeiro] À peine ce novillero, obnubilé par la tauromachie « ojediste » au point de la photocopier en piste, prend-il l'alternative qu'un coup de corne terrible le cueille à Saragosse le 23 avril 1991. On pouvait penser que les promesses novilleriles s'étaient envolées. Au contraire, Jesulin de Ubrique, le plus jeune d'une nouvelle génération taurine (il est né dans la province de Cadix, le 9 janvier 1973, dans le village dont il a fait son nom de guerre), a forcé le destin. À Séville, le 26 juin 1992, un important triomphe face à des toros de Diego Garrido relance sa carrière. Sa dernière saison est à ce jour la plus réussie (98 corridas et 141 oreilles coupées). Torero « incimiste », son immobilité devant les cornes lui vaut de grandes réussites. Ce dimanche de septembre 1993 dans les arènes de son idole, Paco Ojeda, à Sanlucar de Barrameda reste son plus beau souvenir, pour avoir estoqué sept toros et banderillé et piqué l'un d'entre eux. Jesulin de Ubrique a pris son alternative en France, à Nîmes, le 21 septembre 1990, des mains de José Maria Manzanares devant des toros de Manolo Gonzalez.

Joselito

[Miguel Arroyo] Quand on le vit pour la première fois dans une arène, il était encore dans la classe biberon de l'École taurine de Madrid. C'était un Petit Chose, un gosse comme un chat de gouttière avec une mèche sur des yeux infiniment tristes. Sa vie jusqu'alors aurait pu inspirer les meilleurs des mélos. Né le 1er mai 1969 à Madrid, orphelin de père et de mère, élevé par sa grand-mère à Madrid, il ne pense qu'à une vie : torero. Et l'enfant efflanqué se transforme en maestro rageur devant des becceros. Puis retombe dans un silence dont personne ne l'extirpe. Doué ? Il l'est déjà au-delà de toute compréhension. Au fil des ans, sa rage s'est muée en froide volonté. Aujourd'hui, à vingt-quatre ans, après une alternative prise à Malaga à l'âge de dix-sept ans (parrain : Damaso Gonzales ; témoin : Juan Mora ; toros de Carlos Nuñez), confirmée un mois plus tard en présence de Curro Romero et de Paco Ojeda, Joselito impressionne la profession. Un toro de Penajara l'égorge à Madrid le 15 mai 1987. Cette blessure, dont il faillit mourir, que les toreros appellent entre eux *cornada de espejo* (du miroir car jamais plus on ne peut l'oublier), n'enlève aucune de ses qualités.

Extraordinairement lucide en piste, artiste dans la plus grande tradition de Madrid, remarquable tueur, il ne lui manque rien pour devenir le grand des toreros des années à venir.

Juguetear

Jouer avec le taureau par des feintes du corps, accompagnées de déplacements successifs. C'est un *adorno*★ classique de la sortie d'une pose de banderilles, auquel recourent souvent des matadors, tels Miguelin, Paquirri ou aujourd'hui Teruel. José Gallito l'utilisait d'une façon étonnante, pour placer lui-même, et sans l'aide d'aucun subalterne, l'adversaire qu'il allait banderiller. On y admirait particulièrement ses facultés d'athlète, ainsi que la sûreté extraordinaire de son intuition de l'instinct animal.

Jurisdiccion

Point où se rejoignent taureau et torero, au centre de l'exécution de toute suerte★. Il est déterminé par la vitesse de charge d'un taureau. En fonction d'elle seulement, le torero arrête et gagne d'avance l'emplacement, sur lequel il ne sera ni surpris ni débordé et pourra garder l'immobilité nécessaire. Il ne saurait se rapprocher plus sensiblement que des adversaires moins combatifs, dénués de force ou alourdis par la prolongation de la *faena*★ de muleta. (V. PORFIAR★) L'objectif du toreo n'est nullement de feindre davantage de témérité en arrivant jusqu'à la pointe des cornes, plus ou moins réellement dangereuses suivant la variété des cas, mais de supporter la charge des bêtes et de l'utiliser à réduire leur force et à les dominer en beauté.

Lagartijo

[Rafael Molina] Né en 1841 à Cordoue (on l'appellera plus tard le Calife de Cordoue !), fils d'un banderillero et de la sœur du gardien du toril de la plaza, sa « figure » occupe une place considérable dans l'histoire de la tauromachie.

Dans l'évolution du toreo ouverte par Pedro Romero, Costillares, Pepe-Hillo et Cuchares, Lagartijo apporta une perfection artistique qui n'avait jamais été atteinte avant lui. Servi par une élégance unique – laquelle fit dire, un jour, à Guerrita « qu'on était payé du prix de sa place à le voir seulement effectuer le paseo » –, il se révéla être aussi un torero exceptionnellement complet et valeureux, admirable à la cape, jamais égalé aux banderilles, dominateur et artiste, la muleta en main. Il ne mit guère de nouvelles suertes★ à la mode, si ce n'est sa *larga cordobesa,* terminée par un rappel de la cape sur l'épaule en s'éloignant du taureau à la fin d'un *quite*★, mais il communiquait à toutes une fraîcheur d'exécution et une beauté insoupçonnées.

Sur un point, il fut cependant discuté : son coup d'épée. En effet, dans la seconde partie de sa carrière, il cherchait à le faciliter par un balancement en arrière précédant un départ en flèche au

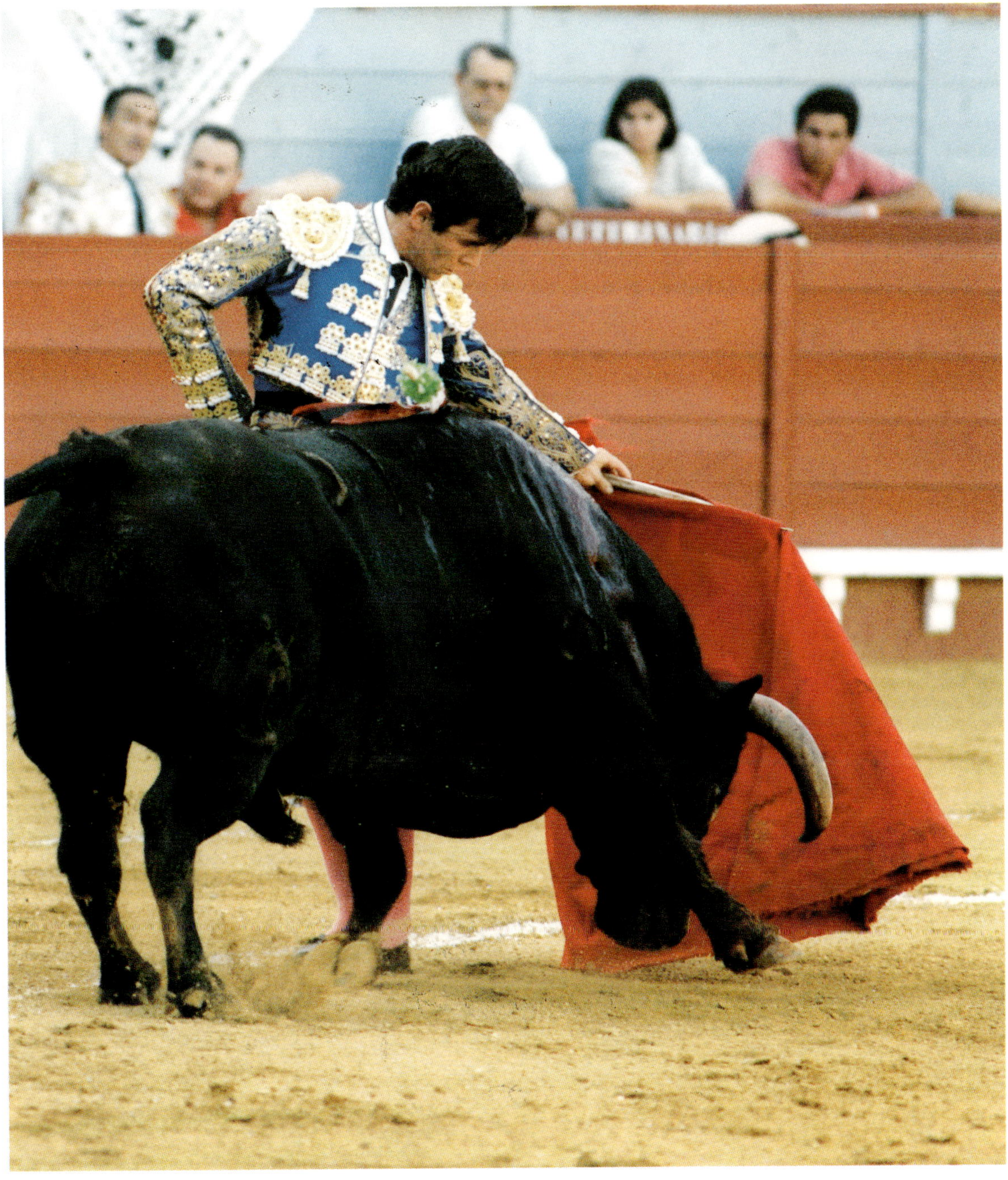

Ce qu'on appelle conduire un toro : Joselito, bras allongé pour la naturelle, *muleta* bien lisse, est parti pour une *faena* de haut goût.

cours duquel il contournait la corne, plutôt que de la passer avec la classique flexion de ceinture. (V. ESTOCADE★) Ce recours, d'une orthodoxie douteuse, fit baptiser *media lagartijera* sa demi-lame pourtant d'une efficacité certaine, parce que bien placée dans le haut du garrot. Aussi ses adversaires, n'ayant pu lui trouver un véritable rival, le confrontèrent-ils avec le Grenadin Frascuelo, dont le courage à toute épreuve s'exprimait jusque dans l'estocade rigoureusement portée. La réunion des deux antagonistes sur la même affiche passionna longtemps l'Espagne.

À la retraite de Frascuelo (1890), le jeune Cordouan Guerrita prit sa relève. Poussé par ses partisans, il livra à Lagartijo, son ancien maître, une guerre d'autant plus dure qu'un écart d'une vingtaine d'années les séparait. Lagartijo, lassé, finit par s'effacer devant lui en 1893, après une dernière corrida toréée à Madrid, à l'âge de cinquante-deux ans, et qui ne fut pas précisément un succès. Il dut sortir des arènes sous la protection de la Garde civile et des fanatiques lancèrent des pierres sur sa voiture.

Entré à neuf ans dans une cuadrilla infantile, banderillero puis *sobresaliente*★ d'importantes épées, matador à vingt-quatre ans, il le demeura vingt-huit années, participant à 1 632 corridas, dont 400 en la seule ville de Madrid, et tua un total de 4 687 taureaux. Les blessures ne lui manquèrent pas non plus. Retiré à Cordoue, dans une atmosphère de vénération unanime, il s'y éteignit en 1900.

Lalanda, Marcial

Né dans la province de Madrid en 1903. Alternative en 1921, confirmée à Madrid le 7 mai 1922 dans la corrida où fut tué l'infortuné Granero. Interprète du style *largo*★, dont partie du public cherchait un représentant qualifié depuis la mort de Joselito (V. GALLITO★), il a connu une longue popularité, pratiquement jusqu'à sa retraite en 1942. Grand connaisseur des taureaux, habile directeur de lidia★, dominant l'ensemble des suertes de cape et de muleta, banderillero consommé, à la fois varié et régulier dans son toreo, il s'est aussi révélé un matador sûr, sans toutefois montrer beaucoup de style à l'épée. Il a été l'inventeur du *quite*★ *de la mariposa* [du papillon] dans lequel il entraînait le taureau de face, en lui présentant alternativement l'une ou l'autre extrémité de la cape, tenue dans son dos. Détail curieux, aucun torero n'a réussi à reprendre ce quite avec le même bonheur et on le voit rarement exécuté de nos jours.

Il a tué 2 271 taureaux, en 1 070 corridas.

Marcial Lalanda s'est éteint chez lui un soir d'automne 1990, un peu plus d'un mois après son 87e anniversaire, en lisant son journal. Avec lui disparaissait une légende de la tauromachie. Un homme qui avait connu tout ce que le siècle avait produit comme toreros,

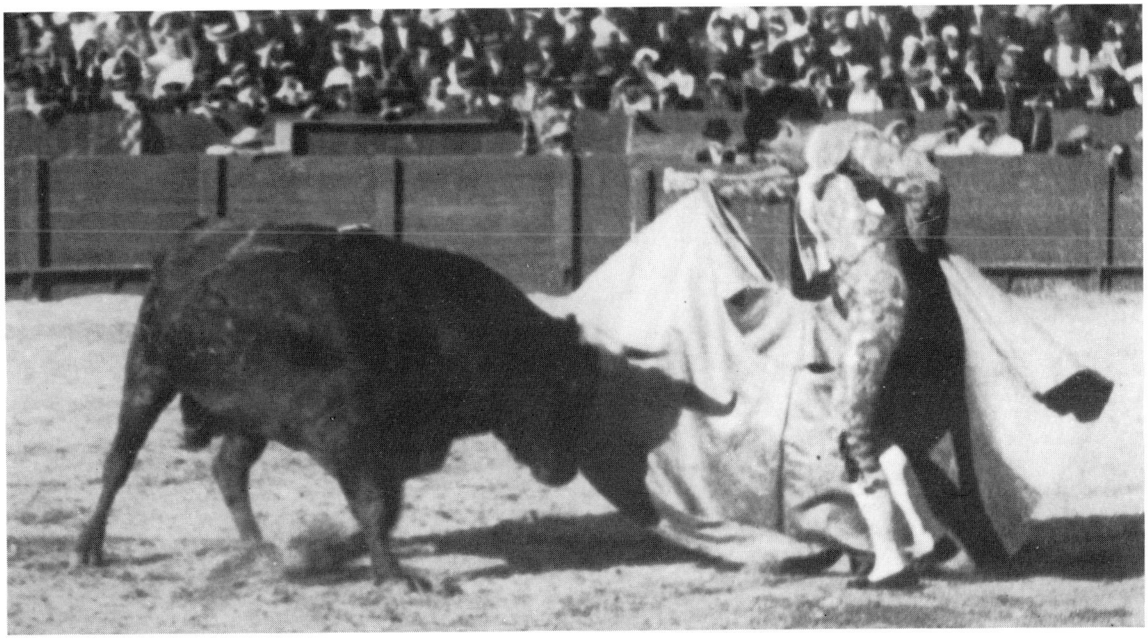

« Marcial » dans la *mariposa*, la *suerte* du papillon qu'il inventa et rendit fameuse, mais que bien peu, depuis lors, tentent d'imiter.

de Joselito à Ordoñez. Car ce vieil homme à la courtoisie sans faille, qui n'oubliait pas ses lointaines origines françaises (ses aïeux venaient du Sud-Ouest), resta jusqu'à la fin de sa vie un témoin passionné et exemplaire de la fiesta brava. Il rédigea en 1988, en collaboration avec l'écrivain Andrès Amoros, une *Tauromachie*. Un ouvrage qui englobait 75 ans de présence taurine et ressemblait à un manifeste encyclopédique. « La corrida, déplorait Marcial Lalanda, est passée de la tauromachie technique au toreo plastique. » Pour certains aficionados, et non des moindres, comme Georges Dubos, Marcial Lalanda fut un des toreros du siècle.

Lámina

[image] Allure générale du taureau. Il peut être déclaré beau ou laid de lámina. On utilise indifféremment l'expression *estampa*.

Lance de cape

En espagnol, les passes de cape reçoivent le nom commun de lances. Le mot *pase* est réservé aux seules passes de muleta. Toréer de cape revient donc à *lancear*.

Landaise, Course

Forme de tauromachie propre à l'Aquitaine. De temps immémoriaux, la jeunesse s'amusait avec le bétail à demi sauvage provenant des marécages des Landes. Les destructions d'archives municipales, entraînées par la guerre de Cent Ans, rendent impossible le calcul de la date de départ de la tradition, encore qu'une lettre de rémission accordée à Tours en 1457 par le roi

Charles VII pour la ville de Saint-Séver (Landes) et un écrit notarial de Moumours (Basses-Pyrénées) portant le millésime de 1459 attestent qu'elle était déjà vivante au XVe siècle. Sous sa forme la plus populaire de « course aux bœufs et aux vaches », elle s'étendait jusque dans les faubourgs de Bordeaux, lit-on en 1565 dans les dossiers de police de la ville. Le duc de Richelieu, intendant de la province de Guyenne, voulut l'interdire au XVIIe siècle parce qu'il la jugeait « incompatible avec la normalité de la circulation routière ». Toutefois, la résistance populaire eut raison de l'attitude des autorités, surtout à partir du jour où elle fit cause commune avec le mouvement de rébellion contre l'impôt de la gabelle. Un officier municipal n'avait-il point rapporté qu'un jour, à Mugron (Landes), « le jeu s'était pratiqué sans barrière ni précaution d'aucune sorte devant un public si passionné que les Valets de Ville, dépêchés pour arrêter les organisateurs et les teneurs de corde et les mener en prison, n'avaient point osé le faire de crainte d'être assommés par la populace ».

Il fut le plus grand. Guillaume Vis, dit « Ramunchito » domina pendant plus de dix ans toutes les vaches et tous les opposants. Face à face. On sait déjà qu'il obligera l'adversaire à passer par sa volonté.

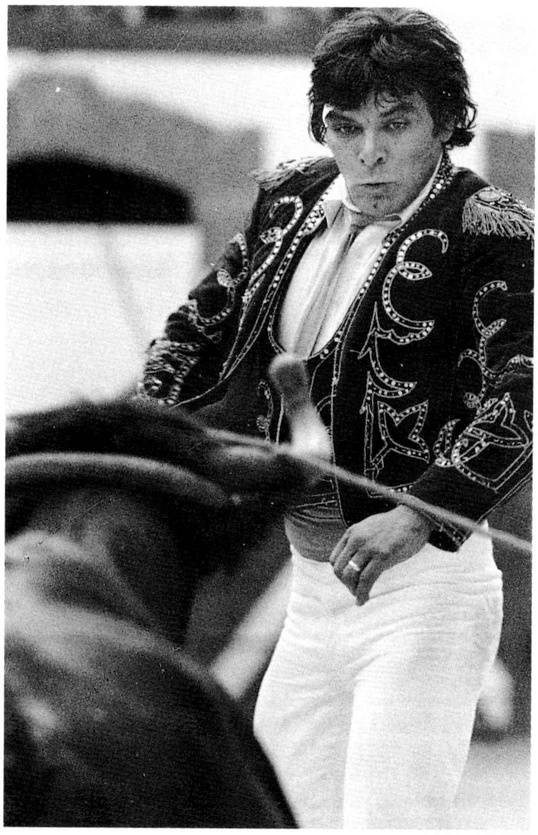

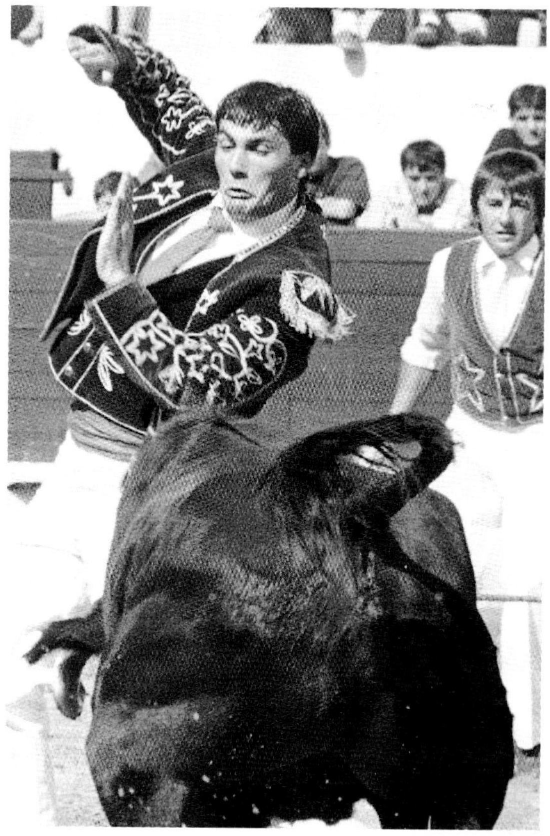

Une nouvelle tentative d'interdiction, faite en 1801 par le préfet Méchin – ascendant direct de l'écrivain Benoît-Méchin –, n'eut pas davantage de succès. Un an plus tard, l'Administration impériale s'inclinait et se contentait de réglementer la célébration de la course landaise pour qu'elle ne perturbât point l'ordre public, lui conférant ainsi un statut légal toujours en vigueur.

Le boisement des Landes en pins, ordonné par Napoléon III à l'instigation de Brémontier, signa sans doute l'arrêt de mort des élevages locaux. De ce jour, les vaches requises furent importées de Navarre, puis du Portugal, de Salamanque ou achetées en Camargue. Un essai avec du bétail espagnol avait déjà été tenté et réussi à Magescq en 1853.

Les vaches étant appelées à repasser dans plusieurs spectacles, l'habitude a été prise de les confier à un *teneur de corde* expérimenté, qui peut de la sorte les ramener à une extrémité de la piste pour les obliger à prendre ensuite tout leur élan et les retenir en cas d'accident. La pointe des cornes a également été entourée d'un enveloppement, de façon à éviter que les bousculades fréquentes ne s'accompagnent de blessures trop graves.

Le protagoniste de la course landaise est l'*écarteur*. Il se coiffe d'un béret à gland doré, revêt un boléro brodé d'or, porte un pantalon de toile blanche et chausse de gros brodequins. Lui et ses camarades sont des amateurs, entre lesquels se répartit, outre une prime de présence, le montant des gratifications accordées par un jury chargé d'estimer la qualité de leurs prouesses. Sans autre arme qu'un mouchoir blanc, qui lui sert à appeler la vache, son objectif est de l'écarter en pleine course, avec élégance et de la façon la plus serrée possible. À la particularité près que le Landais se tourne de dos pour esquiver le passage de la corne par une cambrure des reins, la suerte est celle du *quebrar*★ espagnol. On distingue l'écart de la feinte, celle-ci moins accusée et exécutée les bras croisés sur la poitrine. Lorsque la vache est fraîche, c'est-à-dire qu'elle n'a pas déjà été courue, elle s'écarte sans corde et l'homme doit faire face seul à ses retours.

Intervient aussi un *sauteur,* à qui une bête est entièrement réservée. Le saut peut s'exécuter de diverses façons : à pieds joints, à la course, en saut périlleux (pratiqué la première fois par Kroumir en 1896 et repris en 1936 par Mazantini), en saut de l'ange (le Landais franchit la vache, le corps allongé parallèlement au sol, touche terre avec les mains et fait alors un demi-tour pour retomber sur ses pieds).

La Fédération française de la course landaise est présidée depuis 1976 par Gérard Darrigade. Son autorité et la profonde connaissance de ce milieu ont donné un coup de fouet à un sport rural

Écarter, c'est aussi toréer : regardez comment Didier Goueytes oblige la vache, lancée comme un obus, à baisser les cornes sur sa jambe en même temps qu'il pivote. Derrière, Didier Bordes, l'un des plus grands feinteurs des dix dernières années, observe en connaisseur.

qui pâtit de la désertification des campagnes. De plus, la retraite d'un phénomène taurin dont le nom à lui seul suffisait à remplir les gradins, Guillaume Vis, « Ramuntchito », contribua à cette désaffection. Il est vrai que Ramuntchito savait tout faire dans une arène. Pas une vache, des plus retorses aux plus fougueuses, qu'il ne fit passer dans la cambrure de ses reins, les cornes frôlant le boléro. Pendant dix ans, de 1965 à 1975, il remporta le championnat de France des écarteurs, se retira un an pour laisser le titre à son frère « Ramuntcho », et revint pour gagner une onzième fois ! L'âge et les coups reçus en piste l'éloignèrent plus sûrement que ses concurrents, à quarante-trois ans. Après lui parut un écarteur d'une probité et d'une intelligence rares : Didier Bordes, qui, en août 1992, à Saint-Sever, renoua avec l'ancienne tradition des courses hispano-landaises et écarta, dès son entrée en piste, un novillo de Yonnet d'une feinte magistrale.

Largo

[long] Qualificatif appliqué aux toreros possédant une maîtrise étendue au plus grand nombre des suertes* de l'art du toreo. Habituellement, on y inclut la pose de banderilles elle-même. Toutefois, ce dernier critère est moins rigoureux aujourd'hui et l'on range indifféremment dans la catégorie des artistes largos les toreros pratiquant l'ensemble ou presque des passes de cape et de muleta existantes. La possession d'une vaste gamme de recours leur vaut d'être plus variés, d'animer davantage les divers *tercios** (... les trois, quand ils banderillent) et de mieux tenir le coup devant les adversaires puissants ou dangereux. Ils sont les plus complets, mais aussi assez rares car leur supériorité suppose la conjonction de qualités difficilement réunies : physiques, comme le souffle et de bonnes jambes ; morales, comme le courage ; cérébrales, comme la connaissance poussée des taureaux ; et enfin une orientation précoce de leur formation, que l'on trouve surtout dans les dynasties de toreros.

Des modèles du toreo largo ont été, dans un passé encore récent, Joselito El Gallo, Marcial Lalanda, Domingo Ortega, Luis-Miguel Dominguin, Antonio Bienvenida et, aujourd'hui, Antonio Ordoñez, Paco Camino, Angel Teruel ou Paquirri.

Par opposition, on taxe de *corto** [court] le torero qui limite son répertoire à un nombre restreint de passes essentielles et se réserve pour la seule faena* de muleta, au dernier *tercio,* s'effaçant pratiquement au cours des deux autres.

La Serna, Victor de

Né à Sepulveda en 1910, étudiant en médecine, il devait terminer ses études étant matador, et servit plus tard comme médecin militaire pendant la guerre d'Espagne. Son approche du toreo se fit dans les *capeas** de sa province, jusqu'au jour où un *apoderado** s'intéressa à lui et acheva de le former.

Il lui suffit, novillero, de se présenter à Madrid, un jour d'août 1931 pour que ses véroniques, exécutées les mains basses, empreintes d'un extraordinaire naturel et d'une incroyable lenteur, fassent sensation et le situent au premier plan des toreros artistes de son temps. Les mêmes qualités brillantes se retrouvaient dans son emploi de la muleta. Toutefois, soucieux de demeurer fidèle à un style si personnel et nonchalant, il fit preuve d'assez fréquentes irrégularités, notamment à l'épée, devant les adversaires qui le desservaient. Ce détail contribua à l'entourer d'une légende de génie, à la fois inspiré et fantasque.

Par un phénomène courant chez ces innovateurs, il s'assagit au fur et à mesure qu'il développa son sens de la lidia★ et c'est en grand classique qu'à Madrid, en 1944, il triompha d'une bête du duc de Tovar, obtenant pour la première fois dans la capitale une oreille, qui devait être également la dernière puisqu'il se retira presque aussitôt. Il mourut à Valle de Alcudia le 22 mai 1981.

Les fameuses *manoletinas* de Manolete ont découlé de sa pratique très personnelle des passes de bandera. (V. MULETA★)

Latiguillo, Passe de

[en coup de fouet] Ce sont toutes les passes de muleta dans lesquelles un matador, mis en défiance par un taureau qui l'inquiète outre mesure, ne lui présente pas la muleta d'équerre [*cuadrada*], ne l'embarque pas correctement et se contente de l'écarter sèchement de lui en faisant claquer l'extrémité de la muleta. À ce régime il n'existe point d'adversaire qui n'accuse progressivement son coup de corne. On peut en juger chaque fois que le Cordobés y a recours, face à un animal qui lui déplaît, et connaît ainsi un désastre.

Latin

D'un taureau avisé, qui en sait trop pour bien obéir au leurre, les toreros disent tristement qu'il « sait le latin » et ils ajoutent parfois pour plus de précision, « le grec aussi ! ».

Leña

[bois] Synonyme de corne, dans le vocabulaire professionnel des toreros. D'un taureau très largement armé, ils disent couramment qu'il a beaucoup de leña.

Lidia

[combat] Désigne la très importante conduite du combat d'un taureau, dictée par l'observation de son comportement et seule capable d'assurer l'empire de l'homme. Ainsi que disent les toreros, tout taureau a sa lidia particulière. Il faut donc la trouver et l'appliquer courageusement, avant de songer à briller dans des passes, à moins que l'animal n'offre vraiment aucune difficulté et se livre naïvement au jeu du matador. (V. SOSO★)

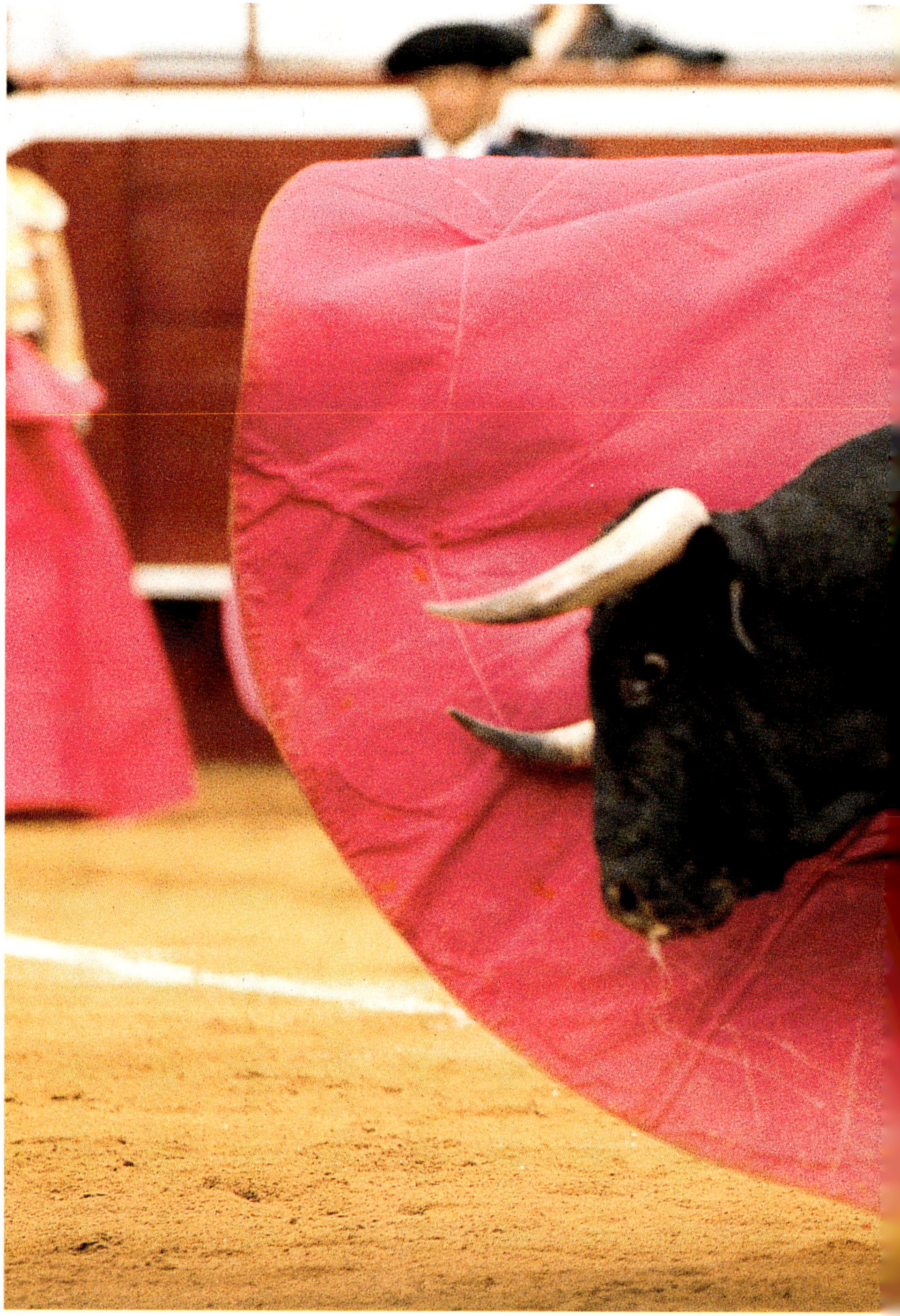

Le « quite » est un des plus grands moments de la *lidia*, quand le matador arrache le taureau au picador, pour lui rendre le souffle et l'élan. Ici Enrique Ponce, l'enchanteur...

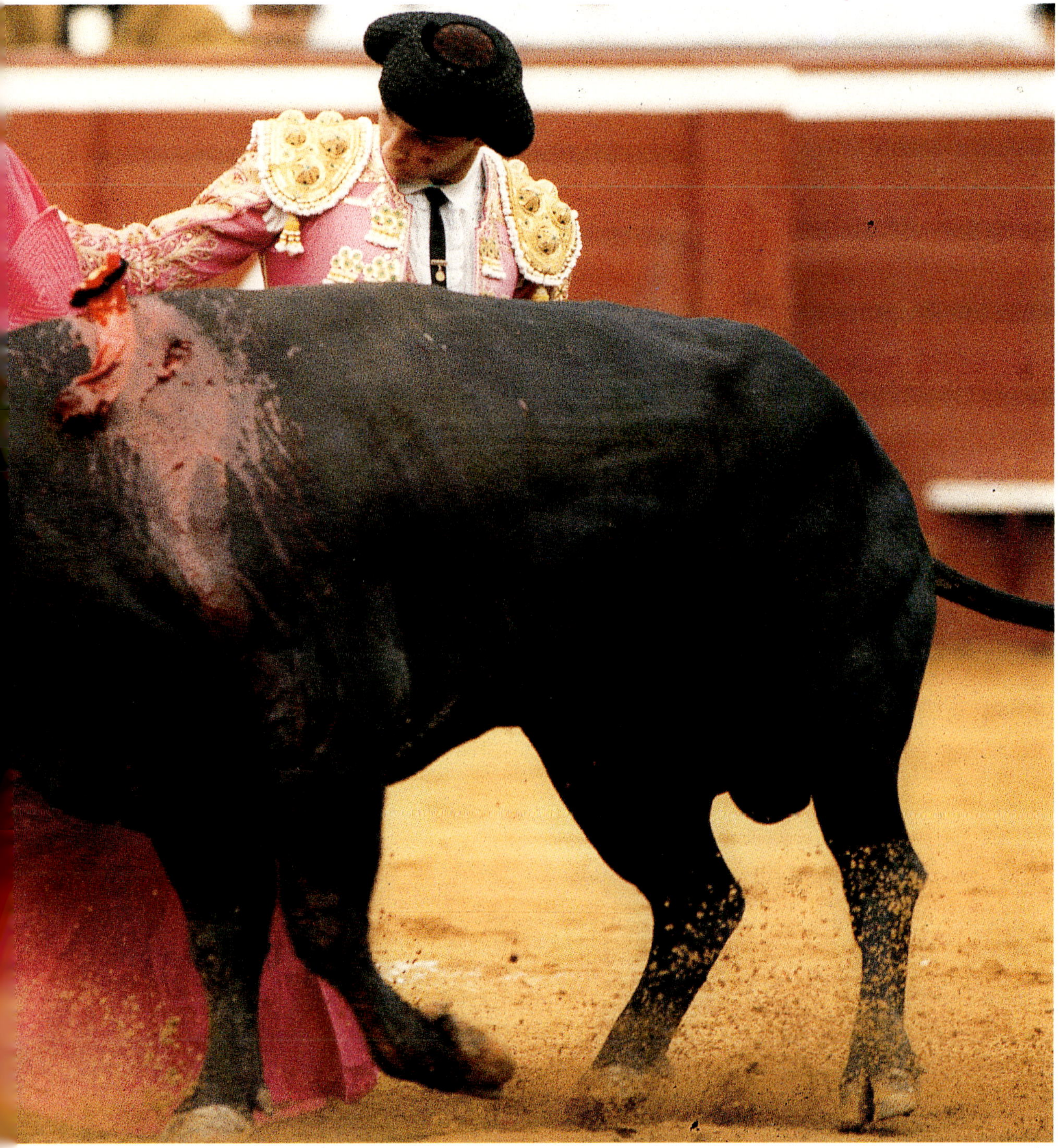

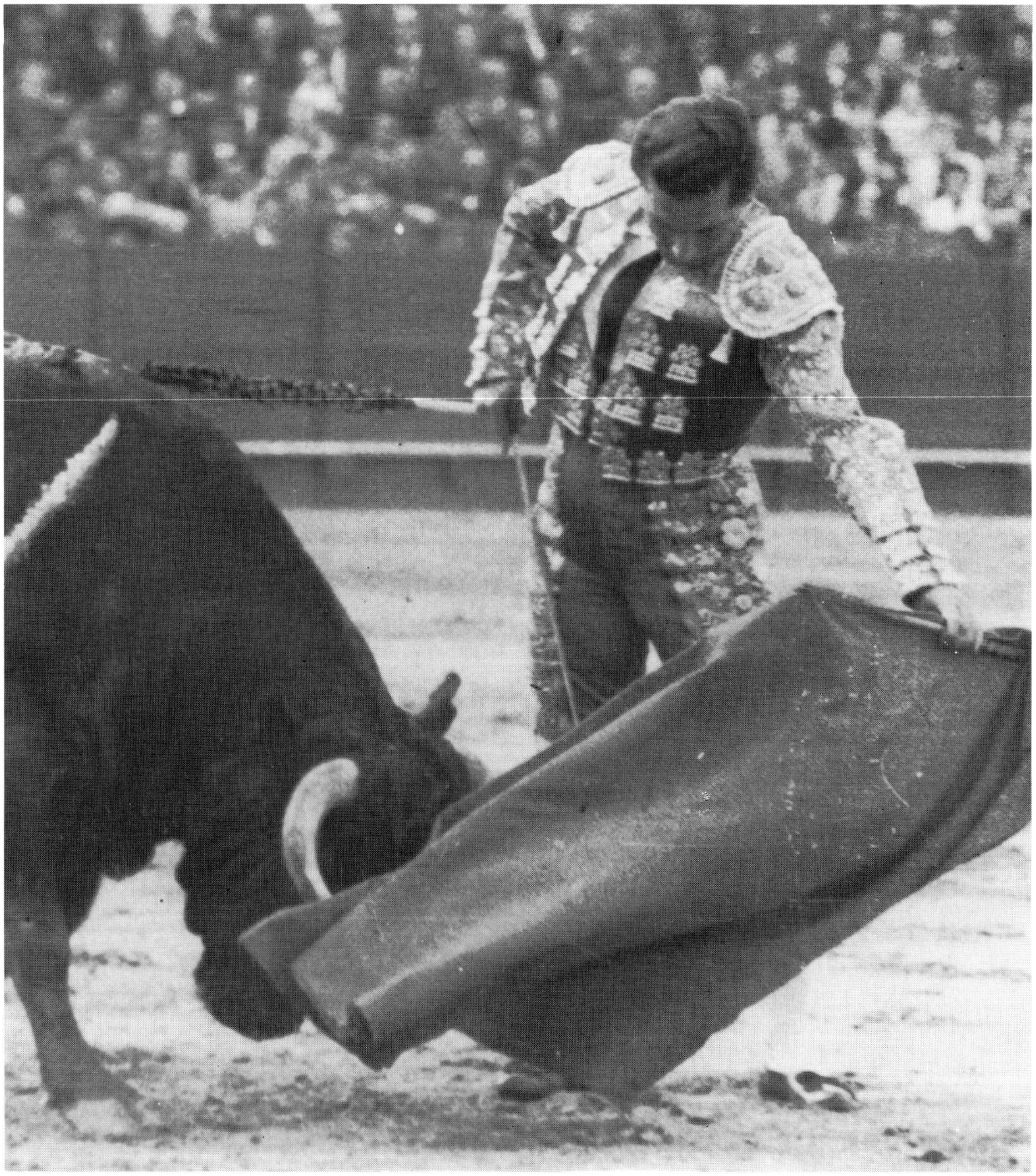

Le *lidiador* par excellence, Antonio Bienvenida,
exécute une naturelle
devant « son » public de Séville.

Le choix des suertes★ et leur exécution sont commandés par cette considération. Même les subalternes de la cuadrilla (picadors et banderilleros) y ont leur part, sous la direction de leur patron. Le matador le plus ancien au programme porte la responsabilité de la surveillance générale du combat et doit exercer son autorité chaque fois qu'elle est en cause. Le cas échéant, il assistera de sa compétence un collègue débordé. Aussi le qualifie-t-on de « directeur de lidia ».

Un objectif important de la lidia est également de tirer du taureau tout ce qu'il a de bon et de le mettre en valeur dans chacun des trois *tercios*★, et pas uniquement au dernier. Ainsi, les suertes, de cape, de piques et de banderilles reprennent-elles leur sens et leur variété. À une époque encore rapprochée, le public – plus passionné par l'étude du comportement des bêtes que par l'exécution même des passes – se montrait très exigeant sur ce point. Une bonne lidia a été longtemps le but primordial de la corrida. L'apparition d'un bétail plus jeune et moins dur, se prêtant d'avance aux fantaisies des matadors, lui a enlevé beaucoup de sa portée. Néanmoins, les grands artistes, tels Joselito, Antonio Bienvenida, Luis-Miguel Dominguin, Antonio Ordoñez, Paco Camino, Angel Teruel..., ont toujours été ceux qui s'appuient sur une grande connaissance de la lidia. Espartaco, de la fin des années quatre-vingt et du début des années quatre-vingt-dix, Luis Francisco Espla, Miguel Arroyo « Joselito » et le Colombien César Rincon sont leurs plus fidèles héritiers. Une vraie lidia requiert de l'intelligence, de l'expérience et beaucoup de vrai courage pour affronter résolument des risques aussi multiples que parfois imprévus.

Lier la muleta

Geste du poignet par lequel, à l'instant où il se profile pour l'estocade★, le matador enroule la pointe pendante de la muleta autour du *palo* (manche de bois blanc à l'intérieur de celle-ci). À réduire son étendue, il la rend d'un maniement plus facile pour « croiser » et affirme sa volonté de dévier simplement l'avance de la bête, au lieu de chercher à l'aveugler et à contourner sans danger majeur sa corne droite. Lier ainsi la muleta est une clause de style chez les artistes de l'épée.

Ligazon

Art ou faculté de retenir, sans le contraindre, le toro au bout de la muleta afin de le replacer pour une passe aussitôt enchaînée. Cet apport technique, sans être nouveau, est maintenant devenu indispensable au bagage technique de tout torero qui veut faire carrière. Manzanares – dans un registre très pur et classique –, Ojeda – dans un style plus puissant et baroque – ont été les deux maîtres en la matière des années

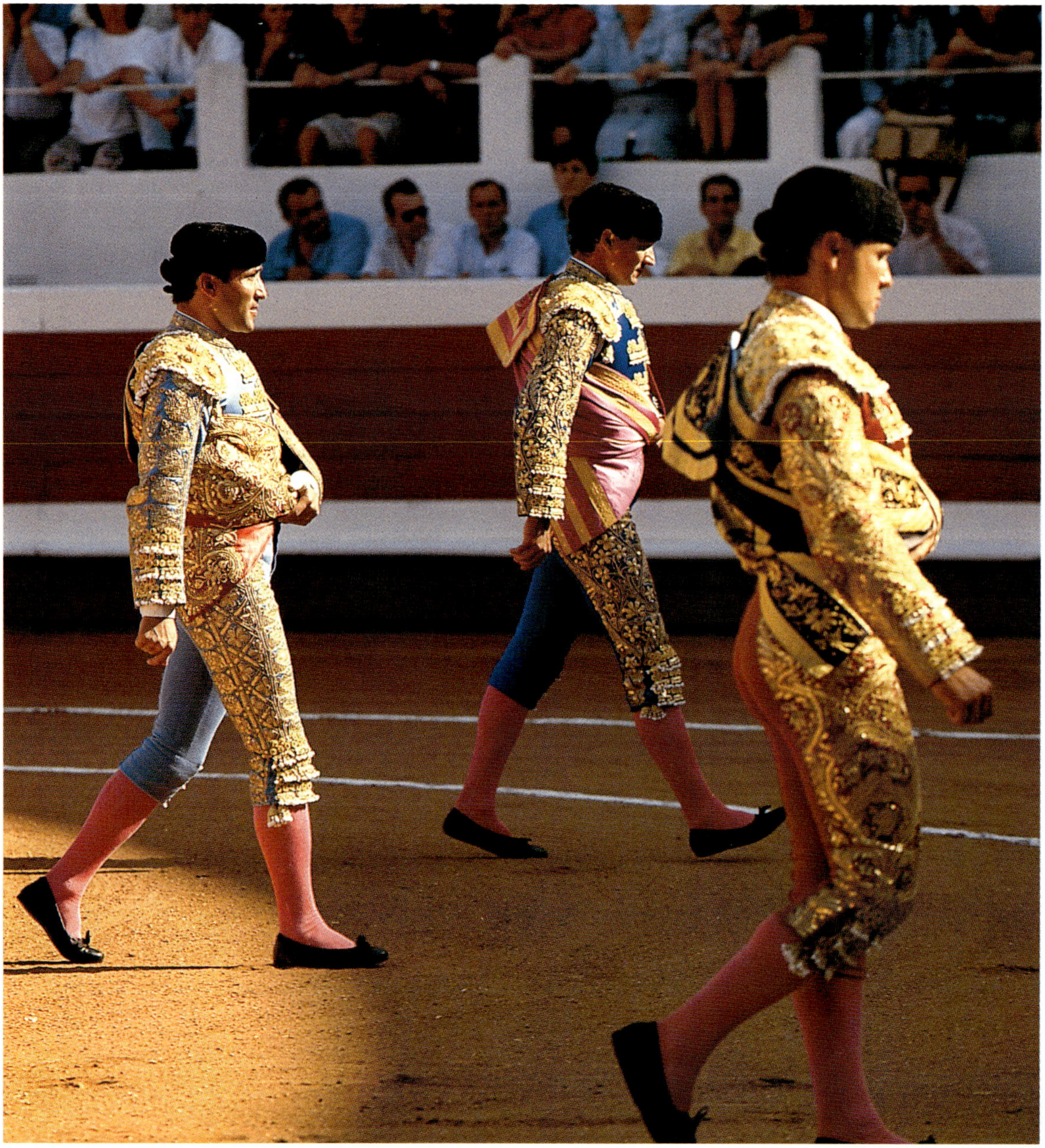

Vous avez dit « costume de lumières » *(traje de luces)* ? Ici, elles éclatent, en forme de dialogue entre le soleil et les ors.

quatre-vingt, largement inspirés par Damaso Gonzales. Le ligazon est incrit dans le logique héritage du toreo initié par Belmonte au début du siècle où, d'affrontement bref et parfois esthétique, la faena de muleta devint une composition artistique.

Ligero

Dans son sens espagnol de « rapide », l'adjectif qualifie les taureaux dont la charge surprend les toreros par son accélération caractérisée.

Limpio

[propre] Qualité du taureau qui n'a été l'objet d'aucune manœuvre frauduleuse et dont la pointe des cornes, notamment, est intacte. Elle est exigée par le règlement*, sous peine d'amendes aujourd'hui assez élevées, et doit être portée à la connaissance du public sur l'affiche de la corrida.

Pour mieux lutter contre la pratique relativement récente de l'*afeitado**, il est maintenant réclamé à l'éleveur une attestation, sous serment, de livraison de son lot dans les conditions requises. Ces mesures ne sont aucunement superfétatoires, si on en juge par la malice de certains représentants de toreros en vedette, toujours disposés à les déjouer.

Linares

[Sebastian Palomo] Né à Linares en 1947, il a choisi de reprendre le nom de cette ville évocatrice de la tragique fin de Manolete. Distingué par Dominguito Dominguin, il confia ensuite le soin de le diriger au frère de l'ancien matador Lozano, qui le propulsa avec un luxe de publicité presque sans précédent. Malheureusement pour lui, cela n'a pas réussi à le porter à la place de premier rang, que sa classe et la séduction d'un sourire éternellement jeune semblaient devoir lui permettre d'atteindre. Trois ans après son alternative de 1966, il ne s'est pas suffisamment mesuré à des adversaires d'une force et d'une caste courantes ; il ne parvient pas à les dominer réellement, risque des blessures inutiles et tombe dans un maniérisme éloigné du véritable art. Une administration trop prudente le maintient dès lors dans le circuit des moins importantes plazas de province, où elle lui assure un bétail léger davantage à sa mesure. Les oreilles et les queues qu'il y coupe ne peuvent contribuer qu'à le tromper et à le détourner de l'effort authentique que l'on peut attendre d'un jeune matador de son âge.

En 1969, il se lie au Cordobés, en désaccord avec les grands imprésarios sur le montant de ses cachets, parcourt la petite province à sa suite et s'écarte des principales plazas, laissant s'imposer des concurrents sérieux.

Revenu de ses écarts de conduite, Palomo Linares n'a pas eu pour autant une carrière classique. Véritablement doué, il restera comme un phénomène plus que comme une *figura* dans la mémoire des aficionados. Ce poulbot de l'arène réussit un exploit que les puristes

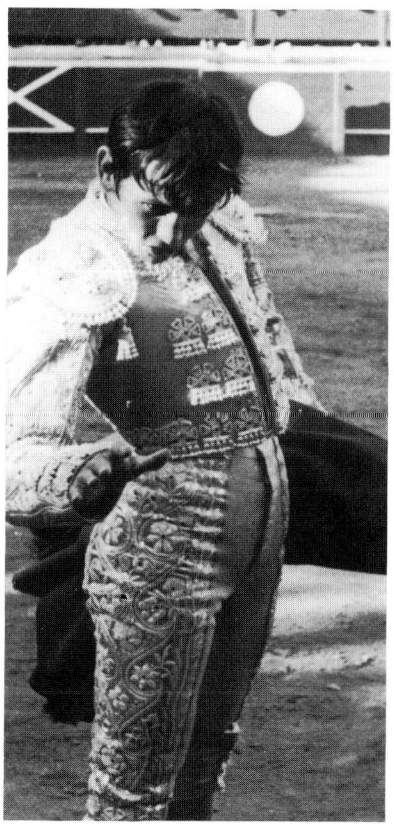

L'épée plantée dans le garrot de son adversaire, Palomo Linares attend sa mort, dans ce style théâtral et rieur à la fois qui a fait sa popularité contestée.

lui contesteront toujours. Le 23 mai 1972, il coupe deux oreilles et une queue à Cigarron, un toro d'Atanasio Fernandez. L'attribution de ces trophées a suscité en leur temps une telle controverse que, depuis, il est pratiquement devenu impossible à un torero d'obtenir le trophée maximum. Pourtant son style, mélange de plomb et d'or, ne pouvait laisser indifférent. Il a sans succès tenté un retour pour une seule corrida dans sa ville lors de l'été 1993.

Litri

[Miguel Baez] Né en 1930 à Gandia (province de Valence) bien que sa famille fût originaire de Huelva en Andalousie, il était fils du matador du même nom et demi-frère du pauvre Manuel Litri, tué dans sa vingtième année à Malaga en 1926. Assurément doté de courage, mais non de profondeur dans son toreo plutôt électrique, il conquit la sympathie des foules par sa recherche systématique de la sensation, suggérant avec sa façon de joindre les pieds et de recevoir à distance le taureau, sans broncher, une forte impression de témérité suicide. On a donné le nom de *litrada* à ses appels faits de très loin, dont Pepe Luis Vazquez avait déjà donné l'exemple au début de ses faenas, mais que Litri répétait jusqu'à deux et trois fois, en se déplacant autour de l'arène et en mettant autant que possible à profit la dangereuse attirance vers les terrains du toril pour accélérer à dessein la charge de l'animal. La première passe naturelle qu'il donnait ainsi s'apparentait à un *recorte*★ impavide, mais forcément assez brusque. Suivait un corps à corps d'une signification plus dyonisiaque qu'apollinienne. Un tel toreo exigeait des adversaires assez « clairs » et, de ce fait, on comprend que Litri ait toujours évité, par exemple, le bétail d'Eduardo Miura.

Sa popularité, encouragée par la savante propagande de Camara, se maintint jusqu'à sa première retraite, en 1952. Des retours ultérieurs aux arènes ne connurent pas la même fortune, car il parut assagi et moins vibrant que par le passé. Il jouit aujourd'hui en paix de l'argent gagné, entouré de l'affection de ses concitoyens de Huelva. Il réapparut par intermittence jusqu'en 1968, année où il ne toréa que deux courses à l'occasion de l'inauguration des nouvelles arènes de sa ville, puis, si l'on excepte un après-midi à Las Palmas aux côtés du rejoneador Alvaro Domecq et de Curro Romero, pour conférer à Nîmes l'alternative à son fils Mike Litri, novillero à succès. Ce jour d'automne 1987 fut la dernière occasion de voir l'impavide Litri. Il avait cinquante-sept ans. Son fils, pour l'instant, ne lui a rien volé de sa gloire.

Lucirse

Conférer à l'exécution des passes un éclat particulier. Une faena★ brillante de bout en bout est réputée *lucida*.

M | N | O

Machaquito

[Rafael Gonzalez] Dans les années qui séparèrent l'effacement de Guerrita de l'apparition de Joselito, l'absence de figure de tout premier plan laissa arriver sur le devant de la scène Bombita et Machaquito. Né en 1880 à Cordoue, où il commença sa vie comme employé de l'abattoir, petit, râblé, mais doté d'un cœur de lion, Machaquito se colleta littéralement avec des taureaux, dont on laisse entendre qu'ils furent peut-être les plus forts de l'histoire, parce que les directeurs d'arènes les choisissaient tels, afin de retenir l'intérêt des publics en une période artistique de basses eaux.

Torero *corto*★, bien qu'il sût banderiller comme on l'exigeait autrefois de tout matador, il n'y avait guère d'adversaires, plus ou moins *broncos*★, qu'il ne réduisît dans un corps à corps haletant. Aussitôt, il se jetait résolument sur leurs cornes, pour placer des estocades généralement entières, dans l'exécution desquelles il lui arrivait de laisser un morceau de sa chemise ou de son gilet. L'émotion de cette vision suffisait à lui assurer une popularité dont il sut rester digne au long de ses treize années de carrière. Elle explique aussi qu'en 1904 il ait atteint le nombre envié de cent corridas en une seule saison.

Trois jours après avoir donné l'alternative à Belmonte, le 16 octobre 1913, il comprit, tout comme Bombita, qu'il ne lui restait plus rien à faire devant l'irrésistible montée du « Trianero » et de Joselito. L'homme au corps couturé de cicatrices eut la sagesse de se retirer à Cordoue pour jouir en famille, jusqu'à sa mort (1955), de la fortune coquette que son stoïcisme dans l'arène lui avait permis d'amasser.

Machetear

Régler, pour l'exécution de l'estocade, le port de tête d'un taureau sans véritable charge et qui se défend, par des passes de *piton a piton*. (V. MULETA★)

Maletilla

Ce nom désigne des garçons de condition modeste, possédés de l'illusion de devenir toreros et qui, délaissant momentanément un emploi, consacrent leur temps à traîner de tientas★ en *capeas*★ de villages, avec le petit balluchon où ils serrent une vieille cape, ainsi qu'une muleta rapiécée (sans doute, autrefois, une petite valise ou

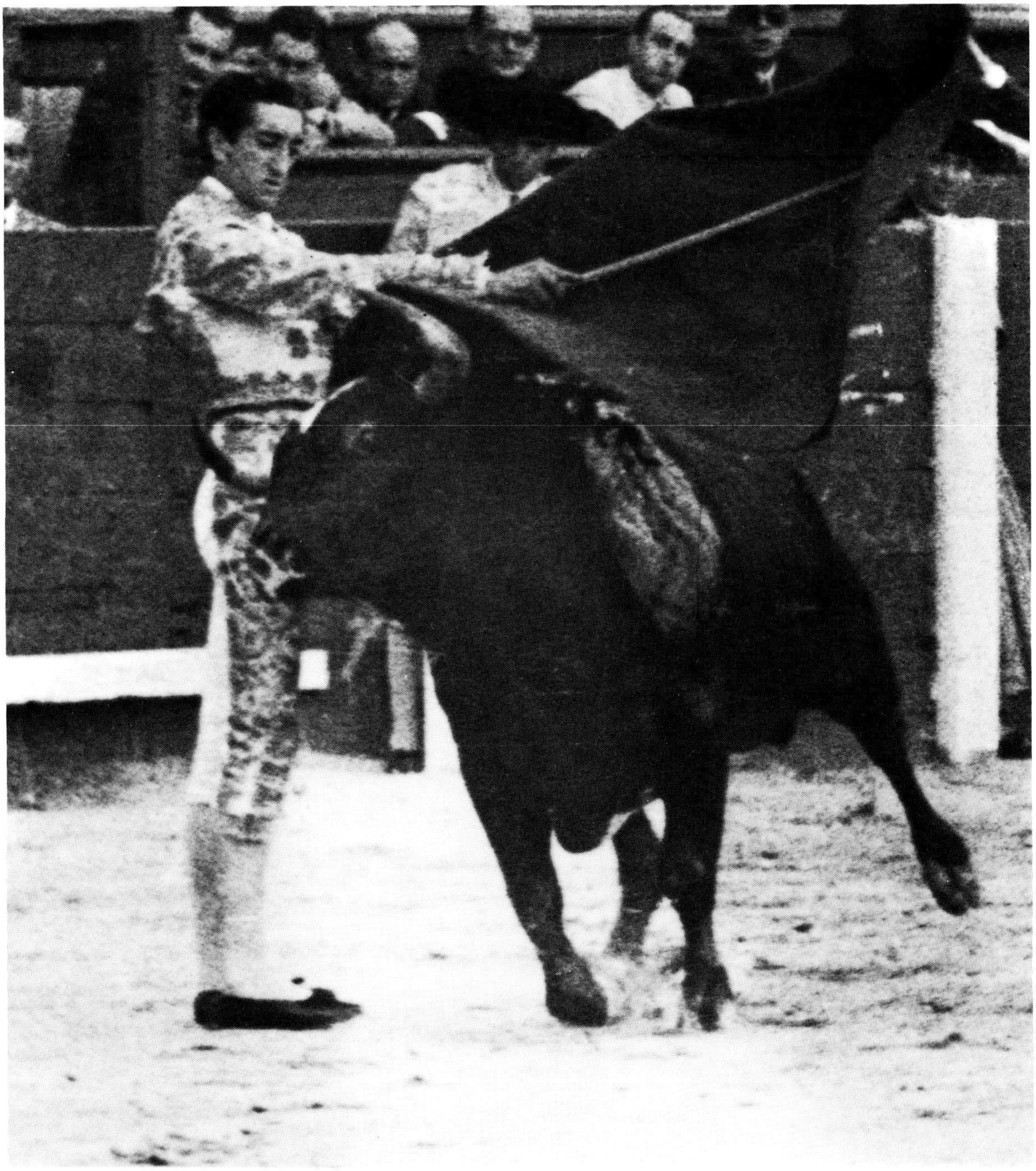

Manolete a régné pendant dix ans par son art, et depuis lors par sa légende, sur la tauromachie. Nul n'a mieux exprimé sur son visage, dans le hiératisme des gestes, dans la gravité du style, les mythes conjugués de l'art et de la mort.

maleta). Dans les tientas, ils se présentent sans être invités. On a l'habitude de les faire asseoir sur le faîte du mur entourant l'arène et de les convier successivement à essayer quelques passes de muleta, lorsqu'une vache a été vue. Ils n'apprennent guère plus dans les *capeas,* étant donné le désordre qui y règne généralement. Leur objectif est d'ailleurs moins de s'instruire que de tenter d'attirer l'attention sur eux par des témérités sans grand fondement. En fait, peu de toreros connus sont sortis de cette épreuve rudimentaire.

Le fait que le Cordobés ait mené plusieurs années la vie de *maletilla* avant de rencontrer son premier mentor a multiplié leur nombre à l'infini, ces dernières années. Les frères Dominguin organisèrent à leur intention une sorte de banc d'essai – les *novilladas de la Oportunidad* – mais n'en dégagèrent jamais de vraie valeur de la tauromachie, si ce n'est Palomo Linares.

Le mot ayant pris un sens péjoratif, on se sert plus volontiers aujourd'hui de celui de *torerillo*.

Mancornear

Saisir les deux cornes du taureau pour lui tordre le cou par surprise et le jeter au sol. Utilisée dans les élevages, à des fins purement pratiques, la suerte★ a disparu des arènes depuis longtemps. Toutefois, en plaza de Malaga, vers 1925, le très courageux mais fantasque matador Larita n'hésita pas à y recourir pour ridiculiser le faible adversaire avec lequel un de ses antagonistes venait de se faire ovationner dans un *quite*★.

Mandar

[commander] Conduire exactement le passage du taureau engagé dans la poursuite du leurre, qui est déplacé devant ses yeux à la cadence précise de son avance *(templar★)* de façon à allonger le plus possible sa charge et à le laisser sortir complètement de la passe, pour conserver, en vue de la suivante, l'emplacement qu'on s'est choisi. Un bon *mando* est le secret du *dominio*★. Il s'assure par le mouvement du bras. Le poignet n'intervient guère qu'en fin de passe, pour donner la sortie. (V. SORTIR★)

Mano a mano

Formule de corrida dans laquelle deux matadors combattent seuls les six taureaux, intéressante surtout lorsque le public souhaite voir opposer l'un à l'autre deux artistes réputés. Le mano a mano Ordoñez-Cordobés, longtemps envisagé, n'a jamais pu se réaliser. Il était en réalité mieux accepté par le premier que par le second de ces toreros. Le règlement impose alors l'engagement d'un *sobresaliente*★.

Manolete

[Manuel Rodriguez] Un jour de juillet 1917 le vit naître à Cordoue. Sur son berceau se penchèrent – comme autant de fées – plusieurs grandes ombres de la tauromachie. D'abord,

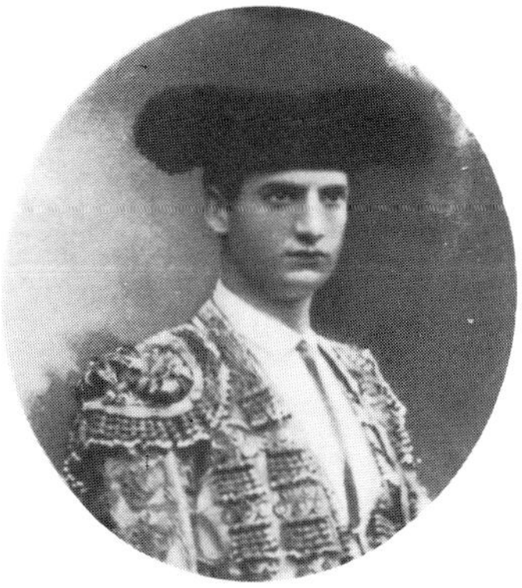

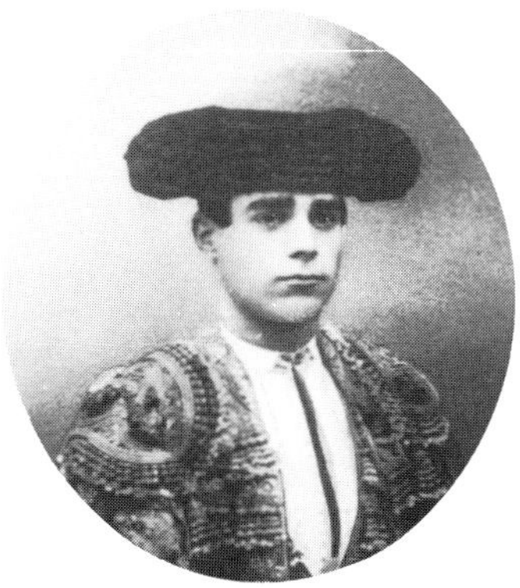

Sur le berceau de Manolete, voici les « fées » qui se sont penchées : Manolete I, son père, et Lagartijo Chico, son beau-père. La grande tradition cordouane de Lagartijo et de Guerrita, celle des Andalous des hautes terres, plus rudes que ceux de Séville et de Jerez.

celles glorieuses de Lagartijo et de Guerrita, pompeusement baptisés les « Califes de Cordoue ». Puis celles de ses oncles Pepete (tué par le taureau « Jocinero » de Miura) et Bebe Chico, de son propre père – le premier matador à avoir rendu populaire le surnom Manolete, entre 1907 et 1915 – et enfin du second mari de sa mère, Lagartijo Chico, mort tuberculeux dans la fleur de l'âge. Une situation de famille très précaire le poussa à accompagner, dès qu'il le put, une troupe de toreros comiques où il assurait la partie sérieuse du spectacle, sans picador toutefois. Détail curieux, il fut ainsi appelé à vêtir, pour la toute première fois, le costume de lumières en Arles, en 1933, mais il ne devait jamais réapparaître en France par la suite.

Présenté en 1935 à Madrid, dans la plaza faubourienne de Tetuan de las Victorias – aujourd'hui détruite – il ne retint guère l'attention. Son courage naturel le distinguait à l'épée, mais le grave défaut de *codillear*★ avec le leurre lui laissait beaucoup de gaucherie.

C'est alors qu'il fit la rencontre de sa vie, en la personne de José Flores Camara. L'ancien matador, lui aussi Cordouan, mit à profit l'espacement des corridas dû à la guerre civile espagnole pour lui insuffler un toreo de sensation, qu'il concevait en fonction d'une évolution déjà certaine du goût général du public pour le spectaculaire. Son entreprise réussit au-delà de toute espérance et fit merveille en remplissant les arènes, dès qu'elles rouvrirent largement leurs portes. À ce seul titre, la triomphale confirmation de l'alternative de Manolete à Madrid, en octobre 1940, constituerait une date de l'histoire récente de l'afición.

Bien que plutôt limité dans son répertoire *(corto★)*, il communiquait à son toreo une émotion presque unique. Elle provenait de son admirable courage, où il puisait la force morale de pousser jusqu'à la limite du possible l'attente de la charge des bêtes. Cela lui assurait également une régularité hautement appréciée des publics. Il l'étayait encore avec l'application des idées de l'intelligent Camara. Elles consistaient essentiellement à remplacer le procédé classique de l'indication à la corne contraire, effectuée au cours de la charge, par une marche anticipée en direction de cette corne, de façon à orienter d'avance la trajectoire de l'animal sur un axe droit et à se profiler pour le laisser passer, la muleta présentée en arrière du corps servant à fixer son regard et à marquer sa sortie, mais non plus à la conduire vraiment. Cette tactique habile, assortie d'un brusque coup de poignet le libérant d'un face à face inattendu, permettait à Manolete d'utiliser les charges les plus courtes et de placer toujours sa faena★, plus ou moins prolongée suivant la nature de l'adversaire. Quand ce dernier ne se décidait pas à foncer, il marchait littéralement sur lui et

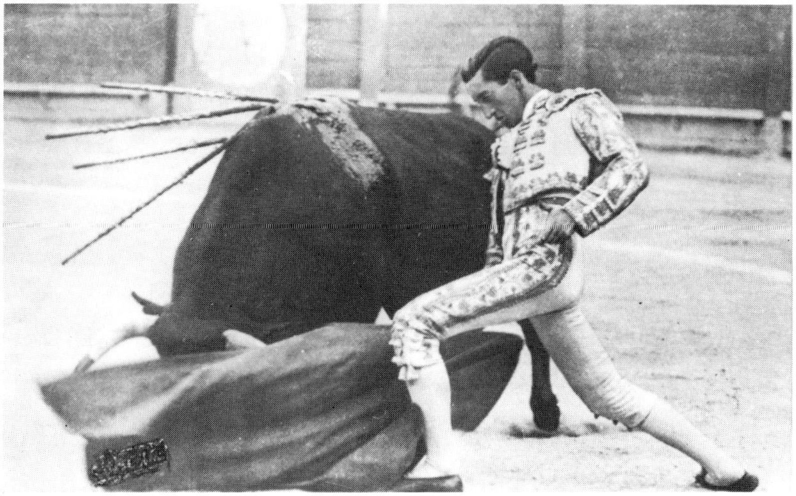

Malgré sa recherche de l'immobilité et du toreo à pieds joints, Manolete n'hésitait pas à charger la suerte sur la jambe, pour dominer un adversaire qui lui résistait.

se situait à la pointe de la corne pour forcer son départ. Avec lui, les spectateurs se sentaient rarement volés !

Les aficionados éclairés n'ont toutefois jamais cessé de lui reprocher cette généralisation du toreo dit de profil*, d'autant plus qu'elle implique, de toute nécessité, un rajeunissement des taureaux ou leur alourdissement sous l'effet de piques exagérément longues. À la vérité, ce défaut s'estompait dans l'interprétation artistique exceptionnelle qu'il en donnait, le corps droit, le geste lent, sa mèche d'argent en bataille dans sa chevelure d'ébène, ses lèvres ne s'ouvrant à aucun sourire, empreint de gravité sacerdotale et d'une sérénité voisine du stoïcisme. Manolete a ainsi représenté, à la frontière même du classicisme et du romantisme « tremendiste », un cas hors série qu'il n'y a pas lieu de réinventer, encore moins de copier sans posséder son inspiration souveraine. Il était, somme toute, comme ces beaux orateurs qui vous empoignent tant que leur voix retentit, mais dont il vaut mieux ne pas relire à froid les discours.

Son destin était de trouver la mort, non dans une de ses passes suggestives du plus grand danger, mais dans la très classique suerte du coup d'épée, que – servi par sa haute taille et sa fermeté d'âme – il exécutait toujours à la perfection. Le taureau « Islero » de Miura, qui le « prit » à Linares, le 28 août 1947, avait, a-t-on assuré, les cornes élimées de la pointe. Il suffit que l'une d'elles, tout en pénétrant peu, le tint un instant suspendu par la veine fémorale pour que la rupture de celle-ci entraînât une terrible hémorragie dont le corps médical ne put avoir raison. Sous les cyprès du cimetière San Agustin de Cordoue, sa tombe aura été le but de bien des pèlerinages attestant le profond souvenir de ses admirateurs.

Mansedumbre

Comportement du taureau *manso*. (V. BRAVOURE★)

Mansurronear

Comportement du taureau qui, sans être tout à fait *manso*, manque de bravoure★, ne pousse pas à fond sous la pique, s'en va seul [*salir suelto*] avant la fin de la rencontre avec le cavalier et raccourcit sa charge au fur et à mesure que le combat se déroule. Les taureaux *mansurrones*, si par surcroît ils montrent un certain nerf★, peuvent être aussi ingrats pour le torero que décevants pour le public.

Manzanares, Jose Maria Dols Abellan

Pendant très longtemps Jose Maria « Manzanares » désole ses admirateurs. Jose Maria Dols Abellan, né à Alicante le 14 avril 1953, fils d'un banderillero, débute très tôt dans la profession. Il a dix-sept ans quand il se présente en novillada piquée à Benidorm et brûle les étapes pour prendre l'année suivante, en 1971, dans ses arènes d'Alicante, l'alternative des mains de Luis-Miguel Dominguin, El Viti comme témoin, face à des toros d'Atanasio Fernandez. On lui prédit une carrière dorée. Prédictions dont Jose Maria n'a que faire. Dans l'arène, « Manzanares » des grands jours est capable de rappeler les acteurs classiques des années cinquante, ceux à qui se réfère l'afición madrilène et sévillane. Ceux qui l'ont vu à ses débuts, porteur des plus belles promesses, parce que héritier d'un style classique, étonnamment facile, et sachant toujours trouver la distance exacte avec les toros qui lui étaient opposés, ne comprennent pas l'aboulie dont il semble frappé.

Il faut attendre les années quatre-vingt et la compétition qui l'oppose à Paco Ojeda pour que Manzanares donne sa mesure. Piqué au vif, il devient le torero magnifique que l'on devinait, interprète du toreo le plus pur. Séville qui l'a longtemps boudé et Madrid qui ne lui pardonnait pas son apathie le reconnaissent comme figure. Titre que la profession lui avait depuis longtemps décerné en le surnommant « torero des toreros ».

Marginal, Toreo

Le matador qui se contente de dessiner des passes sur les allées et venues d'un taureau, sans se centrer avec lui [*centrarse*] ni charger la suerte (V. CORNE CONTRAIRE★), donc avec l'idée arrêtée de ne pas s'exposer, est réputé pratiquer un toreo marginal. Celui-ci constitue l'écueil du toreo dit de profil★.

Marquez, Miguel

Fils de petits cultivateurs, né en 1946 à Fuengirola (Malaga), il se situa d'emblée en tête des autres matadors, pour le nombre de spectacles assumés par lui l'année de son alternative (1968).

Cette ascension subite, bien entendu précédée d'une brillante saison de novilladas où il s'était surtout fait remarquer des publics andalous, s'explique entièrement par la très forte sensation que laissent ses attentes stoïques des charges. Voir ce petit bout d'homme ne pas disparaître sous leur violence est déjà un événement. En outre, il sait toréer et le fait dans les normes classiques. Sa manière s'accommode toutefois mieux des bêtes qui foncent avec netteté. Devant les autres, il manque encore des recours nécessaires, mais y supplée dans toute la mesure du possible par le déploiement de son courage. À la manifestation de son bel esprit de décision, qui s'étend jusqu'au coup d'épée, le public prend volontiers comme une revanche sur la grisaille des journées décevantes. Pour la première fois, il a été très gravement blessé à l'aine en 1969, pendant la feria de Saragosse.

Ces deux années de succès, pendant lesquelles Miguel Marquez reste à la tête du classement taurin, ne seront jamais confirmées. Peu à peu, Marquez, sans jamais démériter, glisse des hauteurs jusqu'au bas de l'échelle. Vingt et un ans après son record de 101 corridas de la temporada 1969, on le retrouve en compagnie des sans-grade de la corrida, toréant toujours avec courage et science mais sans bonheur.

Marrajo

[rusé] Épithète décernée par les toreros aux taureaux qui se sont fortement avisés* et peuvent prendre l'homme à la première négligence de sa part.

Marrar

Échouer à placer la pique, à poser une paire de banderilles ou à porter un coup d'épée, sur un mouvement inattendu de défense du taureau ou par simple maladresse d'exécution.

Un coup de pique manqué est taxé de *marronazo*.

Martinez, Manolo

Dernière en date des vedettes mexicaines. Appartenant à une famille plutôt aisée, il est né à Monterrey en 1949. Une afición considérable l'a conduit, en peu de temps, du toreo amateur à l'alternative (1965) et il s'est nettement détaché du peloton de tête de ses compatriotes, toréant avec grand succès un nombre élevé de corridas à travers l'Amérique latine.

En 1969, Manolo Martinez tente l'aventure espagnole mais s'accommode mal de la vivacité et de la sauvagerie du toro ibérique. Il évite Séville et Madrid mais pas les cornes qui le blessent à trois reprises, à Bilbao, Murcia et Caceres. Sa présentation à Madrid, le 22 mai 1970, passe inaperçue, et son retour en Espagne en 1974, à Marbella, cause un scandale à la suite d'un *mano a mano* avec Paco Camino face à six bêtes, ridicules de format et de cornes. Malgré son demi-échec dans sa tentative de conquérir l'Espagne, Manolo Martinez est sans aucun doute possible un des toreros les plus importants que le Mexique a vu naître, et est considéré là-bas comme une figure d'époque.

Mayoral

Chef des vachers d'un élevage. Il est rendu responsable du bon transport des bêtes sur la route et de leur surveillance, jour et nuit, quand elles ont été débarquées aux arènes. Vêtu de son *traje corto* andalou, il assiste à la corrida et prend note de leur comportement. Si la ganaderia triomphe, les matadors l'invitent à les accompagner dans le tour de piste final et à recevoir l'ovation populaire au nom de l'éleveur.

Mazzantini y Eguia, Luis

(1856-1926) Sa personnalité humaine et ses fréquents passages dans les plazas sud-américaines ou françaises (il toréa même aux arènes parisiennes de la rue Pergolèse en 1889) ont laissé plus de souvenirs que son toreo très court et plutôt lourd, racheté cependant par le courage qu'il apportait à ses coups d'épée, dignes de ceux du fameux Frascuelo, dont il prit la suite pour cette phase du combat.

D'ascendance italienne par son père, basque par sa mère, il avait passé son baccalauréat, voyagé et étudié les langues étrangères, puis la musique, avant de se placer comme télégraphiste aux chemins de fer et de devenir chef de gare à Santa-Olalla, future patrie du matador Gregorio Sanchez. Son orientation vers l'arène obéit plus à son goût de l'aventure qu'à une véritable afición. Lui-même professait qu'« en Espagne on ne pouvait prétendre qu'à être tenor ou torero... ». La voix du premier emploi lui manquait. Il suivit donc la filière coutumière des *capeas,* novilladas et services de banderillero, avant d'être fait matador à vingt-huit ans (1884).

Ses dernières années furent plus ternes et, lorsqu'il se retira en 1905, une carrière de conseiller général de la province de Madrid, de gouverneur de Guadalajara, puis d'Avila et, enfin, de commissaire supérieur de police, l'attendait encore.

Media vuelta

Recours toléré pour banderiller ou estoquer un taureau particulièrement ingrat dans son comportement. Le torero se situe derrière sa croupe, l'appelle et le surprend pendant qu'il se retourne.

Medios

[milieux] Désigne la partie centrale de la piste, celle où, tout au moins au début, le taureau prend son point d'appui. Il est recommandable d'y attirer les bêtes qui, par la suite, commencent à se réfugier près de la barrière, pour leur faire oublier l'existence de cette *querencia*★ possible. Dans les medios, on torée aussi, de muleta, les taureaux qui ne montrent pas une trop grande force et surtout ne cherchent pas à se défendre sur place. Autrement, on les prendrait dans les *tercios*★.

Meleno

Taureau dont les poils retombent en mèche sur le frontal. Généralement, c'est un signe d'âge accompli.

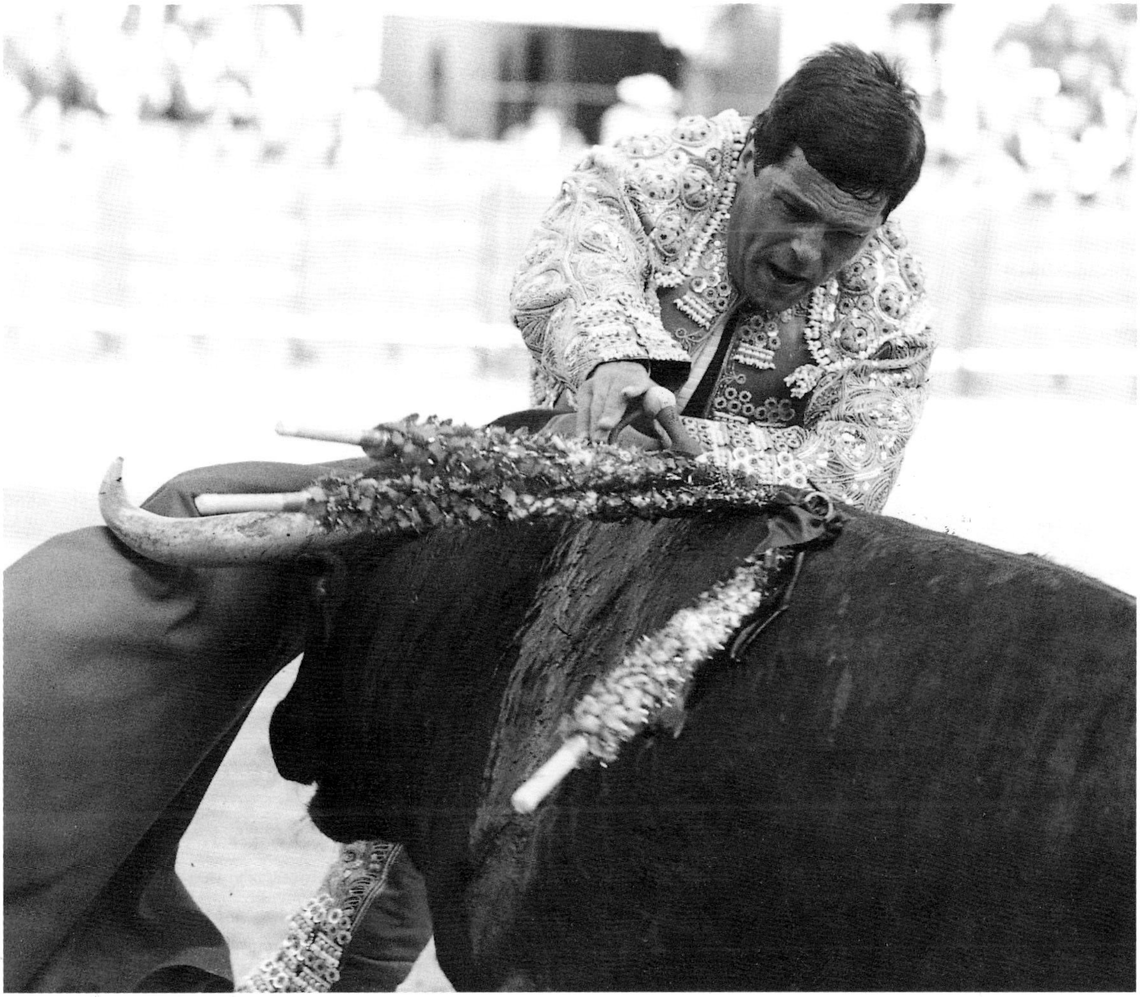

Mendes, Victor

La valeur *(valor)* d'un torero, c'est en fin de compte à la décision dans les gestes ultimes qu'elle se mesure : nul ne le montre mieux que Victor Mendes, ici.

Depuis Manuel Dos Santos, le Portugal n'avait pas donné un torero de cette importance. Il y avait bien eu Ricardo Chibanga, exotique angolais, le malheureux Jose Falcón, tué par un toro de Hoyo de la Gitana à Barcelone en 1974. Mais pas un matador au registre aussi large et surtout fantastique banderillero. Victor Mendes est né le 14 février 1959 à Vila Franca de Xira, entre Coimbra et Lisbonne, au milieu d'une province de toros. Après s'être essayé comme banderillero dans des cuadrillas espagnoles (notamment celle de Palomo Linares), en même temps qu'il poursuit des études de droit, il décide à vingt ans de sauter le pas et de se présenter comme novillero. Remarqué par Gonzalito, valet d'épée de Curro Romero, servi par un courage sans faille et

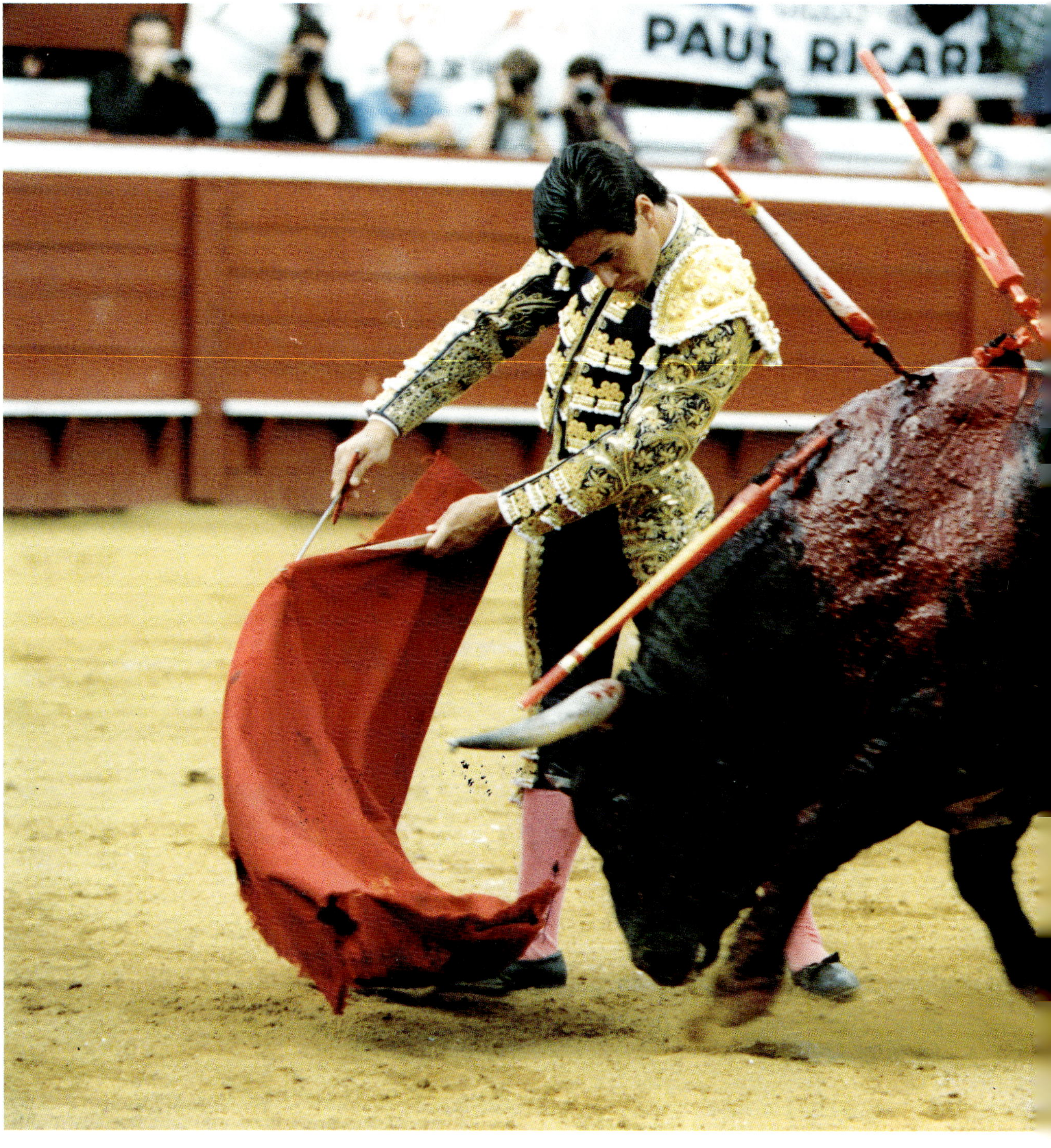
PAUL RICAR

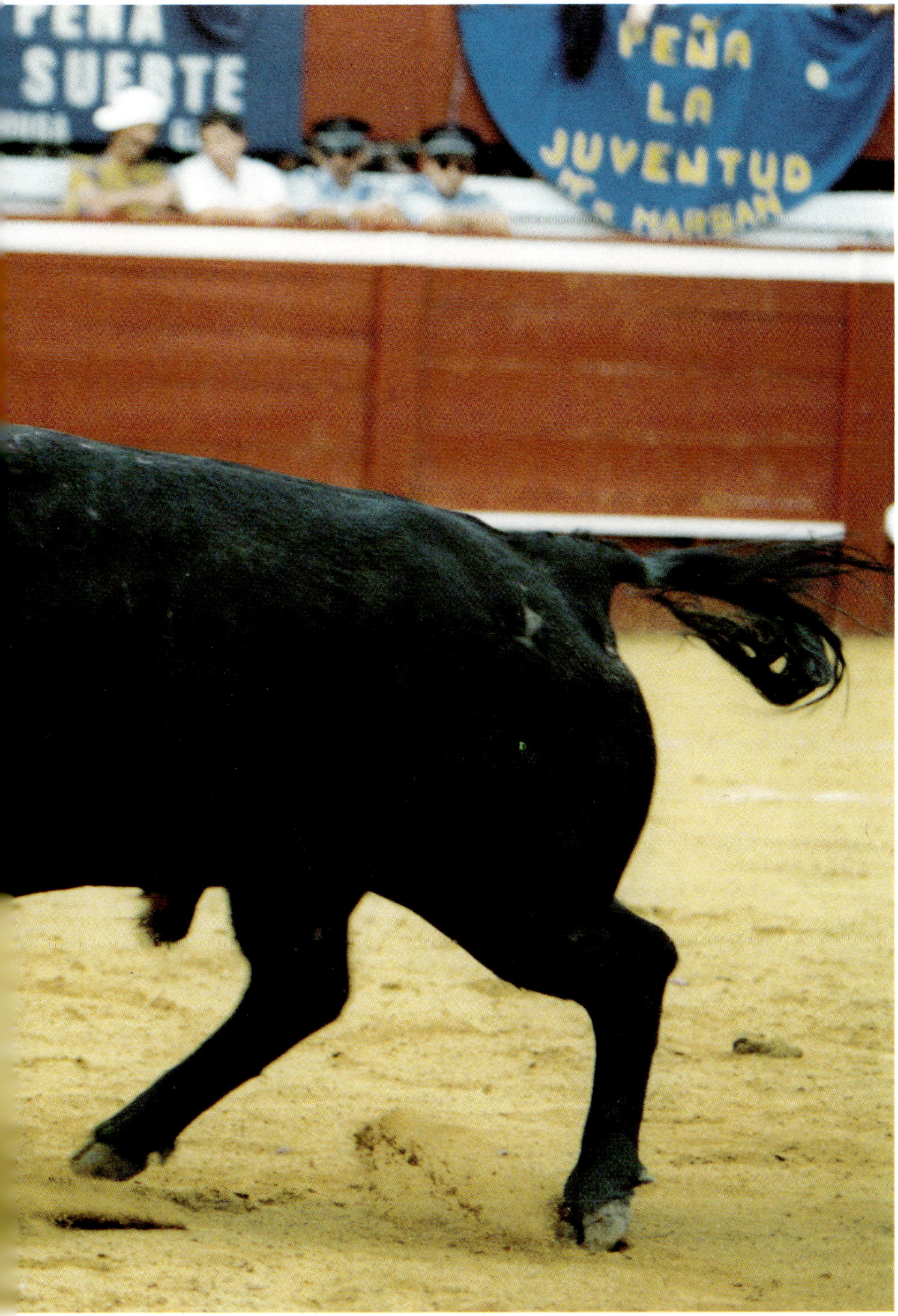

L'« aidée par le bas », ainsi dominatrice, c'est à l'école de Madrid que Joselito a appris à la dessiner, la *muleta* bien souple. Mais devant un grand taureau, les choses ne vont pas de soi...

une technique déjà affirmée dans les poses de banderilles, Victor Mendes arrive à se tailler une place en Espagne au point de prendre l'alternative le 13 septembre 1981 à Barcelone. Sa vraie carrière débute après une bagarre au couteau contre deux toros de Victorino Martin à Madrid le 16 septembre 1984. Adoré en France, catalogué maestro à l'ancienne pour ses grandes estocades, ses banderilles aussi puissantes qu'une pique, il arrive à démontrer avec le temps et aidé par les conseils de Paquirri que sa muleta peut, entre ses mains, devenir un fouet avec les toros difficiles et se changer en guide devant des bêtes d'un comportement plus franc.

Metisaca

[mettre et retirer] Tout coup d'épée où le matador retire la lame aussitôt qu'il l'a mise, pour dissimuler au public son emplacement défectueux et échapper ainsi à la censure générale.

Miguelin

[Miguel Mateo] Né à Murcie en 1930, mais élevé à Algésiras, qui le réclame comme un de ses toreros, il dut, à la circonstance d'être fils d'un banderillero, l'accès rapide au monde de l'afición et bénéficia de la protection du père Dominguin, toujours à l'affût de nouvelles valeurs. Dès ses années de novillero, il fit apprécier la sûreté de son métier, sa facilité aux banderilles, son courage et son entrain. Matador en 1958, il s'ouvre à certains recours du tremendisme* sans en abuser toutefois ni s'écarter radicalement du style classique. Son *quite** exécuté de dos et commencé à distance par un déplacement alterné de la cape ne manque ni d'originalité ni d'allure.

Le 18 mai 1968, en plaza de Madrid, le Cordobés achevait une faena* qui, après quelques flottements antérieurs, donnait enfin satisfaction à ses partisans, et gagnait la barrière pour changer d'épée. Alors sauta sur la piste un *espontaneo** en veston ; c'était Miguelin. Sans cape, ni muleta, il se dirigea à pas comptés vers le taureau, lui caressa le frontal, s'appuya sur son dos et prit le public à témoin de la parfaite innocence de l'adversaire dont le Cordobés venait de triompher... Le chahut fut énorme. Miguelin, arrêté séance tenante et retenu vingt-quatre heures au commissariat, dut acquitter une amende de 50 000 pesetas. Mais le coup était porté et lui valut un regain de popularité, dont il profita à sa façon... en père tranquille !

Miura

Élevage de taureaux andalous fameux par son ancienneté et par la dureté dont il a longtemps donné l'exemple.

Fondé en 1842 par Juan Miura et présenté à Madrid en 1849, il a été successivement dirigé par ses fils, petit-fils et arrière-petit-fils – Antonio, Eduardo, Antonio et José –, enfin par l'actuel propriétaire : Eduardo Miura Fernandez. Constitué à son origine d'apports divers, il doit à l'un d'eux – Antonio Cariga – son célèbre fer* en A orné de deux C.

Il est sans doute l'élevage qui a fait courir le plus de taureaux sous ses couleurs :

1 705 du temps de Juan et du premier Antonio
4 152 du temps d'Eduardo
2 355 du temps d'Antonio et de José
1 374 du temps de l'actuel Eduardo.

Soit un total de 9 586 bêtes, en un peu plus d'un siècle.

Un des éléments de sa légende est la liste relativement longue des accidents mortels qu'il a causés. Tour à tour, ont succombé sous ses coups : El Cano (1852), Pepete (1862), le banderillero Llusio (1875), El Espartero (1894), le banderillero Manuel Sanchez Criado (1894), Domingo del Campo Dominguin (1900), les novilleros Faustino Posadas (1907) et Pedro Carreno (1930), et enfin Manolete lui-même (1947).

Des explications saugrenues ont souvent été avancées pour justifier le caractère dangereux des taureaux de Miura. On a prétendu, par exemple, qu'on leur apprenait à allonger le cou en leur tendant le fourrage à distance... La réalité est infiniment plus simple. Les animaux ne se signalent point par une bravoure supérieure à celle de quelques autres élevages réputés, mais la tradition de la maison, inspirée de la conscience exemplaire du premier Eduardo, a longtemps été de ne pas leur retirer leur *genio** à la faveur des croisements, et de les livrer toujours à quatre ans révolus, dans la force de l'âge et de l'instinct défensif. Ils demandent à être aussitôt affrontés, sans la moindre hésitation qui éveillerait leur perspicacité et, surtout, il y a lieu de se méfier de leur surprenante faculté de récupération. L'appréhension dont sont saisis devant eux maints toreros a pour conséquence de les rendre singulièrement plus dangereux qu'ils ne le sont en fait.

Les Miura offrent comme un banc d'épreuve au courage et au savoir des matadors soucieux d'affirmer leur réputation. Bien des figures historiques leur ont dû la pleine consécration, tel Diego Puerta, particulièrement mis en valeur par son triomphe de la feria de Séville de 1960, remporté sur le magnifique « Escobero ».

Comme dans tout élevage, il peut sortir des taureaux de Miura d'un tempérament plus noble* que d'autres. Le cas tend à devenir plus fréquent aujourd'hui, où le dernier des Eduardo a tenu compte, dans sa sélection, de l'évolution générale de la corrida, qui appelle des adversaires moins durs. L'ensemble des bêtes n'en garde pas moins, à un degré relativement accusé, leurs caractéristiques fondamentales et, ne serait-ce que pour leur superbe présentation, elles continuent à faire salle pleine dès qu'elles figurent à un programme.

Que l'annonce d'une corrida de Miura s'intitule « Miurada » demeure un fait unique dans la tradition taurine. Les Miura sont dangereux. Aucun torero en activité ne le niera. Car, expliquent ils, un Miura, aussi bon soit-il, ne vous passe rien et permet rarement la faena que demande le public actuel. Dommage. Car l'émotion que la plupart suscite en piste suffit au bonheur de beaucoup d'aficionados. Il n'en demeure pas moins qu'aujourd'hui aucun des toreros majeurs, si l'on excepte l'Espartaco de ses débuts, n'a envie de les rencontrer. Ojeda s'y est riqué à Nîmes et n'y est jamais plus retourné. L'accident de Nimeno à Arles, soulevé par la monstreuse corne de Panolero et retombant vertèbres brisées, a encore ajouté à la légende noire.

Les Miura sont des toros vedettes. Pour preuve, leur prix : entre 100 000 et 120 000 francs pièce, alors qu'un toro d'élevage moyen s'obtient pour 30 000 à 50 000 francs. Il reste à espérer que les toros désormais dans les mains des héritiers, les fils d'Eduardo, Eduardito et Antonio, reproduiront en piste le sérieux et la rigueur morale de leurs ancêtres. Depuis cinq ou six ans tous les crus Miura ne semblent pas du même tonneau. Et pour cinq ou six grands *encierros* confondants de bravoure, le reste n'est qu'une imitation de ce que les aficionados sont en mesure d'attendre.

Montepío

Mutuelle des toreros, fondée en 1912 par le matador Ricardo Bombita. Sa tâche principale a été l'installation à Madrid d'un important sanatorium réservé aux toreros, où ils reçoivent des soins gratuits. Le Montepío assure aussi de modestes pensions aux toreros âgés se trouvant dans une situation précaire. Ses ressources proviennent à la fois d'un prélèvement opéré sur les cachets touchés par ceux qui sont en activité, de versements de directions d'arènes et de dons gratuits émanant d'aficionados généreux.

Montera

Coiffure qui accompagne traditionnellement le costume de lumières. Comme ce dernier, elle a été imaginée par (ou pour le compte de) Francisco Montes vers 1830, époque de la première expansion commerciale de la corrida.

Le fait pour un torero quelconque de s'en débarrasser au cours de la lidia*, sans en avoir sollicité l'autorisation, est tenu pour un manque de respect à l'égard du public et de la présidence. Il est aussitôt sanctionné d'un rappel à l'ordre.

Espla-le-lidiador, torero si complet qu'il a même un cerveau... sous sa *montera*.

En revanche, les matadors qui offrent [*brindar*] la mort d'un taureau (obligatoirement à la présidence, si c'est leur premier de la

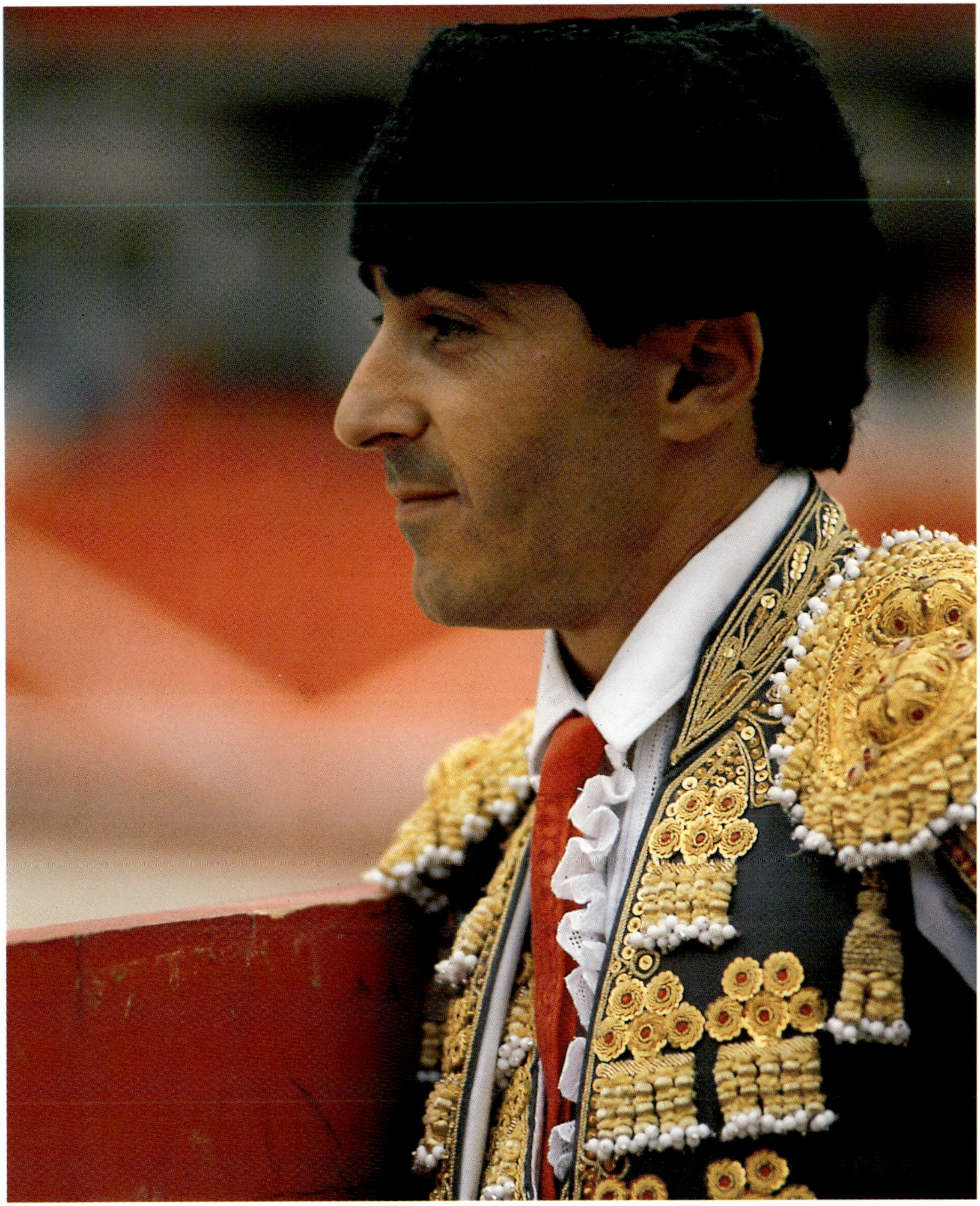

journée) et lancent la montera à la personne objet de cette attention, le toréent tête nue. À leur exemple, aujourd'hui, les matadors ont pris l'habitude de se découvrir pour la faena de muleta et la mise à mort, même sans *brindis*★. Le public y est tellement habitué qu'il lui arrive de protester quand un matador, se chargeant de liquider l'adversaire d'un de ses camarades blessé en cours de faena et s'interdisant – ainsi que c'est la tradition – de briller avec lui, garde très réglementairement la montera sur la tête.

Une coutume mexicaine a gagné l'Espagne depuis une vingtaine d'années : celle de se découvrir au paseo★, quand on se présente pour la première fois devant le public d'une ville. Tous les toreros, y compris le personnel du service de l'arène, font cependant le paseo tête nue en signal de deuil pour un collègue récemment tombé sous la corne d'un taureau. La tradition s'en est perpétuée à Madrid, le jour anniversaire – généralement en pleine feria de San Isidro – de la mort du grand José Gallito, tué le 16 mai 1920 à Talavera de la Reina. Les toreros portent, alors, un petit nœud de tulle noir cousu à leur manche gauche.

Montes, Francisco

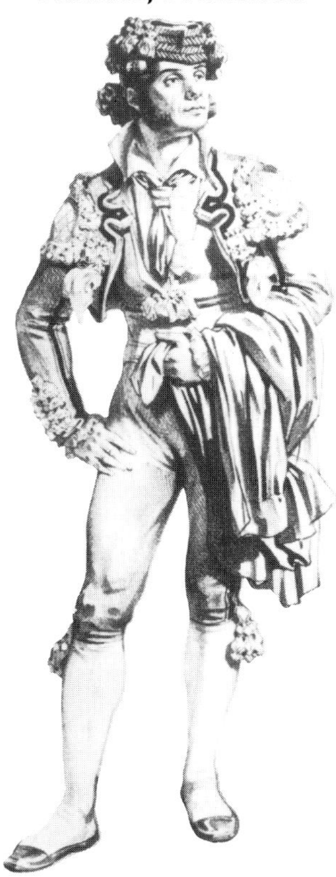

[alias Paquiro] Très fameux matador andalou, né à Chiclana (1805) et en activité de 1830 à 1849. D'une part, il a discipliné l'action des subalternes dans l'arène (notamment des picadors, auxquels il retira la pique longue pour leur donner la courte, encore en vigueur aujourd'hui, et limiter leur intervention au seul premier *tercio*★), signant aussi un *Traité de tauromachie,* dont se sont inspirés les premiers règlements officiels de la corrida. D'autre part, sa maîtrise et son courage lui ont valu une énorme popularité, qui a provoqué une expansion décisive du spectacle. À ce double titre et comme initiateur du costume de lumières, il occupe dans l'histoire de la corrida une place prépondérante.

Le célèbre commentateur taurin Ventura Bagues n'hésite pas à proclamer que l'histoire du toreo à pied a été dominée par l'événement fondamental de l'apparition de Montes. « Tout ce qui l'a précédé, écrit-il, n'a été que la préparation de sa venue ; tout ce qui l'a suivi, une pure conséquence de son apport. Le processus de l'évolution de l'art de toréer à partir du XIXe siècle n'aurait pas été concevable sans l'exemple donné par lui. »

Montes avait fait la plus forte impression sur Théophile Gautier : « Courage, sang-froid, adresse merveilleuse, il réunit tout. C'est le César de la tauromachie ! » lit-on dans le légendaire récit de son *Voyage en Espagne*.

Après une dernière blessure grave reçue à Madrid et d'une guérison difficile, Montes se retira en 1849 dans sa ville natale de Chiclana. Affaibli, il y succomba dans sa quarante-sixième année à une attaque de paludisme.

Montherlant, Henri de

Né en 1896. Lui-même a raconté comment sa grand-mère, assidue des corridas de Bayonne, l'y emmenait et éveilla sa passion pour la tauromachie. Encore jeune homme, il rêvait d'affronter personnellement des bêtes à cornes et dut à des amitiés espagnoles de satisfaire ce désir. D'un printemps passé à Séville, il ne rapporta aucune connaissance technique sérieuse, sinon la matière du chef-d'œuvre que sont *Les Bestiaires,* récit de son aventure taurine et peut-être le livre le plus vivant écrit par un étranger sur l'Andalousie.

Éloigné des arènes à sa maturité littéraire, il y revint pourtant en spectateur vers les années 1950, s'accommoda mal de l'évolution de la corrida, mais emprunta à celle-ci la toile de fond de son roman *Le Chaos et la Nuit,* attestant ainsi la survie de ses premières amours.

Il se suicida à l'automne 1972, à la manière de Belmonte, en se tirant une balle dans la bouche.

Montón

[tas] La locution désigne l'anonymat d'où ne sortent jamais, et où finissent par se perdre, les toreros dénués d'art et de véritable courage. Dire d'un garçon qu'il est du montón, c'est ne le tenir que pour un torero de plus.

Morphologie

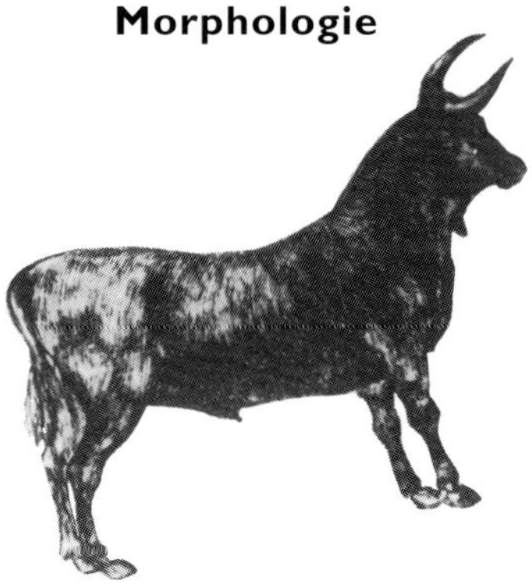

Dessin de Goya.

Selon leur ascendance, les taureaux peuvent présenter des apparences diverses.

Le type le plus racé est le *largo,* celui dont la longueur d'échine est la plus accusée. Il se rencontre surtout dans les élevages andalous. Le type *corto,* d'une échine moins allongée, est plus fréquent en Castille. Le point important demeure pourtant la conformation anatomique du cou, car il est peu raisonnable d'attendre des animaux qui l'ont ramassé un abaissement de la tête assurant la qualité de la charge*.

Le taureau *ensillado* [ensellé], dont la ligne du dos se creuse entre le garrot et la croupe, rappelle les navarrais dessinés par Goya dans sa *Tauromachie.*

Le *zancudo,* haut sur pattes, évoque aussitôt la silhouette du classique Miura.

Certains animaux particulièrement hauts d'épaules sont qualifiés de *altos de agujas* [saillies supérieures de l'avant du thorax].

Ceux de forme grossière ou épaisse, avec des membres inférieurs et des sabots lourds, sont taxés de *bastos.* En général, à la dégénérescence du type correspond une diminution sensible de la caste*.

Morrillo

Partie charnue qui se développe sur le cou du taureau, entre le cervelet et le haut du garrot, vers les quatre ans. Il est un signe de croissance et de force chez l'animal. À ce titre, il constitue un élément de l'appréciation du *trapío**.

Contrairement à une opinion trop complaisamment répandue, les taureaux ne doivent jamais être piqués dans le morrillo, car cela les conduirait à se défendre de la tête, en la levant à l'approche de tout danger. C'est à la terminaison du morrillo, soit à la hauteur du garrot, que le picador doit viser, sans se laisser aller pour autant à porter le fer sur les épaules ou dans les côtes.

Morucha

Nom porté par une vieille race de lourds taureaux, particulière à la contrée de Salamanque et qui n'a jamais été améliorée [*encastada*] par des croisements appropriés, comme ce fut le cas pour d'autres. Réservée à la boucherie, elle charge cependant et s'utilise toujours dans les *capeas*★ des fêtes régionales.

Par similitude de comportement, les toreros traitent péjorativement de moruchos les grands taureaux de demi-caste [*descastados* ou *mediotoros*], médiocrement combatifs, allant mal à la pique et très courts de charge, tels qu'ils sortent habituellement des élevages dont le sang n'a pas été rafraîchi, ni la bravoure sélectionnée en des tientas★ sérieuses. D'une corrida donnée avec pareil bétail, on dit communément qu'elle a été une *moruchada*.

Muleta

Drap de serge écarlate monté sur un bâton de bois blanc [muleta : litt. béquille] qui donne son nom à l'ensemble. Son invention remonte au début du XVIIIe siècle. Elle répondait au besoin de

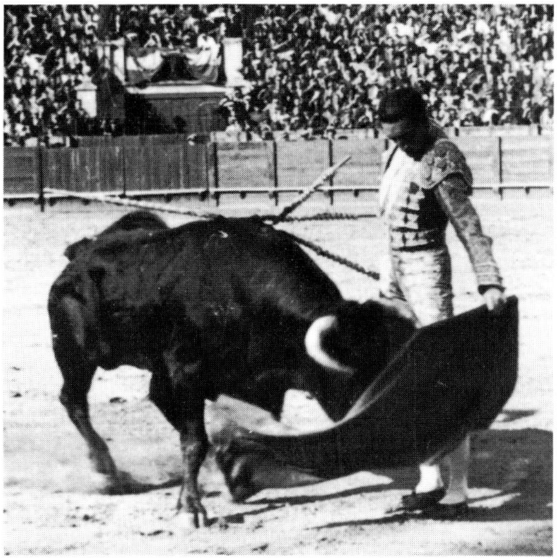

La naturelle de profil de Manolete.

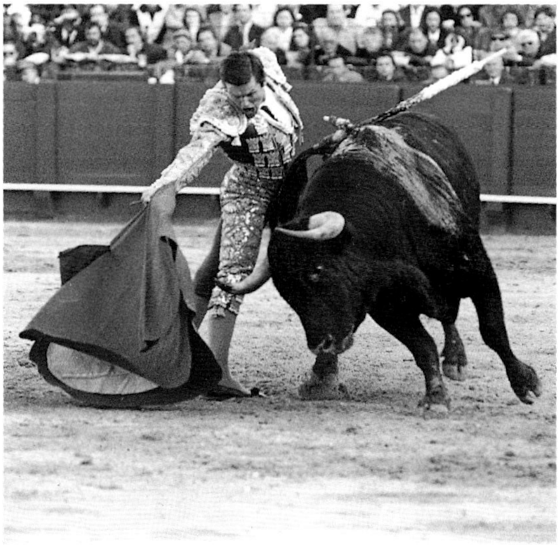

Espartaco dans un bel exemple de *correr la mano* (allonge, allonge... et voici le taureau subjugué).

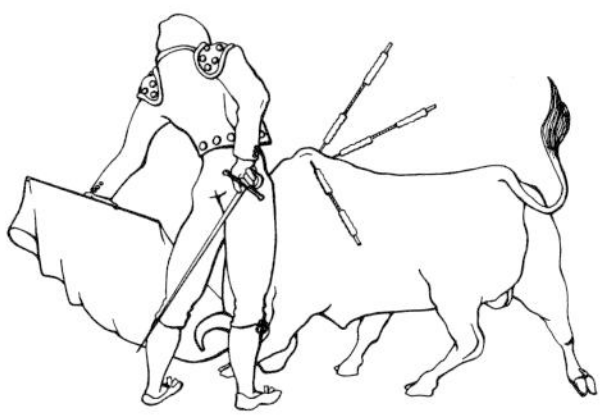

Passe naturelle.

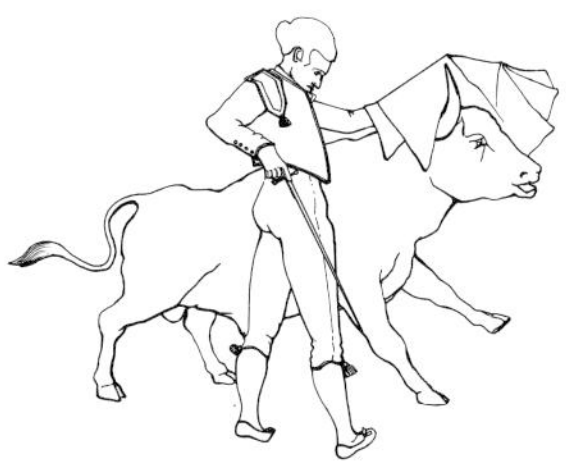

Passe de poitrine.

pouvoir diriger la tête du taureau au moment de l'estocade, telle qu'on allait la concevoir dans la corrida moderne. D'abord, ce fut un simple bâton portant un nœud de rubans à son extrémité. Puis, on le recouvrit d'une étoffe blanche, avant de la choisir écarlate.

Devant l'extension du goût du public pour le toreo*, elle est devenue, aux yeux des matadors, le moyen d'exprimer leur dextérité, leur grâce et leur personnalité dans un nombre croissant de passes, dont la liste n'est jamais close, car chacun rêve d'en imaginer une nouvelle pour se faire spécialement remarquer. Moins embarrassante que la cape et pouvant se tenir d'une seule main, la muleta est d'un usage plus pratique lorsque le taureau – au troisième *tercio** – a sensiblement ralenti sa charge, demande à être appelé de plus près et parfois même attiré pas à pas.

La variété des suertes* est plus grande avec la muleta qu'avec la cape. Toutes peuvent être exécutées d'une main ou de l'autre, voire des deux, mais l'épée ne devant jamais quitter la main droite, de ce côté on la glisse sous l'étoffe, ce qui a pour résultat de l'étendre davantage et d'offrir au regard du taureau une surface plus large. Théoriquement, les passes peuvent être exécutées avec un genou ou les deux genoux en terre, quand la docilité du taureau l'autorise. La façon la plus rationnelle de les classer est de les rattacher à l'objectif qu'elles poursuivent.

1. Passes dites de châtiment, visant à réduire la force d'un taureau,

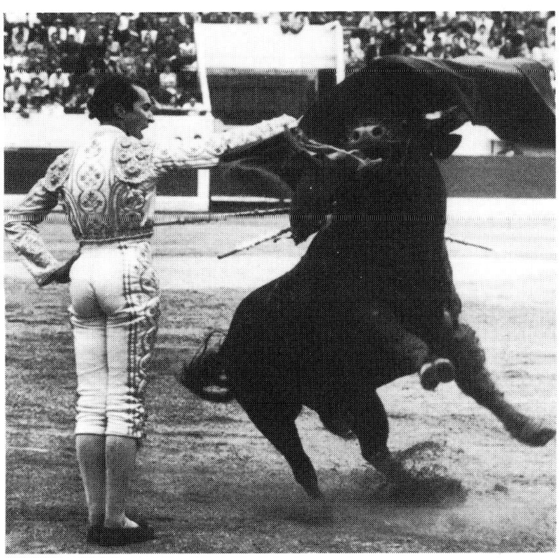

Passe haute droitière de Luis-Miguel Dominguin.

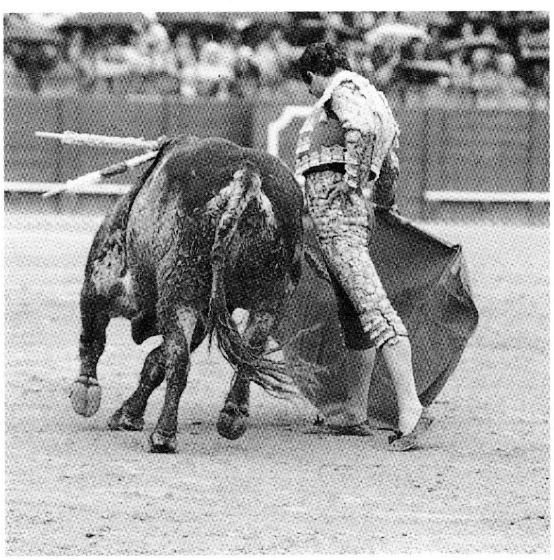

Jose Maria Manzanares en plaza de Séville, ou *bel canto* sur la scène de la Scala de Milan ? *Temple* ou *legato* ?

à régler son port de tête ou plus simplement à le *cuadrar*★ :
– *Aidée avec sortie indiquée par le bas.* À deux mains, l'épée placée sous l'étoffe.
– *Doblon.* La même, exécutée de la seule main droite.
– *Trinchera.* Doblon exécuté de la droite sur la gauche, avec un arrêt final assez sec, qui retourne la bête. C'est un apport du matador Domingo Ortega.

2. Passes de prise de contact avec un taureau noble★ en début de faena, visant à mieux observer sa charge, tout en l'allongeant :
– *Aidée avec sortie indiquée par le haut.* Des deux mains, l'épée glissée sous l'étoffe.
– *Haute.* D'une seule main, que ce soit la droite ou la gauche.
– *De tête à queue.* La même, si on laisse la muleta balayer l'échine du taureau de la tête à la queue.
– *Militaire.* Haute de la main droite exécutée presque de dos, en appelant le taureau de loin et en se figeant au garde-à-vous lors de son passage.

3. Passes fondamentales :
– *Naturelle* [*natural*]. De la seule main gauche, le déplacement de l'extrémité de la muleta libre de l'épée étant assuré par une flexion du poignet concomitante au mouvement du bras et avec sortie latérale sur la gauche. Sa difficile pureté en fait un fleuron de la tauromachie, sans lequel toute faena s'avère incomplète. « L'épée dans une main, la muleta dans l'autre et le cœur au milieu », a-t-on coutume de dire !
– *Derechazo* [passe droitière]. La même, mais exécutée de la main droite, en direction de la droite et l'épée élargissant le leurre.
– *En redondo.* Toutes *naturelles* ou tous *derechazos* liés en rond.
– *De poitrine.* La muleta présentée en avant du corps et de la main la plus proche du taureau [*pase cambiado*], la suerte chargée par l'avance de la jambe (V. CORNE CONTRAIRE★) et la sortie vers le haut, précédée d'une conduite prolongée.

4. Passes de dextérité ou d'enjolivement :
– *Dosantina* (du nom de son inventeur, le Portugais Manuel dos Santos). *Derechazo* inversé, commencé de dos et se terminant par un relèvement de la muleta.
– *En rond complet. Naturelle* ou *derechazo* continu, dans lequel le taureau est entraîné à décrire un cercle complet autour du torero immobile.
– *De la firma* (ou en paraphe). *Derechazo* au cours duquel le torero abaisse l'extrémité de la muleta pour la soustraire brusquement à la vue du taureau et le faire freiner sur ses pattes avant. *La passe du mépris,* chère à Aparicio, en est une application.
– *Afarolada.* Terminaison en *farol* (V. CAPE★) de toute passe haute, droitière ou gauchère.

– *Cambio de muleta.* Le torero change en cours de charge l'axe de la venue du taureau. L'ayant appelé sur son propre terrain*, il le rejette vers celui de l'animal par un déplacement bien marqué de la muleta. Il peut s'exécuter aussi – Antonio Bienvenida en a souvent donné l'exemple – avec la muleta repliée dans la main gauche [*cambio a muleta plegada*].
– *Pedresina* (du nom du matador Pedres). Même suerte, mais exécutée de dos et en tournant légèrement la tête pour voir venir le taureau.
– *Pendule.* Déplacement alterné, en mouvement de pendule, de la muleta tenue derrière le corps, face à un taureau alourdi, de façon à dissimuler jusqu'à la dernière seconde le côté par lequel on le fera venir.
– *De bandera* [du drapeau]. Passe haute droitière, de préférence de tête à queue, où le torero tourne lentement sur lui-même afin d'en lier plusieurs en série.
– *Manoletina* (du nom de son inventeur, Manolete). La même, avec toutefois, la muleta tenue des deux mains placées derrière la hanche droite. Elle perd toute son esthétique si le torero se déplace chaque fois vers la queue du taureau [*ir a la cola*]. Manolete ne l'utilisait d'ailleurs que pour mettre une sorte de paraphe personnel à la fin de ses faenas les plus réussies. Ses imitateurs l'ont beaucoup vulgarisée.
– *Arrucina* (du nom du matador Arruza). Au retour du taureau, après un *derechazo,* le guider avec l'extrémité de la muleta, tenue la main dans le dos, et rentrer la ceinture au passage de la corne.
– *Molinete* [en moulin]. Fin d'une série de passes, consistant à tourner sur soi-même, à la sortie du taureau, en s'enroulant la muleta au corps. Peut se faire indifféremment d'une main ou de l'autre.
– *Changement de main dans le dos.* Au cours d'un *derechazo* ou d'une *naturelle,* le torero passe la muleta dans son dos pour la reprendre de l'autre main. S'il relie ainsi un *derechazo* à une passe de poitrine, on qualifie l'ensemble de *tres en uno* [trois suertes en une seule]. C'est un apport du matador Julio Aparicio.

Comme dans le cas de la cape, il faut encore tenir compte des suertes où le taureau ne passe pas entièrement, et dites effectuées par devant :
– *Abanicando* [en éventail]. Le taureau est tiré en avant par la présentation alternée de la muleta sous l'un et l'autre de ses yeux.
– *Regiomontana* (spécialité du Mexicain Manolo Martinez). Même exécution, mais avec la complication que le torero tient la muleta dans son dos et torée à ventre découvert.
– *Kikiriki* (par onomatopée, passe « du cri du coq », parce que son inventeur fut Joselito, dont le sobriquet, « Gallito », signifiait le

petit coq). Passe aidée des deux mains, exécutée à la hauteur de la ceinture, et dans laquelle le torero retire la muleta, aussitôt que le taureau cherche à la saisir, pour la placer sur son autre œil et ainsi le retourner.
– *De tiron.* Attirer un taureau de face, en reculant au fur et à mesure qu'il avance.
– *De telon* [en rideau]. Relever la tête d'un taureau par une passe haute effectuée avec brusquerie.
– *De piton à piton* [de corne à corne]. Présenter alternativement la muleta sous l'un et l'autre œil d'un taureau cantonné dans la défensive et la relever brusquement pour l'amener à donner des coups de corne dans l'étoffe et à se fatiguer. Se fait en rompant légèrement.

Le toreo de muleta est le support de la faena★, pour laquelle se passionnent particulièrement les aficionados d'aujourd'hui. Suivant la nature du taureau – assurément – et l'inspiration de l'artiste, elle peut être longue ou courte, élégamment construite ou non, enthousiasmante ou monotone, la qualité l'emportant toujours sur la quantité. La renommée des matadors se fonde donc avant tout sur leur maîtrise à la muleta. Les uns lui donnent une légèreté aérienne, comme le faisaient encore récemment Pepe-Luis Vazquez, Antonio Bienvenida ou Manolo Gonzalez ; d'autres, une émouvante profondeur★ assortie d'une grande beauté plastique, tels Antonio Ordoñez et Paco Camino. D'autres l'utilisent plutôt pour réduire à l'état de moutons les adversaires coriaces, à l'exemple de Domingo Ortega ou de Luis-Miguel Dominguin. Il en est enfin qui voient surtout dans son emploi une occasion de sacrifier au goût relativement nouveau du tremendisme★, s'inscrivant dans une trajectoire de sensation à tout prix, amorcée d'abord par Belmonte et Manolete, puis exploitée à fond par le Cordobés.

Muñoz, Emilio

Il y eut, avant Emilio Muñoz, des enfants prodiges. Jose Gomez Ortega « Joselito », Manolo Mejias « Bienvenida », les frères « Corpas » des années cinquante (ces derniers sans avenir taurin) en sont les exemples les plus fameux. Mais rarement un enfant de douze ans que son père prenait à bras le corps pour qu'il puisse distinguer le toro en piste par-dessus le burladero suscita de tels espoirs. En 1972, Emilio Muñoz, dix ans, participe à tous les spectacles aux alentours de Triana. L'enfant suscita la polémique et inspira des articles extatiques. Sept ans plus tard, le 11 mars 1979, il prend l'alternative. Il a dix-sept ans.

Emilio Muñoz a tout connu. La gloire. La désaffection. Les injustices. Et même l'argent qui permet tout. Il a vingt-quatre ans le 5 septembre 1986, quand, à Melilla, il annonce sa retraite. Et vingt-huit quand il décide de revenir. Son toreo classique, éclipsé dans ses premières années par le phénomène Ojeda, est revenu à la mode. Il a gommé ses défauts. L'enfant prodige est devenu un maître.

Musique

La tradition est qu'elle accompagne le paseo★ et joue aussitôt que l'arène est vide de taureaux. Toutefois, une habitude – partie de la province et qui a gagné les grandes villes, sauf Madrid – veut qu'elle soutienne de ses accents la pose des banderilles par un matador, ou une faena★ particulièrement brillante. Même si elle est réclamée par une partie du public, elle ne se déclenche alors que sur une indication du président de la course et s'arrête toujours à la minute de la mise à mort. Au Mexique, ce sont des *dianas* ou classiques ritournelles de trompettes, que la présidence ordonne pour souligner une suerte★ spécialement réussie, fût-elle à base de passes de cape.

Le répertoire des musiques de corridas est entièrement composé de *pasos dobles.* Ce rythme à deux temps vient en droite ligne des marches militaires allemandes importées au temps de Charles Quint. Son enrichissement de thèmes mélodiques empruntés au folklore régional, ainsi que son rythme accéléré datent des premiers auteurs de zarzuelas, ou opérettes typiquement espagnoles de la seconde moitié du XIXe siècle. L'exemple donné par le maître Barbieri, écrivant en 1864 le paso doble de *Pan y Toros,* eut une telle portée que tous les compositeurs lui emboîtèrent le pas. Il n'y eut bientôt plus de zarzuela sans son paso doble. Aujourd'hui, le premier soin de tout matador qui se respecte, ou manifeste quelque ambition, est d'en commander un à sa gloire. Aussi leur abondance ne fait-elle pas question. Même Bizet a sacrifié au genre avec son « Toreador » de *Carmen* !

Naturelle, Passe

Passe de muleta★ dessinée de la seule main gauche. Sanchez Mejias soutenait qu'au commencement du toreo la passe de poitrine fut vraisemblablement la première à être utilisée par les matadors, car elle permettait d'étudier la charge que donnerait le taureau dans l'estocade★ au *recibir,* alors seule en vigueur, ou éventuellement de faire face à son départ inattendu. La passe naturelle serait née ultérieurement, du besoin de se libérer de son retour à la suite de la passe de poitrine, sans rompre ni attendre le secours de la cape d'un subalterne.

Les toreros anciens achevaient indifféremment la passe naturelle par une sortie haute, ou lui imprimaient une trajectoire circulaire, mais ne la liaient pas en série. Ils reprenaient toujours le taureau en position de poitrine ou, à partir de Montes, se passaient la muleta dans la main droite pour le remettre sur son emplacement

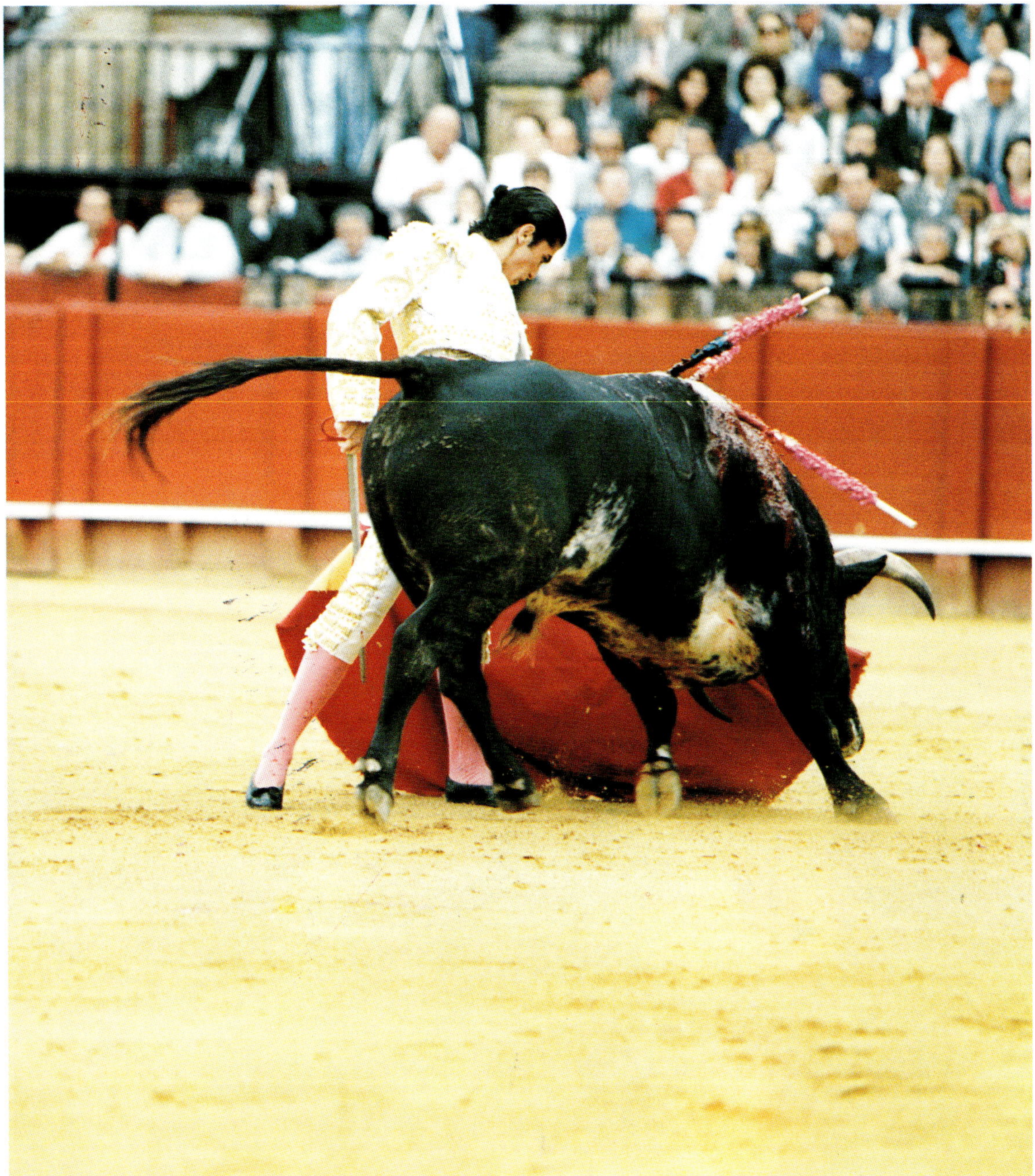

S'il allonge sa naturelle jusqu'à la fin du siècle –
elle est partie pour ça... –, Javier Conde sera le plus grand...

initial. Autrement dit, ils le laissaient toujours sur son terrain*.

À peu près depuis Chicuelo (1920), les naturelles liées les unes aux autres, déplacant l'adversaire autour de soi, sont devenues le joyau d'une faena* conduite avec art. Le choix de la main à employer la première est pratiquement indiqué par la notion du côté sur lequel la bête vient le mieux. Accrocherait-elle de la corne gauche, il conviendrait de la détromper [*desengañar*] en la toréant de préférence sur la main droite, avant de voir si elle s'améliore ainsi sur la gauche, sans oublier jamais que la sortie du coup d'épée* s'effectue sur la corne droite et qu'il est préférable de ne pas la mettre trop en mouvement.

L'exécution de la passe droitière [*derechazo*] est identique à celle de la naturelle, mais en diffère par le détail non négligeable que la muleta est désormais élargie et soutenue par l'épée glissée dedans. Elle offre ainsi un grand recours au matador gêné par un fort vent. Il est alors tout à fait excusable de n'employer guère que sa main droite.

Nerf

[*nervio*] Synonyme, couramment employé, pour *genio**. Son excès pousse le taureau à lever la tête, donc à raccourcir sa charge* et le fait *puntear* ou *derrotar* (V. CORNE*). Le nerf s'accuse avec l'âge.

Une raison pour laquelle les célèbres taureaux de Miura sont si redoutés de beaucoup de toreros est précisément que leur propriétaire ne les livre qu'à quatre ans révolus. (V. TEMPÉRAMENTS*)

Nimeño II, Christian Montcouquiol

Le 25 novembre 1991, Christian Montcouquiol, trente-sept ans, s'est donné la mort dans le garage de sa villa de Caveirac (Gard). Ce n'était pas le geste d'un désespéré. C'était en toute lucidité l'ultime justification d'une vie consacrée aux toros et uniquement aux toros. Deux ans plus tôt, à Arles, le 10 septembre 1989, il attend calmement Panolero, 543 kilos, terriblement armé, numéro 26 d'un lot de Miura, quatrième de l'après-midi. Nimeño, qui vient de banderiller le toro avec brio, le casse de trois *muletazos,* puis l'entraîne vers le centre de la piste. L'accident survient alors. La corne de Panolero le soulève et le jette sur le sable où il retombe à la verticale, nuque cassée, vertèbres brisées. Pendant deux ans, Christian Montcouquiol va vivre un autre combat avec une énergie qui laisse ses médecins incrédules. Peu à peu il retrouve l'usage de tous ses membres, arrive à marcher sans béquilles. Seul son bras gauche reste handicapé. En mai 1991, dans une interview, il confie qu'il ne pourra jamais plus toréer. Le 29 octobre, il vient à Paris recevoir le prix Claude Popelin qui récompense le torero de l'année. Ce sera la dernière fois qu'il paraîtra en public. « La corne de Panolero a voyagé pendant deux ans. Elle a atteint son but un lundi matin au fond d'un garage d'une villa », a écrit très justement Jacques Durand, ami de Nimeño II et critique taurin de *Libération*. Si la disparition de Nimeño a suscité une telle émotion, c'est que la figure qui s'est évanouie n'était pas seulement celle d'un torero. C'était surtout celle d'un homme aux multiples destinées. Frère d'un torero, ce dernier, précurseur avec Simon Casas de la tauromachie à la française, il lui avait fallu gommer l'image de l'aîné. Français, bien que novillero à succès en compagnie d'Espla à la fin des années soixante-dix, il avait dû vaincre l'ostracisme espagnol. Matador de toro, il lui resta à convaincre que ses apparitions dans les arènes n'avaient rien à voir avec un exotisme d'affiche. Catalogué capeador et banderillero de talent, puis estoqueador de qualité, il s'était peu à peu forgé la stature d'un maestro. Nimeño II était enfin arrivé au bout de son long voyage. Pour la profession il n'était plus un torero français, mais un torero tout court, et qui, légitimement, tenait sa place dans les meilleurs cartels. Cette

Quel torero fut plus sincère, plus constant, plus *largo* que Christian Montcouquiol, de Nîmes, dit El Nimeño, qui, par deux fois, donna sa vie à la tauromachie ?

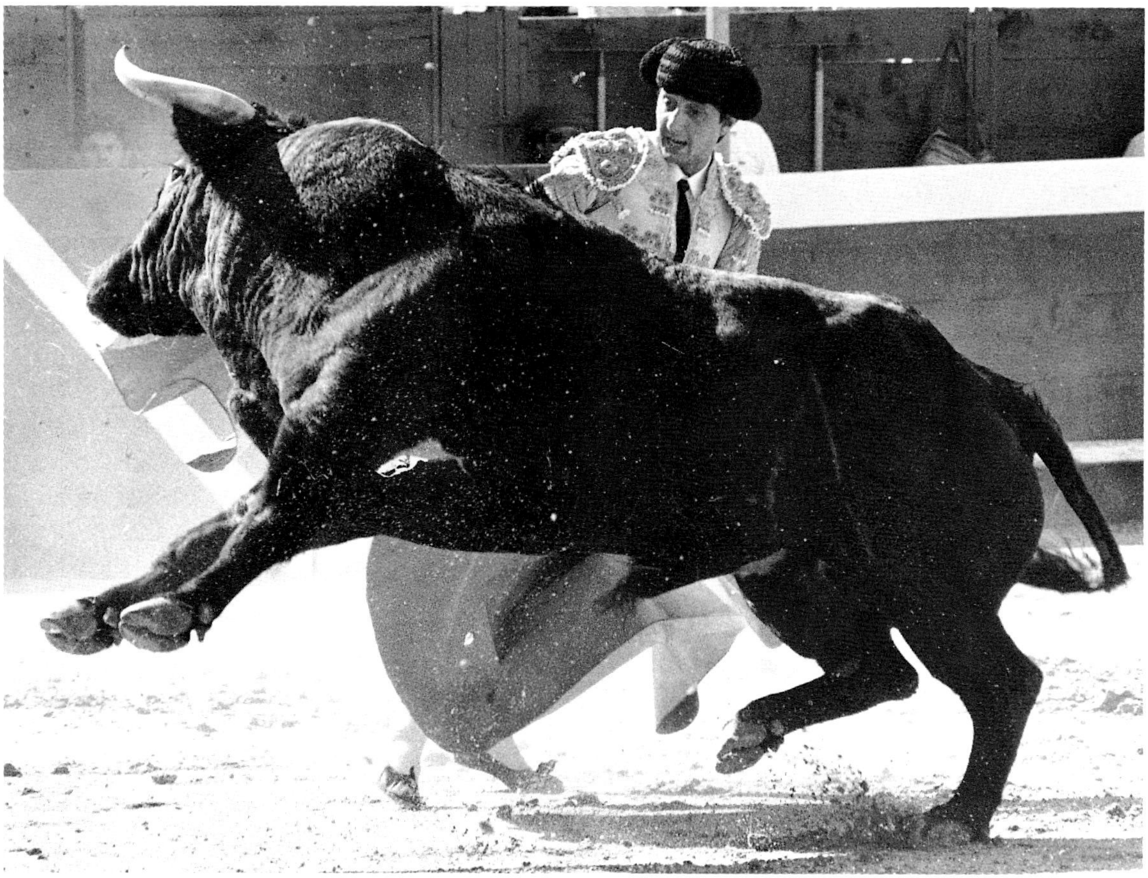

année-là, il avait obtenu 33 contrats, était inscrit d'office dans les plus grandes ferias quand Panolero, toro de Miura, sortit des corrales pour enlever à l'arène sa haute silhouette.

Niño de la Capea

Si l'on doit se référer au nombre de corridas toréées, il ne fait aucun doute que Pedro Guterriez Moya, « El Niño de la Capea », est le vainqueur toutes catégories des années soixante-dix et quatre-vingt. Né le 17 septembre 1952 à Salamanque, Pedro Moya découvre les toros dans une banlieue de sa ville où, dans un enclos encerclé d'immeubles, une école taurine propose aux enfants toujours les mêmes taurillons, quand elle ne loue pas les bêtes aux touristes de passage ! L'endroit s'appelle « Escuela Taurina de la Capea ». Pedro Moya est assez habile pour se jouer de toutes les ruses. Il devient à jamais « Niño de la Capea » : tête froide devant le danger, capable de résoudre très tôt le moindre problème. Cette facilité, si elle lui vaut une reconnaissance précoce (il prend l'alternative à vingt ans, le 19 juin 1972, à Bilbao, avec Paco Camino, à qui on le compare, comme parrain), le desservira bientôt. Abusivement, les publics qui pourtant le réclament oublient sa grande connaissance de la lidia pour ne retenir que son apparente paresse. Il lui faut deux triomphes consécutifs à Madrid, les 23 mai et 4 juin 1985, le premier devant un *manso* de Sepulveda, le second devant un merveilleux Manolo Gonzalez, pour que le grand public redécouvre ce que les aficionados appréciaient depuis longtemps : un torero artiste, capable de lidier n'importe quel adversaire. « Le Niño » se retire une première fois en 1988 à Salamanque. En 1991, il décide de reprendre l'épée. Une grave blessure à Séville, en avril, dès son retour, au moment de porter l'estocade, n'altère pas ses projets mais le handicape assez pour l'empêcher à ce jour de retrouver l'audience des années passées.

Noble

Adjectif utilisé par les toreros pour qualifier un taureau qui ne se défend pas de la tête, en allongeant des coups de corne et donc ne montre pas trop de nerf*. Le summum de la noblesse pour un taureau est de ne pas reprendre au sol un torero qu'il a renversé.

Novillada

Course de *novillos,* ou jeunes taureaux pris dans leur troisième année.

Elles ne se distinguent en rien de la corrida formelle, si ce n'est par l'âge des bêtes, qui ont moins de force – raison pour laquelle elles sont réglementairement piquées avec un fer de lance réduit de trois millimètres – et aussi un instinct de défense modérément développé. Les éleveurs réputés préfèrent en général réserver leurs produits pour les corridas où ils les vendent à un prix double. Il existe cependant nombre d'élevages, dont les taureaux, d'inégale qualité lorsqu'ils dépassent quatre ans, montrent plus jeunes beaucoup d'allant, tout en n'offrant point encore de sérieuses difficultés.

Les *novilleros,* ou matadors de *novillos,* aspirant à une éventuelle alternative, trouvent là matière à apprendre leur métier et à se faire remarquer de l'afición. Le spectacle a ses amateurs passionnés, car les garçons s'emploient généralement à fond, avec une grande diversité de tempéraments ; mais, sous l'angle du taureau et de sa connaissance, il ne présente pas le même intérêt que le combat des animaux arrivés à l'âge mûr. L'art du toreo n'y prend point sa véritable dimension.

Derrière les novilladas proprement dites, se situent celles réputées *economicas,* parce que le prix des places y est encore plus bas. Leur caractéristique est de comporter la suppression du picador et, pour autant, le choix d'un bétail de demi-caste assez fort et pas toujours commode, choisi hors du sein du premier Groupement des éleveurs*. Elles animent les plazas de maintes localités, sont riches en émotions et constituent, par la force des choses, la première épreuve des apprentis toreros.

Les novilladas ont toujours représenté la base de l'afición et le demeurent d'autant plus aujourd'hui, que l'élévation continue du prix des entrées aux corridas écarte très injustement d'elles les spectateurs de condition modeste.

Ojeda, Paco

À la fin de l'été 1982, une rumeur secoue la torpeur du monde taurin. « Un torero oublié a ressuscité. » Paco Ojeda, vingt-sept ans, est pourtant connu. Il a été un bon novillero, remarqué notamment pour son *temple,* muleta en main. Il a pris l'alterna-tive des mains del « Viti », au Puerto de Santa Maria, le 22 juillet 1979. Il fait partie de l'écurie des frères « Camara », puissants imprésarios. La route est toute tracée. Deux ans après son alternative, les « Camaras » l'abandonnent, jugeant que son toreo ne pourrait jamais attirer les foules. Cette erreur de jugement de solides professionnels entraîne Paco Ojeda vers une solitude qui en fait un torero. Ojeda est un produit de Sanlucar de Barrameda, cette ville à l'embouchure du Guadalquivir. Là, au fil des ans, s'est formée une tradition taurine particulière. Celle des toreros des marais, des furtifs de la nuit, qui, renouant avec la légende de Belmonte, s'en vont au-delà du fleuve défier les toros quand la lune est claire. Est-ce cette filiation jointe à l'isolement, le sentiment d'une injustice, une obscure volonté de revanche, ou plus simplement une maturité venue sur le tard qui convertit le laissé-pour-compte en *figura del toreo* ? Cet été

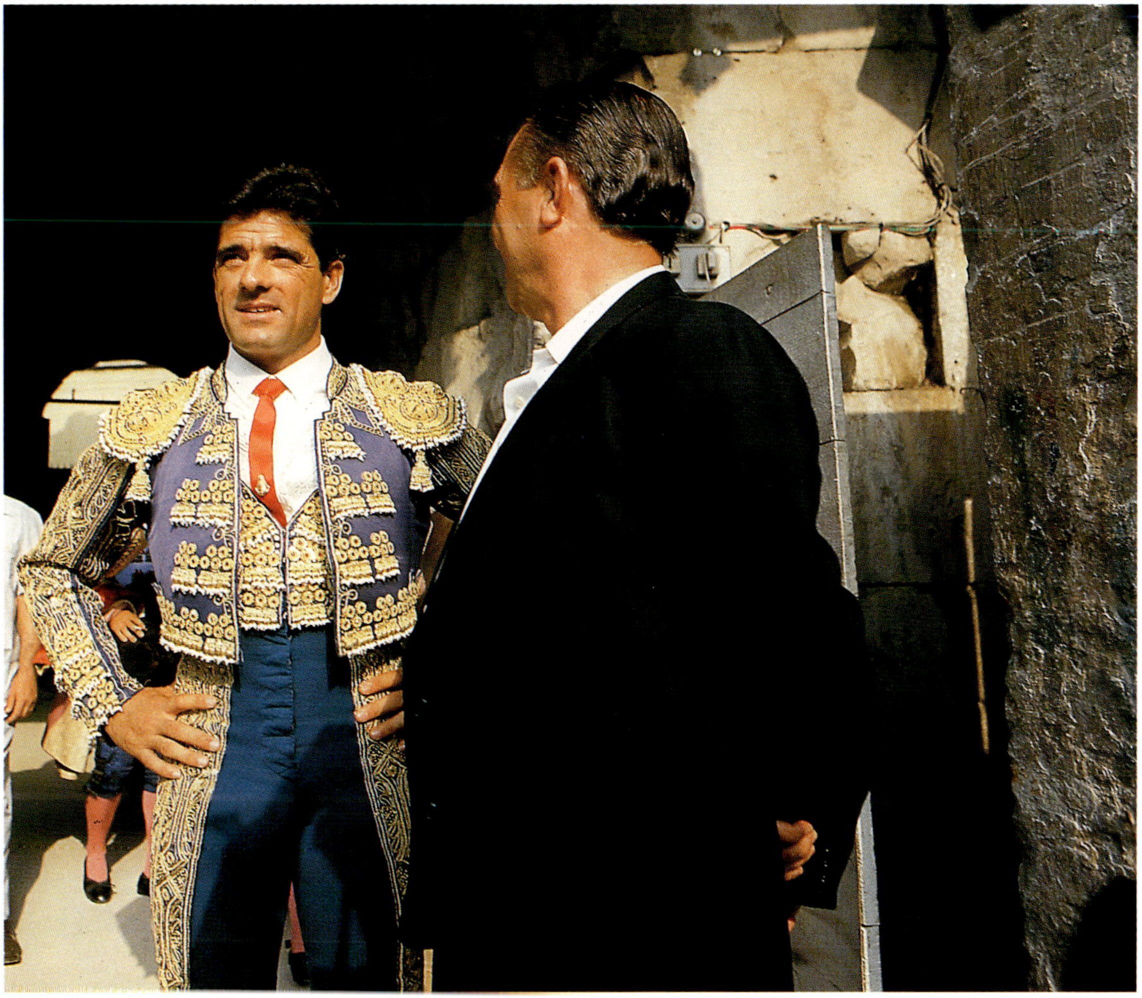

Au règne de Paco Ojeda bref (1985-1990) et discuté, mais éclatant, son *apoderado* José-Luis Marca prit une part significative.

1982, Paco Ojeda, engagé au dernier moment dans une corrida d'août à Madrid, de celles, dures, qui n'intéressent que les vieux abonnés et les contingents de touristes, parvient à attirer l'attention. Dans la foulée et par un des mystères du système parallèle de l'Andalousie, il est appelé au Puerto de Santa Maria, devant deux toros d'Osborne, ces toros blancs, *ensabanados,* que l'on retrouve dans tous les chants du *cante jondo* et devant lesquels il triomphe. Dès cet instant, la chance est avec lui. Séville le demande. Il convainc au point d'être proposé seul torero le 12 octobre suivant devant six toros de Manolo Gonzales et de sortir, porté en triomphe par la Porte du Prince. En 1983, il signe 84 contrats et termine en tête du box-office taurin. Ojeda est une vedette, le torero le plus cher payé, bénéficiant en sus d'une aura particu-lière en France. Son secret : un toreo d'attente et d'enchaînement, au plus près des cornes, le rythme de la muleta qui arrache les charges les plus réticentes, et surtout sa faculté de lier, en un même mouvement, naturelle et passe de poitrine. L'émotion que son toreo soulève, la nouveauté et l'originalité de sa personnalité « rebelle », parfaitement vendue par son imprésario beau-père, en font la vedette incontestée des années quatre-vingt, même s'il faut relever que ce genre de faena ne peut se pratiquer qu'avec des toros *parados* et de caste accommodante. La suite de sa car-rière cahote. La mort de Paquirri, le 26 septembre 1984, auquel l'opposait une sourde rivalité l'amène à se retirer un an. Il revient de 1986 à 1988. Arrête à nouveau pour reprendre l'épée en 1991. Donne parfois des après-midi insoutenables d'émotion, laisse passer des toros, qui, selon lui, ne conviennent pas à son style. Paco Ojeda, aux antipodes d'un toreo dit classique et à qui les puristes pourront reprocher d'étouffer les toros, aura pourtant apporté sa pierre à l'édifice commun de la tauromachie.

Olivo

La barrière étant faite de bois d'olivier, les toreros se sont forgé l'expression *coger el olivo,* pour dire sauter la barrière.

Ordoñez

Famille célèbre de toreros, originaire de Ronda et dont le fondateur fut Cayetano Ordoñez, alias « El Niño de la Palma » (1904-1961). Son art classique avait éveillé les plus réels espoirs, que son manque de décision démentit assez rapidement. De l'oubli où il tomba, il sortit seulement pour être banderillero d'un de ses fils.

Avec plus ou moins de fortune, ses cinq garçons ont occupé une place de premier plan dans la tauromachie. L'aîné, Cayetano, né en 1928 et portant le même prénom que son père, a été un matador très honnête et d'une bonne technique, cependant desservi par son existence bohème.

Il appartenait au second, Antonio, aussi doué que les autres mais plus courageux, d'illustrer la dynastie et d'inscrire dans les annales de la corrida un nom devenu prestigieux. Né en 1932, consacré matador en 1951, il était, après de courtes éclipses, encore sur la brèche en 1969, à trente-six ans. Son triomphe quasi continu est le fait de sa compréhension poussée des bêtes et d'un style d'une rare pureté, qui recueille à la fois l'esthétique de Belmonte et les sortilèges de l'art andalou. La profondeur* et la beauté d'exécution des diverses suertes de cape et de muleta ont atteint chez lui un haut degré de perfection. À quoi il convient d'ajouter son air merveilleusement naturel, sa majestueuse élégance et l'empreinte d'une sensibilité très personnelle. Ensemble unique de qualités,

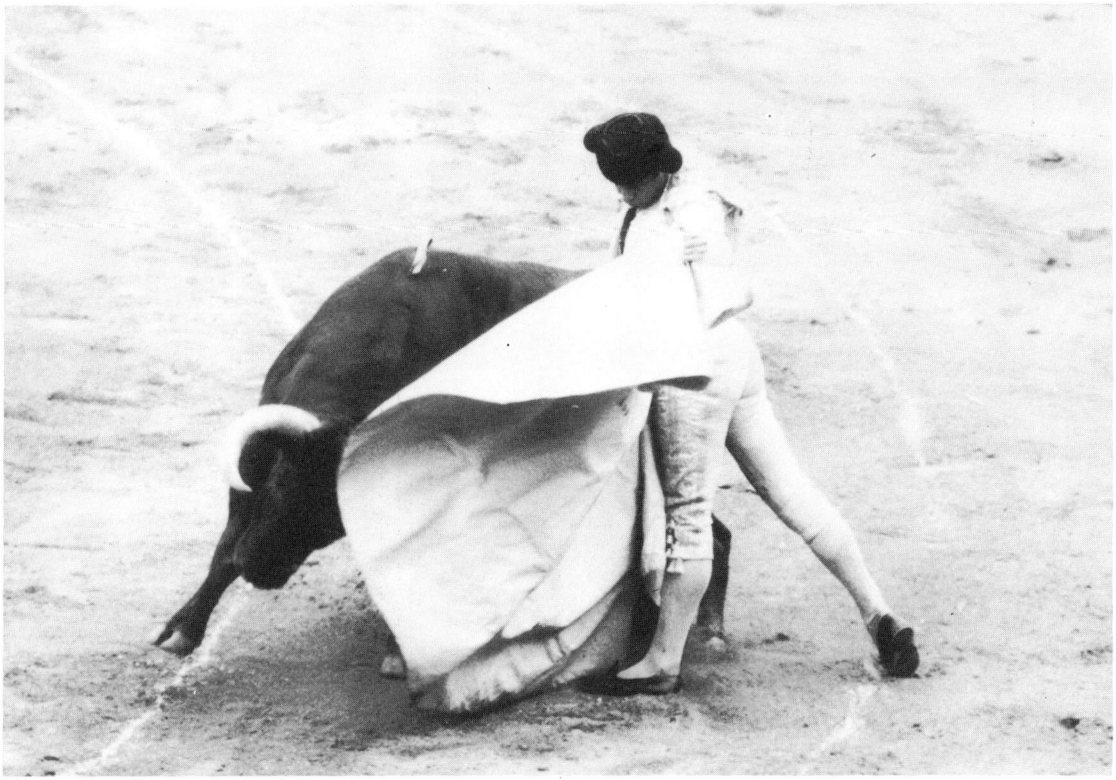

Encore Antonio Ordoñez, cape en mains, cette fois. Mais pourquoi « en mains », quand tout le corps manie si totalement la cape et se fond si pleinement dans le mouvement superbe de l'étoffe ? Voilà la véronique dans toute sa vérité.

dont on comprend qu'elles aient fait de lui la figure principale d'une époque cependant riche en toreros de classe.

Deux fois très grièvement blessé dans des estocades parfaitement portées, il s'est trouvé une façon sûre, mais pas toujours orthodoxe, d'abattre certains adversaires en déplaçant légèrement sur le côté le point de sa visée, mais le public, cédant à son enthousiasme, a fini par ne plus lui en tenir positivement rigueur. À ce détail près, la leçon de véritable toreo donnée par Antonio aura eu la valeur d'un exemple pour les publics et les générations de jeunes toreros, souvent désorientés par des improvisations sans grand fondement ni lendemain.

Son histoire montre comment se fait un très grand artiste de l'arène. À la base, sans doute, une situation de famille précaire où se forge, dès le plus jeune âge, la volonté de lutter et de réussir ; un enseignement recueilli, presque sous forme d'osmose, dans un bon milieu professionnel ; une connaissance de l'instinct des bêtes, développée par la fréquentation assidue des tientas* ; une longue patience apportée à l'acquisition d'un difficile métier. Jointe à l'indispensable dose de courage. La maîtrise permet désormais l'abandon à une inspiration artistique nourrie d'un goût sûr, comme l'a suggéré à Antonio l'exemple commenté de Belmonte : choisir son emplacement eu égard au style qu'on cultive, et à la façon de venir de chaque taureau ; appeler celui-ci à une distance suffisante pour qu'il s'embarque bien dans sa charge ; planter les pieds dans le sable et déplacer le taureau par la seule amplitude du mouvement des bras. Enfin, intervient un amour-propre peu commun, qui pousse à se dépasser pour ne connaître aucune vraie rivalité, à prendre une entière conscience de la responsabilité assumée vis-à-vis de l'histoire du toreo et à accepter d'affronter souvent des adversaires dont la taille, la caste et l'armure communiquent un fond d'émotion sans égal au travail bien fait.

Longtemps conseillé par son beau-frère Luis-Miguel Dominguin, qui dirigeait ses faenas de la barrière, comme au radar, Antonio n'est arrivé que six ans après son alternative (soit à un âge où tant d'autres commencent à se laisser couler : exactement lors de la « Merced » barcelonaise de septembre 1957) à la pleine éclosion des promesses qu'il portait visiblement en lui. Vingt-sept blessures, dont quelques-unes le tinrent un moment écarté de l'arène – telle celle mal soignée de Tijuana –, n'ont pas freiné son avance qui, dans sa fidélité à la voie qu'il s'était tracée, a fini par le situer, sous le rapport de la qualité tout au moins, à la tête de ses contemporains.

Marié à Carmina, sœur de Luis-Miguel Dominguin, père de deux filles, Antonio aime vivre dans sa campagne de Valcargado, entre Séville et Tarifa. Il est, dans l'intimité, un homme affectueux, enjoué et facilement ironique. « Je me suis convaincu, professe-t-il, de la possibilité d'intéresser le public aux formes classiques de l'art, en voyant les queues interminables devant les expositions de peinture. Il ne faut pas me dire que tous ces gens sont à même d'en raisonner mais, placés devant un chef-d'œuvre, ils reçoivent comme tout autre le coup dans l'estomac ! »

Antonio Ordoñez s'est retiré des ruedos en 1971. Ou plus exactement n'est jamais revenu dans une arène autre que celle de Ronda, sa ville natale. Les projets n'ont pas manqué. En 1979, on lui propose de donner l'alternative à Espartaco à Jerez de la Frontera. Une tornade empêche la corrida d'avoir lieu. En 1981, une fracture ruine à jamais ses projets. Pourtant, pendant les années soixante-dix, Antonio Ordoñez, tous les premiers dimanches de septembre, a donné une superbe leçon de tauromachie lors d'une corrida « goyesque », lors de laquelle, une fois par an, il livra la quintessence de son art face à des toros, il est vrai, triés sur le volet. Mais, qui a vu Antonio, âgé de près de cinquante ans, défiler et toréer dans les arènes de pierres sombres de Ronda, conservera le souvenir d'une tauromachie souveraine. L'une des plus belles qui a été donnée à voir. Antonio Ordoñez a cessé de toréer en 1979.

Le troisième membre de la famille, un temps novillero sous le nom de Juan de la Palma (né en 1930), se convertit rapidement en un excellent *peon de confianza* au service d'Antonio et acheva sa vie par un suicide.

Le quatrième, José, né en 1935 et consacré matador en 1954, pécha par manque de volonté et ne sut pas répondre aux espoirs qu'il avait suscités. Retiré en 1958, il s'emploie à représenter des toreros.

Le benjamin, Alfonso, ne réussit pas à s'imposer comme novillero et est entré dans la cuadrilla d'Antonio. Il est, au demeurant, un assez bon banderillero.

Ortega Cano, José

Il a fallu de longues années à ce Madrilène, né à Carthagène le 27 décembre 1953, mais dont les parents déménagent à San Sebastian de Los Reyes quand il est encore enfant, pour se faire une place au sommet. Malgré une très bonne campagne de novillero conclue par une alternative à Saragosse le 12 octobre 1974 des mains de José Maria Manzanares (témoin : Paco Bautista), José Ortega Cano tombe dans l'oubli. Neuf ans de luttes, pendant lesquels il accepte de se présenter devant les toros réputés les plus difficiles, ne le détournent pas de sa conception classique du toreo qu'il finit par imposer malgré un coup de corne reçu le 13 octobre 1987 à Saragosse. Ce soir-là, il reçoit l'extrême-onction. Miraculeusement remis sur pied, il recommence à toréer. Sa volonté, son inspiration, son toreo que certains estiment trop affecté, lui valent l'estime des aficionados et de la profession.

Ortega, Domingo Lopez

Né en 1908 dans la province de Tolède, à Borox – on l'appellera plus tard le « diamant de Borox » –, sa qualité de fils de simple laboureur le fit vivre dans les parages immédiats de l'élevage des fameux taureaux du duc de Veragua. Lui-même a toujours attribué à ce détail l'éveil d'une vocation où il ne devait s'engager qu'assez tardivement. De vingt à vingt-trois ans, il ne participa guère qu'à une dizaine de novilladas par an et dans des plazas sans importance. Le père Dominguin, informé de son obstination à persévérer, devait cependant le mettre à l'épreuve dans la petite plaza de Tetuan de las Victorias (faubourg de Madrid), puis lui ouvrir celle de Barcelone, à l'automne 1930. Son impact sur le public lui valut d'être « répété » quatre fois, prolongeant cette année-là la saison des novilladas jusqu'à la date reculée du 16 novembre. Aussi, dès le 8 mars suivant, Dominguin lui fit-il prendre l'alternative à Barcelone même. Quatre-vingt-treize corridas courues en 1931 confirmèrent largement le triomphe de l'autodidacte exceptionnel que fut Domingo Ortega.

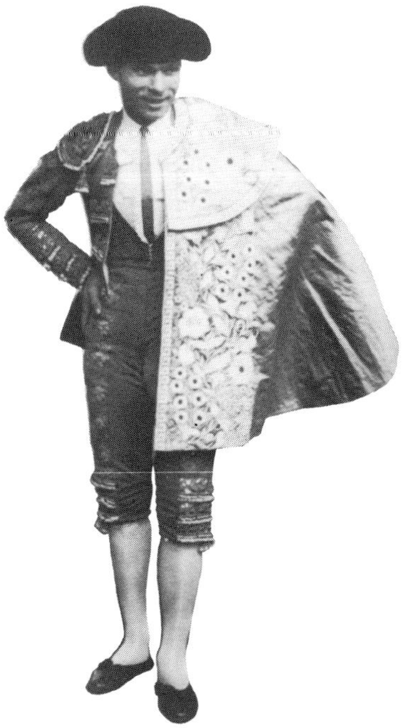

Carrure, sourire, certitude : Domingo Ortega, torero dominateur entre tous, n'évoquait pas le drame qui plane, mais des problèmes qu'il faut résoudre.

Sa vive intelligence naturelle le porta à assimiler entièrement les connaissances utiles à tout torero pour triompher de l'instinct des bêtes et les tromper. Avec un courage sans faille et jamais diminué par les blessures – Ortega confesse volontiers n'avoir jamais ressenti la peur –, il devint un des plus grands dominateurs de taureaux que l'on ait connus. Sa force résidait dans un coup d'œil toujours sûr, une froide détermination, le choix d'un emplacement exact, la résolution de s'y tenir et une extrême précision dans le maniement du leurre, tirant notamment de ses passes de muleta par le bas un effet qui soumettait à sa volonté les adversaires les plus menaçants. Le voir aux prises avec un taureau *bronco*★ était d'autant plus captivant que son toreo, jamais forcé et toujours enchaîné, coulait comme de source. Devant les bêtes faciles, sa démonstration de domination émouvait moins, et les toreros plus artistes – tel Manolete – l'emportaient sur lui. Cependant, avec le temps, il réussit curieusement à styliser sa manière et à donner ainsi en exemple une leçon très admirée du classique *aguantar*★, *templar*★ et *mandar*★.

Il l'expliquait encore à quarante-cinq ans quand, après une retraite de trois ans, il revint aux arènes en 1953 pour toréer avec autant de succès quelque vingt-cinq corridas, sans autre nécessité que celle de satisfaire son afición. Sa chevelure, devenue entre-temps toute blanche, rendait encore plus surprenante la jeunesse qu'il avait su garder. On s'émerveillait de son aisance magistrale, de son impavidité à la pointe de cornes, de l'attention exemplaire qu'il prêtait au combat, depuis la première passe de cape jusqu'au coup d'épée final, toujours rigoureusement porté.

Une blessure, qui lui ouvrit, en surface, la jambe de la cheville à la hanche, au mois de mai 1954 à Barcelone, servit de prétexte à ses proches pour le retirer définitivement de la profession, après une dernière apparition en octobre à Saragosse. Ami des artistes, des écrivains, auditeur assidu des cours du philosophe Zubiri, il s'est mué en une figure de la vie madrilène, lorsque l'élevage de taureaux sérieux qu'il s'est monté aux portes de la capitale, dans sa propriété de Navalcaire, ne requiert pas sa présence ou ne lui offre pas l'occasion de manier encore une cape ou une muleta.

Deux mariages ne lui ont donné aucun enfant et, s'il fit de son frère Luis un matador, ce geste purement affectif n'eut d'autre lendemain qu'une seule corrida à l'actif de ce dernier, après celle de son alternative en 1942.

Domingo Ortega est mort le 8 mai 1988, à Madrid.

Ortega, Rafael

Il passera à l'histoire comme un des plus purs artistes de l'estocade au *volapié*. Le courage prononcé que requiert son exécution se retrouvait dans son toreo de muleta d'une grande tradition classique, dès que la nature d'un taureau l'autorisait à « se confier » avec lui. Plus qu'aucun autre peut-être, il a donné, dans l'âge moderne, l'image de ce qu'était un torero ancien. Sa sincérité lui a valu de terribles blessures, qui n'entamèrent jamais sa résolution. Les deux dernières très rapprochées – la seconde reçue en tienta – ont fini par l'écarter de l'arène à quarante-sept ans, sans qu'il ait réussi à s'assurer une fin d'existence aisée.

Nullement parent de Domingo, Rafael Ortega était né à Cadix en 1921. Neveu d'un banderillero connu, il ne s'avisa d'aborder la profession qu'après son service militaire. Il végéta longtemps dans des spectacles mineurs et dut au hasard d'une novillada d'été, à Madrid, l'occasion de se faire apprécier. Répété trois fois, coup sur coup, il prit aussitôt l'alternative dans la capitale même, déjà âgé de vingt-huit ans.

Ostos, Jaime

Né en 1933, fils d'une famille de cultivateurs d'Ecija (province de Séville), il se préparait à une carrière de pilote de l'aviation civile, lorsque, invité à affronter une vache dans une tienta, il le fit avec succès et décida brusquement de changer d'orientation. De son propre aveu, une seconde expérience le mena au bord du découragement. Il résolut néanmoins d'apprendre ce qu'il ignorait et, avec une force de volonté très caractéristique, réussit à déboucher et à prendre l'alternative en 1956.

Plutôt limité dans ses recours, mais toujours animé d'une belle sincérité, il se laissait entraîner dans des bagarres téméraires, dont le public pressentait avec une forte émotion tout le danger. Cette disposition d'esprit courageuse, ainsi qu'un grand style dans ses coups d'épée, où – suivant l'expression consacrée – « il s'engageait à fond », lui ont assuré de très nombreux contrats et – faut-il le dire ? – maintes blessures graves. La dernière en date, à Tarazona (1963), l'a mis aux portes de la mort. Elle eût suffi à légitimer son retrait des arènes. Il n'en a rien été, car Ostos, poussé par la sympathie que lui conserve le public, a choisi de ne pas déserter.

Poussé par son afición, Jaime Ostos a tenté un retour sans suite en 1984 et est revenu aussitôt à son autre passion, la peinture. Il a une galerie à Madrid.

P | Q

Paja, Toro de

On traite de taureau de « paille » l'animal qui, tout en ayant de la prestance, s'avère entièrement dénué de caste et de force. Il est caractéristique des élevages de moindre qualité.

Palotazo

[coup de bâton] Synonyme de *varetazo* pour désigner un sec coup du revers de la corne*.

Paquete, Tragarse el

[avaler le paquet] Se dit du torero aux faibles recours et soutenu par son seul courage, qui reçoit stoïquement les charges répétées d'un taureau très agressif, sans arriver à le contrôler vraiment, et risque d'être enlevé d'une passe à l'autre. Avec les adversaires difficiles, s'il a à cœur de se confier, le meilleur matador n'a d'autre issue que de commencer par accepter cette phase initiale du combat.

Paquirri

[Francisco Rivera] Fils d'un très obscur novillero devenu concierge des abattoirs de Barbate (province de Cadix) et qui s'employa à le former dès sa plus tendre enfance, il donne un vivant exemple de ce que la constance, la bonne administration – notamment celle de Camara – peuvent réussir à faire d'un garçon entreprenant.

Sympathique, toujours désireux de plaire, prodiguant les *largas cambiadas* à genoux (V. CAPE*) et les paires de banderilles à l'écart [*al quiebro*], il a acquis par ailleurs une ample connaissance du toreo et développe d'année en année, sinon tout à fait sa personnalité, du moins son pouvoir de domination. Il promet ainsi d'occuper très sérieusement la place à laquelle il est arrivé. Né en 1948, son alternative date de 1966.

Rarement un destin moderne aura mieux convenu à l'image chromo que l'on se fait du torero. Francisco Rivera « Paquirri », le fils du concierge des abattoirs était beau, riche, célèbre et considéré, ce 26 septembre 1984, comme le numéro un, le plus *poderoso* torero en activité à défaut d'être le plus artiste. Son sourire, sa connaissance des toros, son large bagage technique, ses poses de banderilles et ses coups d'épée portés en toute sincérité l'avaient amené au plus haut de l'affiche, depuis l'année 1962, où, chétif, il tuait à douze ans son premier becerro. Il s'était deux fois marié. La première fois avec Carmen, la fille d'Ordoñez, ce monstre sacré de la corrida. La seconde fois avec Isabel Pantoja, une chanteuse de variété adulée par toute l'Espagne, qui venait de lui donner un enfant. Cette année-là, Paquirri a trente-six ans et cette saison sera la dernière. Le numéro un a décidé de se retirer. Il a pris l'alternative voilà dix-huit ans, le 11 août 1966, des mains de Paco Camino, à Barcelone. Il a triomphé partout, à Mexico, Madrid, Séville. S'est enfermé plusieurs fois face à six toros. Son corps porte la trace de près de trente coups de cornes.

Mais son registre est assez étendu et son assurance telle, qu'on l'imagine invincible. La temporada touche à sa fin. Il torée à Logrono, coupe une oreille et confie à un ami français, Georges Dubos : « Demain je suis à Pozoblanco, près de Cordoue. Une corrida sans importance. Puis l'Amérique du Sud. Et j'arrête. »

À Pozoblanco, Paquirri coupe une oreille à son premier opposant. Il est 7 h 20. Avispado de la ganaderia Salayero y Bandres entre en piste. C'est un toro noir, marqué du chiffre 9, d'un poids en canal de 236 kilos et qui n'a rien d'un monstre. Paquirri le passe par véroniques en regardant le public. Avispado lance la corne, soulève le torero pendant huit interminables secondes, « comme une feuille de papier », disent les témoins. Quand le torero se dégage et tombe sur le sable, une flaque sombre s'agrandit aussitôt. La veine saphène et l'artère fémorale sont sectionnées. Les médecins, devant la gravité de la blessure et sur la demande du maestro, qui a gardé tous ses esprits, décident l'évacuation vers l'hôpital militaire de Cordoue à 67 kilomètres. Quand, à 21 h 30, l'ambulance arrive dans la cour de l'hôpital, il est déjà trop tard. Le visage a tourné au gris de l'agonie. Dix minutes plus tard, Paquirri meurt d'un arrêt cardiaque.

Parar

[s'arrêter] Demeurer immobile sur l'emplacement choisi pour commencer une passe et ne pas rompre sous la poussée de la charge (V. AGUANTAR★). Le détail est capital, car tout mouvement imprévu ou tout recul sont de nature à détourner le taureau du chemin qu'on souhaite lui tracer. Il commande donc, dès son début, la rigoureuse exécution de toute passe de cape ou de muleta, ainsi que de la pose de banderilles★ à l'écart. Il permet également de n'avancer le leurre qu'à la dernière seconde et ainsi d'« embarquer » plus exactement l'animal sur la trajectoire où l'on se propose de l'entraîner.

Parear

Verbe tiré du mot *par* [paire de banderilles] pour désigner l'action de les poser.

Pareja

[couple] Afin de mieux susciter l'émulation entre les matadors les plus en vue, les directeurs d'arènes cherchent à les « accoupler » dans un même programme. L'objectif est d'opposer ainsi la grande classe d'un artiste reconnu à la témérité affirmée d'un autre. Lorsqu'il est atteint, la pareja de l'époque est alors formée.

Quelques toreros, tels Francisco Montes, Guerrita, Manolete ou Luis-Miguel Dominguin, n'ont jamais vraiment trouvé des partenaires à leur taille. Pour des raisons diverses, ceux qu'on a cherché à leur donner n'ont pu « tenir le coup » devant eux.

En revanche, la légende est toujours vivante des célèbres parejos de l'histoire : Pedro Romero-Pepe Hillo, Cuchares-Cayetano Sanz, Lagartijo-Frascuelo, Bombita-Machaquito, Joselito-Belmonte, Domingo Ortega-Manolo Bienvenida, Aparicio-Litri. Elles ont toujours eu pour conséquence de porter l'afición à son plus haut degré d'enthousiasme.

Parón

Toute passe de cape ou de muleta, dans laquelle un torero, mettant à profit la charge droite d'un taureau, joint les pieds, se tient immobile, sans avoir à le conduire, et lui marque seulement sa sortie. D'un grand effet visuel, le parón est sans profonde valeur et ne relève pas du toreo véritable.

Pas en arrière

[*paso atras*] Très laid défaut des toreros qui, par appréhension excessive ou manque de confiance dans leur conduite du taureau, reportent le pied en arrière à son passage et s'en éloignent au lieu d'avancer. Souvent imposé par la position de profil*, il enlève toute sécurité ainsi que toute émotion au toreo de cape ou de muleta, et n'est tolérable qu'avec un adversaire se collant dangereusement sur un côté déterminé. Donner le pas en arrière n'est plus toréer, mais esquisser déjà un mouvement de fuite.

Paseo

Présentation et défilé des cuadrillas * marquant le classique début de toute corrida. Déclenché sur une indication du représentant de l'autorité exerçant de droit, en Espagne, la présidence du spectacle, il a le sens d'un geste de déférence à l'égard des pouvoirs publics qui ont autorisé sa célébration.

Derrière les alguazils* se forment les matadors, placés dans l'ordre d'ancienneté de leur alternative* ; les banderilleros, les picadors et les *areneros** suivis du train d'*arrastre**. Le paseo avance aux accents de la musique* des arènes et se termine par un salut général à la présidence.

Aussitôt, un des alguazils fait le simulacre de remettre la clé du toril à son gardien, puis tous deux se retirent au galop après s'être découvert à nouveau sous la loge officielle. Tout le monde s'efface alors derrière la barrière et laisse le champ libre au premier protagoniste de la fiesta : le taureau.

Au Portugal, où les spectacles comportent obligatoirement l'intervention des cavaliers en place nationaux (V. REJONEADOR★), le paseo est exceptionnellement remplacé par la cérémonie dite des *cortesias* [échange de courtoisies]. Les toreros gagnent à pied le centre de l'arène et se rangent sur une seule ligne, pour saluer les cavaliers en place à la descente des carrosses, dans lesquels ils font leur entrée. Il est également de tradition que le matador le plus ancien présente symboliquement au premier cavalier le *rejon,* dont il va se servir.

Passe

(V. CAPE★ et MULETA★)

Pastor, Vicente

(1879-1966) Figure très aimée du public de Madrid, car il sortit du quartier populaire de Lavapiés et, poussé par une vocation obstinée, il aborda la tauromachie sans autre véritable appui que l'encouragement de ses voisins de rue. Il débuta de la façon la plus prosaïque en se mesurant au taureau emboulé que les arènes de Madrid avaient pris l'habitude de réserver aux amateurs après tout spectacle. Comme il ne quittait pas sa blouse de travail, on le désignait sous le surnom de « El Chico de la Blusa ». Six années de novillero, plutôt laborieuses, le conduisirent à l'alternative en 1902, mais il n'en tira pas grand profit et dut la chance de sa vie à l'éclatement du litige des Miura en 1910. Bombita et Machaquito, alors en vedette, s'écartèrent un temps de la plaza de Madrid parce qu'elle leur refusait l'augmentation de cachets qu'ils demandaient pour toréer les produits du redoutable élevage. L'imprésario de l'époque, Indalecio Mosquera – un pittoresque personnage, toujours vêtu d'une redingote et coiffé d'un haut-de-forme, hellénisant passé sans transition de l'invention du billet de chemin de fer kilométrique à l'organisation de spectacles tauromachiques, avec l'assistance technique de Manfredi le tailleur de toreros –, fit alors main basse sur Rafael el Gallo et Vicente Pastor. Celui-ci eut ainsi l'occasion de révéler ce qu'il portait en lui : un grand sérieux, du courage, un toreo sobre, mais reposé et très dominateur, souvent exécuté de la seule main gauche et que suivaient des coups d'épée toujours portés avec une foi émouvante.

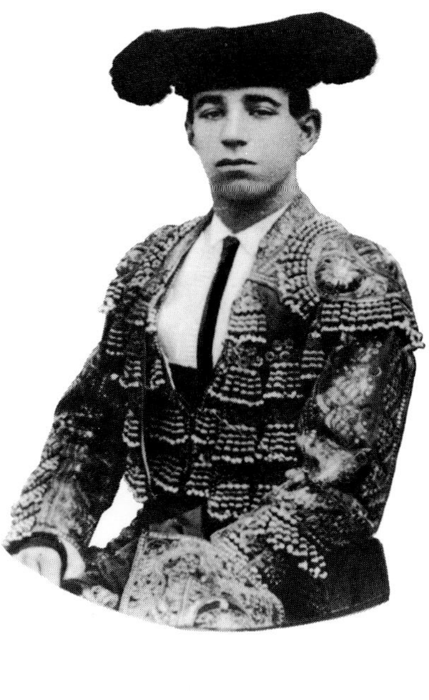

Le 2 octobre 1910, le taureau « Carbonero » de Concha y Sierra, un *manso* noir et blanc, dangereusement embusqué près de la barrière après avoir reçu des banderilles à feu, et qu'il affronta avec une remarquable maîtrise, lui valut sa consécration. Elle eut un tel retentissement que le public obtint pour lui une oreille, qui passa longtemps, et à tort, pour la première coupée en plaza de Madrid (V. TROPHÉES★).

Ainsi lancé, Vicente Pastor parcourut toutes les arènes importantes d'Espagne et de France jusqu'en 1918. Une fois retiré, il fut désigné comme un des assesseurs techniques des présidents de course dans la capitale, et l'on voyait avec confiance sa figure austère se détacher du premier rang de la loge des autorités.

Pavo [dindon] Désigne un taureau d'une grande corpulence et sérieusement encorné.

Pedrés [Pedro Martinez] Né en 1932 à Albacete, il fut d'abord commis chez un marchand de tissus. Un curieux personnage, cocher de profession, El Potaje, rêvait alors d'imiter les grands *apoderados*★ espagnols et le lança en novillada avec son camarade Juan Montero. Les succès remportés en province les amenèrent rapidement à se présenter à Madrid, où la personnalité de Pedrés causa une forte sensation.

Passé aux mains de Camara, précédemment inspirateur de Manolete, il développa comme matador un toreo *corto*★, il est vrai, mai rendu très émouvant par le raccourcissement progressif du *cite*★ ainsi que par une attente résolue de la charge. À ces éléments précurseurs du tremendisme★ venait s'ajouter une réelle dextérité dans les passes de muleta changeant la direction originelle de la charge du taureau. L'une d'elles, exécutée presque de dos, porta désormais son nom : la *pedresina*. Il fut également le premier à pratiquer le *cite* « en pendule », où le torero, placé de face, mais tenant la muleta dans son dos, présente alternativement celle-ci au taureau des deux côtés, semblant laisser au hasard la sortie qu'il donnera finalement... alors qu'en réalité l'impératif des terrains★ commande quasiment d'avance le choix auquel il s'arrêtera !

Un aspect intéressant de la trajectoire artistique de Pedrés est qu'après une absence de quatre années (1956-1960) il revint aux arènes avec un toreo tout à fait classique. Il expliqua qu'il avait employé ce loisir à acquérir, devant les vaches de tienta★, le bagage technique qu'il n'avait pas pris le temps d'assimiler en son début précipité. Si cette seconde manière retint davantage l'attention des aficionados, elle ne passionna pas le grand public autant que la première. Pedrés sut cependant se maintenir à sa place et toréer souvent jusqu'à sa retraite définitive, en 1965.

Pedrés vit toujours à Albacete où, en compagnie de Manuel Amador, torero gitan, il présida à l'éclosion d'une école taurine.

Pegajoso [collant] Tempérament du taureau, que sa bravoure et son nerf conjugués font s'acharner sur le picador et « coller » longuement au *peto*★ du cheval. À la muleta, il y a lieu de se méfier de ses recharges soudaines, car elles se transforment facilement en poursuites accélérées.

Pelea

[lutte] La pelea est la lutte instinctive du taureau contre l'homme, qu'il attaque pour retrouver le chemin des espaces naturels qui sont sa demeure habituelle. La lidia★ est le combat rationnel du taureau par l'homme, suivant une expérience acquise du comportement de l'adversaire qu'il s'est choisi.

Le taureau donnant la pleine mesure de sa combativité dans ses assauts contre les picadors, ce moment [*pelea en varas*] est considéré comme le plus révélateur de la force saisissante à laquelle peut atteindre son instinct de lutte.

Peón

[piéton] Tout subalterne à pied de la cuadrilla★ intervenant dans la *brega*★.

Pepe-Hillo

[José Delgado Guerra] Né en 1754 à Séville, camarade d'entraînement de Costillares à l'abattoir de la ville, il bénéficia de son appui et, à vingt-deux ans, figurait déjà comme matador dans les plus importantes corridas.

Doué d'une force de sympathie débordante et d'une grâce souriante – signe distinctif du toreo sévillan, dont il devait donner le premier un exemple accompli –, il connut une extraordinaire notoriété, qui ne l'abandonna pas au cours des vingt-cinq années de sa carrière. Au style classique, dominateur et plutôt sobre de Pedro Romero, il opposa une recherche enthousiasmante de la fantaisie. Elle s'exprimait notamment dans sa pratique des passes exécutées de dos, avec la cape, et d'où devaient sortir par la suite de nombreuses variantes, la dernière en date ayant été la *gaonera* actuelle. Il n'était toutefois pas un de ces artistes qui se réfugient dans la facilité. Vingt cinq blessures graves attestent son audace et les risques qu'il prenait.

Il fut le premier torero à signer de son nom un traité de tauromachie (1796) – à vrai dire rédigé par une plume amie, vraisemblablement celle de José de la Tixera. On y trouve davantage de recommandations techniques que d'ouvertures sur les secrets de son art. Sa lecture n'en offre pas moins un réel intérêt et l'ouvrage, illustré d'une gravure représentant l'auteur présumé tuant un adversaire en se servant comme leurre d'une montre suspendue à sa chaîne, s'est vu rééditer plusieurs fois.

« Expansif dans ses affections, vif d'esprit et d'un enjouement bien méridional, ayant affiné ses manières à l'origine entièrement plébéiennes », tel que le décrit un de ses contemporains, Pepe-Hillo était apprécié tout autant dans les milieux populaires que parmi les grandes dames de l'aristocratie. Il fit ainsi partie de la petite cour de la fameuse Cayetana, duchesse d'Albe, accueillante aux artistes et aux toreros et dont Goya fut, un temps, l'animateur préféré.

Pages suivantes :
Torero pour « grand public », Paquirri ? Comment recevoir avec plus de noblesse un noble toro ?

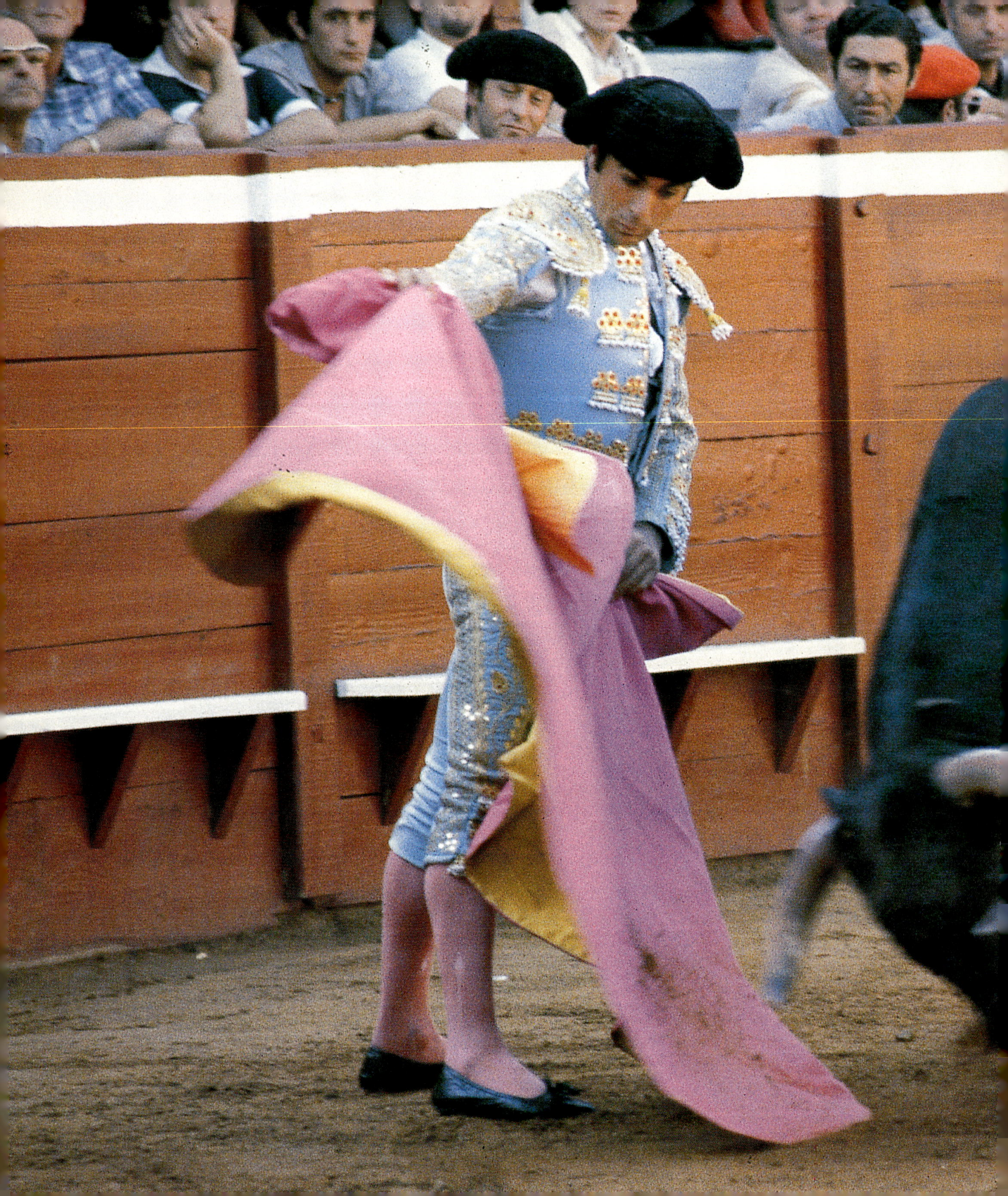

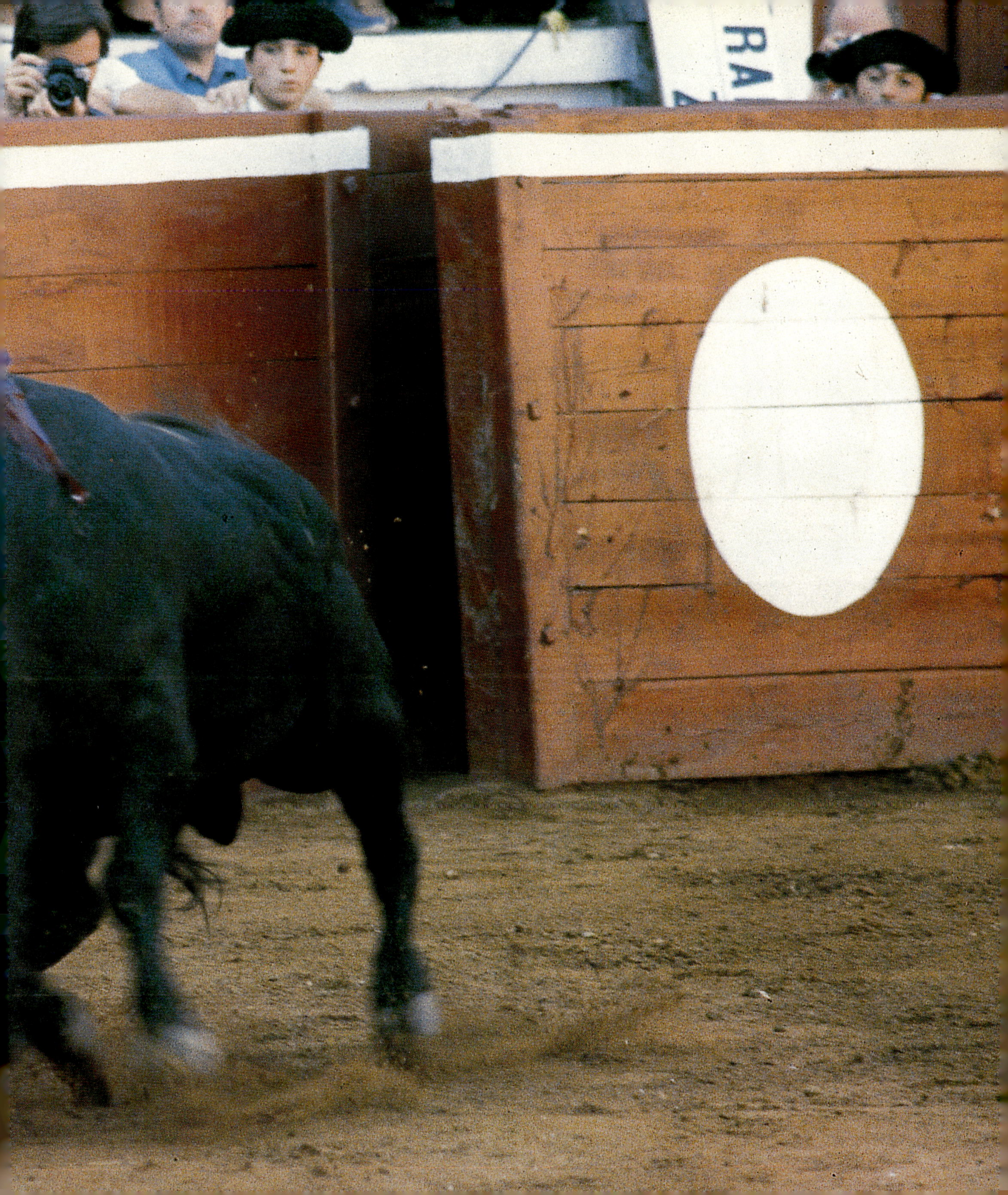
RA

Une fin tragique l'attendait, lui qui avait si souvent défié la mort jusqu'à tuer de façon impromptue dans une rue de Séville un taureau échappé et à en abattre un autre dans le *tendido* même de la plaza de Calatayud où il avait sauté et où il pouvait faire un carnage parmi les spectateurs. Le 11 mai 1801, à Madrid, le taureau « Barbudo », de race castillane, le « cueillit » au coup d'épée et le tint longtemps sur ses cornes, malgré l'effort surhumain qu'il fit pour chercher à se déprendre, et que Goya a fixé dans un des immortels dessins de sa *Tauromaquia*. Quatre côtes cassées, le diaphragme décollé, l'intestin et l'estomac traversés de part en part, un lobe du foie arraché, un poumon perforé, le tout entraînant une large hémorragie interne, ne lui laissèrent que quelques secondes de vie. Jamais peut-être, depuis lors, un accident de l'arène n'a soulevé pareille émotion.

Pepe-Hillo était dans sa quarante-cinquième année et ses restes reposent dans la paroisse madrilène de San Ginés.

Percal

Synonyme de cape★.

Pesar

[peser] Se dit du taureau qui, dans les passes de muleta, se met à serrer davantage le torero dans une direction déterminée. La cause en est toujours son attirance vers un point de l'arène qui aura échappé à la perspicacité du matador. Le détail a, pour celui-ci, la valeur d'une mise en garde, l'incitant à reconsidérer aussitôt la répartition des terrains★.

Peto

[plastron] Gaine de protection des chevaux de picador, adoptée en 1928 sur une décision du général Primo de Rivera et reprise par tous les pays où se donnent des corridas. Elle est faite d'un premier tissu capitonné, d'une épaisseur d'étoupe où la corne peut fourrager librement et d'une solide toile à voile non transperçable. Son alourdissement au-delà du poids primitif d'une trentaine de kilos, quelquefois par l'inclusion de plaques métalliques, en a fait une véritable armure qui a sensiblement affecté le déroulement de la suerte de pique. Désormais, le taureau arrive difficilement à renverser le cheval et s'offre à tous les sévices d'un cavalier mal intentionné. À vouloir légitimement préserver le second, on s'est exposé à souvent sacrifier le premier. Aussi la question d'une réglementation plus stricte des petos est-elle à l'ordre du jour.

Peyré, Joseph

(1892-1968) Béarnais de naissance, il eut l'occasion de fréquenter, dès sa jeunesse, les arènes du sud-ouest de la France. Le prix Goncourt a couronné son *Sang et Lumières,* titre qu'il a donné à un reportage de plusieurs mois, effectué parmi les toreros de Madrid, et dont l'exactitude est telle qu'en rétablissant les noms, on retrouve les vrais protagonistes des anecdotes racontées. Seul, de son propre aveu, le personnage central a été imaginé et n'offre pas le même accent de vérité.

D'un hiver passé à Séville, il a ensuite tiré un beau livre sur les élevages d'Andalousie et l'amorce de la commercialisation de la corrida : *Guadalquivir.*

Picador

V. PIQUE*

Picasso, Pablo

(1881-1973) Andalou exilé à Barcelone, Pablo Picasso fut un aficionado. La passion de son enfance ne le quitta pas de toute sa vie et l'accompagna tout au long de son œuvre. Picasso avouait que, s'il avait eu à choisir, il aurait été picador et non torero. Pour preuve, sa première peinture connue (il a huit ans alors) s'intitule *Petit Picador jaune,* et le *Cheval éventré* de 1917 que détient le musée Picasso de Barcelone préfigure le cheval de *Guernica.* Mais la contribution la plus importante que donna Picasso à l'art tauromachique fut son livre *Toros y Toreros* réalisé dans les années cinquante avec son grand ami Luis-Miguel Dominguin, qui avait accepté de le préfacer.

Pico de la muleta

Pointe libre de la muleta. Elle s'utilise, d'un léger mouvement du poignet, pour remettre les taureaux en suerte à l'issue d'une passe. La présenter sous l'œil extérieur de la bête, avant son départ, constitue une duperie censurable qui enlève toute vérité au toreo [*torear con el pico de la muleta*].

Pique

[*puya, vara*] Arme du picador. Elle est constituée d'une hampe de bois de frêne de 2,60 m sur laquelle est encastré, au moment de la corrida, un fer d'un modèle réglementaire, extrait d'une boîte sous scellés apportée par le délégué local de l'Union des éleveurs de taureaux, afin d'éviter toute falsification. Actuellement, à la suite de nombreuses contestations opposant les autorités aux picadors, ce fer revêt la forme d'une pyramide d'acier à arêtes effilées de 29 mm de long (réduites de 3 mm en novilladas) reposant sur une base de 20 mm de diamètre, elle-même placée sur un butoir cylindrique en bois mesurant 7,9 mm, et entouré d'une cordelette roulée. Le dispositif d'arrêt est constitué par une rondelle, à vrai dire insuffisante, et qu'on a réussi à compléter d'une barrette longitudinale de fer forgé [*la cruceta*]. Les blessures superficielles qu'entraîne l'usage de la pique sont susceptibles d'une cicatrisation rapide, comme le prouve le cas des taureaux graciés pour leur extrême bravoure et qui rejoignent tous leur élevage après quelques jours de soins.

La pique a deux objectifs :

1. Révéler – les Espagnols disent « découvrir » – la bravoure

d'un taureau déterminé. Pourquoi ? D'une part, pour la faire admirer – quand il y a lieu – dans son expression la plus saisissante. D'autre part, afin d'en donner une mesure exacte qui permette au torero de concevoir sa lidia*, et au public de la comprendre. Enfin, c'est une façon de contrôler, d'un bout de l'année à l'autre, la qualité de la production des divers élevages et d'entretenir le zèle de leurs propriétaires.

De quel comportement du taureau déduit-on son degré de bravoure ? Théoriquement, il doit s'élancer de loin, au premier appel du picador, accélérer progressivement sa charge, ne pas accuser la morsure de la pique, repousser le groupe équestre en s'arc-boutant sur son arrière-train et ne se détourner qu'à l'invite d'une cape. Mieux encore, s'il « s'allume sous le fer », c'est-à-dire apporte de plus en plus de brio aux attaques suivantes [*ir a mas*].

Le taureau qui s'en va de lui-même [*salir suelto*] tire sur le bœuf. Celui qui heurte la monture de la tête [*topar*] sans pousser [*dormirse*] s'avère d'une bravoure limitée. Celui qui cherche à se libérer de la pique d'un coup de frontal, ou s'emploie à lacérer le *peto* [caparaçon] de coups de corne répétés, trahit une propension fondamentale à se défendre plutôt qu'à attaquer, donc démontre avoir un nerf* accusé, qu'il conviendra par la suite de ne pas laisser gauchement se développer.

Pour que l'épreuve prenne toute sa valeur, encore faut-il que le picador ne la falsifie point par des incorrections. C'est la raison pour laquelle figurent désormais sur l'arène deux cercles concentriques, tracés à la craie. Le fait que le taureau soit obligatoirement placé derrière le second et que le picador ne doive pas, sous peine de sanctions, dépasser le premier établit entre les deux protagonistes le minimum d'espace nécessaire à la bonne réalisation de la suerte*. Au surplus, le picador ne peut plus se laisser acculer à la barrière pour, sans craindre un renversement toujours possible de son cheval, s'acharner indûment sur le taureau, ni s'avancer au point de lui couper sa ligne de retraite vers le centre [*hacer la carioca*] et abuser de cet avantage. Cette disposition générale n'est enfreinte qu'avec les animaux ayant failli trois fois à prendre la pique correctement.

Il est important (et c'est une prescription du règlement*) qu'aucun torero ne se trouve à la droite du cheval, au moment où le picador provoque le départ du taureau, car autrement on ne pourrait juger de sa spontanéité.

2. Arrêter le taureau dans sa course première, l'amener à tenir la tête moins haute et réduire sa force – très variable suivant la nature des bêtes – à un niveau convenant à la pratique du toreo de muleta, comme à l'exécution de l'estocade. Ce résultat est atteint par la force que déploie la bête dans chacune de ses

Piquer « proprement » ? Mais oui, mais oui, c'est possible et ça peut être beau.
(Vic-Fezensac, 1982)

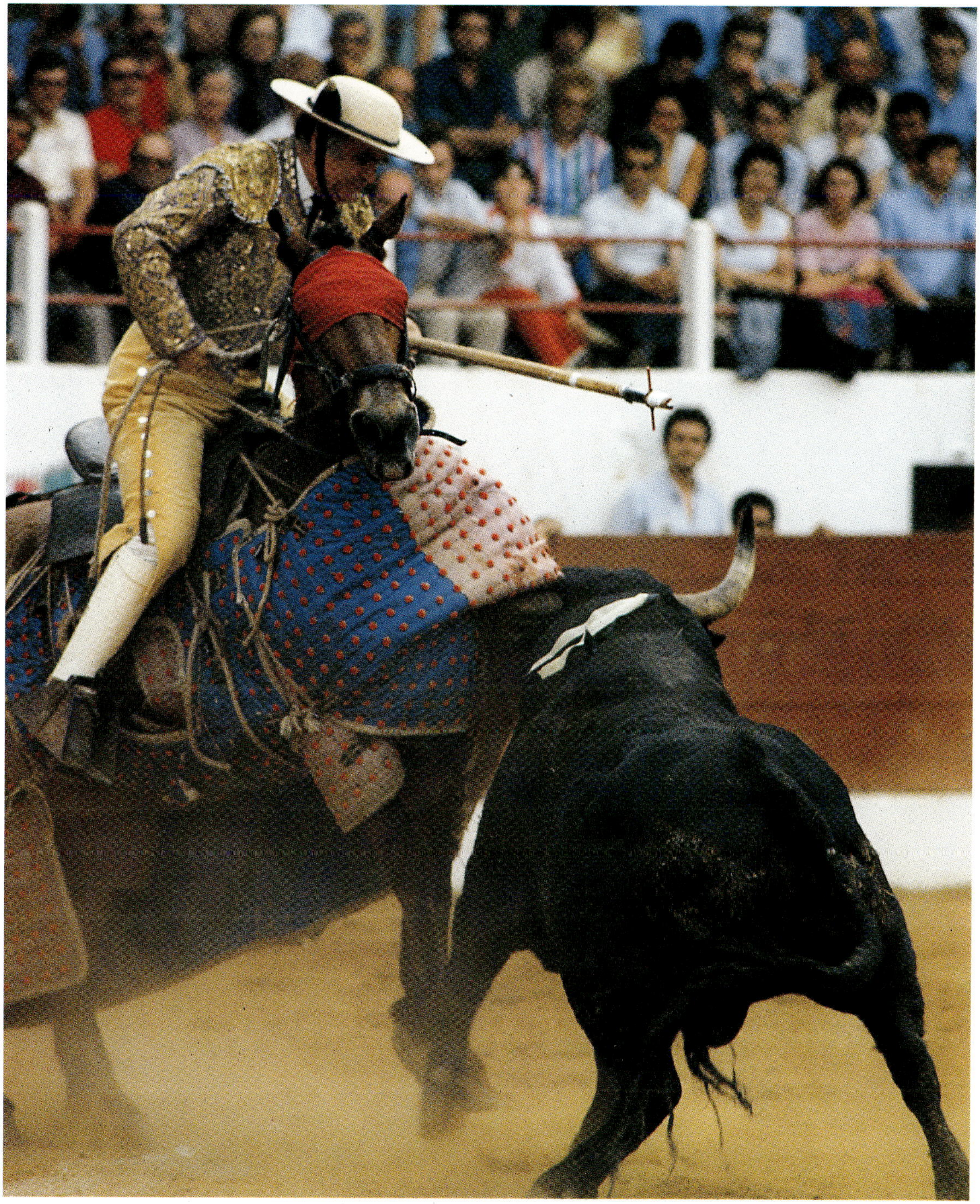

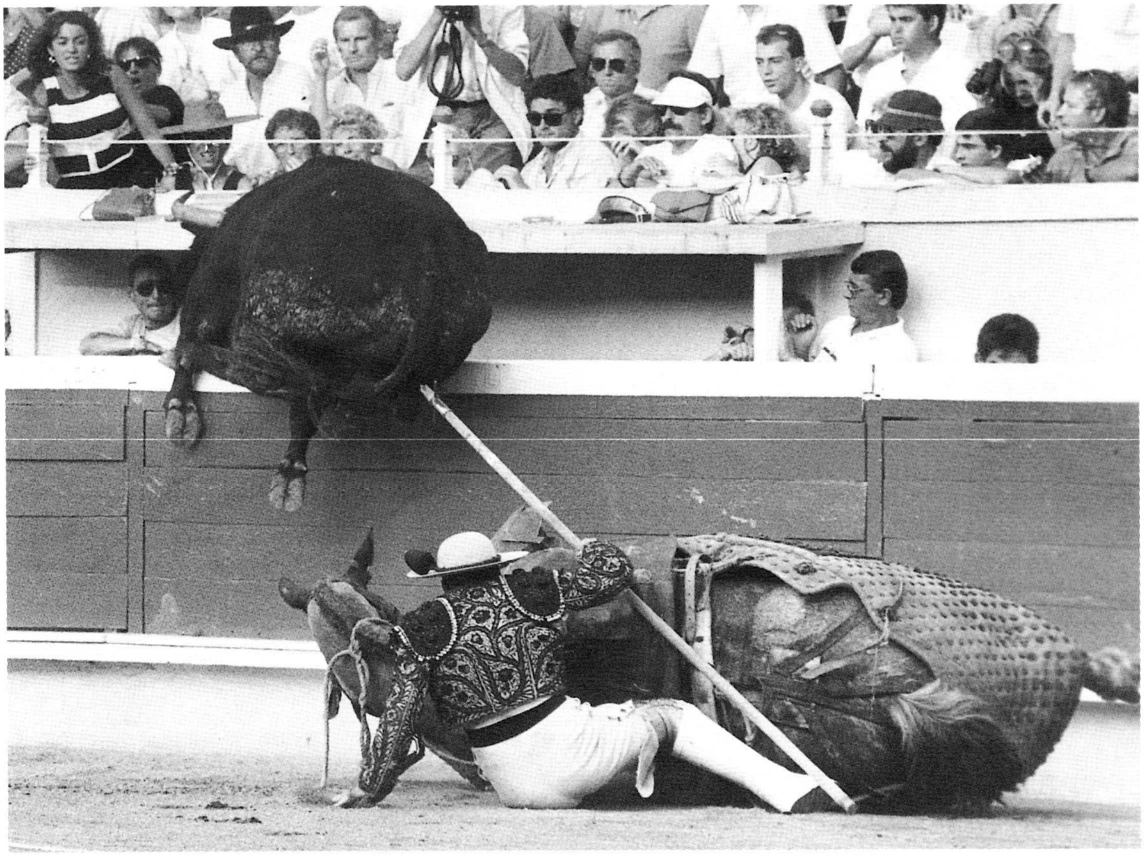

Quand deux bêtes s'affrontent, allez savoir ce qu'elles feront, debout, couchées, en l'air, surtout si le toro est *manso*, c'est-à-dire peu porté au combat...

rencontres avec le cavalier, la pique servant surtout à la recevoir et à la contenir, le temps de leur durée. Elle doit prendre appui sur le haut du garrot, non point en avant car elle pousserait le taureau à encenser, ni en arrière où elle meurtrirait inutilement les chairs.

Le nombre de piques administrées à un taureau est commandé par la prise en considération de sa force. La tâche très délicate de le déterminer avec l'exactitude voulue, d'une pique à l'autre, échoit au président de la corrida. Il ne peut tenir pour véritables « rencontres » celles où l'animal ne s'est ni engagé ni livré à fond. Aussi, avec les bêtes hésitantes, réservées ou fuyardes, faut-il recommencer la suerte plusieurs fois avant d'en réussir une. On tient ces essais pour des simples *picotazos* [piqûres] et ils ne doivent pas faire illusion.

Le règlement officiel impose un minimum de trois piques par taureau, mais, du fait de la plus grande jeunesse du bétail d'aujourd'hui, il arrive souvent qu'on arrête le *tercio*★ avant ce

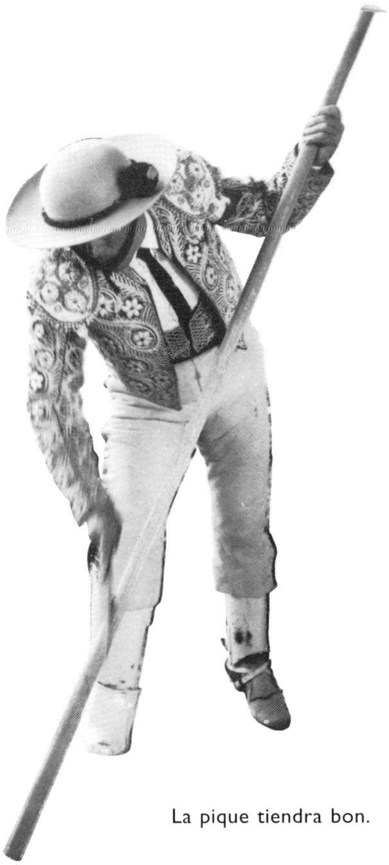

La pique tiendra bon.

chiffre fatidique. Le matador est admis à solliciter respectueusement cet arrêt de la présidence, en se découvrant. Celle-ci demeure libre de le suivre, ou non, dans son appréciation. Le nombre total de piques prises par un lot de taureaux, au cours d'une corrida, n'en demeure pas moins le plus clair indice de sa bravoure et de sa force.

Les picadors se recrutent habituellement dans les familles de bouviers des élevages. Ce sont des garçons de la campagne, initiés depuis l'enfance au maniement des chevaux et des taureaux. Leur fonction ne consiste pas à se hisser sur un quadrupède pour en blesser au hasard un autre. Elle est de toréer à cheval (dans la limite étroite où la corrida moderne a conservé cette pratique), de juger la force de l'adversaire, sa charge, son tempérament, ses tendances particulières afin de le piquer utilement. Il y faut du coup d'œil et une certaine initiative. À quelques maladresses près, parfois imputables à la soudaineté d'une charge (piques placées dans le dos ou tombées sur l'épaule), toutes les fautes des cavaliers (vrillage intentionnel du fer pour chercher à l'introduire davantage, visée d'une plaie précédemment ouverte...) sont à mettre au compte de matadors qui les encouragent pour voir réduire à leur merci un adversaire dont ils appréhendent l'excès de tempérament, et se contenter ensuite de prendre des poses plastiques devant lui.

La façon qu'ils ont de retarder l'exécution du *quite*★, laissant ainsi se prolonger abusivement la « rencontre » [*encuentro*] suffit à souligner leur blâmable complicité. Au moment de les récompenser par l'attribution de trophées, on devrait toujours avoir présente à l'esprit leur attitude au cours de l'ensemble de la lidia★.

L'ordre de la lidia impose aux picadors de se déplacer toujours le long de la barrière et dans le sens contraire à celui de la marche des aiguilles d'une montre.

Plaza de toros

Enceinte construite pour combattre les taureaux. Jusqu'au XVIIIe siècle, les spectacles s'improvisaient sur les places des villes, par exemple à Madrid sur la plaza Mayor, édifiée à cet effet en 1620 par le roi Philippe IV. On y dressait, pour une journée ou deux, les barrières et les loges nécessaires, le reste du public louant les balcons et les fenêtres des immeubles du pourtour. La piste était rectangulaire et les bêtes fuyardes se réfugiaient dans les coins, d'où il était souvent difficile de les faire sortir.

La naissance de la corrida moderne a d'abord suscité, un peu partout, le montage d'arènes en bois d'une capacité réduite à 3 000 ou 4 000 personnes, mais toutes de forme circulaire et qui constituèrent comme les premiers creusets où se décanta la pratique du nouveau toreo à pied. Ce n'est qu'au début du

XIXe siècle, devant la popularité croissante de la tauromachie, qu'apparurent des arènes construites en dur et d'une grande contenance. La première du genre à Madrid date de la transformation, en 1833, de l'ancienne plaza de bois de la Puerta d'Alcala, face au Retiro. Une seconde lui succéda dès 1874, Carretera de Aragon, avant que la « Monumental » de la calle de Alcala n'ouvrît ses portes en 1933, atteignant un chiffre de 23 000 places, dépassé aujourd'hui par les 50 000 de la plaza monumentale de Mexico.

Les seigneurs andalous, groupés en *Reales Maestranzas* pour leur exercice favori du toreo à cheval, avaient cependant, dès le XVIIIe siècle, élevé deux cirques en pierre à Séville (ouvert en 1761, mais parachevé en 1849) et à Ronda (1785), qui comptent historiquement parmi les plus anciens, avec celui de Acho à Lima, et méritent d'être connus dans leur admirable état de conservation.

Au XIXe siècle, le style hispano-mauresque a eu la préférence des architectes, mais il tend à disparaître des toutes récentes arènes de Cordoue, de Bilbao ou de Burgos, où le souci du confort intérieur (amélioration des voies d'accès, places plus confortables) l'emporte sur la préoccupation de la décoration extérieure. L'emploi du béton s'est aussi substitué à celui de la pierre ou de la brique, pour des raisons d'économie dans la construction. La disposition générale des plazas n'en demeure pas moins la même.

Autour d'une piste d'un diamètre réglementaire de 60 à 45 m [*redondel* ou *ruedo*], pilonnée comme un court de tennis, puis recouverte de sable fin et limitée par une barrière haute de 1,60 m isolant le couloir [*callejon*] réservé aux toreros, aux services de l'arène, aux médecins et aux représentants de l'autorité, s'élèvent en cercle des gradins de pierre sur lesquels prend place le public. La répartition des places, en fonction de leur prix, s'effectue simultanément sur un axe horizontal et sur un axe vertical. Horizontal : l'Ombre, le Soleil et l'Ombre (que le soleil, en tournant, atteint une partie de la course) et le Soleil. Vertical : les places basses, dont les trois premiers rangs se baptisent *barreras, contra-barreras* et *delanteras,* à leur suite les places hautes, puis – sous le couvert d'un toit – les loges (du seul côté Ombre de l'hémicycle), les *gradas* et, au tout dernier étage, les *andanadas*. Pour la commodité du placement et de son contrôle, Ombre, Soleil-et-Ombre et Soleil sont divisés en des sections verticales appelées *tendidos* et numérotées pour leur identification.

Dans des arènes d'une capacité de 10 000 à 20 000 personnes, et *a fortiori* dans celles d'une moindre contenance (mais tout de même pas dans celles approchant les 50 000), il n'est point de mauvaise place, au détail près que le soleil cuit au fort de l'été. À s'asseoir haut, on gagne en perspective, et donc en compréhension, si l'on

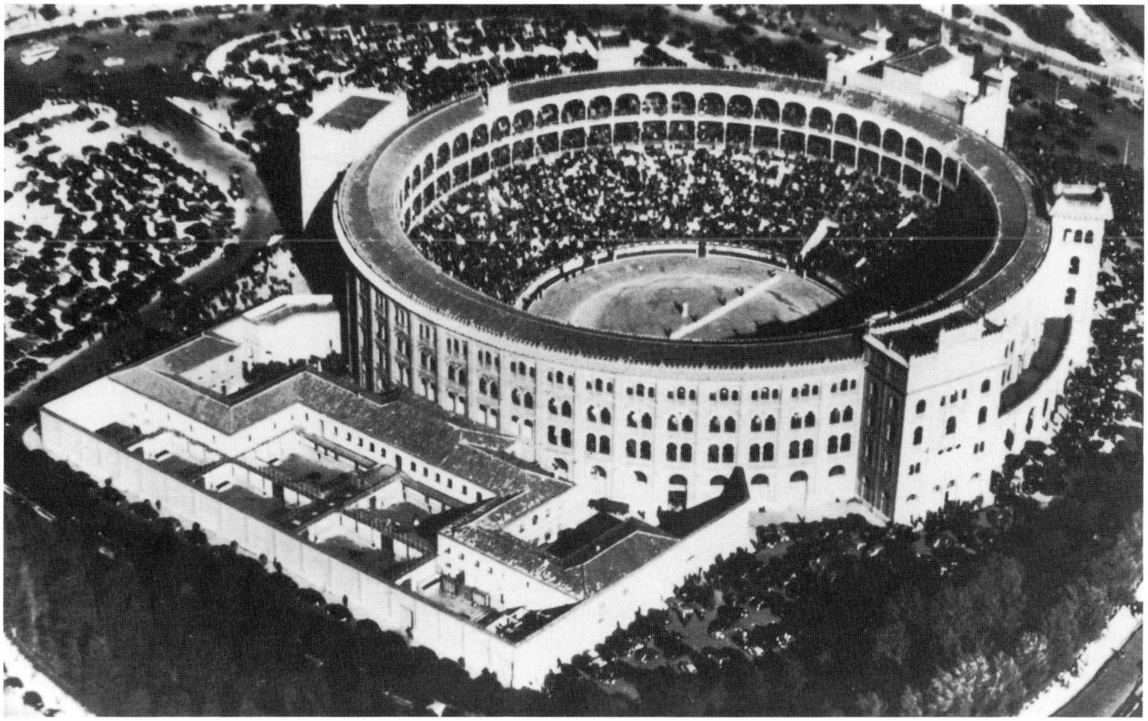

Le haut lieu
où se célèbre
le rite le plus strict,
où s'accomplissent et se défont
les carrières, où se confirment
les alternatives :
la *plaza* de Las Ventas, à Madrid ;
au premier plan, les *corrales*
où sont parqués les taureaux.

perd la sensation forte éprouvée à être plus ou moins collé à la piste. Il est toujours possible de réserver des places à l'avance auprès des guichets officiels des arènes (situés à Barcelone à la station de métro de la plaza de Cataluña), ou dans les agences officielles de revente de billets de spectacles, moyennant une commission légale de 20 %. La loi espagnole poursuit les revendeurs clandestins de billets, pour protéger les spectateurs contre leurs surenchères malhonnêtes.

Il existe à ce jour, en Espagne, 418 plazas se répartissant ainsi :

276 de moins de 5 000 places
109 de 5 à 10 000
32 de 10 à 20 000
1 de plus de 20 000 (Madrid).

Ces plazas ont fait l'objet d'une répartition – importante du point de vue de l'application du règlement* – en trois catégories administratives, suivant un critère de fréquentation.

Première : Barcelone, Bilbao, Madrid, Saint-Sébastien, Séville, Valence et Saragosse.

Deuxième : toutes celles des capitales de province non classées en première, plus Vista Alegre (Madrid), Algesiras, Aranjuez, Carthagène, Gijon, Xerès, Linares, Merida et Puerto de Santa Maria.

Troisième : toutes les autres, ainsi que les plazas réputées portatives.

Les principales arènes françaises, bénéficiant de la loi de 1952 qui autorise les mises à mort dans certaines localités de tradition taurine, sont au nombre de vingt-cinq. Dans le sud-est de la France : les colisées romains de Nîmes (18 000 places), d'Arles (12 000) et de Fréjus (7 000) ; puis Béziers (13 000), Céret, Lunel, Méjanes, Beaucaire, Châteaurenard, Collioure, Alès et Grau-du-Roi. Dans le sud-ouest : Toulouse (13 000), Bayonne (10 000), Dax (10 000), Mont-de-Marsan (7 000), Vic-Fezensac (6 800), Saint-Vincent-de-Tyrosse, Roquefort, Orthez, Saint-Sever, Soustons, Parentis-en-Born, Hagetmau. Dans l'Allier : Vichy. Les corridas qui s'y donnent, avec picadors et mises à mort, se voient appliquer le règlement officiel en vigueur en Espagne. Les arènes de Bordeaux, vieilles de plusieurs dizaines d'années, sont aujourd'hui closes à la suite de l'effondrement d'un escalier, et celles de Marseille et d'Oran ont disparu. En revanche, la plaza de Casablanca demeure ouverte au Maroc.

À titre anecdotique, Paris a compté deux plazas de toros. L'une inaugurée en 1781 à la barrière Saint-Martin – postérieurement place du Combat –, dont Dulaure fait état dans son *Histoire de Paris*. L'autre, élevée par le duc de Veragua à l'occasion de l'Exposition universelle de 1889, sur un terrain vague de la rue Pergolèse, et d'une contenance de 22 000 places. On n'y mettait point les taureaux à mort, mais les matadors les plus réputés de l'époque (Lagartijo, Frascuelo, Mazzantini, Guerrita...) vinrent d'Espagne s'y faire connaître, avant qu'elle fût livrée aux démolisseurs en 1893.

Des arènes en bois, momentanément installées sur le Champ-de-Mars, toujours en 1889, servirent de théâtre à la seule mise à mort réalisée à Paris. Le matador Juan Ruiz « Lagartija » de Murcie, incité à cet exploit par la présence occasionnelle de la reine Isabelle II exilée en France, fut fort applaudi, mais immédiatement appréhendé par la police, et le directeur catalan de ces arènes fut poursuivi.

Plaza partida

[arène divisée] Vieille pratique de l'époque où les spectacles ayant un caractère de manifestation royale se donnaient sur une place publique très étendue. Ce qui tenait lieu de piste se coupait alors en deux par l'installation d'une barrière centrale et chaque moitié du public suivait ainsi une corrida différente. Une célèbre planche de la série des gravures tauromachiques de Goya illustre ce souvenir.

Poder con el toro

Expression très couramment utilisée par les toreros dans le sens de « tenir le coup devant un taureau ». De l'un d'entre eux, ils disent qu'il « a pu » ou « pas pu » avec un taureau.

Poder, Toro con

Désigne la puissance physique des taureaux qui renversent avec force les picadors.

Poids

(V. RÈGLEMENT* et CANAL*) La notion du poids des taureaux s'est développée comme un succédané de l'appréciation de leur *trapio**. Elle est particulièrement trompeuse car, avec les moyens modernes d'alimentation accélérée, les éleveurs peuvent mettre n'importe quelle bête de trois ans à un poids de 500 kilos, sans qu'elle ait pour autant acquis la résistance et la force d'un animal fait.

Les récentes dispositions relatives à l'apposition, sur l'épaule, d'un chiffre identifiant l'année de la naissance du taureau ont précisément pour objet de remédier à cet abus. (V. ÂGE*)

Ponce, Enrique

En deux ans, Enrique Ponce, torero de Chiva, province de Valence, où il naît le 8 novembre 1971, a bouleversé la hiérarchie taurine et s'est imposé comme l'un des toreros les plus importants de sa génération. Il a quinze ans quand il revêt pour la première fois l'habit de lumières, dix-sept quand il est présenté à Madrid, et moins de dix-neuf lors de son alternative, le 9 mars 1990, à Valence. Ce jour-là son parrain est Joselito, son aîné de deux ans. Rapidement, leur opposition tourne à la rivalité, tant il est vrai qu'il est rare de trouver, comme c'est ici le cas, deux jeunes espoirs dotés d'une aussi forte personnalité. Le toreo fluide, l'exceptionnelle élégance des gestes, la grande intelligence à se mouvoir avec les toros imposent rapidement Ponce à la première place au nombre des corridas toréées. Le public suit, celui de Madrid aussi bien que celui de Bilbao, après un sensationnel *trasteo* lors de la corrida de la Presse en 1992. À la fin de la saison, il torée 100 corridas, et annonce qu'il battra rapidement le vieux record du Cordobés de 121 contrats. Une blessure à Cieza (province de Murcie), fin août 1993, l'en empêche. Dans ses jours de grâce, Enrique Ponce est un torero solaire, capable, comme il le fit à Madrid lors de la feria de San Isidro 1993, de soulever une arène par le seul talent de son poignet droit. Aujourd'hui, le seul ennemi de Ponce est Ponce lui-même et son incroyable facilité.

Porfiar

[insister avec opiniâtreté] Revient à forcer le départ d'un taureau réservé ou simplement alourdi, d'abord en répétant avec insistance le *cite**, puis en avançant pas à pas, pour se placer à portée de son coup de corne.

La *porfia* – ou action de *porfiar* – réclame à la fois beaucoup de vrai courage et du métier, car elle implique de savoir se tenir un moment à une distance très rapprochée de l'animal, sans cesser de maintenir son regard fixé sur la muleta. Les toreros très doués en font systématiquement aujourd'hui un numéro à sensation, dès que leurs adversaires, s'alourdissant, retiennent leur charge et ne la donnent plus que très courte. Ainsi achèvent-ils un travail entièrement classique sur une ultime note de tremendisme ★.

Devant la bête d'un caractère réservé, la tactique est plus périlleuse. Lorsqu'elle finit par s'élancer, elle le fait avec plus de force et il y a toujours lieu de garder à son endroit un relatif éloignement.

Portugal

V. REJONEADOR★, FORCADOS★, SANTOS★, ÉLEVAGE★

Pouly, Pierre

De son vrai nom Pierre Boudin – « pouly » ayant en langue d'oc la signification de joli garçon –, il était le fils et le petit-fils de toreros provençaux, appréciés dans leur région. Son père avait même participé aux spectacles parisiens des arènes de la rue Pergolèse, fréquenté l'école sévillane de Manuel Carmona, toréé une novillada à Bilbao et pris une alternative de la main de l'Espagnol Corchaïto à Marseille en 1910.

Avec de tels antécédents, le jeune Pierre fut mis très jeune devant des bouvillons camarguais. Né à Tarascon en 1899, il se présenta très honorablement dans plusieurs novilladas en Espagne et reçut l'alternative à Barcelone (1921). Après une heureuse campagne d'hiver au Venezuela, il la confirma à Madrid (1922), étant le second Français et le dernier, encore aujourd'hui, à avoir connu cet honneur.

Un bon métier, qu'il avait progressivement étendu aux suertes courantes – y compris à la pose de banderilles –, son courage et son entrain lui ont toujours assuré une notable considération. Blessé très grièvement à Colmenar par un taureau d'Aleas – un torero espagnol disait sardoniquement : *« los toros de Aleas ni los veas »* –, il parut en Espagne jusqu'en 1925. Ensuite, il se réserva plutôt pour les plazas françaises, prit la direction des arènes d'Arles et monta un élevage de taureaux camarguais croisés de sang espagnol. Il a couru pour la dernière fois, l'automne 1931, à Arles.

Présidence

Sur le président de la corrida, repose à la fois la responsabilité du maintien de l'ordre public et de la défense des droits des spectateurs, par l'application d'un règlement★ prévoyant minutieusement tous les détails techniques relatifs au bon déroulement du combat.

Ses fonctions ont été codifiées en plusieurs articles du règlement, dont le public a intérêt à connaître les plus importants.

Art. 65. La présidence des corridas de toute sorte incombe au directeur général de la Sécurité à Madrid, au gouverneur civil dans les autres capitales de province, et au maire dans les autres agglomérations. Ces autorités pourront déléguer leurs pouvoirs à un fonctionnaire du corps général de la Police, là où il y en a un, ou, à défaut, à un adjoint au maire, devant toujours veiller à ce que ce soit une personne qualifiée pour la fonction à assurer.

Le président, pour être aidé dans l'accomplissement de sa fonction, aura sous ses ordres directs un fonctionnaire du corps général de Police, là où il y en a un, et, dans le cas contraire, un titulaire de la Garde civile, qui agira comme délégué de l'autorité. Ce dernier représentera l'autorité pour la signature de tout document relatif au spectacle et, plus spécialement, pendant son déroulement, en faisant observer les ordres qui lui seront donnés, de même que les prescriptions de ce règlement. Il prendra note de tous les incidents observés ou qui lui seront signalés et, s'il y a lieu, prendra en charge les personnes arrêtées pour les mettre à la disposition de l'autorité.

Le délégué, en union avec le chef de la force publique de service à l'intérieur de la plaza, occupera pendant la corrida un *burladero* situé dans le *callejon,* sous le *palco* [loge] de la présidence et en relation avec celle-ci par une ligne téléphonique en parfait état de fonctionnement. Il aura sous ses ordres directs, outre les deux alguazils*, un agent de l'autorité qui remplira le rôle de secrétaire pour les procès-verbaux et les arrestations, un autre pour la surveillance du service des chevaux et des piques, et un troisième pour l'infirmerie.

Art. 66. Le président incarnant l'autorité, il lui appartiendra d'assister à toutes les opérations préliminaires prévues dans ce règlement, de résoudre *de plano* (juridiquement : sans délai) et en stricte conformité avec ledit règlement tous les incidents qui se produiront avec la direction, les vétérinaires, l'éleveur (ou leurs représentants), les toreros et les *apoderados* [chargés de pouvoirs des matadors], ainsi que les incidents survenant entre ces personnes. Ses décisions seront considérées comme définitives et il en rendra compte, de même que des fautes constatées, au directeur de la Sûreté à Madrid, au gouverneur civil, dans les capitales de province, et au maire, dans les autres agglomérations.

Dans sa loge, le président occupera le centre ; prendront place, à sa droite, un des vétérinaires qui seront intervenus dans la reconnaissance des bêtes et, à sa gauche, un assesseur technique en matière artistico-taurine, l'un et l'autre se bornant à exposer leur opinion par rapport à un point concret sur lequel les consulterait le président qui pourra ou non accepter l'opinion exposée.

La désignation de l'assesseur artistico-taurin se fera par l'autorité gouvernementale et devra porter nécessairement sur un torero de catégorie, retiré de la profession, ou, à son défaut, sur un aficionado de compétence notoire.

Art. 67. Exactement à l'heure annoncée et pour donner le signal du début du spectacle, le président agitera un mouchoir blanc, ce qui sera l'ordre aux alguazils de commencer le *paseo*★ [défilé]. Le paseo des cuadrillas terminé, il remettra, par l'intermédiaire du délégué, la clé du toril à l'un d'eux qui, après avoir traversé la piste, la donnera au préposé à l'ouverture de sa porte.

Pendant le combat, il incombera au président d'ordonner le changement de tous les *tercios*★ et, en particulier, la pose des banderilles noires aux bêtes qui n'auront pas pris trois piques selon les règles, sauf dans le cas exceptionnel où, par suite d'accident souffert par la bête, ou d'un châtiment excessif reçu par elle, il conviendra de diminuer ledit nombre, selon l'avis de la présidence ou après respectueuse demande du matador par l'intermédiaire du délégué de l'autorité. Lorsque cette autorisation n'aura pas été accordée, le matador qui, de sa propre initiative, ordonnerait le retrait des picadors, sera frappé d'une amende de 2 000 pesetas.

Il incombera au président d'accorder aux éleveurs, comme aux matadors, les trophées qu'ils auront mérités pour la bravoure des bêtes ou la faena réalisée, de donner au matador les avis que détermine ce règlement, d'ordonner la sortie des *cabestros*★ dans les cas prévus et, enfin, de prendre toutes les mesures qui seront nécessaires pour rétablir l'ordre public quand, pour un quelconque motif, il aura été troublé.

Pour indiquer la sortie des toros, les changements de *tercios* et l'octroi des récompenses aux matadors et aux éleveurs, le président montrera un mouchoir blanc ; un mouchoir rouge pour qu'on pose au taureau en piste les banderilles noires ; un vert pour ordonner le retour au corral des bêtes et, en conséquence, la sortie des *cabestros* ; enfin un bleu pour indiquer l'octroi du tour de piste au cadavre d'un taureau qui se serait signalé par une extraordinaire bravoure, lorsque la majorité du public le réclame.

Détail important, le spectacle sera considéré comme terminé quand le président abandonnera sa loge.

Art. 68. Les récompenses seront accordées dans la forme suivante : le matador donnera la *vuelta* [fera le tour de piste] en répondant de lui-même au public qui lui en manifesterait le désir par ses applaudissements ; pour l'octroi d'une oreille, le président se conformera à la pétition majoritaire du public (... habituellement évaluée en fonction du nombre des mouchoirs qu'il agite). L'octroi de la seconde oreille d'une même bête sera de la compétence exclusive du président, qui tiendra compte de la qualité de la bête combattue, de la bonne direction du combat, de la faena réalisée, tant avec la cape qu'avec la muleta, et de la réalisation de l'estocade.

À titre tout à fait exceptionnel, le président pourra accorder l'ablation de la queue et en sera seul juge.

L'ablation des appendices (oreilles et queue) s'effectuera en présence des alguazils, qui seront chargés de les remettre au matador. Lorsque celui-ci, une fois en possession du trophée et pour tenir compte de l'avis d'une minorité qui extérioriserait son désaccord, jettera ce trophée à terre, il sera frappé d'une amende de 3 000 pesetas, pour les matadors de taureaux, et de 1 500 pesetas, pour ceux de novillos.

Les sorties à dos d'homme par la porte principale de la plaza ne seront autorisées que lorsque le matador aura obtenu la concession de deux oreilles, au minimum, pendant la course. Quand cela se produira, la distance à parcourir par les enthousiastes, avec le *diestro** sur leurs épaules, n'excédera pas 300 mètres, à partir de la porte de sortie de la plaza. Le chef de la force publique, de service à l'intérieur, prendra les mesures nécessaires pour empêcher la sortie à dos d'homme des matadors qui n'auraient pas obtenu cette récompense.

Une gamme de sanctions édictées, allant d'amendes variant avec la gravité des infractions à la possibilité d'arrêter séance tenante un contrevenant récalcitrant, asseyent nécessairement l'autorité du président. Il en va de même en Amérique latine, au détail près que le règlement émane des autorités municipales et non de l'administration d'État. En France, sa non-reconnaissance légale prive le président de tout pouvoir de sanctions ; c'est un aficionado éclairé, pressenti par la direction des arènes, et il ne peut compter que sur sa seule autorité morale et sur la bonne volonté apportée par les matadors à respecter les us et coutumes.

La première qualité d'un président, outre la fermeté de caractère, est d'en savoir aussi long sur le comportement des taureaux que les professionnels de l'arène et de prendre à temps des décisions justes. Son rôle est celui d'un arbitre qui ne peut se tromper.

Il lui faut aussi garder l'œil sur sa montre, pour donner – par l'intermédiaire d'une sonnerie de clairons – les avis réglementaires au matador qui laisserait passer le temps légal réservé à la mise à mort. Le premier, dix minutes après le commencement de la faena* de muleta, le deuxième à la treizième minute, la troisième à la fin de la quinzième. À la réception de ce dernier avis ordonnant l'entrée des *cabestros* et le retrait du taureau au corral, toute intervention du matador est sanctionnée d'une amende de 1 000 pesetas et celle d'un subalterne qui l'y aiderait de 500.

Pareillement, sera puni d'une amende de 1 000 pesetas, le matador qui recourrait au *descabello** sans avoir d'abord porté un coup d'épée.

Profil

Terme d'un emploi récent. De tout temps et pour quelques passes déterminées, il arrivait aux toreros de recevoir de profil un taureau qui venait très droit et sans violence. Ainsi en allait-il dans le *parón*★, certaines demi-véroniques exécutées les pieds joints, les passes de muleta accompagnant le retour de l'animal toréé en rond...

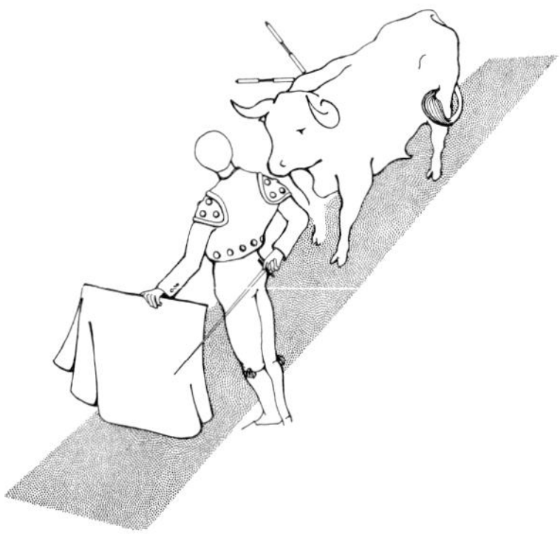

Toreo de profil avec la *muleta* tenue en arrière du corps, pour utiliser la charge droite d'un taureau et esquiver la « charge » de la *suerte*.

La notion de toreo de profil et la censure croissante, dont il est devenu l'objet, sont nées de la généralisation abusive du procédé. Pour n'avoir pas à « charger la suerte » (V. CORNE CONTRAIRE★) en plein élan du taureau, des matadors l'orientent aujourd'hui préalablement à son départ par une approche légèrement circulaire. Ils prennent ensuite soin de lui indiquer d'avance sa sortie avec la muleta présentée à corps passé [*retardada*] et, se plaçant entièrement de profil, le laissent simplement défiler devant eux. Cela leur permet de joindre impunément les pieds, de garder le corps très droit et d'affecter une suprême insouciance, mais, en mutilant la passe de ses temps essentiels, ils la privent de son efficacité et s'interdisent de dominer les adversaires moins dociles. Le plus grave défaut de cette conception marginale du toreo est qu'elle pousse logiquement ses adeptes à s'assurer des animaux jeunes, relativement faibles, d'une caste peu accusée et, s'il le faut, lourdement piqués. Ils introduisent ainsi dans la corrida un déplorable commencement de monotonie, en contradiction évidente avec son idéal historique de sincérité et de danger résolument vaincu.

Les imitateurs de Manolete ont beaucoup donné dans ce travers et largement contribué à le démystifier. En revanche, les artistes véritables ne se sont pas écartés de la norme du toreo de trois quarts qui, depuis Juan Belmonte, a succédé à celui totalement de face des anciens. Elle autorise à réduire sensiblement l'angle de la déviation imprimée à la trajectoire du taureau et à le faire passer près, sans cesser pour autant de « charger la suerte ». (V. TEMPLAR★ et MANDAR★)

La naturelle dite de face, où excellaient de notre temps certains toreros, tels Manolo Vazquez ou Cesar Giron, n'en est pas une à proprement parler, puisque le taureau est attiré sur une ligne droite et que l'homme ne se fend pas le moins du monde. Bien qu'elle appelle une certaine précision de conduite, elle est en définitive du toreo de profil exécuté sans effacer le corps.

Tout toreo de profil n'est pour autant pas à blâmer, et il est utilisé aujourd'hui comme une technique supplémentaire permettant de donner une faena à des toros que leur faiblesse ou leur couardise font qu'ils répugnent à charger. D'autre part, se placer de profil mais entre les cornes de l'animal revient à charger la suerte tout en permettant une passe plus longue et donc plus efficace que la même donnée de face.

Profondeur [*hondura*] Sensation de perfection naturelle, que dégage un toreo admirablement rythmé et mesuré dans la conduite, où l'homme arrive à donner une haute expression de son art. Elle distingue les maîtres du *templar*★, mais est aussi fonction de la qualité de la charge d'un taureau, qui baisse bien la tête à la poursuite du leurre et avance sans une brusquerie excessive. Beaucoup de matadors, cependant courageux et expérimentés, n'y accèdent pas entièrement. La profondeur fait notamment la beauté du toreo d'Antonio Ordoñez ou de celui du Curro Romero des bons jours.

Pronto Taureau « prompt » à répondre au *cite*★. Notion différente de l'*alegria*★ ou accélération progressive de sa charge. En termes de voiture automobile, on dirait que l'animal *pronto* est celui qui démarre facilement, l'*alegre* celui qui passe très tôt sa quatrième vitesse et donc s'emballe à souhait.

Public Précédée d'aucune répétition, soumise à l'impératif d'une improvisation continue, la corrida est, plus que tout autre spectacle, tributaire de la participation du public. On pourrait presque dire qu'avec le taureau et le torero, il en constitue le troisième personnage. Quelle que soit, d'un lieu à l'autre, sa majorité dominante, paysanne, ouvrière, citadine, latino-américaine, européenne, voire composée de touristes, il obéit toujours dans son ensemble à deux motivations principales.

La première est la recherche passionnée de l'émotion, créée par la présence en piste d'un animal sauvage et redouté. Le taureau a beau représenter pour le torero un danger connu, dont il se joue, le spectateur n'en vit pas moins intérieurement la peur [*miedo*] qu'il éprouve à occuper, en pensée, sa place. Cette forte sensation diminue aussitôt que des bêtes, dépourvues de force ou sans réelle agressivité, cessent de l'entretenir. Toutes les hardiesses, parfois plus symboliques que réelles, du torero ne réussissent guère à pallier la frustration qui s'ensuit.

En revanche, la quête d'une sensation artistique – seconde motivation du public – ne peut être satisfaite que par le torero. Tantôt par sa merveilleuse sécurité technique, tantôt par le déploiement d'une grâce où s'exprime son inspiration, il fait du combat une vision d'art, rend à l'assistance le souffle, qu'elle avait coupé, la charme, la subjugue et l'associe intimement à son triomphe personnel sur la mort.

La vigueur des protestations entendues, dès que ces deux objectifs ne sont plus atteints, atteste leur importance respective. Comme toute foule, celle de la corrida se laisse également entraîner par sa sentimentalité. Elle ne s'arrête pas tant au sort du taureau, cependant admiré et dont il est toujours exigé qu'il soit combattu noblement. Elle porte davantage sur les matadors, pour des détails souvent sans rapport direct avec leur véritable talent. Une sympathie naturelle, un air de bravade constante, une apparence de frêle jeunesse, des circonstances de la vie privée habilement exploitées concourent à mettre certains garçons en vedette plus rapidement que d'autres, même si ce doit être de façon relativement épisodique.

Passés maîtres dans l'étude des instincts des taureaux, les professionnels de l'arène n'ignorent rien de ceux du public. Leur réaction spontanée a toujours été d'essayer de le mettre en condition, comme ils sont habitués à le faire pour les bêtes. Avec l'arrivée d'importantes couches de nouveaux spectateurs moins éclairés, et sous le prétexte de respecter une soi-disant « évolution de leurs goûts », ils s'efforcent d'acclimater maintenant un toreo moins risqué, quoique agrémenté d'effets apparemment plus sensationnels, dont le secret réside malheureusement dans une réduction méthodique de la force du bétail, qu'ils cherchent à imposer. Seul, le barrage constitué par l'afición★ les a tenus plus ou moins en échec, à ce jour. Sa vitalité et son recrutement continu répondent de la préservation de la sincérité du spectacle, ainsi que de la défense des droits les plus légitimes du public. Toute manœuvre visant à dissocier ce dernier de l'afición n'aboutirait qu'à une extrême confusion.

Puerta, Diego

Enfant du légendaire quartier de San Bernardo à Séville où il est né en 1941, son père, employé à l'abattoir, lui en ouvrit l'accès pour qu'il y acquît ses premiers rudiments du toreo. À seize ans et demi, il débuta en novillada avec picadors dans la seconde plaza de Madrid (Vista Alegre) et révéla, à défaut de maturité ou d'art, posséder un admirable courage, appelé à devenir le facteur décisif de sa réussite.

« Diego Valor » – comme on le désigne familièrement – jamais atteint dans son moral par d'assez fréquentes et souvent graves blessures, qui paradoxalement semblaient lui insuffler plutôt une nouvelle ardeur, s'obstina longtemps à développer son métier et son emprise sur les bêtes. De lui, on disait à ses débuts qu'il donnait l'impression de « toréer avec des bras trop courts » ; mais, deux ans après son alternative de septembre 1958, il accédait à un genre équidistant des styles *corto*★ et *largo*★, auxquels sa façon résolue d'*exposer*★ avec presque tous les taureaux apportait une authentique émotion, et son fond de tempérament andalou une manifeste allégresse.

Les taureaux de Miura ne lui ont jamais fait peur, comme il l'a brillamment démontré dans une fameuse feria de Séville. À sa

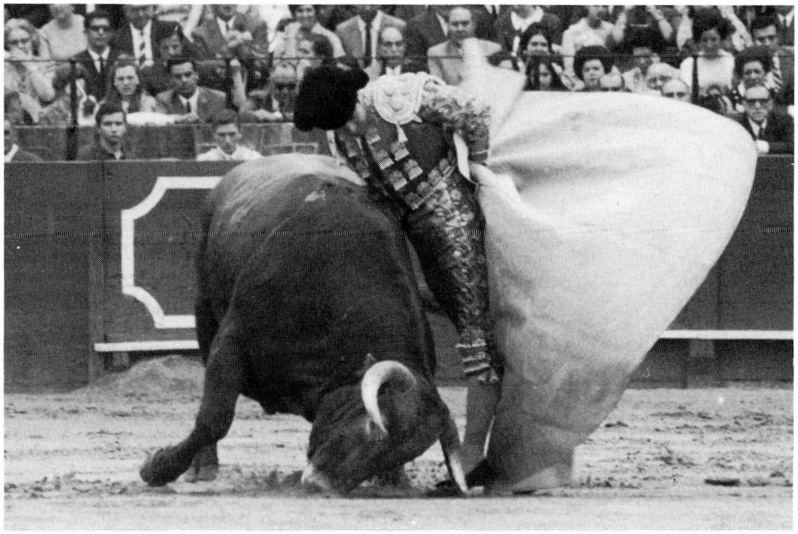

Dans cette demi-véronique serrée et gracieuse s'exprime parfaitement l'art de Diego Puerta, conjonction exacte d'un tempérament de combattant intraitable et d'un art fait d'allègre simplicité. Sévillan au cœur de Castillan...

onzième année d'alternative, il a remporté un des plus retentissants triomphes de sa vie en plaza de Madrid (corrida Bienfaisance 1969) devant un très brave taureau de Lisardo Sanchez, et continue à se placer au premier rang des figures les plus populaires de l'actualité, sans donner aucun signe de vouloir lâcher. Le temps aidant, il pourrait bien finir doyen de la profession. Marié à la petite-fille du matador El Algabeño, il est père de plusieurs enfants, mais concilie parfaitement sa vie de famille avec les risques incessants de l'arène.

Il se retire le 12 octobre 1974 après un *mano a mano* avec son compagnon de toujours, Paco Camino, donné dans la Real Maestranza de Séville. Il s'occupe depuis de ses deux élevages de toros d'origine Santa Coloma, le premier acheté en 1963, le second acquis au nom de ses fils et lidié sous le nom de Puerta Hermanos d'origine Salvador Domecq. Sa carrière de ganadero est à la hauteur de son passé de torero. Notons pour l'anecdote que la dernière corrida en France de Paquirri l'opposa à six toros de Diego Puerta à Dax, le 16 septembre, dix jours avant sa mort comme unique espada. Il réapparut en festival le 31 août 1974 pour un festival à Higuera de la Sierra, qui mit un point final à sa carrière.

Quebrar

Dévier, à la dernière seconde, la charge d'un taureau en dessinant un écart avec le corps pour le tromper. Le procédé est à la base des *recortes* à *cuerpo limpio*★ et des paires de banderilles★ posées à l'arrêt, soit au *quiebro*.

Si le torero s'aide de sa cape ou de sa muleta, la suerte est alors réputée *cambiada*. Il « change » la direction du voyage du taureau plus qu'il n'en « brise » [sens littéral de *quebrar*] la trajectoire dans un écart. Une certaine confusion s'est établie entre ces termes, car beaucoup d'aficionados emploient celui de *cambio* pour *quiebro*, ou inversement. Le point ne prête pourtant à aucune confusion. Voilà soixante ans que le matador Antonio Fuentes, grand banderillero, l'a éclairci une fois pour toutes.

Quedado

[arrêté] Désigne l'état des taureaux alourdis et portés à retenir leur charge au fur et à mesure de l'avance du combat. Il n'a pas forcément pour origine un affaiblissement physique mais une limitation de la bravoure★ naturelle, contre quoi il n'est guère de recours valable, sinon de s'employer à forcer leur départ et, même alors, on est exposé à les voir s'arrêter prématurément au milieu d'une passe. Dans ce cas, et à moins de rompre, il n'y a plus qu'à leur laisser la muleta sous les yeux, en un *aguante*★ stoïque, pour les engager à poursuivre leur chemin.

Querencia

[repaire] Désigne communément toute attirance du taureau vers un point de l'arène, autre que celui classique de l'appui au centre (V. TERRAINS★). Ainsi, constate-t-on des querencias à la barrière, dans un secteur déterminé de l'arène et particulièrement à la porte du toril★ par laquelle l'animal n'oublie pas qu'il est entré et vers laquelle il tend à se replier, dès qu'on l'en rapproche. Il peut alors s'y défendre dangereusement, si on échoue à l'en retirer définitivement. Lorsqu'il s'y réfugie par pure couardise, dans le désir manifeste de s'échapper, l'inconvénient est moindre. La prise en considération des querencias, aussitôt qu'elles se dessinent, est un élément capital de la sécurité et de la maîtrise de l'homme.

Quinqueño

Nom donné au taureau de cinq ans révolus. Il est plus rarement donné d'en voir sortir, maintenant que la limite inférieure d'âge a été réglementairement abaissée à quatre ans.

Quite

Acte d'écarter le taureau, soit du cheval à la fin d'une pique, soit d'un camarade poursuivi ou en danger.

Le secret de son efficacité réside dans sa rapidité et celle-ci dépend du fait que le torero suive avec une attention soutenue le déroulement de la lidia★, se place en prévision de ce qui va survenir et entre hardiment en action par le terrain le plus propice, même s'il s'avère singulièrement restreint.

Le temps est désormais révolu où les maestros anciens libéraient le picador d'une *larga* (V. CAPE★) exécutée d'une seule main, avec autant de précision que de majesté, et laissaient le taureau parfaitement situé pour la pique suivante. Depuis une cinquantaine d'années déjà, les modernes ont accoutumé de greffer, sur l'acte essentiel de détourner le taureau, un échantillon de leur toreo de cape le meilleur et le plus varié. Ainsi parle-t-on de quites par *véroniques, gaoneras, chicuelinas, orticinas*... dans lesquels les matadors – alternant suivant leur ancienneté derrière celui qui est chargé d'estoquer le taureau en piste – rivalisent de grâce et d'audace pour le plus grand plaisir des spectateurs.

Cette phase brillante de la corrida tend à se raccourcir dans la mesure où des passes de cape successives concourent à éveiller l'instinct de défense de beaucoup de taureaux et à les faire encenser de la tête (V. CABECEAR*), détail difficilement compatible avec l'emploi de la muleta à courte distance, aujourd'hui implanté par les toreros. L'un d'entre eux et des plus autorisés n'hésite pas à reconnaître que, pour la même raison, ils préfèrent laisser piquer longuement une ou deux fois un taureau, plutôt que de réaliser le quite aussi rapidement que jadis. « Chaque pique, précise-t-il, comporte une mise en suerte, un quite et nécessairement le replacement de la bête devant le picador. Pour peu que les camarades cherchent à se faire valoir à leur tour d'intervention, c'est presque une dizaine de passes multipliée par le nombre de piques, que votre taureau reçoit, et il n'arrive plus au dernier tiers avec la fraîcheur désirable pour qu'on puisse se tenir immobile à la pointe de ses cornes. Personnellement, je ne considère pas que ce soit un progrès. Si un procès doit s'ouvrir ce n'est pas le nôtre, mais celui de l'évolution des goûts du public. »

Le manque d'intérêt de plusieurs matadors actuels pour le toreo de cape et son déclin, plus apparent que réel, n'obéit pas à un autre motif.

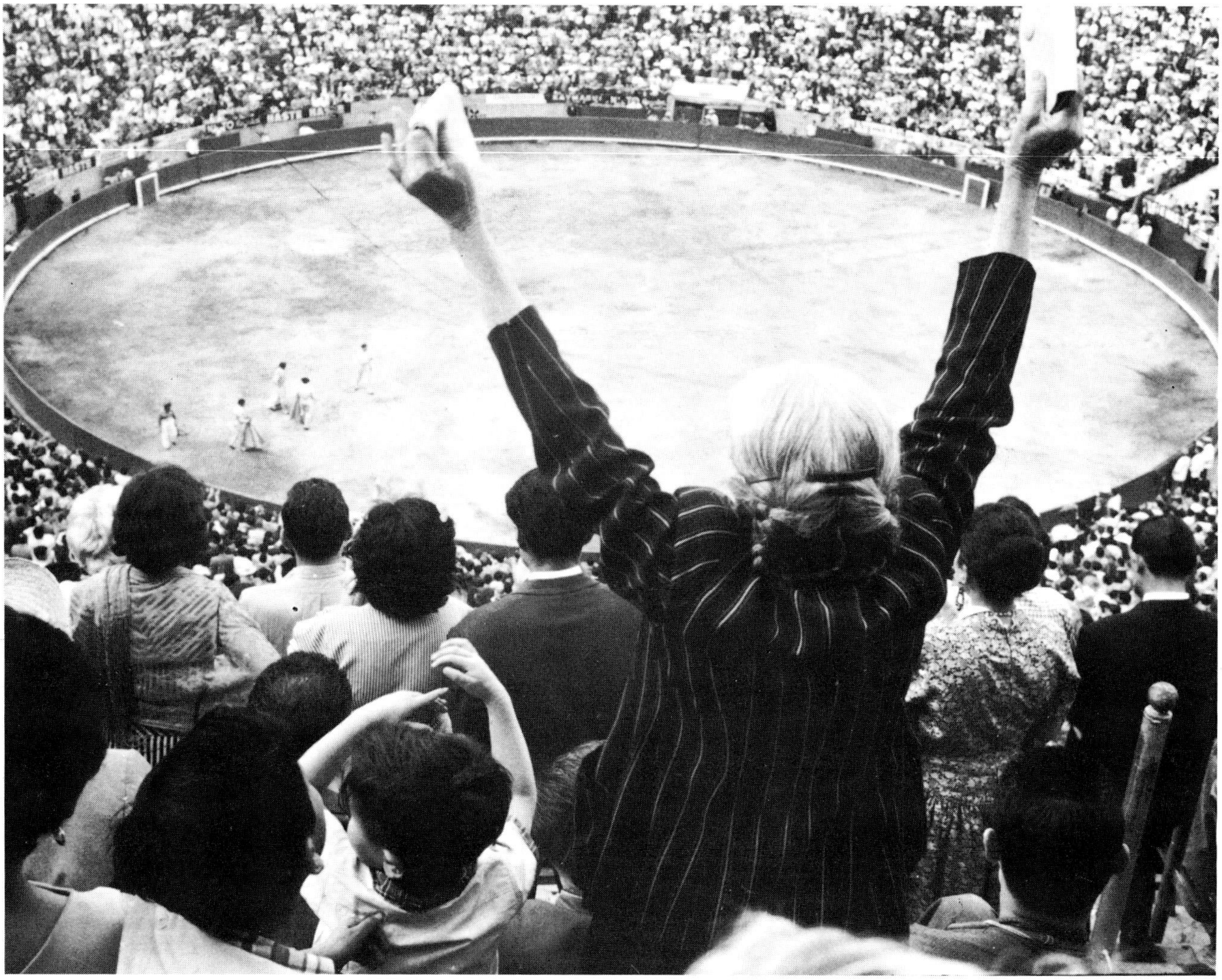

Le *ruedo* frappé du « V » de la Victoire, au plus haut
des gradins de Mexico, l'arène géante aux 50 000 places.

R

Rastrear

Faire rastrear un taureau c'est le déplacer par-devant, en lui maintenant le mufle au sol. L'inconvénient de cette pratique est que l'animal peut facilement planter ses cornes dans le sol et, entraîné par son élan, accomplir une culbute complète, dont il sort affaibli. L'effet d'une telle culbute est au moins égal à celui d'une pique et recommande au président d'écourter le premier tiers.

Rebrincar

[sursauter] Se dit du taureau *blando*★ qui, en début de combat, se secoue au passage dans la cape, sous la morsure de la pique ou à la première paire de banderilles.

Recargar

Action du taureau qui, à la sortie d'une suerte, « recharge » immédiatement, sans y être appelé. Elle est un clair indice de la bravoure★ de la bête, mais peut prolonger à l'excès ses rencontres avec le picador, raison pour laquelle les toreros se doivent alors d'effectuer en temps voulu le *quite*★ au cheval.

Receloso

[méfiant] Se dit du taureau qui retarde son départ et charge en se défendant de la tête. Sa propension à s'aviser★ mérite d'être surveillée avec attention.

Recoger el toro

Retenir un taureau, qui tend à s'échapper à la sortie des passes. Le cas se présente à l'entrée dans l'arène des fuyards ou simplement des *abantos*★. À condition de leur tenir la cape sous le mufle et de commencer par les tirer à soi en reculant, plutôt que de chercher à les faire passer sur une ligne droite, ils arrivent tôt ou tard à donner une charge correcte.

Le verbe *recoger* qualifie également la manière dont un matador, au début de la faena, centre d'abord l'attention de son adversaire sur la muleta, en le reprenant plusieurs fois de suite par des passes basses aidées. (V. MULETA★)

Recorte

[du verbe *recortar* : couper] Toute feinte avec la cape, la muleta ou le corps, à la faveur de laquelle le torero change brusquement la direction de son déplacement pour tromper le taureau qu'il laisse pantois. Comme elle a toujours pour conséquence de le faire freiner durement sur ses pattes avant et de l'inciter ainsi à raccourcir sa charge, elle n'est tolérée chez les subalternes que dans la mesure où une bête « passant mal » achèverait sur la défensive. Les *manivelazos,* nom familièrement donné aux véroniques transformées en recortes★ par lesquelles le Cordobés recevait d'entrée ses adversaires jugés par lui trop forts, encourent la même censure. Elles relevaient moins de l'exploit que de l'artifice.

Recrearse en la suerte

Se dit des moments où un torero artiste se confie avec un bon taureau, au point de paraître ignorer le danger d'une suerte, y prend littéralement comme du « plaisir » et lui confère une sensation de suprême beauté. Un matador, tel parfois Camino aujourd'hui, peut se *recrear* jusque dans l'exécution de l'estocade★.

Rectitud

Ligne droite allant du taureau au torero et sur laquelle celui-ci doit avancer [*ir al toro por su rectitud*] pour provoquer son départ. C'est seulement si l'espace nécessaire à la réalisation de la passe vient à lui manquer, qu'il pourra commencer à contourner la corne contraire (techniquement : se croiser). Le faire prématurément est considéré comme un recours abusif enlevant toute sincérité au toreo.

Il en va de même dans l'exécution de l'estocade.

Refilon

Pique mise au passage du taureau, sans qu'il se soit vraiment engagé contre le picador. L'incident était fréquent à l'époque pas encore si reculée, où les cavaliers se plaçaient en piste avant l'entrée du taureau. Il peut se produire, cependant, avec les bêtes fuyardes et s'avère dépourvu de toute signification.

Refrescar

Il convient de laisser se « rafraîchir » – on dit aussi *reponerse* [se remettre] – un taureau sortant d'une série assez continue de passes de muleta, pour qu'il récupère non point tant de la force, mais sa longueur de charge naturelle. À ne pas laisser se rafraîchir une bête, en s'éloignant d'elle par instant, on risque d'étouffer★ fâcheusement ses charges. L'institution du *tercio*★ de banderilles, après les sévères rencontres avec les picadors, s'inspire de la même considération technique.

Règlement

Son adoption plutôt tardive a répondu au sensible élargissement des plazas de toros★ vers le milieu du XIXe siècle, et au souci correspondant d'éviter qu'un public, désormais très nombreux, ne cède à la tentation de se faire justice lui-même, lorsqu'il s'estime lésé. Cette préoccupation du maintien de l'ordre – principale aux yeux des autorités – s'est doublée d'une codification des usages de l'arène, tels que venait justement de les recueillir le matador Francisco Montès dans sa *Tauromaquia* de l'année 1836.

Le premier essai de règlement – dit « de Madrid », parce que d'abord appliqué à la seule capitale, avant d'être adopté★ dans l'ensemble du pays et d'inspirer bientôt les réglementations étrangères – a donc vu le jour en 1847. Des retouches successives ont pu être apportées à certains détails, ses dispositions essentielles n'en demeurent pas moins identiques. La dernière version, promulguée le 15 mars 1962, comporte 138 articles, que la présidence★ est chargée de faire respecter, en recourant à des sanctions nettement stipulées suivant les infractions.

Ils visent à défendre la sincérité du combat. Quelques exemples donneront une idée de leur diversité et de leur importance.

Âge des taureaux. En corrida : 4 ans au minimum, 6 ans au maximum. En novilladas avec picadors : 3 et 4 ans. La reconnaissance de l'âge se fait *post mortem,* par l'examen de la dentition : six dents permanentes complètement développées pour les taureaux, quatre seulement pour les *novillos.* Mais la suralimentation entraînant souvent une poussée précoce des dents, on a été conduit en 1968 à compléter cette disposition par l'instauration d'un livre contrôlé des naissances et l'apposition, au marquage, du dernier chiffre du millésime de celles-ci.

Le défaut d'âge réglementaire étant prouvé, l'éleveur propriétaire sera sanctionné par le directeur général de la Sûreté d'une amende de 15 000 pesetas pour chacune des bêtes combattues dans ces conditions, de 25 000 à la seconde infraction, de 50 000 à la troisième, sans préjudice d'une inhabilitation temporaire de vente et même de poursuites pour établissement, sur son honneur, d'une fausse déclaration d'origine.

Pour les novillos, les dépassements d'âge légal sont frappés d'amendes de 15 à 25 000 pesetas.

Poids des taureaux. Limite inférieure en poids vif : 460 kilos pour les plazas rangées en première catégorie ; 435 pour celles de deuxième ; 410 pour celles de troisième. Dans les deux premières, pesage préalable et élimination des bêtes trop légères. Dans la troisième, amende progressive sur la base de 100 pesetas pour le premier kilo manquant à l'abattoir, après déduction d'une marge de tolérance de cinq kilos.

Intégrité des cornes. Examen *post mortem.* Envoi sous scellés des cornes litigieuses, dûment identifiées et préservées, à l'École nationale de santé vétérinaire de Madrid, pour expertise soumise à la direction générale de la Sûreté.

Pour chaque bête dont il aura été reconnu que ses cornes auront été artificiellement épointées, coupées ou limées (sauf dans le cas des exhibitions de *rejoneador*★ ou de festival★), amende de 50 000 pesetas portée à 100 000 en cas de récidive et inhabilitation d'un an de l'éleveur à la troisième infraction comme le cas s'est présenté en 1968 avec les Samuel Flores d'Albacete. Lorsque la fraude aura été notoirement commise par ordre de la direction ou des matadors, en trompant la vigilance de l'éleveur, de son représentant, du mayoral ou de ses employés, la direction générale de la Sûreté infligera aux responsables une amende de 50 000 pesetas pour chaque bête censurée, la récidive entraînant une amende de 100 000 pesetas et, lorsque se produira une troisième infraction, il sera interdit aux matadors d'exercer pendant six mois, à compter de la date de la fraude, et à la direction d'organiser des spectacles taurins pendant un délai d'un mois. À la place de ces interdictions, on pourra infliger une amende supérieure à 100 000 pesetas, amende fixée par le ministre de l'Intérieur, sur proposition du directeur général de la Sûreté.

Reconnaissance des animaux. Le délégué de l'autorité toujours présent, elle est confiée à deux vétérinaires désignés par l'Administration, sur proposition des inspections provinciales de Santé vétérinaire, et dont les émoluments sont à la charge de la direction des arènes. Elle porte sur la santé, l'âge, le poids, l'état des cornes, l'aptitude au combat et tout ce que requiert le type zootechnique du taureau de combat *(trapío★).*

Les vétérinaires refuseront toute bête qui ne répondrait pas à ces conditions. Lorsque, dans les certificats établis par eux, ils donneront pour aptes au combat des bêtes qui ne le seraient point et se verraient de ce fait retirées de l'arène par ordre de la présidence, l'autorité gouvernementale leur infligera la sanction qui en découle.

Surveillance du toril. Elle est placée sous un strict contrôle de l'autorité jusqu'à la séparation des bêtes, mais, après leur passage aux *chiqueros,* laissée à la seule vigilance de quatre personnages – le mayoral★ de l'élevage, un vague représentant des toreros et deux vachers de la direction – dont aucun n'est de taille à s'opposer à l'emploi *in extremis* – pour le compte d'une vedette mal intentionnée – d'un pistolet pneumatique opérant à distance des injections de produits, qui peuvent être des barbituriques, et que les USA fabriquent en série depuis peu d'années pour le traitement des bovins. La lacune, éminemment grave, appelle une nouvelle rédaction de cet article 79, à laquelle les commerçants de la tauromachie se sentent naturellement peu enclins et qui devrait comporter la présence obligatoire d'un délégué de l'autorité jusqu'à l'heure de la course.

Direction du combat. Elle reviendra au matador le plus ancien qui, en conséquence, devra exiger le placement rigoureux du taureau et du picador de part et d'autre des deux raies blanches pour la suerte de pique, le comportement régulier des cavaliers, la position conforme des péones sur la gauche du cheval et sans dépasser l'étrier, la perte de tour d'un banderillero ayant échoué trois fois de suite à planter.

Il veillera, en général, à ce que les autres matadors observent, dans l'exécution des suertes, les règles de l'art ; et il prendra soin qu'il n'y ait dans la piste que le personnel nécessaire.

Malgré ces dispositions, chaque matador pourra diriger la lidia des taureaux de son lot et sera responsable de cette direction, mais sans pouvoir s'opposer à ce que le matador le plus ancien supplée à ses insuffisances et même les corrige, dans la forme qui est établie.

Le matador, directeur de lidia, qui, par son manque de caractère, sa négligence ou son ignorance inexcusables, n'accomplira pas, au jugement de la présidence, tout ce qui lui est réglementairement prescrit, laissant la lidia se convertir en un désordre impropre à cette sorte de spectacle, sera frappé d'une amende de 5 000 pesetas.

Quites. Pour faire les quites★ pendant le premier tiers du combat, seul se trouvera, à côté du picador, le matador à qui en incombe la réalisation. Il essaiera de le faire par le côté extérieur (extérieur à la barrière, donc vers le centre de la piste). Il sera toujours attentif à épargner tout risque au picador, plus qu'à obtenir un succès personnel. Ce n'est qu'en cas de danger immédiat pour le cavalier qu'il sera permis aux autres matadors et même aux subalternes d'intervenir.

Le matador empêchera notamment le picador de continuer à donner un coup de pique défectueux ; en ce cas, il fera le quite sans attendre davantage.

Subalternes. Pour courir les taureaux et les arrêter, il ne pourra pas y avoir en piste plus de trois subalternes, à moins que le matador ne le fasse lui-même, les autres membres de la cuadrilla devant rester dans le couloir [*callejon*]. Ils arrêteront les taureaux aussitôt qu'ils sortiront en piste, évitant de les faire courir inutilement, comme de leur laisser sauter la barrière. Ils devront toréer d'une main et en prenant soin de courir le taureau sur une ligne droite : exceptionnellement, ils pourront toréer à deux mains, lorsque le matador l'ordonnera ainsi.

Sous peine d'une amende de 500 pesetas, portée à 2 000 lorsqu'il en résultera un dommage physique pour le taureau, il leur est interdit d'user de *recortes*★, d'aveugler la bête avec la cape, de lui faire délibérément donner de la corne contre la barrière ou contre un *burladero*★.

Pareillement, il leur est interdit d'enfoncer l'épée placée dans le taureau, fût-il encore debout ou couché, de se servir de la *puntilla*★, avant qu'il se soit agenouillé, de l'étourdir en le retournant sèchement avec la cape (la fameuse « ronde des enterreurs ») pour qu'il tombe plus tôt, de le blesser dans les flancs pour hâter sa mort et d'attirer son attention depuis le couloir, si ce n'est pour éviter la *cogida*★ d'un homme.

Picadors. Celui qui, pour réaliser la suerte de piques, dépassera sans justification plausible la première raie blanche, ou visera délibérément l'endroit d'un coup de pique précédent placé bas ou sur les épaules, ou également de propos délibéré fermera la sortie du taureau en tournant autour (manœuvre appelée *carioca*) sera sanctionné d'une somme égale à 30% de ses émoluments la première fois, à 40% la seconde et à 50% la troisième ainsi que les suivantes, lorsqu'elles se produiront, en tenant compte de la classification et de la catégorie du matador avec qui il travaille, pour déterminer ses honoraires d'après la réglementation du travail.

Quand le nombre de sanctions infligées à un picador révélera une récidive obstinée, la direction générale de la Police pourra, dans des cas concrets et déterminés, prononcer sa suspension pour le délai ou le nombre de corridas qu'elle jugera opportuns.

Enfin, le picador qui utiliserait une pique autre que la réglementaire sera l'objet d'une amende de 2 000 pesetas et, en cas de récidive, d'une suspension administrative plus ou moins prolongée.

Tenue dans l'arène. Seront frappés d'une amende de 5 000 pesetas les toreros qui manqueront au respect dû au public, en paroles ou par des gestes et attitudes grossiers.

Avec l'arrivée récente aux arènes d'une foule moins informée et plus bénévole, dont les réactions sont moins à craindre pour l'ordre public, quelques-uns des 138 articles de l'actuel règlement ne sont guère appliqués strictement. C'est notamment le cas de l'interdiction de recourir à une épée factice dans la faena de muleta, sauf attestation médicale la justifiant, la pose de banderilles noires (dites « de deuil ») aux bêtes n'ayant pas pris les trois piques réglementaires, et – plus déplorable, car il s'exerce au grand dam du taureau – l'alourdissement du *peto*★ (gaine protectrice du cheval) bien au-delà du poids autorisé de 25 kilos.

Le montant des amendes, périodiquement publié par la direction générale de la Sûreté, atteste toutefois qu'elle ne relâche pas entièrement sa surveillance. S'agissant de la seule année 1967, par exemple, il a atteint 3 009 480 pesetas. Soit 1 025 000 aux éleveurs pour insuffisance d'âge des taureaux courus en corrida, 737 800 pour leur manque de poids, 400 000 pour l'épointement [*afeitado*] de leurs cornes, respectivement 231 000 et 247 000 pour l'âge des novillos combattus avec ou sans picadors, 148 480 aux picadors fautifs, 25 000 aux directeurs d'arènes, et 15 000 aux matadors. La crainte du gendarme est souvent regardée comme le début de la sagesse. En tauromachie, elle paraît seule capable de tenir en échec la fertile imagination du petit monde mercantile qui gravite habituellement autour des matadors.

Rejoneador

Cavalier utilisant un *rejon* (javelot en bois de 1,60 m) se brisant à sa pose et qui, historiquement, a succédé à la lance dans la pratique seigneuriale du combat à cheval du taureau.

Les Portugais, suivant l'exemple donné au XVIIIe siècle par leur plus célèbre écuyer, le marquis de Marialva, en ont fait l'attraction principale des spectacles taurins de leur pays. Le cavalier « en Praça » – ainsi l'appellent-ils – offre en réalité une démonstration d'équitation et de dressage de sa monture, devant un taureau, dont il trompe les attaques.

Pour cette raison, il se soumet à des règles très précises. Le diamètre de la piste est limité à 50 m, de façon à déclencher spontanément la charge du taureau. La *farpa* [mot portugais pour *rejon*], terminée par un harpon de banderilles, stimule l'animal au lieu de l'épuiser, de même que les banderilles posées par paires tantôt d'une main, tantôt des deux mains et alors en conduisant le cheval avec les seules jambes. Le règlement appliqué limite à deux les attaques à la *farpa* et exige un minimum de deux poses de banderilles, mais le public a tout loisir d'en réclamer un plus grand nombre. La présence du taureau en piste est strictement restreinte à dix minutes pour que ni lui ni le cheval (dont le cavalier ne peut changer) ne perdent leur allant. Apparemment, si la mise à mort a été bannie des arènes portugaises, c'est surtout qu'elle impliquait un alourdissement préalable du taureau – en fait abattu, une fois retiré au corral – tandis que l'emboulage de ses cornes s'explique en partie par le souci d'inspirer plus de confiance au cheval, celui-ci ne s'effrayant pas tant des coups reçus que de la sensation du sang coulant le long de ses membres.

Les cavaliers portugais entraînent d'abord leurs chevaux devant des taureaux châtrés et, le cas échéant, ils peuvent toujours attendre la terminaison d'une corrida pour faire lâcher à nouveau l'animal devant lequel leur monture se serait mal comportée, de façon à la corriger et à lui faire passer la peur. Tout concourt donc à porter l'art du *rejon* à son plus haut degré de perfection et à en tirer un effet de beauté, suivant la tradition illustrée par le marquis de Castello Melhor, Fernando Oliveira (tué en plaza de Lisbonne, le 12 mai 1904), Ruy de Camara, la famille Casimiro de Almeida, Simao da Veiga, Joao Nuncio, José Manuel Lupi.

Jusque vers 1921, le *rejoneo* fut considéré comme l'exercice national du Portugal. Mais, la même année, un Cordouan capitaine de cavalerie et professeur d'équitation de l'armée espagnole, Antonio Cañero, en adapta une version pour l'Espagne. Ses qualités de cavalier, son courage à se mesurer avec des adversaires qui auraient pu sortir en corrida, et aux cornes libres de toute protection, lui valurent une franche popularité, ouvrant une voie dans laquelle devaient se distinguer par la suite la Péruvienne Conchita Cintron, Alvaro Domecq, son fils Alvarito, les frères Peralta, Bohorquez et plusieurs de leurs émules.

En Espagne, l'angle sous lequel se place le cavalier est sensiblement différent. Il passe au début du spectacle comme un hors-d'œuvre. Les plazas sont plus grandes, le taureau se distrait, il faut le chercher et on a besoin de plus de temps pour le fixer. Le cheval, rarement passé par un manège de haute école, a été plutôt formé dans les élevages (dont le cavalier garde le costume de travail, au lieu de porter l'habit Louis XV des artistes portugais). Et, surtout, on se propose de reproduire les trois temps de la lidia à pied, conduisant à la mise à mort. D'abord le recours à un *rejon* de châtiment se terminant par une lame d'acier en forme de « feuille de poirier », qui répond à la même fin que les piques : réduire la force des animaux rapides, combatifs et de *casta*. Les lames d'acier – qui ont moins d'efficacité que la pique, parce que le taureau n'a pas l'occasion de s'efforcer contre le cheval – ne doivent pas être enfoncées à fond et pouvoir retomber à terre pour ne pas blesser gravement la bête, ni la mettre en état de préagonie... ce que le public ignore généralement dans sa candeur naïve.

Rejon d'une main, bride de l'autre, Moreno Pidal échappe à la charge...

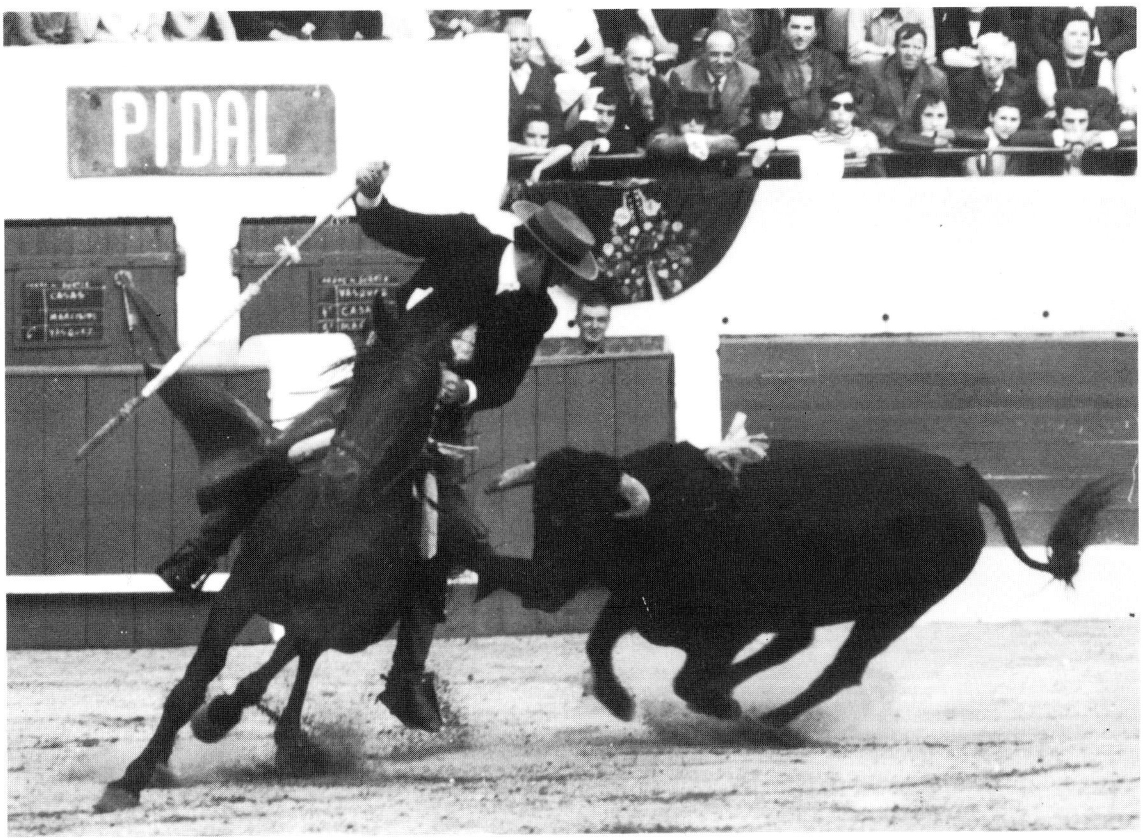

Le second temps, qui comporte un ralentissement de l'animal, permet de faire à cheval toutes les suertes de banderilles relevant de l'art à pied et dans le style des plus grands banderilleros connus. La pose au *quiebro* est seule difficilement concevable, puisque toutes les figures du « cavalier en plaza » s'exécutent à la course !

Le troisième temps – la mise à mort – est rendu difficile par le fait que presque toujours le taureau se défend, lève la tête, s'arrête, *derrote* (V. CORNES*) dans l'arme tendue vers lui et qu'il est malaisé de trouver, en quelques dixièmes de seconde, le point exact où frapper. C'est pourquoi Domecq, après avoir essayé de l'épée de matador, s'est finalement rabattu sur le *rejon de muerte* (à lame longue) dont se servent communément les artistes espagnols du toreo à cheval. Encore la bête, sérieusement atteinte, devra-t-elle souvent être achevée d'une estocade portée à pied.

Si les cornes des taureaux des rejoneadores espagnols ne sont pas emboulées, par contre le règlement autorise leur épointement préalable.

Dans leur ordre de mérite, les façons d'attaquer avec la *farpa* (ou le *rejon*) sont :
– *De cara.* De face.
– *A tira.* De biais.
– *A garupa.* À la croupe, en se faisant poursuivre par le taureau.
– *Por dentro.* Au fil de la barrière.
– *A media volta.* En surprenant le taureau par-derrière, pour le retourner brusquement.

Et de planter :
– À l'étrier, à angle aigu.
– À l'étrier, à angle droit.
– À selle passée.
– À la croupe.

La qualité du taureau, l'adresse du cavalier et le degré de dressage de son cheval décident du choix de la suerte.

Rematar

[finir] Terminer une suite de suertes par une passe imposant au taureau un coup d'arrêt, qui permette au torero de se retirer. Avec la cape, ce peut être la demi-véronique, la *revolera*... Avec la muleta : la passe de poitrine, la *molinete*... C'est l'occasion pour les toreros d'affirmer leur grâce en quelque détail d'exécution portant le sceau de leur personnalité. Le *remate* prend ainsi la valeur d'un paraphe élégant, ajouté à un travail bien conduit. Joselito El Gallo avait pour coutume de varier à l'infini ses *remates*.

Remboursement

Les dispositions réglementaires espagnoles sont que toute suspension antérieure au paseo crée, pour le spectateur, un droit à être remboursé du prix de sa place. Il en va autrement si la suspension intervient au

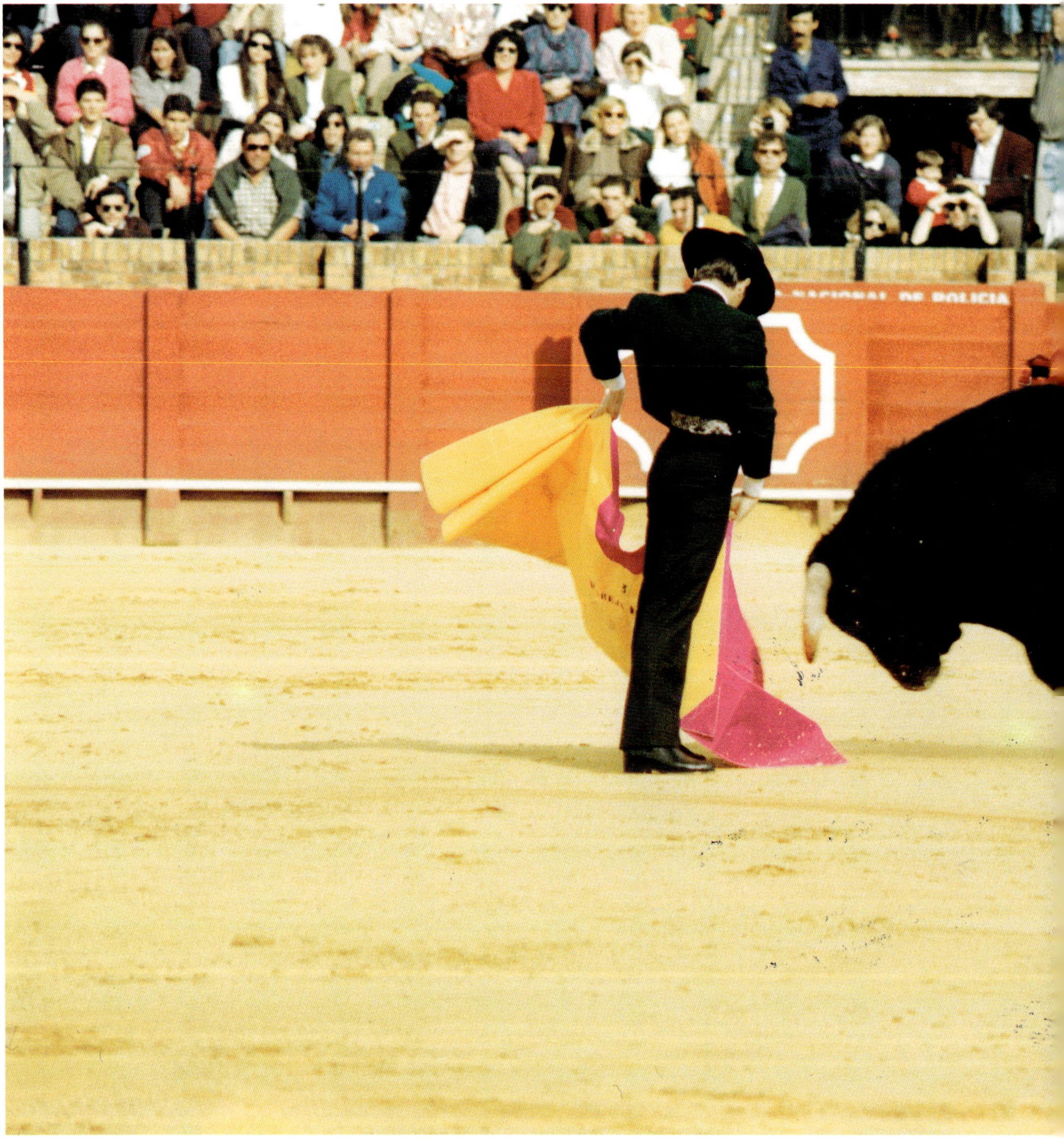

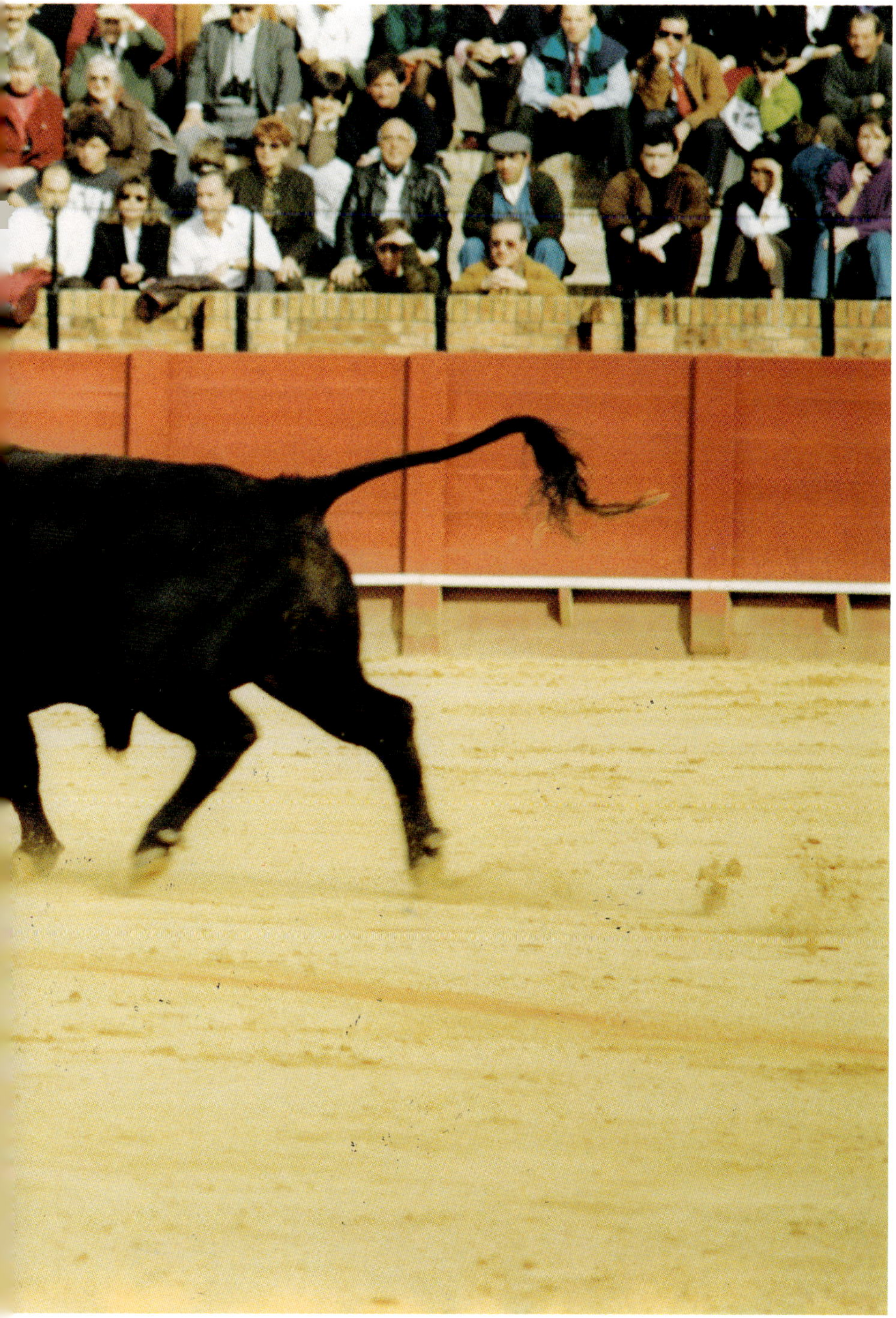

Bien joli, ce *remate*
d'un anonyme en *traje corto*,
la tenue d'entraînement
ou de festival des toreros.

cours de la célébration du spectacle. Le remboursement peut être également demandé en cas de changement du programme annoncé. Les prix des places variant avec les cachets des matadors engagés, toute substitution de l'un d'eux devrait comporter son remplacement par un camarade appartenant à la même catégorie (V. CUADRILLA★).

Remos

Synonyme de pattes. Il s'emploie notamment dans la locution *flojo de remos* [faible de pattes]. On dit même tout court d'un taureau qu'il *flojea*.

Renquear

Comportement d'un taureau qui, sans boiter complètement, est alourdi de l'arrière-train.

Resabios

[vices] Détail de comportement généralement acquis par le taureau dans l'élevage. Un exemple classique en est la façon dont les animaux, ayant déjà été piqués dans une tienta★ pour la sélection des étalons, chargent facilement le picador la tête haute et s'efforcent d'écarter la lance. Les toreros perdraient leur temps à vouloir corriger un resabio et doivent se contenter de ne pas le laisser se caractériser, sous l'effet d'une lidia★ incertaine.

Reserva

Nom consacré des deux picadors de réserve réglementairement engagés par la direction des arènes pour doubler ceux des cuadrillas des matadors et les remplacer s'ils venaient à être blessés.

Longtemps, il a appartenu au reserva de placer la première pique et de révéler ainsi à son éminent collègue le style de l'attaque d'un taureau. Il n'intervient maintenant qu'en cas de besoin ou s'il était chargé. Les matadors préfèrent même appeler leur second picador, au cas d'accident survenu au premier, plutôt que d'avoir recours à lui.

Reunion

Rencontre du taureau et du torero, au centre de l'exécution de toute suerte. (V. JURISDICCION★) À titre d'exemple, la beauté d'une paire de banderilles dépend entièrement du soin mis par le torero à effectuer parfaitement sa reunion avec l'animal à l'instant de planter, sans attendre de se trouver à corne passée pour le faire commodément. C'est également au moment de la reunion que, dans le toreo de cape ou de muleta, le matador « charge la suerte » (V. CORNE CONTRAIRE★).

Reverte, Antonio

Ouvrier agricole de la région d'Alcala del Rio, né en 1870, il fut gagné à l'idée de devenir torero par la pratique des si fréquentes capeas★ de cette région andalouse. Son originalité réside dans la rapide et légendaire popularité que lui a value une conception du toreo dictée – comme le sera plus tard le tremendisme★ – par la recherche calculée de la sensation. Investi matador en 1891, à une époque où le classicisme de Guerrita régnait en maître sur la corrida, il étonna les foules en arrêtant à leur sortie du toril ses taureaux avec des *recortes*★ exécutés la cape repliée sur l'avant-bras droit, en s'agenouillant à la portée des cornes, en s'appuyant négligemment du coude sur le frontal des bêtes bien avant qu'Arruza eût inventé le *telefono*★, en recherchant une complète immobilité, tant dans ses paires de banderilles à l'écart, que dans le peu de passes de muleta qui se donnaient alors. Sa témérité ne l'abandonnait pas dans ses coups d'épée, d'où il sortait, une fois sur deux, bousculé et même souvent pris.

À ce rythme, il accumula les blessures, sans pour autant perdre son courage, mais au prix d'un constant handicap physique. La dernière en date lui fut infligée à Bayonne, l'été 1899, par un animal qu'il venait de toucher à mort, et devant lequel il s'était imprudemment mis à genoux. Sa convalescence dura plusieurs mois et, la jambe déjà alourdie, il reprit encore l'épée avant de succomber en 1903 à une tumeur maligne du foie.

Revolcon

[renversement] Désigne toutes fois où un torero est pris et jeté brusquement au sol, sans avoir pour autant reçu de blessure.

Revoltoso

Taureau prompt à se retourner sur l'homme après une charge. Ces brusques retours surprennent le torero et exigent de lui une constante vigilance. Ils sont toujours l'expression d'un instinct défensif accusé. (V. GENIO★)

Rincon

[coin] Mot utilisé par le spirituel critique taurin Antonio Diaz Cañabate pour censurer l'emplacement de trois à quatre centimètres inférieur à l'épine dorsale – où Antonio Ordoñez porte souvent son estocade★. À proprement parler, elle n'est pas basse mais légèrement tombée [*caida*]. La formule a fait fortune et l'on entend dire maintenant de n'importe quel matador trop pressé d'en finir qu'il a visé à l'épée le rincon d'Ordoñez.

Rincon, César

L'arrivée de César Rincon dans le gotha taurin en 1991 a été soudaine et imprévue. Jusqu'alors peu d'aficionados espagnols connaissent ce Colombien, né à Bogota le 5 septembre 1965. Sa carrière en Espagne, tant comme novillero que comme torero, a été valeureuse mais discrète, trop discrète pour vaincre la terrible xénophobie espagnole qui, en matière de torero, considère avec suspicion celui qui n'est pas né entre Irun et Algésiras. Sa confirmation d'alternative à Madrid le 2 septembre 1984, encadrée par une vieille gloire des arènes, Manili, et le malchanceux Pepe Luis Vargas, passe inaperçue. En Colombie, en revanche, César Rincon est considéré depuis 1985 comme le numéro un. Une blessure à Palmira, en

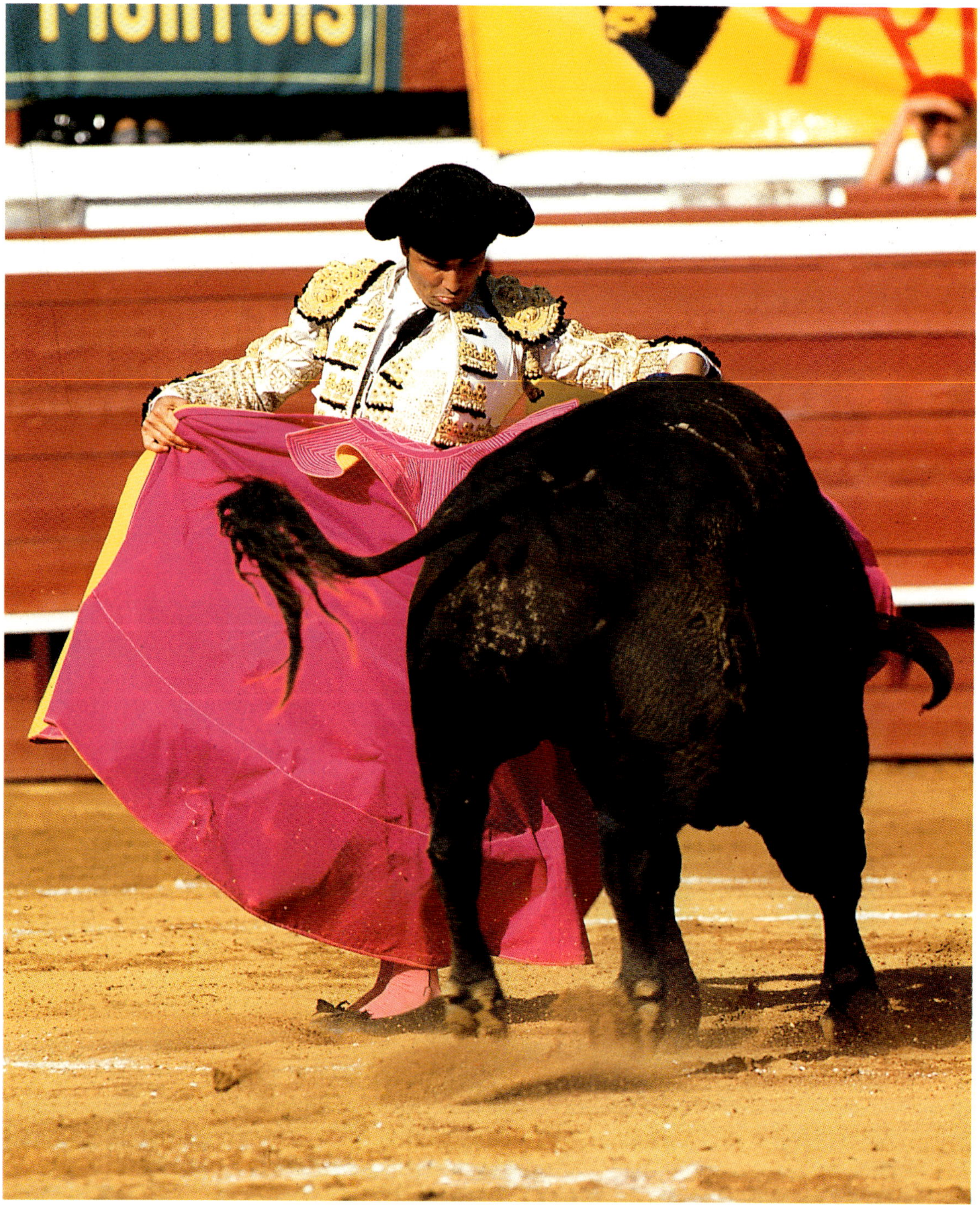

1989, le conduit aux portes de la mort. Quand il revient, il n'a qu'une obsession : convaincre l'Espagne et vaincre à Madrid. Ses armes : un courage tranquille, une lucidité de tous les instants, une vraie intelligence en piste et surtout un toreo puissant, authentique, croisé, lent, qui donne toutes ses chances à l'adversaire mais l'oblige invariablement à baisser les cornes et à rendre les armes. En 1991, Rincon débarque dans un monde taurin dominé par la haute stature d'Espartaco, et le souvenir de la muleta étouffante d'Ojeda. Il obtient un contrat à Valence. La corrida est télévisée. Son courage sidère. Il est engagé à Madrid fin mars. Il plaît assez pour être inclus lors de la San Isidro le 21 mai suivant. Ce jour-là, au sixième toro de Baltasar Iban, conscient qu'une chance pareille ne se répétera pas, il livre un énorme combat, exécuté dans les règles de l'art, forçant la bête à admettre sa muleta. À Madrid ce discours séduit. Une estocade lentement portée dans la croix. Deux oreilles. Sortie en triomphe. C'est à ce moment que l'histoire vire au conte. Aussitôt engagé pour la corrida du lendemain, en remplacement de Fernando Lozano, blessé, il renouvelle l'exploit. Les propositions de contrats affluent. Il est engagé dans un *mano a mano*, pour la plus grande corrida de l'année, celle de la Bienfaisance, avec Ortega Cano. Troisième triomphe. Et quatrième en automne lors de la feria d'octobre. Neuf toros, neuf oreilles. Quatre sorties à *hombros* la même année à Madrid. C'est un record historique.

En fait la tauromachie de César Rincon n'a rien de révolutionnaire. Elle est purement classique et s'appuie sur un honneur sans faille qui conduit le torero colombien à ne négliger aucun toro mais au contraire à les mettre systématiquement en valeur. Ce retour à l'authentique est dans le fil de l'époque. La temporada suivante est de même valeur. La ferveur gagne la France. En 1993, Rincon voulant conquérir Séville, qui, jusque-là, lui échappe, hérite d'une grave blessure en estoquant *a recibir* et ne peut honorer tous ses rendez-vous. De plus, une hépatite C (contractée lors de la transfusion sanguine qui lui avait sauvé la vie à Palmira en 1989) l'affaiblit. Il n'en demeure pas moins que la venue en Espagne de Rincon a rappelé au bon moment qu'un toro doit rester un adversaire respectable et ne jamais devenir un collaborateur pour préserver le plus l'esprit de la feria.

Robert, Felix

De son vrai nom Pierre Cazenabe, il est le premier matador français à avoir reçu l'alternative en plaza de Madrid. Né dans les Landes en 1862 et d'abord garçon de café à Mont-de-Marsan, il devint écarteur, puis se mit au toreo espagnol. Il se présenta en

D'autres mettent plus de grâce dans la *chicuelina* que César Rincon. Mais qui plus de sincérité ?

Espagne dès 1894 avec une moustache, qu'il ne consentit à couper que pour confirmer son alternative à Madrid en 1899. La propagande faite autour de sa qualité de Français le servit plus que son art médiocre, mais il tuait avec une certaine facilité. Émigré au Mexique, il exploita la plaza de Ciudad Juarez et épousa la fille d'un riche député mexicain. Fuyant la révolution de 1912, il vint s'établir à Marseille et se préparait à prendre en location diverses arènes de la région, quand il mourut en 1916.

Robes

[*pintas* ou *pelo*] Leur couleur a été très variée, jusqu'au jour où la famille des taureaux de Vistahermosa (V. ÉLEVAGE*) généralement noirs a pratiquement couvert toutes les autres. Par l'effet de la génétique, il en naît cependant toujours de robe claire ou tachetée, mais les éleveurs ont tendance à les écarter. Si l'on en voit sortir aujourd'hui, c'est qu'ils ont été gardés en raison de l'excellence de leur filiation et promettent un combat intéressant.

La notation des pelages des animaux fait partie, pourrait-on dire, de leur état civil. Elle figure sur le relevé des bêtes, placé à la porte centrale des arènes, un jour de corrida, et les comptes rendus des critiques taurins y font de fréquentes allusions.

– *Ensabanado :* littéralement roulé dans un drap blanc.
– *Jabonero :* couleur de savon.
– *Perlino :* blanc grisâtre.
– *Albahio :* blanc jaunâtre.
– *Castaño :* châtain.
– *Colorado :* tirant sur le roux.
– *Jijon :* roux caractérisé.
– *Melocoton :* couleur de pêche.

Les taureaux noirs, eux-mêmes, se différencient en :

– *Azabache :* noir velouté.
– *Mulato :* noir mat sale.
– *Zaino :* noir mat propre.
– *Mohino :* noir, y compris le museau.

Les pelages mélangés donnent le :

– *Salinero :* poils blancs et roux.
– *Cardeno :* gris (poils noirs et blancs).
– *Cardeno franciscano :* gris très clair.
– *Cardeno entrepelado :* gris, plus foncé dans quelques coins.
– *Cardeno nevado :* gris avec abondance de taches blanches.
– *Cardeno salpicado :* gris, avec une alternance de grandes et petites taches blanches.
– *Berrendo en negro :* pie, par le noir et le blanc.
– *Giron :* le même, avec des taches blanches plus réduites.
– *Berrendo en colorado :* pie, par noir et roux.
– *Lombardo :* noir avec le dos châtain.

– *Retinto :* roux avec le bas des pattes noir.
– *Chorreado :* traversé de raies verticales plus sombres que le pelage.
– *Chorreado en verdugo :* le même mais avec des raies rousses.
– *Atigrado :* marqué de petites taches sombres.
– *Calcetero :* le bas des pattes blanc.
– *Botinero :* le bas des pattes noir.
– *Aldinegro :* les cuisses et les parties génitales de couleur noire.
– *Capirote :* la tête d'une couleur différente du pelage.
– *Capuchino :* la tête et le cervelet différents du pelage.
– *Carinegro :* la tête noire.
– *Careto :* la tête blanche.
– *Lucero :* le frontal marqué d'une tache blanche.
– *Estrellado :* le frontal marqué d'une tache noire.
– *Rebarbo :* le museau blanc.
– *Meano :* le fourreau blanc.
– *Bragado :* les cuisses blanches.
– *Liston :* une raie de couleur distincte sur la ligne du dos.
– *Albardado :* même caractéristique, mais avec une raie plus large.
– *Aparejado :* le même avec une raie blanche débordant sur le pelage.
– *Rabicano :* des taches blanches sur la queue.
– *Coliblanco :* la queue de couleur plus claire.
– *Gargantillo :* l'encolure blanche ou de couleur claire.
– *Ojinegro :* les yeux cerclés de noir.
– *Ojo de perdiz :* les yeux cerclés de poil roux.

Robles, Julio

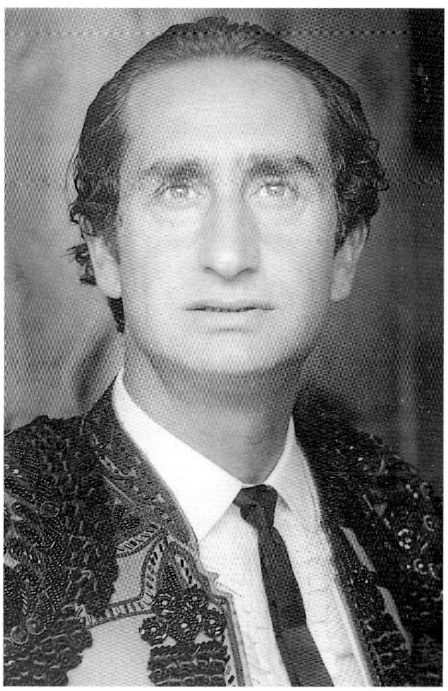

En 1990, à trente-neuf ans, Julio Robles est arrivé au faîte de sa maturité et a réussi à faire oublier l'image d'un torero fin mais aboulique qu'il traînait depuis ses débuts. Le 13 août, il est engagé à Béziers pour une corrida où il doit lidier des toros de Cayetano Muñoz, de pure origine Torestrella. Il reçoit son adversaire à la cape. À la quatrième passe le toro le cueille. Le torero retombe au sol. Vertèbres cervicales cassées. L'accident est le même que celui arrivé à Nimeño, à Arles, l'année précédente. Julio Robles, l'élégant matador de Salamanque, superbe capeador et muletero sensible, ne pourra jamais plus toréer. Tétraplégique, il se déplace en fauteuil roulant. Julio Robles avait pris l'alternative le 9 juillet 1972, à Barcelone, des mains de Diego Puerta avec Paco Camino comme témoin. Il était le rival et l'ami de Niño de la Capea, son cadet d'un an, avec qui il avait débuté.

Ce regard que lève Julio Robles vers le ciel, où s'élèvent les grands *capeadores* comme lui, semble lourd du destin qui va l'immobiliser.

Romanear

Verbe tiré par les professionnels du mot *romana* [balance]. Il revient à suggérer, en style imagé, que le taureau « pèse » le cheval, quand il le soulève de ses cornes ou le reprend au sol pour le rejeter. Le fait de romanear décèle la force et la bravoure d'un animal.

Romero

Très célèbre famille de toreros de Ronda, tenus pour les tout premiers pionniers de la tauromachie moderne.

FRANCISCO

Le premier du nom était un charpentier passé au service des cavaliers seigneuriaux de la Real Maestranza de Ronda, au titre d'aide à pied. Le document le plus sérieux que l'on possède sur lui est un passage de la *Lettre historique* de l'écrivain Moratin. « Vers 1726, affirme-t-il, a commencé à se distinguer Francisco Romero dans la pratique du toreo à pied. Il a été un des premiers à perfectionner cet art, utilisant une petite *muleta,* attendant le taureau de face et de pied ferme pour le tuer dans un corps à corps. Il en faisait une certaine cérémonie, en vue de laquelle il revêtait une culotte et une veste de daim, la taille sanglée par une haute ceinture de cuir, et garnissait ses manches de velours noir, afin qu'elles résistassent mieux aux coups de cornes. » Francisco eut vraisemblablement quelques prédécesseurs, mais il est le seul dont on ait retenu le nom. Il devait, au reste, donner naissance à une importante lignée de toreros historiques.

JUAN

Fils aîné de Francisco, né vers 1720, il se fit d'abord admettre comme banderillero par son père, puis vola de ses propres ailes. Matador plein d'aisance et d'une maîtrise affirmée, il perfectionna la stratégie du combat du taureau et fut quasiment le premier à ordonner le travail de la cuadrilla*. La sienne était d'ailleurs composée d'hommes triés sur le volet pour leur qualité. Demeuré sur la brèche jusqu'en 1776, il lui arriva même de toréer avec son fils Pedro, quand celui-ci fut consacré matador. Mais, à partir de cette date, il préféra s'employer à conduire la carrière de trois de ses garçons, également appelés à s'engager sur ses traces, et s'éteignit à cent ans révolus, la mort n'ayant pas voulu de lui plus tôt. Il est vrai qu'à son époque le métier de torero consistait surtout à diriger l'ensemble du combat du taureau, avant de le mettre à mort en le recevant à la pointe de l'épée.

JOSÉ

Peint par Goya dans un de ses beaux portraits d'hommes, il naquit en 1746 et vécut aussi quatre-vingt-un ans, dont quarante furent réservés au service de l'arène. On le vit même réapparaître à soixante-treize ans, pour tuer fort correctement ses quatre derniers taureaux en plaza de Madrid, le 31 août 1818. Quels ancêtres a eus la corrida ! Il lui revint notamment d'estoquer le taureau « Barbudo » qui venait d'éventrer sous ses yeux Pepe-Hillo, le fameux rival de son frère Pedro, le 11 mai 1801 en plaza de Madrid, une des premières éphémérides tragiques de la tauromachie.

PEDRO

Né en 1754, il atteignit un degré de popularité et de gloire, qui lui valent de passer pour un personnage de légende. Déjà expert dans l'art des banderilles, il tua son premier taureau en public à dix-sept ans et servit quatre ans comme demi-épée (on dirait aujourd'hui *sobresaliente*★, mais les matadors abandonnaient souvent à celui-ci la dernière bête de la journée) dans la cuadrilla de son père Juan ou de son frère José. C'est dans ces conditions qu'il eut très tôt (1773) à abattre la bête qui venait de tuer son jeune frère Juan Gaspar, à Salamanque.

Pilier de tous les spectacles se donnant déjà à travers l'Espagne, réclamé par les autorités locales lors des grandes fêtes qu'elles organisaient, il s'imposait à l'admiration générale par sa force de jeune athlète, son courage jamais surpris, sa sûreté étonnante qui lui évita toute blessure grave au cours de ses vingt-huit années de carrière et assura son triomphe tant sur Costillares que sur Pepe-Hillo, dont le public avait cherché à lui susciter la concurrence. Outre le sens de la lidia, sa plus grande maîtrise était le coup d'épée, presque toujours exécuté au difficile *recibir*. Lui-même proclama avoir tué près de 5 600 taureaux !

Une anecdote typique le caractérise bien. Pepe-Hillo, une des toutes premières fois qu'il toréait avec lui en la plaza de Cadix, eut l'audace de jeter sa muleta et d'utiliser le chapeau aux larges bords, en ce temps porté par les toreros, pour donner son coup d'épée. Pedro Romero, dans un geste de défi, procéda de même à son propre taureau... mais recourut au simple peigne qui retenait alors les longs cheveux retombant sur la nuque avant l'adoption de la *coleta*★. Malgré l'enthousiasme populaire, le représentant de l'autorité présidant la course, effrayé, les appela tous les deux dans sa loge et leur enjoignit de cesser de renoncer à l'usage de la muleta★. Pareillement, Pedro réclama pour lui, à Madrid, tous les taureaux de la région de Castille, que ses deux rivaux refusaient un moment d'affronter en raison de leur dureté.

Ce géant du toreo se retira, en pleine gloire, à l'âge de quarante-cinq ans (1799). La précarité de ses ressources pécuniaires, mal administrées, lui fit solliciter plus tard et obtenir du roi Ferdinand VII la direction de l'école tauromachique, que le souverain créa à Séville en 1830. Ce détail le conduisit à céder à la pression de l'afición madrilène et à reparaître devant elle en 1831, à soixante-dix-sept ans ! Diminué physiquement – on le comprend –, il se contenta d'occuper son poste, mais n'en expédia pas moins ainsi *ad patres* ses deux ultimes adversaires. La mort devait l'enlever en 1839 à quatre-vingt-cinq ans, respectant la longévité de sa souche familiale.

ANTONIO

Matador dès 1789, moins doué que ses frères, il toréa cependant treize années consécutives dans leur sillage, avant de succomber sous la corne d'un taureau à Grenade, en 1802.

Romero, Curro

Il est né à Séville en 1935. Son histoire commença comme un conte. Garçon de courses dans une pharmacie, il faisait l'admiration de ses concitoyens de la banlieue de Camas avec un toreo de salon impressionnant de pureté de style et d'allure. Cela les décida à le mettre, à quinze ans, devant une vache, dans l'élevage de Conradi, pour voir s'il tiendrait le coup. Ce fut effectivement le point de départ d'une longue période d'apprentissage, qui le conduisit à débuter comme novillero en 1954 et à prendre l'alternative en 1959.

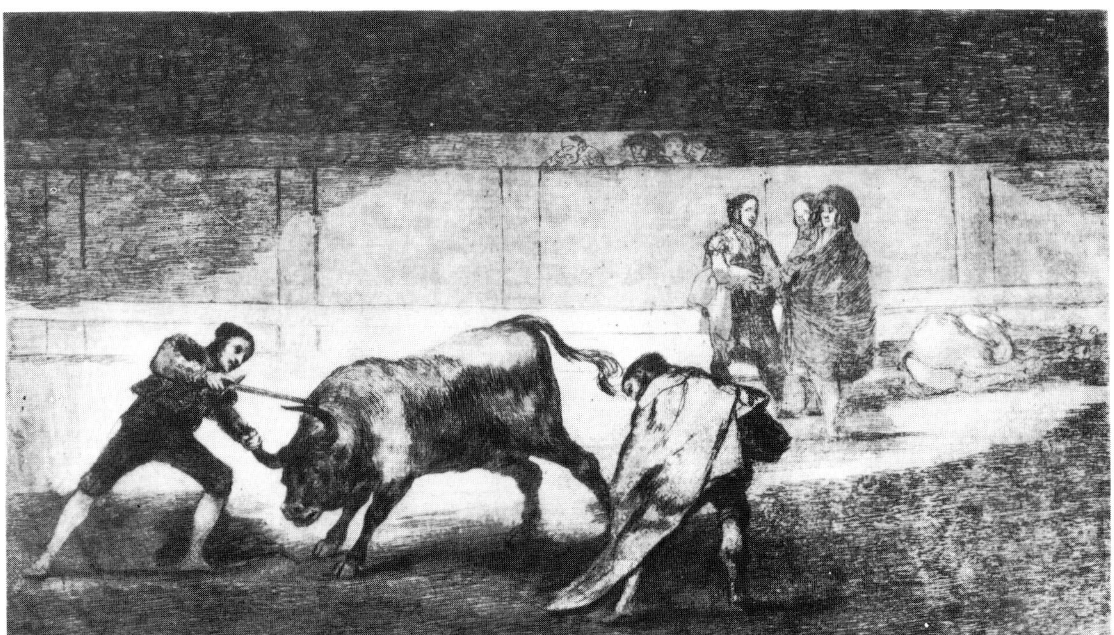

Estocade de Pedro Romero au *recibir* et sans recours à la *muleta* (Goya).

Peu de toreros peuvent prétendre l'égaler dans ses superbes véroniques d'une sincérité et d'un naturel absolus. Ses faenas de muleta★, dépourvues de tout baroquisme, l'apparenteraient, un faux air gitan aidant, à la grande figure de Cagancho, dont il réédite les caractéristiques *desplantes* (litt. défis arrogants aux taureaux, à la sortie des suertes). Toutefois, un sens de la lidia★ moins cultivé que son inspiration artistique le condamne à beaucoup d'irrégularité. À tort, sans doute, on attribue ses éclipses à un manque de courage. Il faut plutôt y voir la conséquence de sa relative impuissance à discerner aussitôt le caractère exact des taureaux sortis du toril. Il peut aussi bien se confier avec les dangereux et être pris, que laisser échapper ceux qui lui assureraient le triomphe.

Sa popularité est très grande à Séville, où il s'est montré sous son meilleur jour, notamment dans un après-midi au cours duquel il affronta, seul, six taureaux d'Urquijo. Peu heureux en 1969, il a fait le geste de se retirer au mois de juillet.

Vingt-quatre ans plus tard, Curro Romero est toujours là. Cet homme restera un mystère dans l'histoire de la tauromachie. En 1993, il avoue cinquante-huit ans mais en a certainement soixante. Le plus souvent, il sort sous les huées des spectateurs. Peut passer un an entier sans couper la plus chétive oreille. Et, tout d'un coup, à l'âge où d'autres sont depuis longtemps assis sur les fauteuils de leur hacienda, dessiner une faena inoubliable. Il sera difficile pour ceux qui n'auront jamais vu Curro Romero inspiré de comprendre la dévotion qui maintenant l'accompagne. À Séville, c'est un monument historique au même titre que la Giralda, le pont de Triana, ou la Torre de Oro. « Mon toreo ne s'explique pas », avoue-t-il lui-même. Toute sa carrière s'est déroulée selon cet ordre mystérieux qui lui fait attendre un toro *bueno* que lui seul a vu. Et les grandes dates de ses journées restent comme autant de points de suspension dans une carrière à la longévité exceptionnelle. En 1994, il fête quarante ans de présence dans les ruedos.

Romper un toro

Briser la force excessive d'un taureau, soit par une pique bien portée, soit par des passes de châtiment. (V. DOMINIO★) Tout autre recours, comme l'usage de *recortes*★ systématiques, ou celui d'amener l'animal à heurter violemment la barrière est tenu pour antiréglementaire et sanctionné par l'autorité.

Ruedo

Piste circulaire de l'arène. D'une acception courante, le mot s'emploie notamment dans l'expression *dar la vuelta al ruedo,* ou faire le tour de la piste pour recueillir les applaudissements du public. On utilise fréquemment, dans le même sens, le terme de *redondel.*

Pour la beauté du style, qui peut surpasser aujourd'hui Curro Romero ? Cette passe aidée par le haut, en chargeant la *suerte*, résume assez bien son art raffiné et profond.

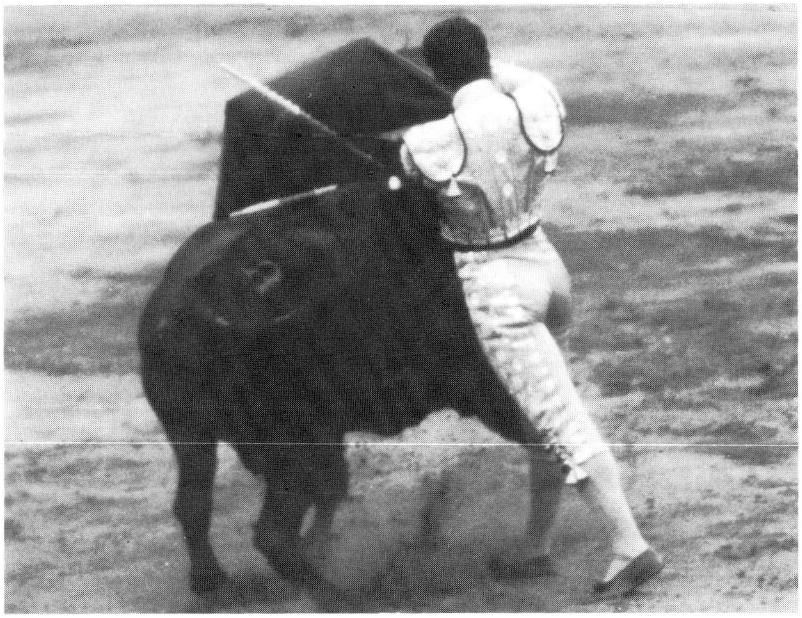

Ruiz Miguel, Francisco

Paradoxalement, la grande chance de Ruiz Miguel fut de prendre l'alternative en 1969 (Jose Fuentes et Miguel Marquez furent ses parrains ce 27 avril à Barcelone). Cette année-là le règlement exige le retour aux toros de quatre ans. Ruiz Miguel, abonné aux durs combats, trouve son accomplissement dans les affrontements contre les élevages réputés difficiles. Séville le reconnaît comme l'un des siens après un après-midi de Miura, et Madrid dans un étouffant face à face où des Victorino Martin veulent lui couper la gorge. Dans notre pays, il s'honore de sa fidélité à Vic-Fezensac, arène qui lui a élevé une statue au sens propre du terme. Son courage et sa ténacité furent remarqués par l'ancien torero Rafael Ortega qui le fit débuter en 1968 et le conseilla ensuite très longtemps. Personne pourtant ne lui promettait une grande carrière jusqu'à ce jour de 1971, lors de la feria d'avril de Séville. Il coupa les deux oreilles et la queue d'un terrifiant Miura, exploit jamais réédité. Pendant vingt ans, il a pris sans rechigner et avec une étonnante constance tous les toros homicides d'Espagne. Il revient vers les arènes en 1991 après une seule année de retraite.

S

Sacarse el toro

Assurer la sortie* d'un taureau qui serre excessivement. Juan Belmonte avait la réputation enviée de se le sortir *por la faja,* soit le long de la ceinture, avec autant de remarquable sang-froid que de surprenante précision.

Saltillera

Gaonera (V. CAPE*) avec sortie haute, à la fin de laquelle le torero tourne lentement sur lui-même. Ainsi baptisée parce que son inventeur, le Mexicain Fermin Armillita, était né à Saltillo, elle a précédé de quinze ans la *manoletina,* qui en est l'exacte reproduction à la muleta.

Sanchez Mejías, Ignacio

Je chante, pour plus tard, ton profil et ta grâce,
la célèbre maturité de ton savoir,
ton désir de la mort et le goût de sa bouche
et la tristesse au fond de ta vaillante joie.

L'immortel poème, arraché à Federico Garcia Lorca par la perte de son grand ami, a diffusé son nom jusque sur des disques édités en langues étrangères. Il eût été ému s'il avait su qu'il entrerait, par cette voie oblique, dans le monde des lettres et des arts, dont, à ses moments de loisir, il affectionnait de partager l'existence. Ignacio Sanchez Mejías fut en effet le premier et, sans doute, l'unique torero à pouvoir se réclamer d'une vie intellectuelle. Familier de Garcia Lorca, de Rafael Alberti, de Fernando Villalon et autres poètes ou auteurs de sa génération, il écrivit et fit représenter deux pièces de théâtre – l'une sur la psychologie des fous, l'autre sur les hésitations d'un matador retiré, devant l'éveil de la vocation chez son fils –, donna une conférence sur *Don Quichotte* à l'université de Columbia aux États-Unis, participa à la mise en scène des célèbres ballets espagnols de son amie l'Argentinita.

Né à Séville en 1891, il était le fils d'un médecin rural. On le préparait à faire ses études de médecine, mais son amitié avec les jeunes Rafael et Joselito El Gallo, ainsi que des escapades clandestines vers des capeas* locales en décidèrent autrement. À dix-huit ans, il s'embarqua furtivement pour le Mexique sur un cargo. Ayant réussi à se glisser dans le pays, il n'y trouva bientôt

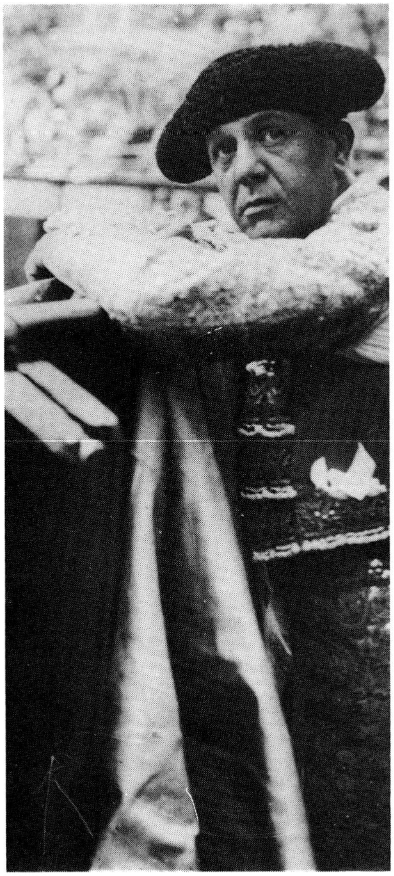

Il n'y eut prince dans Séville
que l'on pût lui comparer,
ni épée comme son épée,
ni cœur qui fût aussi vrai.
F. GARCIA LORCA,
Llanto por Ignacio Sanchez Mejías.

d'autre issue que de s'engager dans la cuadrilla du matador Corchaïto et d'apprendre un métier dont il ne possédait encore que les premiers rudiments. De retour en Espagne, il servit comme banderillero, tenta sa chance dans des novilladas, fut très gravement blessé avec rupture de la veine fémorale et prit à nouveau rang dans les cuadrillas de Belmonte, Rafael El Gallo, et Joselito, maintenant tout à fait lancés. L'affection de Joselito, dont il avait entre-temps épousé la sœur Lola, le poussa à l'alternative, à vingt-huit ans, en 1919.

Plus athlète que vraiment artiste, il brillait par une rare expérience des bêtes et par un courage auquel ne répugnait nulle témérité. De lui, le célèbre critique Ventura Bagues écrivait : « Il a apporté quelque chose de nouveau à la corrida : l'exagération du danger, mieux même sa création. Jour après jour, il s'est complu à placer les taureaux dans les terrains les plus risqués, pour avoir l'occasion de s'exposer davantage. Quand un combat manquait d'émotion, il la recherchait et la faisait naître, en inventant le danger. » Ses paires de banderilles – où il excellait, « trouvant le taureau, comme on dit, dans tous les terrains » – faisaient sensation lorsqu'il les posait au fil des barrières dans l'aventureuse suerte du *sesgo por dentro*. Il en allait de même des passes de muleta hautes à genoux, ou assis sur le marchepied de la barrière, par lesquelles il commençait volontiers ses faenas.

Arrivé au terme d'une carrière marquée de succès continus, comme ceux remportés au Mexique dans un défi à la gloire nationale qu'était alors Gaona, il se retira en 1927. Toutefois son esprit d'aventure le ramena aux taureaux, plus décidé et vaillant que jamais en 1934, à l'âge de quarante-trois ans. Dès la sixième course, un animal d'Ayala – « Granadino » – le cueillit à Manzanares dans sa passe de muleta favorite, assis sur le marchepied. Au lieu de se laisser immédiatement opérer, il ordonna de contenir son hémorragie et se fit transporter à Madrid. Une fatale gangrène gazeuse s'ensuivit, à laquelle il succomba en deux jours.

Son fils, José Ignacio, né en 1917 et qu'il voulait toujours écarter de la carrière de torero, revêtit l'habit de lumières deux ans après sa disparition en 1936. Pétri d'afición et de la meilleure, sa nervosité naturelle lui créa cependant un sérieux handicap qu'il ne réussit jamais à surmonter. Il s'employa alors à représenter des matadors et mourut d'un infarctus en Amérique latine, dans l'exercice de sa seconde profession.

Santos, Manuel dos

Le premier, après Diamantino Vizeu, et le plus important d'une jeune génération de toreros portugais qui, à partir de 1940, se sont orientés dans la voie du toreo espagnol à pied. Celui-ci s'était montré au Portugal, à l'occasion de la présentation épisodique de vedettes réputées en Espagne, mais n'avait guère suscité de vocations pour la raison que les autorités n'étaient pas disposées à autoriser la célébration de corridas intégrales avec picadors et mise à mort.

L'usage de l'épée avait cependant sa place dans les exercices des cavaliers seigneuriaux des XVIe et XVIIe siècles sous la forme de l'*empeño*. L'honneur voulait, en effet, que tout personnage renversé de son cheval, ou ayant perdu une pièce de son habillement – fût-ce les gants – dégainât l'épée de gentilhomme qu'il avait au côté et, se servant d'un petit collet ou *ferreruelo* comme leurre, occît son adversaire dans le cou. Le dernier *empeño* a sans doute été celui dont le légendaire marquis de Marialva (1713-1799) fut le héros. Son fils, le comte de Los Arcos, ayant été tué sous ses yeux, il sauta dans l'arène, l'épée à la main, et le vengea.

Il faut attendre 1927 pour qu'un directeur de la Sûreté autorise exceptionnellement deux matadors (le Mexicain Juan Armillita et Fausto Barajas) à estoquer en public, à Lisbonne. Une seconde corrida avec mise à mort, en plaza de Villafranca de Xira, quelques mois plus tard, ne connut pas de lendemain.

En 1933, une campagne menée par le célèbre critique taurin Rogerio Perez décida l'Administration à former une commission officielle, chargée d'arrêter une réglementation des corridas à l'espagnole. Pour lui permettre de se prononcer, une demi-douzaine de spectacles intégraux furent organisés avec des matadors aussi connus que Domingo Ortega, Manolo Bienvenida, Marcial Lalanda et Nicanor Villalta. Le verdict fut d'abord que les taureaux sortent emboulés au premier tiers. La complication de les désembouler, pour la suite de la lidia, fit qu'on préféra renoncer aux picadors et se rabattre, de ce fait, sur des taureaux plus jeunes, d'environ trois ans. L'habitude intervint également d'épointer légèrement les cornes en vue d'éviter tout accident trop grave, détail qui n'empêcha pourtant point le matador mexicain Carnicerito de Mexico de trouver la mort, le 14 septembre 1947, à Villaviciosa. Enfin, l'estocade demeurant interdite, on se contenta de la simuler avec une banderille. Toutes conditions qui ont eu pour effet de ramener la corrida à une simple démonstration de l'art du toreo, en costume de lumières. Elle est toujours jumelée à une exhibition de cavaliers en plaza, l'association formée par ces derniers les imposant dans tout spectacle tauromachique.

Sans dédaigner leurs arènes nationales, Manuel dos Santos et ses émules se sont donc lancés à la conquête des publics espagnols, français et latino-américains. Dos Santos est celui qui y a le mieux réussi. Né en 1925, il prit une première alternative à Mexico en 1947, une seconde à Séville en 1948 et confirma

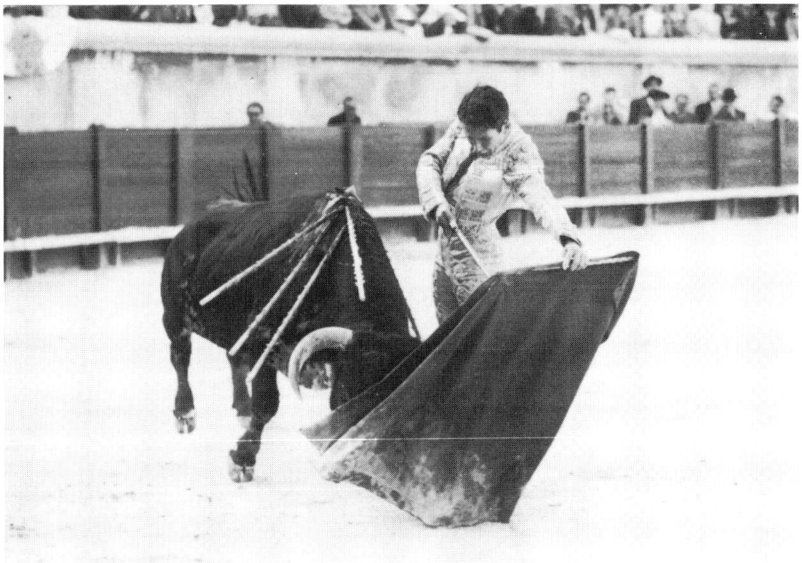

Il « court la main », dos Santos, en bon, brave et savant torero qu'il fut (ici, en *plaza* d'Arles).

celle-ci à Madrid, le 9 juin 1949. Au prix de fréquentes et parfois graves blessures, il força l'admiration générale par sa sincérité constante, par son obstination souriante à toréer sérieusement, à parfaire son style suivant les plus purs exemples de l'art, arrivant à une véritable maîtrise de l'emploi de la muleta. Adepte du toreo de bras, il réservait ses jambes pour la suerte de banderilles où, comme tout Portugais, il montrait une grande facilité.

Une de ses passes favorites – une passe droitière, en rond, exécutée de dos – a été baptisée de son nom, la *dosantina,* bien avant que d'autres en reprennent le principe, la dénaturant d'ailleurs par une sortie plus facile, recherchée vers le haut.

Un éclat de sa carrière est d'avoir tué, dans l'enthousiasme populaire, un très beau et brave taureau de Coïmbra, le 3 juin 1951, dans la plaza de Lisbonne, dite de Campo Pequenho. La police se saisit aussitôt de lui pour désobéissance aux mesures légales, mais son compagnon de ce jour, Luis-Miguel Dominguin, menaça de se retirer sur-le-champ et d'interrompre la course si on ne retardait pas l'arrestation jusqu'à la fin du spectacle. Ainsi fut-il fait et ses admirateurs portèrent en triomphe dos Santos jusqu'à la porte où l'attendaient les policiers. Frappé d'une amende de 30 000 escudos, ses avocats le sauvèrent d'une peine supplémentaire d'emprisonnement en faisant admettre aux juges l'absence de préméditation et il sortit du tribunal, à nouveau hissé sur les épaules de ses admirateurs accourus au procès.

Retiré une première fois en 1953 à la suite d'une rupture du ménisque, Manuel dos Santos a repris l'épée, surtout pour des saisons au Mexique, où il jouissait d'une solide popularité. Maintenant, son effacement paraît définitif. Il assume la direction de la plaza de Lisbonne et a reçu, en 1963, la cravate de commandeur de l'ordre espagnol d'Isabelle la Catholique, distinction unique pour un torero.

Sartenazo

Terme utilisé pour stigmatiser les coups d'épée portés de vilaine façon et mal placés.

Schull, Pierre

Né à Arles en 1936, fils de commerçants originaires des Ardennes, le voisinage immédiat de la Camargue favorisa son premier apprentissage. Il le poursuivit au-delà des Pyrénées, débuta en novillada avec picadors à Barcelone, en 1955, fut blessé gravement dans la plaza madrilène de Vista Alegre pour s'être engagé trop à fond avec l'épée, mais n'en continua pas moins à retenir l'attention par sa témérité et son sens artistique.

Luis-Miguel Dominguin lui conféra une alternative en 1958 à Arles. Appelé à servir dans la campagne d'Algérie, il devait toutefois abandonner la profession à sa démobilisation, décevant les espoirs qui se portaient sur lui.

Retiré des toros, il n'abandonne pas l'Espagne, mais s'installe à Barcelone comme directeur commercial de la société Ricard.

Sentenciado, Toro

Curieux et dramatique incident de la vie des bêtes dans les élevages.

Chaque troupeau est dominé par le taureau le plus fort, qui lui impose sa loi. Au fur et à mesure de leur croissance, ses congénères le défient en des combats singuliers, se terminant presque toujours à leur désavantage. Par une nuit très sombre et en l'absence des vachers, si l'un d'eux réussit cependant à triompher, le troupeau entier, mû par la rancœur, fait le cercle autour de l'animal, qu'il a condamné à mort – sens littéral de sentenciado – pour l'achever, s'il tentait de se relever et de reprendre le combat.

Sentido

[jugement] Faculté de discernement propre au taureau qui commence à s'aviser★.

Silla

[chaise] Rafael el Gallo l'utilisait parfois pour donner, assis sur elle, la première passe haute d'une de ses faenas, ou indifféremment poser au *quiebro* une paire de banderilles★. À son étrangeté près, la suerte de la chaise n'apporte rien de nouveau à la lidia★. On a même vu dernièrement un novillero, en mal de publicité, apporter un prie-Dieu pour s'agenouiller dessus !

Sitio [lieu] Emplacement précis sur lequel le torero doit se placer pour réussir parfaitement une suerte. L'atteindre se dit en espagnol *coger* [prendre] *el sitio*.

Le mot désigne également le point du haut du garrot du taureau, où doit être portée l'estocade.

Sobaquillo, De [de l'aisselle] Façon négligente de poser les banderilles à corne passée, celle-ci ne se trouvant plus devant la poitrine du torero, mais déjà engagée sous son aisselle. Il n'est que d'observer beaucoup de subalternes pour le comprendre. Tout matador qui n'est pas un artiste des banderilles accompli, est exposé, quand il les prend, à tomber dans ce défaut.

Sobar [pétrir] Imposer sa volonté au toro, le malaxer en somme, de façon à ce qu'il devienne comme une pâte.

Sobrero [On dit également : *el reserva*] Taureau de réserve prévu pour le remplacement éventuel d'un animal qui ne pourrait être combattu. Les autorités exigent de tout organisateur de corrida qu'il se soit assuré au minimum un sobrero pour les corridas de six bêtes et deux pour celles de huit. Une fois qu'ils auront été utilisés, le public ne pourra plus exiger le remplacement d'un animal en piste. Le sobrero appartenant en général à un élevage différent de celui figurant au programme, sa provenance doit être annoncée sur un tableau noir présenté devant le toril, avant sa sortie.

Dans un souci d'équité, un article du dernier règlement espagnol interdit désormais à tout matador de le réclamer pour l'offrir au public en supplément des siens. La chose continue cependant à se faire couramment au Mexique.

Sobresaliente [doublure] Nom donné avant les années 1900 au subalterne de confiance, qu'un matador chargeait assez souvent de tuer un de ses taureaux. Presque tous les grands *espadas* [épées] de l'époque ont fait ainsi leurs premières armes.

Cette pratique est, depuis lors, tombée en désuétude. Actuellement, le sobresaliente est un simple novillero engagé par la direction des arènes, soit pour remplacer éventuellement les deux toreros d'un *mano a mano*★ s'ils venaient à être blessés, soit pour achever l'adversaire d'un *rejoneador*★. Il est habituel de lui laisser la satisfaction de réaliser un *quite*★.

Soie [*seda*] Synonyme de cape.

Sortie [*salida*] S'emploie dans deux sens. Appliqué au torero : se retirer après l'exécution d'une suerte. Appliqué au taureau : ne pas s'arrêter au cours de la passe et aller au bout de la charge, résultat qu'assure le torero en gardant le (ou les) bras allongé tant que la bête n'a pas entièrement défilé devant lui. Une flexion finale du poignet y contribue et, en cas de besoin, existe toujours le recours à un léger relèvement du leurre, qui inciterait l'adversaire à poursuivre son chemin.

Soso

[fade] Nom communément donné au taureau tellement dépourvu d'instinct agressif, de défense et de force qu'il supprime tout danger et enlève au combat le plus clair de son émotion, le réduisant à une simple démonstration, sans grandeur ni prix. Le torero, gagné à son tour par elle, succombe fatalement à cette « fadeur » [*soseria*].

Statistiques

Le nombre de spectacles donnés dans la seule Espagne, de l'ordre du millier chaque année, comprenait autrefois davantage de novilladas* avec picadors que de corridas*. Toutefois, l'abaissement actuel de l'âge des taureaux a eu pour effet d'accroître celui des dernières aux dépens des premières. Il est passé de 478 en 1965 à 599 en 1966 et 608 en 1967. Le nombre des matadors de taureaux et de novillos en activité s'est lui-même élevé à 126 et 222 respectivement. Sur les 126 matadors de taureaux étant intervenus en Espagne en 1967, on comptait 104 Espagnols, 8 Portugais, 6 Colombiens, 5 Vénézuéliens, 2 Mexicains et 1 Nord-Américain.

En Amérique latine, le total des spectacles avec picadors est de l'ordre d'un demi-millier chaque année au Mexique (sur lequel 275 corridas de taureaux), d'une centaine en Colombie, d'une quarantaine respectivement au Pérou, au Venezuela et en Équateur. Il faudrait y ajouter les deux ou trois corridas annuelles du Guatemala. Pour le midi de la France, le chiffre oscille autour de soixante.

L'intéressant palmarès des matadors qui se sont signalés par le plus grand nombre de corridas assurées dans l'année s'établit comme suit, à partir du début du siècle :

1901	61	Antonio Fuentes	1910	62	Machaquito
1902	57	Ricardo Bombita	1911	60	Machaquito
1903	60	Antonio Fuentes	1912	74	El Gallo
1904	80	Machaquito	1913	80	Gallito (Joselito)
1905	57	Ricardo Bombita	1914	75	Gallito (Joselito)
1906	65	Machaquito	1915	102	Gallito (Joselito)
1907	61	Ricardo Bombita	1916	105	Gallito (Joselito)
1908	63	Ricardo Bombita	1917	103	Gallito (Joselito)
1909	54	Ricardo Bombita	1918	80	Gallito (Joselito)

1919	109	Belmonte
1920	90	I. Sanchez-Mejías
1921	94	Granero
1922	79	Marcial Lalanda
1923	54	Maera
1924	59	José El Algabeño
1925	75	Marcial Lalanda
1926	78	Niño de la Palma
1927	65	Niño de la Palma
1928	81	Chicuelo
1929	85	Marcial Lalanda
1930	87	Marcial Lalanda
1931	93	Domingo Ortega
1932	91	Domingo Ortega
1933	69	Domingo Ortega
1934	80	Domingo Ortega
1935	64	Armillita (Mexicain)
	64	Manolo Bienvenida
1936	45	Domingo Ortega
1937	35	Domingo Ortega
1938	25	Noain
	25	El Estudiante
1939	39	Juan Belmonte (fils)
1940	57	Domingo Ortega
1941	68	Pepe Luis Vazquez
1942	83	Pepe Luis Vazquez
1943	71	Manolete
1944	92	Manolete
1945	108	Arruza (Mexicain)
1946	62	Luis-M. Dominguin
1947	71	Parrita
1948	100	Luis-M. Dominguin
1949	78	Manolo Gonzalez
1950	90	Manolo Dos Santos (Portugais)
1951	98	Luis-M. Dominguin
1952	74	Antonio Ordoñez
1953	48	Perés
1954	54	Cesar Girón (Vénézuélien)
1955	67	Chicuelo II
1956	68	Cesar Girón
1957	73	Gregorio Sanchez
1958	87	Gregorio Sanchez
1959	81	Curro Giron (Vénézuélien)
1960	71	Diego Puerta
1961	74	Curro Giron
1962	79	Jaime Ostos
	79	Diego Puerta
1963	76	Paco Camino
1964	77	El Viti
1965	111	El Cordobés
1966	95	Papo Camino
1967	109	El Cordobés
1968	101	Miguel Marquéz
1969	97	Miguel Marquéz
1970	121	El Cordobés
1971	87	El Cordobés
1972	86	Paquirri
1973	84	Niño de la Capea
1974	91	Antonio Jose Galan
1975	92	Niño de la Capea
1976	86	Niño de la Capea
1977	86	Manzanares
1978	80	Niño de la Capea
1979	76	Niño de la Capea
1980	70	Damaso Gonzalez
1981	67	Niño de la Capea
1982	63	Espartaco
1983	84	Paco Ojeda
1984	72	Jose Mari Manzanares
1985	91	Espartaco
1986	88	Espartaco
1987	100	Espartaco
1988	82	Espartaco
1989	87	Espartaco
1990	107	Espartaco
1991	80	Espartaco
1992	100	Enrique Ponce
1993	110	Enrique Ponce

Certains deviennent rois. Celui-ci, Enrique Ponce, est né prince. Trois ans déjà, il a porté la couronne, et ne montre pas le visage ni l'allure d'un souverain prêt à l'abdication...

Ce classement prend en compte le nombre de corridas toréées. Naturellement il est impossible à un torero moyen de figurer en haut de l'affiche. En revanche on peut être considéré à l'intérieur de la profession comme le numéro un et ne pas figurer tout en haut de l'*escalafon*. Le seul mérite de ce classement est de ne pouvoir être réfuté. Il en est d'autres, plus subjectifs ou plus secrets, mais manifestement plus exacts qui tiennent compte du nombre de trophées coupés, de l'importance des arènes et surtout du cachet alloué. À titre indicatif, un torero de Séville comme Curro Romero peut gagner 550 000 francs pour toréer à la Maestranza. Espartaco de 250 000 à 500 000 francs. Un plateau, c'est-à-dire l'ensemble d'un après-midi, composé d'une vedette, d'une valeur sûre, d'un espoir devant des toros de garantie, coûte de 700 000 à 1 300 000 francs.

Le fichier du syndicat espagnol du spectacle (section tauromachique) comporte actuellement les noms de 193 matadors d'alternative, 1 024 matadors de novillos, 1 500 subalternes (425 picadors, 1 075 banderilleros), 4 263 détenteurs du carnet d'aspirants à la profession de tous âges et se renouvelant au rythme de 500 environ par an, 800 garçons d'épée, 350 représentants de matadors ou *apoderados,* 250 imprésarios, 640 éleveurs (270 du premier groupe, 370 du second).

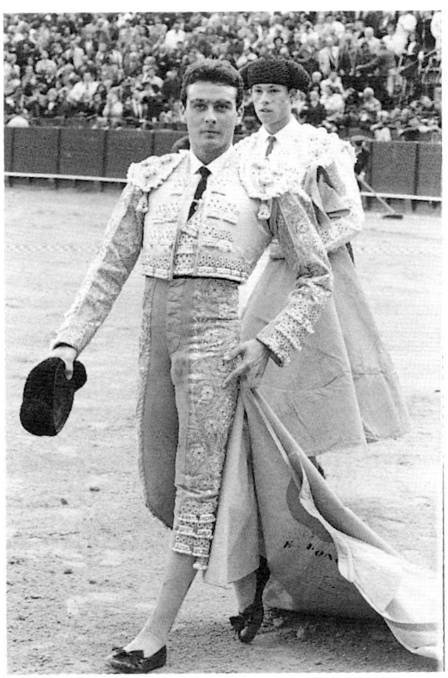

Dans les deux siècles et demi d'existence de la corrida moderne, compte tenu du fait que les recours médicaux ne se sont développés que progressivement (V. INFIRMERIE★), le bilan des accidents mortels atteint le chiffre de 404. Soit 53 matadors de taureaux, 140 novilleros, 128 banderilleros, 62 picadors, 6 *rejoneadores,* 5 toreros bouffes, 2 garçons d'épée, 2 *puntilleros,* 1 *monosabio,* 1 écarteur landais, 1 alguazil, 1 homme du train de mules et 1 imprésario. Parmi les victimes figuraient : 26 Mexicains, 7 Portugais, 4 Péruviens, 3 Vénézuéliens, 1 Argentin et 1 Portoricain.

Depuis 1969, cinq toreros sont morts dans l'arène : Pepe Mata, le 25 juillet 1971 à Villanueva de los Infantes (province de Ciudad Real) ; Jose Falcon, le 1er août 1974 à Barcelone (toro de Hoyo de la Gitana) ; Francisco Rivera « Paquirri », le 26 septembre 1984 à Pozoblanco (province de Cordoue, toro de Sayalero y Bandrès) ; Jose Cubero « El Yiyo », le 30 août 1985 à Colmenar Viejo (province de Madrid, toro de Marcos Nuñez) ; Pepe Caceres, en août 1987 à Seniciento (Colombie). Par ailleurs, Antonio Bienvenida est mort les vertèbres fracturées, le 7 octobre 1975, dans une place de tienta à El Escorial, et Christian Montcouquiol « Nimeño II », s'est donné la mort un an après avoir été grièvement blessé par Pañolero, un toro de Miura,

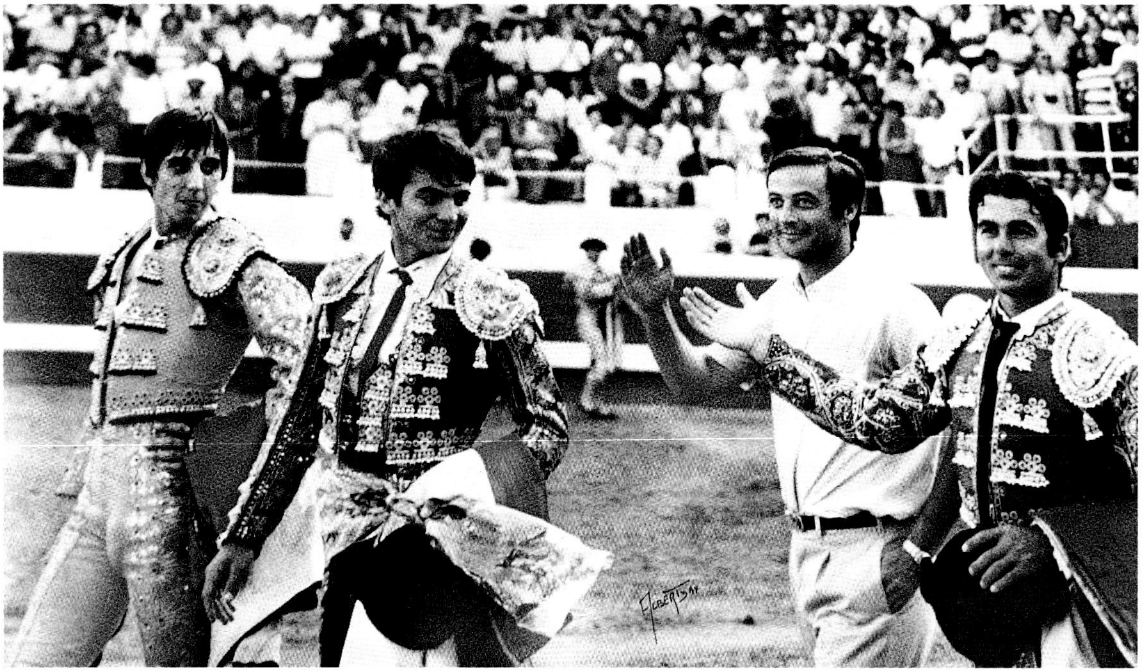

Toréer, c'est mettre sa vie en jeu. Voici, côte à côte, trois hommes qui l'ont tragiquement prouvé : Nimeño, El Yiyo et Paquirri...

à Arles le 11 septembre 1989. Trois banderilleros ont également succombé : Joaquim Camino, frère de Paco, à Barcelone en 1973 ; Manolo Montoliu, le 1er mai 1992 à Séville ; et Ramon Soto Vargas, le 13 septembre de la même année dans les mêmes arènes.

En France, des cornes même emboulées peuvent être mortelles. Dans les Landes, un spécialiste des spectacles comiques, « Picaboy », un sauteur, Henri Duplat, et un écarteur d'un courage et d'une ténacité sans faille, Bernard Huguet, ont été tués, le premier en 1971, le deuxième en 1972 et le troisième en 1987. Les écarteurs landais du début du siècle, au temps des vaches aux cornes nues, ont payé un lourd tribut à la tauromachie. On compte 32 tués entre 1870 et 1920.

Suave

Se dit du taureau très noble★ et passant avec « douceur » dans la cape comme dans la muleta. Le fait qu'il ne se défende pas de la corne n'exclut point, chez lui, la possession d'une réelle bravoure et de beaucoup d'allant. Le taureau d'une admirable noblesse est généralement qualifié de *pastueño* ou encore de *perita en dulce* [poire au sucre]. Les épithètes de *toro de carril* [taureau sur rail] ou de *hermana de la caridad* [sœur de charité] ont également cours. Le terme *babosa* [à l'âge du bavoir] est réservé à la bête qui frise l'innocence.

Il n'y a pas de pardon de Dieu – expression typiquement espagnole – pour les toreros qui ne sauraient pas tirer un grand parti artistique de telles bêtes.

Suerte

Nom générique donné à toute figure de la tauromachie : piques, passes de cape ou de muleta, banderilles, estocade, écarts et sauts.

Sujetar

Synonyme de retenir avec le leurre un taureau fuyard et l'amener à passer correctement.

Suspension

En Espagne, elle peut être prononcée par le gouverneur civil de la province avant l'ouverture du spectacle, soit que l'état du sol de la piste ait souffert d'une intempérie, soit que les conditions prescrites au règlement ne se trouvent pas assurées, notamment dans le cas d'un refus du bétail à l'examen préalable des vétérinaires et de l'impossibilité de s'en procurer un autre à temps. Cela s'est produit deux fois au cours de la saison 1969. À la feria de Séville, parce que le matador Linares n'acceptait pas le remplacement des taureaux qu'il cherchait à imposer et qui avaient été repoussés. À la feria de Montoro (province de Cordoue), à l'occasion d'une corrida du Cordobés et du même Linares où les bêtes, expédiées tardivement pour échapper à la visite des vétérinaires, ne présentaient aucune des conditions requises. Un avis du gouverneur civil est alors affiché à la porte des arènes et le drapeau, qui flotte sur elles, amené. Les guichets procèdent aussitôt au remboursement* des places vendues.

En cours de spectacle, il appartient à la présidence de le suspendre à partir du moment où, sous l'effet d'un orage, la piste deviendrait dangereusement glissante. Depuis quelques années, elle est tenue de procéder pareillement dans l'hypothèse où les matadors annoncés auraient tous été emmenés à l'infirmerie. Une fois la corrida commencée, la suspension n'ouvre plus droit au remboursement des spectateurs.

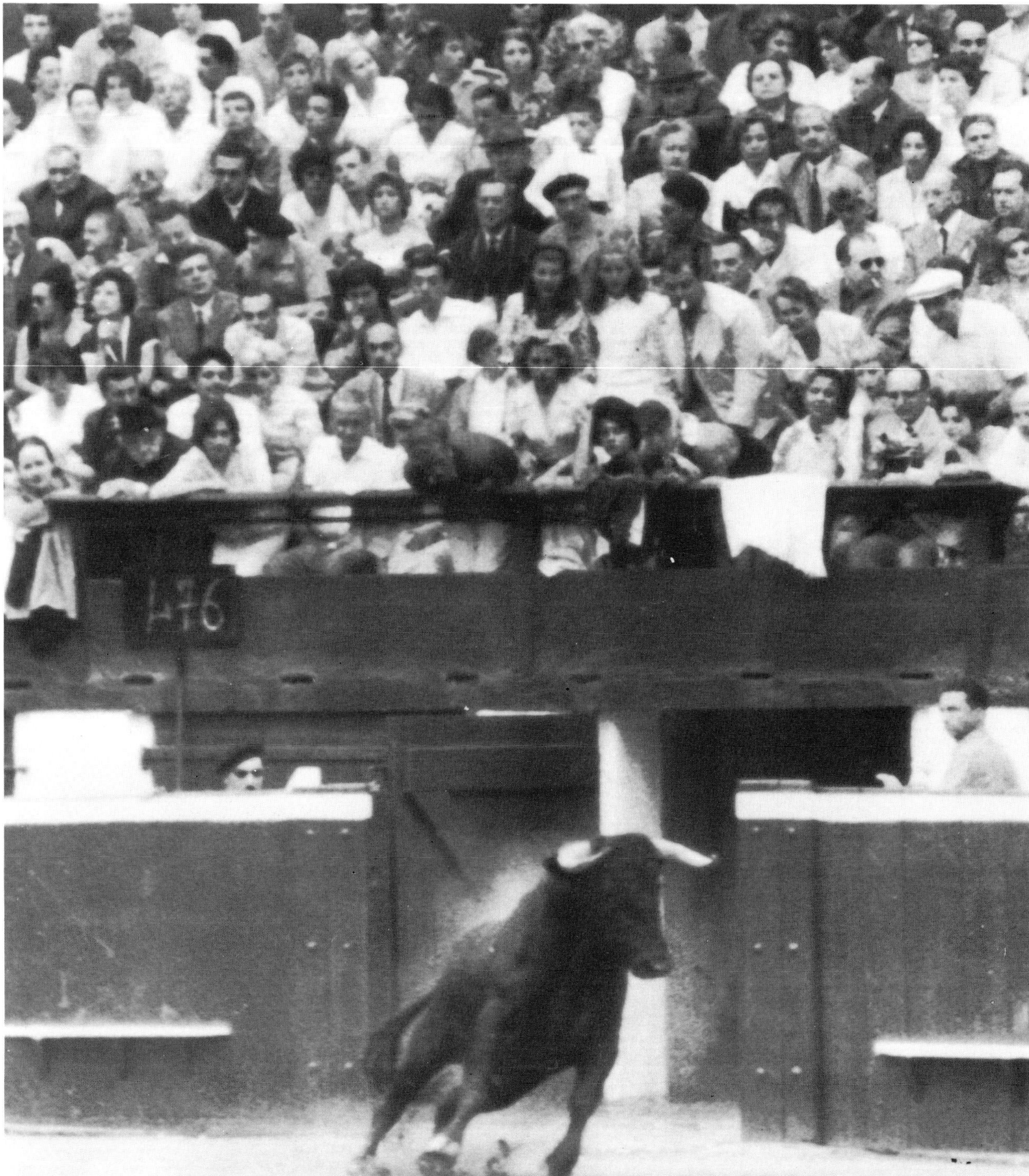

T

Tablas

[planches] Le mot désigne la barrière et par extension la zone de la piste lui correspondant. (V. TERCIOS*) Lorsqu'un taureau y transporte son point d'appui et qu'on échoue à l'en arracher pour le conduire au centre et le lui faire oublier, force est de changer de terrain*, ce qui, dans le vocabulaire des toreros, se dit *dar las tablas* [donner la barrière au taureau]. C'est la seule façon de toréer de muleta les *mansos* caractérisés. Le fait qu'ils ne s'écarteront pas sensiblement de la barrière et se déplaceront sur sa longueur, dans un instinct de défense de leur retranchement, facilite singulièrement l'action du matador, s'il limite toutefois la diversité des suertes qu'il pourra exécuter.

D'un taureau qui, à sa sortie du toril, poursuit l'homme jusqu'à la barrière et la frappe de la corne, on dit aussi qu'il *remata en tablas*. C'est une indication de nette bravoure de sa part.

Talanquera

Nom classique de la barrière de bois, qui ferme la piste sur son pourtour et protège le couloir où se tiennent obligatoirement les toreros dont l'action n'est pas requise.

Tancredo, Don

Né à Valence, Tancredo Lopez, novillero frustré, reprit cependant un numéro, qu'il avait vu exécuter à Cuba par le Mexicain Orizabeño, et en fit une attraction populaire avec laquelle il parcourut l'Espagne au début du siècle. Vêtu et coiffé de blanc, les mains et le visage enduits de plâtre pour mieux ressembler à une statue, il montait sur un piédestal au centre de l'arène et y attendait, dans une rigoureuse immobilité, la première charge d'un taureau lâché du toril. Après avoir foncé droit sur lui, la bête s'arrêtait, le prenant pour un objet inerte. La difficulté était de se sauver après cette démonstration de sang-froid, mais la cape d'un torero y aidait Tancredo. À ce jeu, il ne connut qu'une blessure grave mais, étant passé de mode, il acheva ses jours dans la misère et mourut à l'hôpital de Valence en 1923.

Sauf dans les *becerradas** comiques, il n'a pas eu d'imitateur, mais son souvenir demeure très présent. D'un torero plus préoccupé d'impressionner la foule par son immobilité que de toréer vraiment, on dit ironiquement qu'il « fait le Tancredo ».

Du toril sort une bête ardente, aveuglée de soleil, effrayée et coléreuse, qu'attendent les hommes chamarrés, cape à la main.

Tanda

Le tour d'intervention d'un picador, banderillero ou matador. Le matador de tanda est celui à qui est destiné un taureau. On dit aussi *de turno,* principalement en matière d'alternance dans les *quites*★.

Tardo

Nom donné au taureau qui « retarde » le départ de sa charge. (V. TEMPÉRAMENTS★)

Taureaux célèbres

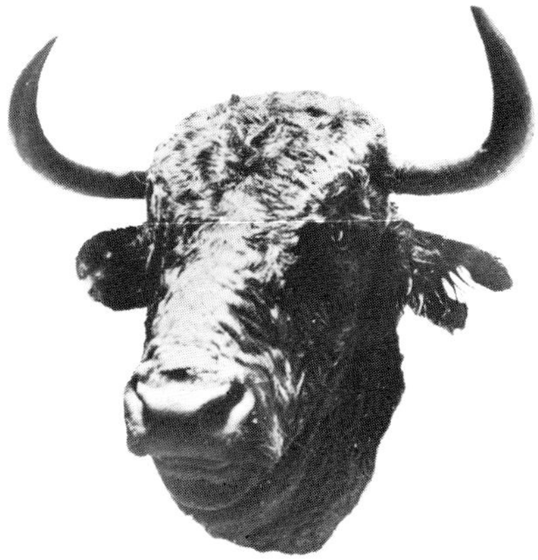

La tête de « Baïlador » qui tua Joselito...

Leurs noms sont passés à l'histoire pour une démonstration exemplaire de bravoure, un incident original de leur comportement ou les blessures graves qu'ils ont infligées à des toreros connus.

À titre d'exemple, peuvent être cités :

« Aguilillo », transporté à Marseille, le 13 septembre 1900, rompit le caisson où il était enfermé et monta sur le pont du vapeur *Andalucia,* semant la panique parmi les passagers. Le capitaine et l'équipage l'abattirent de plusieurs coups de feu.

« Baïlador », de l'élevage non associé de la veuve Ortega, surprit par un départ inattendu et blessa mortellement le fameux matador José Gomez (Gallito) en plaza de Talavera de la Reina le 16 mai 1920.

« Barbudo », d'un élevage peu connu de Peñaranda de Bracamonte, tua le célèbre Pepe-Hillo, à Madrid, le 11 mai 1801, au cours d'une estocade.

« Bravío », taureau de l'élevage du comte de Santa Coloma, dont l'admirable bravoure est demeurée légendaire. Couru à Madrid, le 11 mai 1919, il prit sept piques, dans un très grand style, et finit par déborder totalement le pourtant habile matador Saleri II qui lui était opposé.

« Canario », de l'élevage d'Antonio Perez. Combattu à Béziers, le 2 octobre 1921, il prit sept piques suivies, renversa cinq fois les cavaliers et tua la bagatelle de quatre chevaux.

« Caramelo », taureau de Manuel Suarez Jimenez, opposé, le 15 août 1848, en plaza de Madrid, à un lion. L'ayant mis hors de combat en un éclair de temps, on lui lâcha ensuite un tigre qui connut le même sort. « Caramelo » ne voulait plus abandonner la cage, théâtre de sa victoire, et dut être retiré avec une cape. Toréé trois semaines plus tard dans les mêmes arènes, il fut reçu avec une immense ovation et le public obtint sa grâce, après qu'il eut prit douze piques et tué trois chevaux. Présenté le 11 novembre à Salamanque, il sortit avec une guirlande de fleurs autour du cou et fut de nouveau laissé en vie. Son destin était cependant de mourir sous l'épée du matador Regatero, l'année suivante, à Bilbao.

« Caramelo », taureau du marquis de Saltillo, combattu à Cadix le 17 juin 1867, à l'âge de huit ans et demi. Il prit vingt-sept piques, brisa quatre lances, renversa sept fois les cavaliers, tua neuf chevaux et obligea chacun des toreros venus au *quite* à sauter la barrière. La

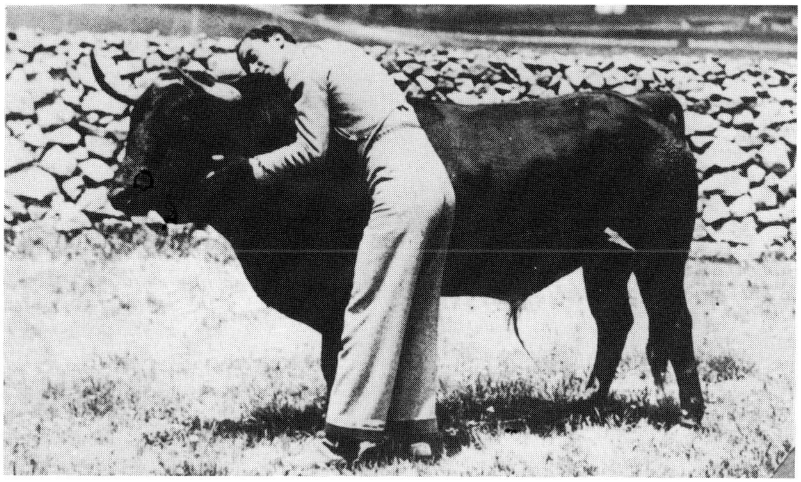

« Civilon », le taureau apprivoisé avec l'excellent torero El Estudiante.

présidence refusa sa grâce, demandée par une partie du public, et le matador chargé de le tuer n'y parvint qu'au prix d'une blessure.

« Carbonero », *manso* noir et blanc de Concha y Sierra, qui se défendait dangereusement dans le terrain de la barrière et valut à Vicente Pastor un triomphe retentissant, accompagné de l'octroi de la première oreille officiellement accordée à Madrid le 2 octobre 1910.

« Civilon », taureau de Juan Cobaleda, qui se laissait approcher, nourrir à la main et caresser dans l'élevage. Présenté à Barcelone, au printemps de 1936, il prit assez bravement ses piques, puis répondit à l'appel de son mayoral descendu dans l'arène avec une poignée d'avoine, le reconnut et s'immobilisa près de lui. Le public, prédisposé en sa faveur, obtint sa grâce. Il devait cependant être abattu quelques semaines plus tard, dans les corrales de la plaza, la guerre civile ayant éclaté, par des miliciens en quête de viande.

« Cobijero », de Piedras Negras, causa la mort, à Mexico, du très courageux matador aztèque Alberto Balderas, le 29 décembre 1940.

« Cocinero », de Felipe Vitoria, tua le matador espagnol Punteret dans une paire de banderilles posée assis sur une chaise, le 28 février 1883 à Montevideo (Uruguay).

« Cocinero », de Felix Gomez, a laissé le souvenir du taureau le plus ouvert de cornes et le plus corpulent jamais tué en plaza de Madrid ; il pesait 414 kilos de viande, soit environ 690 en poids vif, et succomba sous un courageux coup d'épée du matador Guerrita, le 17 mai 1894.

« Colmenero », de José Bueno, couru à Dax le 4 juin 1922, prit six grandes piques, renversa cinq fois les picadors et tua trois chevaux.

« Corchaito », de Graciliano Perez Tabernero, couru à Madrid le 24 mai 1928, assura, par ses extraordinaires qualités de noblesse et de bravoure, le triomphe de sa vie au matador Chicuelo.

« Desertor », d'Eduardo Miura, couru à Barcelone le 7 octobre 1900, prit et tua Domingo del Campo (Dominguin) à la sortie d'une pique.

« Escribano », de José Bueno, blessa mortellement le novillero Andrés del Campo (frère de Domingo) à Madrid le 9 février 1913, alors qu'il exécutait un *recorte,* la cape pliée sur le bras.

« Fandanguero », de Graciliano Perez Tabernero, blessa si grièvement le fin artiste Gitanillo de Triana, le 31 mai 1931 à Madrid, que celui-ci mourut deux mois plus tard après une longue agonie.

« Gallego », de Florentino Sotomayor, produit du croisement d'une vache de Veragua et d'un étalon de Miura, causa la mort du matador Mariano Montes, dans la seconde plaza de Madrid (Vista Alegre) le 13 juin 1926.

« Gitano », taureau d'Ibarra, couru à Valence, le 24 juillet 1887. Bien qu'il se laissât caresser dans le corral, il prit seize piques et tua six chevaux avant de succomber sous un grand coup d'épée de Lagartijo.

« Granadino », de l'élevage des frères Ayala, blessa mortellement Ignacio Sanchez Mejias, dans une passe de muleta assis sur le marchepied de la barrière, le 11 août 1934 à Manzanares.

« Islero », d'Eduardo Miura, trancha la vie du fameux Manolete, à l'estocade, le 28 août 1947 à Linares.

« Jaqueta », taureau de Miura, couru à Cordoue le 30 juin 1866, ne prit rien moins que trente-six piques, étripant dix chevaux.

« Jaqueton », d'Agustin Solis. L'année 1887 à Madrid, il mit en déroute les meilleurs picadors de l'époque, avant d'être à moitié assommé par un coup de pied de cheval.

« Jocinero », d'Antonio Miura, blanc avec quelques taches noires et très armé, prit avec beaucoup de force dix-huit piques et, se retournant sur le matador Pepete accouru au *quite,* le fit passer de vie à trépas avant qu'on ait eu le temps de le conduire à l'infirmerie, le 20 avril 1862 à Madrid.

« Lengüeto », taureau de La Camara, combattu à Valence le 27 mai 1897 ; il blessa mortellement le matador Fabrilo, enfant chéri du pays, à la sortie d'une paire de banderilles.

« Llavero », taureau navarrais du célèbre élevage de Carriquiri. Il prit jusqu'à cinquante-trois piques à Saragosse, le 14 octobre 1860, et fut gracié pour son extrême bravoure.

« Malagueño », taureau d'Aleas, couru à Madrid le 24 mai 1925, et d'une si belle bravoure que, fait exceptionnel, ses oreilles furent accordées à l'éleveur. Le public réclama aussi trois tours d'honneur pour son cadavre.

« Granadino », qui tua Sanchez Mejias.

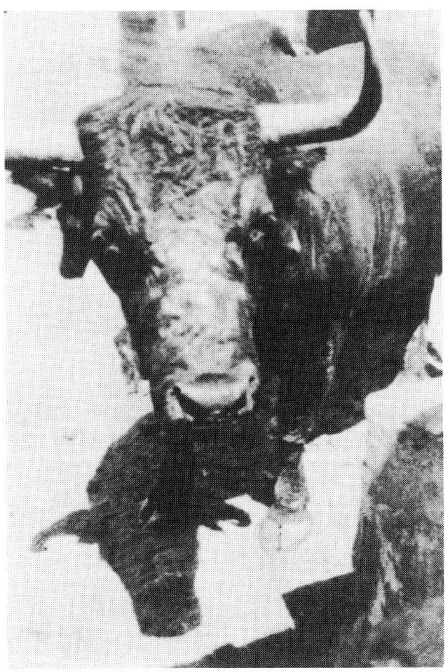

« Matacaballos », Veragua au nom prédestiné, car il reçut seize piques, tua sept chevaux et blessa deux picadors, le 14 juin 1860 à Madrid.

« Matajacas », de l'élevage mexicain de Tepeyahualco. Il blessa mortellement l'Espagnol Antonio Montes à Mexico, le 13 janvier 1907.

« Milagroso », taureau d'Aleas qui, au cours des fêtes royales du 26 janvier 1878 à Madrid, fonça sur la compagnie des hallebardiers placée sous la loge des souverains, suivant une très ancienne tradition, força le barrage de leurs armes et les bouscula. Libérés par la rapide intervention du matador Felipe Garcia, les hallebardiers firent naturaliser la tête de Milagroso et la mirent en bonne place dans leur corps de garde. Ce devait être leur avant-dernière intervention dans l'arène, car elle ne fut pas répétée au-delà de la corrida célébrant, le 21 mai 1902, la majorité du roi Alphonse XIII.

« Misionero », beau taureau de Pedro Gandarias, qui se laissait chaque jour nourrir à la main dans l'élevage. Sortant comme *sobrero*★ à Madrid, le 17 mai 1951, il fit admirer sa bravoure et sa grande noblesse, donnant à Pepe Luis Vazquez l'occasion d'un de ses meilleurs triomphes.

« Nevadito », de Graciliano Perez Tabernero. Le 25 août 1929 à Saint-Sébastien, il s'adjugea, dans une corrida concours, le prix du « taureau d'or », avec 8 823 suffrages sur 12 925 votants.

« Ojinegro », de Felix Gomez. Couru à Madrid le 30 mars 1875, il sauta la barrière, pénétra dans la cour des écuries, but longuement dans son abreuvoir et revint incontinent en piste pour reprendre le combat.

« Pamado », de Sanchez Tabernero. Le 12 octobre 1882 à Madrid, il sauta quatorze fois la barrière et valut au renommé Lagartijo de ne pouvoir le tuer dans le temps réglementaire.

« Perdigon », dangereux Miura, combattu le 27 mai 1894 à Madrid, prit deux fois El Espartero à l'estocade, lui infligeant à la seconde une terrible blessure, qui entraîna sa mort dans les vingt minutes de son entrée à l'infirmerie.

« Peregrino », de Vicente Martinez. Il blessa El Tato dans une magnifique estocade, à Madrid le 7 juin 1869, et provoqua ainsi l'amputation de la jambe gauche, qui mit fin à la brillante carrière du matador.

« Pocapena », du duc de Veragua. Il cueillit le matador Manuel Granero au début de sa faena de muleta et le tua contre la barrière, sans qu'on ait pu intervenir à temps, le 7 mai 1922, en plaza de Madrid.

« Preciosillo », novillo de José Maria Galache, couru à Bordeaux le 29 mai 1932. Il reçut cinq piques, démonta autant de fois les picadors et tua deux chevaux.

« Religioso », bel exemplaire d'Ibarra, qui se laissait approcher et même monter dessus dans le corral de la plaza d'Alicante en 1890 ; il s'éveilla à la première pique, blessa sept chevaux et envoya plusieurs picadors à l'infirmerie.

« Renegado », de Sabino Flores. Il a été le seul taureau tué à Paris, dans les arènes de bois de la rue de la Fédération, lors de l'Exposition universelle de 1889, par le matador de Murcie Juan Ruiz Lagartija.

« Rondeño ». Son excellent comportement à Dax, le 1er septembre 1929, valut à son éleveur, José Encinas, d'être appelé par le public à descendre dans l'arène pour recevoir une ovation enthousiaste.

« Totovio », de José Ginés, couru à Valdepeñas le 15 juin 1876. Il sauta par deux fois dans le *tendido* de l'ombre, semant une panique au cours de laquelle deux cents personnes furent plus ou moins blessées. La Garde civile ouvrit alors le feu sur lui pour l'abattre.

« Tramillero », de Coquilla. Après avoir pris cinq piques, provoqué trois chutes et tué deux chevaux, le 25 avril 1926 à Madrid, il accula sérieusement et plusieurs fois le matador Marcial Lalanda, dont il arracha notamment la cravate et le plastron de chemise par ses coups de corne répétés.

« Ventanero », Miura toréé à Bilbao le 21 août 1889. Le très fameux picador Badila, tombé à portée de ses cornes, se releva pour le défier dans un splendide écart à *cuerpo limpio*★.

« Ventero ». Le renommé picador Curro Sevilla, qui avait si fortement impressionné Théophile Gautier, mourut en 1841 des suites d'une chute, provoquée par ce taureau de Veragua.

« Viudito », taureau de Felix Moreno Ardanuy, couru à Bilbao le 24 août 1930, et dont sept fortes piques n'affectèrent ni la bravoure ni l'allégresse.

« Voleto ». Miura, couru à Santander le 25 juillet 1904, il donna de bout en bout un magnifique combat, chargea onze fois les cavaliers, en renversa neuf, épuisa quatre chevaux, blessa le picador Molina et mourut d'une excellente estocade portée par Machaquito.

Tela

[étoffe] Synonyme de leurre. Il s'emploie notamment dans l'expression *largar tela* [allonger l'étoffe], c'est-à-dire précipiter la sortie d'un taureau difficile ou, suivant la circonstance, prendre trop de précautions avec un qui l'est moins et n'appelle pas ce recours.

Teléfono

Lorsqu'un taureau, en fin de faena★, réduit la fréquence et la force de ses charges, il est possible de lui toucher la tête sans provoquer de sa part une réaction, à condition de le laisser placé sur son terrain★. Ainsi, le vieux Reverte s'appuyait-il un instant du coude sur elle. Le Mexicain Arruza a repris le geste, en imitant l'attitude de la personne qui « téléphone ». L'*adorno*★ n'a guère fait fortune, car il contribue à rendre plus patent l'alourdissement caractérisé d'une bête, ainsi que son absence d'instinct défensif. (V. NERF★)

Télévision

Pourquoi la corrida aurait-elle échappé à la télévision ? Peu de spectacles, dans leur intensité et dans leur dramaturgie, respectent comme la corrida la règle des trois unités. Lieu, action, temps, réunis dans un rond. Prudentes au début, les caméras de la télévision espagnole ne « couvrent » que les événements. L'alternative du Cordobés en fut un. Mais c'est d'abord un magazine qui s'impose tous les lundis. Puis le direct qui, peu à peu, intègre sa logique au beau milieu de programmes universels. TVE 2 est devenue la chaîne de la tauromachie. Et son commentateur, Manolo Moles, un pape indéboulonnable quoique fortement concurrencé par Antena 3, qui a programmé, en 1994, près de soixante spectacles taurins. Manne appréciée des directeurs de chaîne quand on sait qu'une corrida en Espagne attire entre 25 et 45 % d'audience selon l'affiche. La France ne pouvait rester à l'écart. Canal Plus, dans sa politique de « surprises », comprit grâce à un Lyonnais, en fait fortement conseillé par Simon Casas, qu'il ne saurait être question de laisser passer le coche. Ils sont donc trois, tous les étés, à commenter en direct des corridas diffusées en différé : Jean-Louis Burgat, Pierre Albaladejo et Simon Casas. Les antennes régionales ont pris le relais. France 3 Bordeaux, grâce à Eladio Molino et Pierre Albaladejo, France 3 Montpellier, avec Jacques Durand et Joël Jacobi, offrent des rendez-vous hebdomadaires : « Toromania » et « Face au toril ».

Pour autant, l'alliance nouvelle de la corrida et de la télévision ne saurait en rester là. Surtout en Espagne. Logiquement, les droits de retransmissions télévisées sont un capital conséquent pour une feria et ses acteurs. Les émoluments demandés ont augmenté en conséquence. Ainsi, en cette fin de siècle, une corrida télévisée, celle de Curro Romero à Séville le 12 octobre, permet à un torero, qui débuta en 1954 pour se payer un sandwich, de gagner deux millions de francs. À terme, le rapport télé-corrida sera du même ordre que le rapport foot-télévision ou tennis-télévision.

Tempéraments

Les taureaux se distinguent les uns des autres par des comportements bien définis, recevant chacun un nom et qui révèlent leur tempérament. Presque tous s'analysent en une combinaison variable de trois facteurs essentiels : l'instinct offensif ou bravoure★, l'instinct défensif ou nerf★, la force physique.

Une bravoure affirmée, conjuguée avec un nerf raisonnable et une force physique suffisante, mais non excessive, donne le taureau *alegre* (V. ALEGRIA★) ou réputé de faena★, tel l'attendent aficionados et toreros, et dont on peut prédire, dès son entrée dans l'arène, qu'il offre ses deux oreilles à couper. Une accentuation remarquable de sa bravoure devant les picadors en fait un taureau de *bandera* ; le développement considérable de sa force, un animal de *mucho poder* [d'une grande puissance].

Une limitation relative de la bravoure a toujours pour effet de retarder les départs d'un taureau et le range dans la catégorie du *tardo*★, puis du *quedado*★.

Une nette bravoure alliée à un manque caractérisé de force, si le nerf est modéré, conduit assez vite l'animal à avancer au pas vers le torero, sans prendre sa charge. C'est l'ennuyeux *gazapon* (V. GAZAPEAR★) guère susceptible de pouvoir s'améliorer.

En revanche, un nerf très souligné uni à l'absence de force, même si la bravoure s'avère honnête, porte immanquablement la bête à raccourcir progressivement sa charge, à se défendre sur place et à ne plus « passer », quoi qu'entreprenne le matador. C'est le toro *reservado, receloso* ou *a la defensiva,* suivant l'accentuation de la caractéristique.

Lorsque le nerf est sensiblement plus prononcé que la bravoure et la force assez grande, le taureau tourne nécessairement au *bronco*★.

L'effacement simultané de la bravoure et du nerf, accompagné d'une force plutôt moyenne, définit le *manso* fuyard, qui consent des charges isolées, toutefois utilisables, et ne présente pas de véritable danger. Il assure un succès certain au torero décidé à le retenir coûte que coûte et à lui faire prendre confiance.

Le même *manso* serait-il totalement dépourvu de bravoure et refuserait-il toute véritable charge, on se trouverait devant le classique bœuf de charrette [*buey de carreta*].

Montrerait-il, au contraire, beaucoup de force et un nerf déchaîné qu'il offrirait un danger continu et serait qualifié de bœuf assassin [*criminal*].

Enfin, toujours à titre d'exemple, le taureau dont la dose de nerf est très élevée, voire simplement accusée par l'âge – fût-il plus ou moins brave ou fort –, tend à prendre du *sentido*★ et à devenir *avisado* (V. S'AVISER★).

Les différences de tempérament, constatables d'un élevage à l'autre, résultent essentiellement de la sélection et des croisements affectant l'importance relative de ces trois facteurs. Pour l'aficionado, le problème fondamental est de savoir discerner ce que peut donner un taureau, afin d'apprécier à sa juste valeur le travail du torero. Le secret est de ne jamais transposer des explications, tirées de la psychologie humaine, dans un domaine régi par le seul instinct animal.

Templar

[accorder] Dans l'acception musicale, on *templa* une guitare, un piano... En tauromachie, ce mot a le sens d'accorder le déplacement du leurre à la cadence de l'avance du taureau. Le leurre agit sur ce dernier à la façon d'un aimant. Si on l'écarte trop vite, son action cesse de s'exercer et la bête n'est plus strictement conduite, avec tous les inconvénients et le danger que cela représente. Si on se retarde – telle la pièce d'acier qui vient coller à l'aimant , la tête de l'animal atteint la muleta et l'enlève d'un coup de corne (V. DÉSARMER★).

Le templar est le second temps de la réalisation de toute passe, venant après le *parar*★, et permet seul de réussir pleinement le troisième ou *mandar*★. Il est également un moyen précieux de limiter la tendance à *puntear* (V. CORNE★) des bêtes nerveuses, et d'en avoir raison.

Bien pratiqué, il met le torero à même de contrôler à volonté la vitesse de son adversaire et confère à la suite des passes une lenteur et une beauté souveraines. Il y entre non seulement de l'habileté, mais une grande sérénité morale et une confiance absolue dans l'usage du bras. Qualités qui, sous le nom général de *temple,* distinguent toujours les grands artistes de l'arène.

Tendenciosa

Nom donné au coup d'épée qui, sans être porté de travers, accuse cependant une légère obliquité. L'estocade est alors réputée tendenciosa.

Terciado

Se dit du taureau qui, sans être petit, ne possède pas la présence dans l'arène requise pour l'honnêteté du combat. La taille n'est pas seule en jeu, mais aussi le manque de force et un âge insuffisant, généralement décelé par la croissance inachevée des cornes. C'est le cas des novillos abusivement courus en corrida, sur la pression de l'entourage de certains matadors, dont on entend ainsi commercialiser les succès.

Tercio

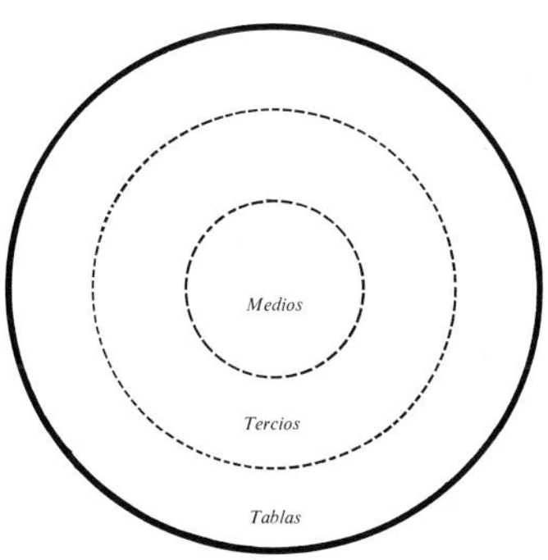

[tiers] Nom générique donné aux trois actes, à travers lesquels progresse rationnellement la domination du taureau. Le premier est celui de la réception avec la cape et des piques. Le deuxième, celui des banderilles. Le troisième, celui de la faena★ de muleta et du coup d'épée. Le taureau est ainsi d'abord observé et arrêté, puis se voit donner le temps de récupérer son souffle après ses rencontres avec les picadors et, enfin, affronte le seul matador dans un duel ultime. On dit couramment qu'à chaque tercio correspond un état différent du taureau : d'abord *levantado* [la tête levée], puis *parado* [arrêté], enfin *aplomado* [alourdi]. Le président s'en inspire pour ordonner le changement de tercio par une sonnerie de clairons.

Tercios de l'arène

Les toreros ont accoutumé de diviser géographiquement la piste en trois zones concentriques d'égale largeur : les *tablas*★, les tercios et les *medios*★. Les tercios représentent la zone intermédiaire, qu'il convient de choisir pour combattre les taureaux venant fort et ayant gardé leur appui au centre.

Terrains

[*terrenos*] Quand la porte du toril s'ouvre devant lui, le taureau éprouve d'abord la sensation de reconquérir sa liberté. Bien vite, il s'aperçoit qu'il n'en est rien. Découvrant la foule qui l'entoure à distance et les toreros qui se détachent tous de la barrière, il choisit le centre de la piste comme le lieu où il sera le plus fort. Au cours de ses déplacements, il tolérera mal que quelqu'un lui coupe sa ligne de retraite vers le centre et le chargera dès qu'il la traversera.

Cette aimantation de l'animal vers un point d'appui précis commande la stratégie du torero. En effet, celui-ci, pour marquer les temps de toute suerte, a besoin que le taureau ne parte qu'à son appel. Il doit donc l'appeler (V. CITE★) sur un emplacement choisi en dehors de la zone où le taureau démarre d'instinct. On est ainsi professionnellement appelé à distinguer deux terrains : celui du taureau, où prime son initiative, celui du torero, où ce dernier impose la sienne. L'emplacement idéal est la ligne de séparation des deux terrains indiqués par chaque position du taureau. Dès 1836, le matador Francisco Montes a rappelé dans sa *Tauromaquia* la nécessité de mettre le taureau en *suerte,* c'est-à-dire de le placer sur cette ligne, où l'attirance vers le centre ajoute son poids à l'indication faite sur la corne contraire★. C'est la raison pour laquelle les toreros toréent généralement le dos tourné vers la barrière et donnent la sortie à l'animal du côté opposé. Il existe quatre exceptions apparentes à cette règle, qui à vrai dire n'en sont point vraiment :

1. Les passes en rond. Le taureau, retenu par le déplacement continu du leurre, perd momentanément le sens de son orientation en piste.

2. Les paires de banderilles★. Leur pose est conçue en fonction d'une charge accélérée du taureau. On la provoque donc du centre, pour s'écarter de son axe dans un détour final ou *cuarteo.*

3. Le cas assez fréquent d'un animal qui, en fin de combat et par une certaine couardise, transfère son point d'appui [*querencia*★] du centre à la barrière : la règle demeure la même, mais les terrains, indiqués par le nouveau choix du taureau, sont désormais rigoureusement inversés.

4. L'estocade dans la suerte dite « contraire » où, pour arracher un mouvement en avant à un taureau alourdi, le matador choisit de sortir par le terrain du taureau.

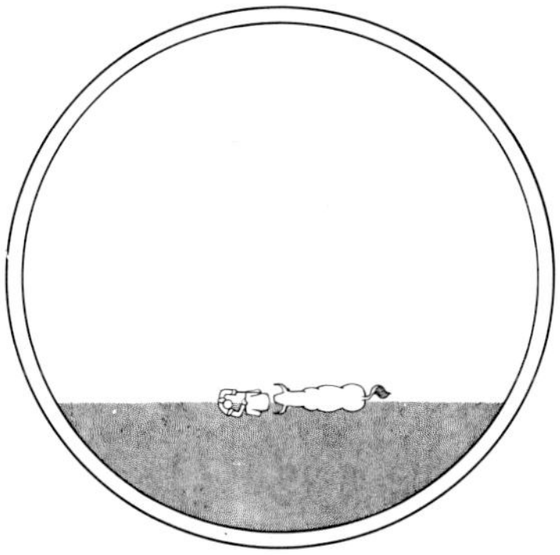

Le taureau mis en *suerte*.

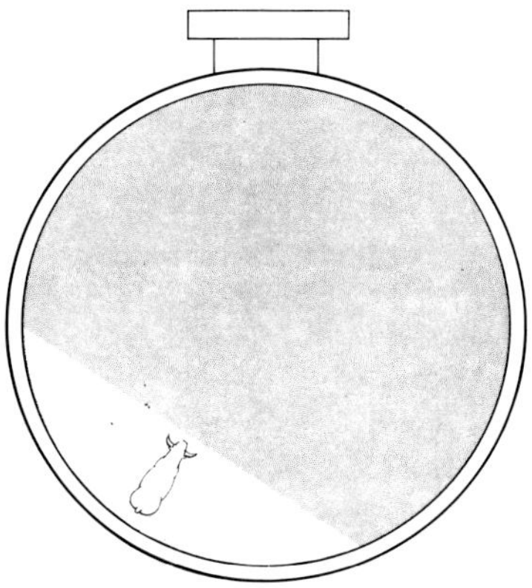

Hypothèse du taureau venant de porter son point d'appui à la barrière.

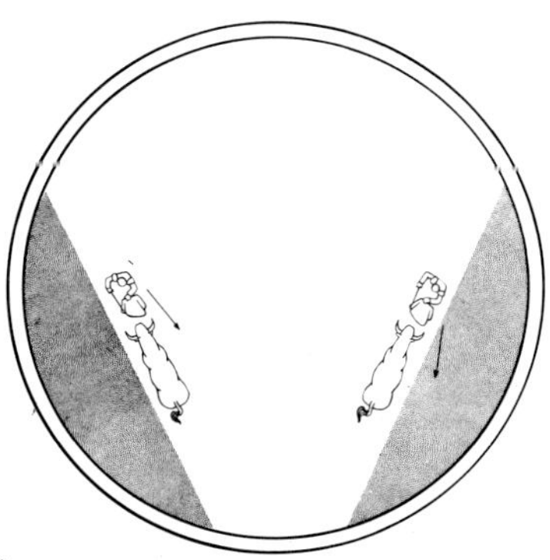

À droite : estocade dans la *suerte* naturelle. Le matador sort par le terrain de l'homme (grisé). À gauche : estocade dans la *suerte* contraire. Le matador sort par le terrain du taureau (en blanc).

Le mot terrain est parfois utilisé pour définir la distance de la tête du taureau à laquelle le torero se place avant de l'appeler. Son acception est alors entièrement différente et assez dépourvue de sens, car ladite distance est déterminée par la force de pattes de la bête et le torero doit obligatoirement se rapprocher d'elle jusqu'à obtenir son départ, sans que les cornes le menacent davantage, puisqu'il ne cesse de capter son regard dans le leurre.

Contrairement à une impression trop courante chez les néophytes, le toreo ne s'improvise pas. L'incertitude du combat est toujours assez grande pour que le torero ne s'écarte pas sensiblement d'un ensemble de connaissances, nées de l'observation des taureaux sauvages et de leur comportement dans l'arène. Toréer n'est pas faire preuve de témérité dans une illusion juvénile de gloire populaire et de richesse, mais apporter un vrai courage à affronter les risques manifestes d'un art, fruit de siècles d'expérience, et seul capable d'assurer la victoire de l'homme sur la bête.

Quand il apprit la disparition de Claude Popelin, Robert Piles, torero français, eut ces mots : « Les terrains sont morts. » C'est dire combien le cartésianisme de Claude Popelin avait influencé le jugement de plusieurs générations d'aficionados français. Au point d'excéder ceux qui de la théorie passèrent à la pratique, voire à l'exercice du métier de torero. Il faut ici dissiper un malentendu. Ne fut retenue des explications de Claude Popelin que la part la plus simple. Celle qui veut que le toro ait son territoire et le torero le sien. Ce fut et ce reste la base du toreo. Mais qu'entre ces deux espaces aucun accommodement n'est désormais possible, n'est aujourd'hui qu'une règle tombée en désuétude. Toute l'histoire de la corrida relate les inventions géniales de précurseurs, parfois vouées à l'échec parce que trop tôt venues. Mais jamais oubliées, retravaillées, réinventées, appliquées par d'autres personnalités. C'est ainsi que chaque grande époque taurine voit surgir un solitaire qui ébranle les colonnes du temple, finit par devenir un classique avant d'être imité, puis surpassé. Toute avancée dans le terrain du toro, en bouleversant la géographie, en a modifié l'histoire. Ainsi, quand aujourd'hui on voit toréer Espartaco ou Manzanares, il n'est pas faux d'affirmer que leur muleta est à la fois celle de Belmonte, d'Ortega, de Manolete, de Dominguin. Seuls les toros ont changé, suivant en cela les désirs du public, permettant davantage de passes, capables, avec l'amoindrissement de leur sauvagerie et de leur brutalité, de se prêter à plus de jeu. Les lignes des terrains se sont donc embrouillées, passant de la rectitude originelle à des tracés plus incurvés, pour aboutir maintenant, dès que le torero prend la muleta, en un rond presque parfait. La définition la plus exacte

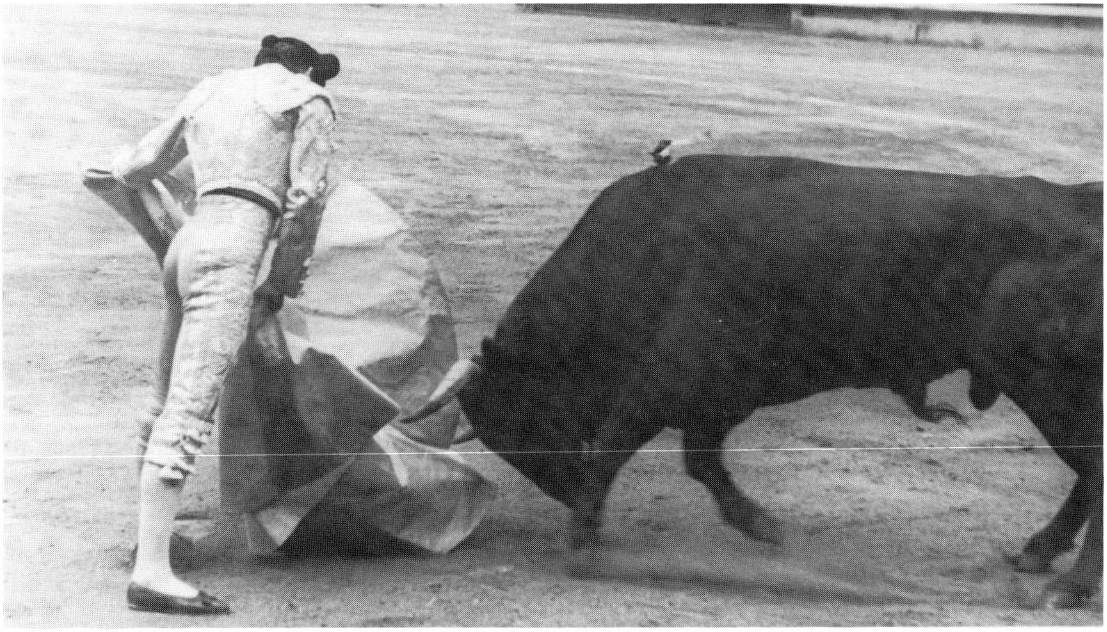

Mince, ferme sous la charge, bien en ligne, Angel Teruel donne la véronique dans le style le plus classique.

qui ait été donnée de ce moment de la faena est peut-être celle de Roger Dumont, critique taurin français, quand il parle d'œil du cyclone. C'est exactement au centre du cercle que dessine un toro tournant autour du torero que réside le seul endroit de calme et de sécurité. Si le torero interprète mal, à l'intérieur de ce cercle, la distance à donner et la place à occuper, c'en est fait. L'équilibre est rompu. Il ne peut plus alors exister de faena. Pire, la *cogida* est imminente.

Cette place à occuper est au fond la même que celle que Claude Popelin défendait dans une conception pré-belmontiste de la tauromachie où il s'agissait d'abord d'éloigner le toro du corps à la fin de chaque passe et non de l'y retenir pour permettre les faenas en rond que réclament les publics.

De plus, compte tenu de la standardisation de l'élevage, les notions de mansedubre ou de bravoure ont tendance à se diluer, par conséquent à atténuer les comportements en piste des toros, et donc du choix qu'ils faisaient de l'espace à occuper.

Teruel, Angel

Né à Madrid en 1950. Son père, d'abord maçon puis colporteur de bijoux de fantaisie dans les foires foraines, travailla dur pour l'élever, ainsi qu'un fils aîné Pepe, un moment novillero, mais qu'une sérieuse blessure conduisit à opter pour la profession de banderillero.

Angel, comme il l'avait promis à ses parents, acheva son cycle d'études secondaires avant de s'essayer à la tauromachie. Séduit par ses dispositions, Dominguito Dominguin, toujours en quête de jeunes valeurs qualifiées, s'attacha à le former. Il faut reconnaître que l'intelligence très vive du garçon lui fit se mettre, en un temps record, toute la tauromachie dans la tête. Après avoir toréé seulement dix-huit novilladas avec picadors, mais certes aussi combattu une trentaine de bêtes à portes fermées, sous la tutelle des frères Dominguin, il reçut l'alternative l'été 1967, à dix-sept ans et demi.

Il laissa cependant admirer aussitôt une étonnante maturité. Trois caractéristiques maîtresses le distinguent. Premièrement, un sens très développé de la conduite du combat [*lidia*★] qui lui assure une grande maîtrise des bêtes et lui donne beaucoup d'aisance en piste. Ensuite, une inspiration classique qui confère à son toreo une authenticité jamais dépourvue de grâce. Enfin, une volonté constante de l'élargir à l'ensemble des suertes existantes, celles de muleta – son point le plus fort – concourant à l'ordonnance parfaite de ses faenas.

La carrière de Teruel fut moins complète qu'on aurait pu le croire au vu des promesses qu'il avait fait naître. Ses détracteurs lui reprochaient une préciosité que ses admirateurs appelaient élégance. Par deux fois il coupa avec le monde taurin, en 1971 et 1973, à la suite d'une histoire de cœur d'un romantisme échevelé (sa passion pour une actrice l'écartait des arènes), revint jusqu'à la fin des années soixante-dix pour rappeler à Madrid quel lidiador il pouvait être. Il se retira en 1984. Un retour prévu pour 1992 n'eut jamais lieu à cause d'un accident de la circulation qui le laissa entre la vie et la mort. Contrairement à beaucoup de ses confrères, Teruel n'a seulement pas investi l'argent gagné sur le sable dans un élevage de toros braves, mais dans celui bien plus rentable, de cochons noirs, ces fameux « patas-negras » dont le jambon, le jabugo, est d'une saveur incomparable.

Tienta

Épreuve de bravoure ★ et de style, à laquelle sont soumises les vaches nouvelles, avant d'être destinées à la reproduction. Les différences de qualité entre élevages★ dépendent du sérieux apporté à ce contrôle.

L'âge optimum des bêtes est de trois ans, ou à la rigueur de quatre pour celles qui sont en retard dans leur croissance. L'épreuve se pratique dans la petite arène attenant à chaque élevage et comporte deux temps.

Le premier porte sur la bravoure. À cet effet, un cavalier [*tentador*] armé d'une pique à la pointe très réduite est placé à contre *querencia*★, c'est-à-dire à l'opposé du toril et loin de toute porte, de façon à établir bien clairement que les charges de la femelle contre lui ne sont facilitées par aucune attirance particulière et répondent entièrement à l'instinct d'attaque, que l'on se propose de mesurer. Les conditions requises sont un départ non retardé, obtenu chaque fois à une distance plus grande, une charge allant en s'accélérant, une façon continue de pousser sur le cheval et de rester sous la morsure du fer de la pique, sans chercher à enlever cette dernière d'un coup de tête. Selon l'intérêt éveillé par le comportement de la candidate, il n'est pas rare qu'on la sollicite jusqu'à une dizaine de fois, cependant que, carnet en main, l'éleveur et son *conocedor* pointent minutieusement les détails de chaque rencontre pour se former ensuite une opinion. Une bête viendrait-elle à relâcher son attention, à gratter le sol de sa patte avant – indice de perplexité –, ou à sortir seule de la rencontre – par relative couardise –, l'expérience serait aussitôt terminée pour elle.

Les interventions à la cape sont strictement limitées à l'arrêt de l'animal, si d'entrée il ne se fixait pas, à son placement correct devant le cavalier, à la réalisation de *quites*★ lui évitant d'épuiser ses jeunes forces contre le cheval. Elles sont le fait de toreros ou d'*aficionados practicos* [amateurs pratiquant le toreo] invités par l'éleveur pour leur connaissance de la lidia★. Il ne s'agit pas qu'ils fassent les fanfarons, mais qu'ils se prêtent à la réalisation exacte de l'épreuve.

En revanche, dans le second temps, qui a pour objectif de laisser voir, devant une muleta★, le style de la femelle, c'est-à-dire la longueur de ses charges successives, leur nombre, sa dose raisonnable de *genio*★, ils disposent d'une certaine initiative, sans négliger toutefois de lui faire passer une manie qu'elle aurait pu prendre [*desengañar*], d'allonger toujours sa charge, de l'inciter à bien baisser la tête, à suivre le leurre et à ne pas se mettre à frapper de la corne, tous détails de nature à révéler ce qu'elle porte d'authentique promesse. Dès qu'un garçon, par ses fantaisies ou par son inapplication, l'empêche de « bien voir » une vache, l'éleveur ne se prive pas de le rappeler à l'ordre !

La cotation des élevages est toujours sensiblement la même. Seules les mentions de *superior, muy buena, buena* et *toro* (pouvant éventuellement donner un jour un bon taureau) valent à la vache d'être retenue. Serait-elle notée *aspera* pour son excès de *genio, mansurrona, mansita, huida* [fuyarde]... qu'elle prendrait, tôt ou tard, le chemin de l'abattoir.

Il n'est pas procédé de même avec les mâles, pour l'élémentaire raison qu'ils doivent – et c'est une prescription légale sévèrement sanctionnée – ne pas avoir été toreés le moins du monde avant d'aller en corrida. Cependant certains élevages, surtout les andalous, ont longtemps usé à leur endroit d'une méthode dite *tienta por acoso* [par poursuite] ou *por derribo* [par renversement]. Le jeune taureau est détaché du troupeau par

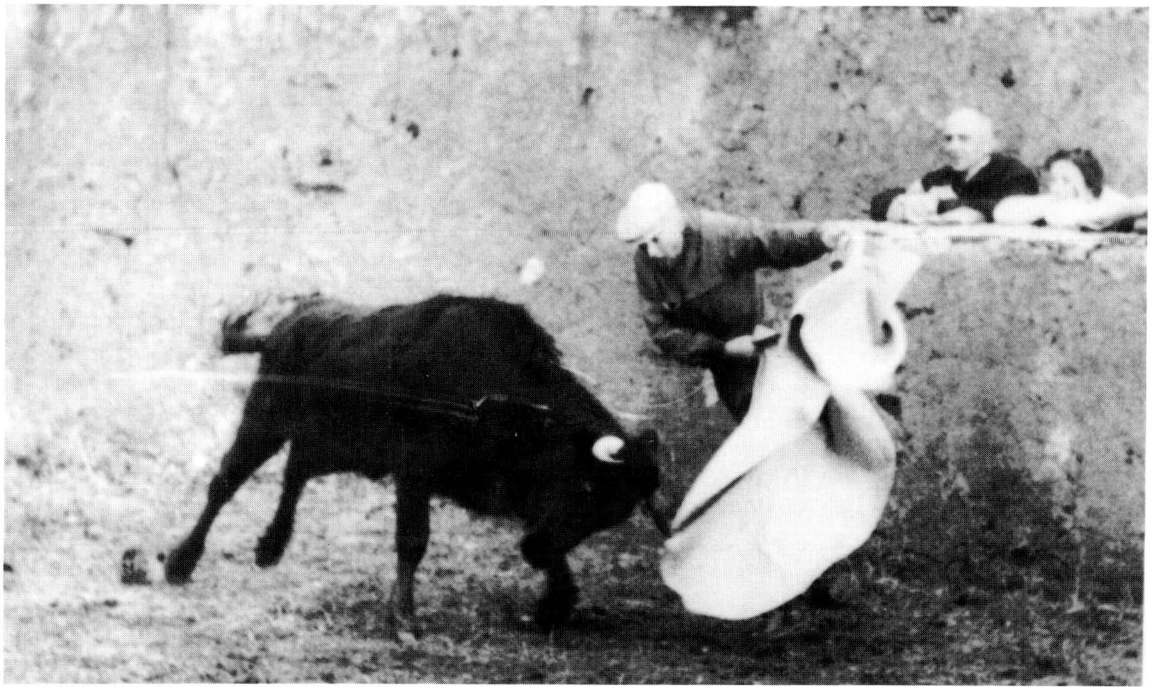

Claude Popelin arrête une vache de trois ans à son entrée dans une arène de *tienta*.

deux cavaliers, poursuivi à travers champs et renversé à la lance juste devant le lieu où se tiennent à cheval l'éleveur, son *conocedor* et le *tentador*. Relevé, l'animal charge immédiatement ce dernier, prend deux à trois piques, puis est reconduit par les cavaliers à l'autre extrémité de la plaine. On y a renoncé pour deux raisons : la première, que des taureaux s'y cassent souvent des pattes ou des cornes, la seconde, que la méthode n'assure pas les mêmes résultats que le test en arène. À titre de sport seul et point de façon régulière, l'exercice compte des adeptes et continue à se pratiquer en Andalousie.

Toutefois, les candidats étalons ne peuvent échapper à un contrôle, d'autant plus sérieux qu'ils sont appelés à couvrir des dizaines de vaches et seront tenus responsables de leurs produits. On choisit donc, parmi les jeunes taureaux de joli type et de très bonne filiation, une dizaine d'exemplaires, que l'on soumettra, en arène, à l'épreuve de la pique. Aucune cape ni muleta ne leur sera montrée, afin de récupérer pour les corridas ceux qui n'auront pas été sélectionnés, les *quites* se faisant alors *a cuerpo limpio*★, c'est-à-dire en appelant l'animal et en se sauvant. Les deux meilleurs seront repassés huit jours plus tard, piqués à nouveau, conduits avec la cape, toréés de muleta, et le champion entrera dans la hiérarchie des reproducteurs.

Les tientas se situent à l'époque de l'année où les toreros ont la liberté d'y participer, c'est-à-dire hors de la *temporada* : à partir de novembre et plus spécialement de début février à fin mars. Les éleveurs gardent toutefois quelques vaches disponibles pour pouvoir honorer un personnage ou donner à un matador blessé l'occasion de se réentraîner. Il leur arrive aussi de réexaminer [*retentar*] des vaches, essayées un ou deux ans plus tôt. Leur bravoure demeure généralement la même, mais en les toréant il faut prendre garde à tout ce qu'elles ont appris et n'oublient pas facilement !

Tirage au sort

[*sorteo*] Il préside à la répartition des taureaux enfermés pour une corrida, le matin même de sa célébration. Après la reconnaissance effectuée par les vétérinaires en présence de l'autorité, les représentants des matadors se mettent d'accord sur une constitution de lots sensiblement égaux du point de vue de l'âge, du poids et de l'armure des bêtes. Les numéros portés au fer sur leurs flancs sont alors traditionnellement transcrits, deux par deux, sur des feuilles de papier à cigarette roulées en boule, qui sont tirées au sort. Chaque matador fait ensuite indiquer celui de ses adversaires qu'il entend combattre le premier.

Cette procédure égalitaire fut obtenue, en 1900, par le matador Luis Mazzantini, qui soupçonnait son rival Guerrita d'abuser de la complaisance de certains éleveurs à son endroit. Auparavant, ceux-ci étaient, en effet, seuls juges de l'ordre de sortie de leur bétail. L'habitude qu'ils avaient prise de garder la cinquième place à l'animal dont ils attendaient le plus donna naissance au dicton populaire, « Il n'y a jamais de mauvais cinquième », aujourd'hui dépourvu de son sens primitif.

Lorsque plusieurs élevages sont appelés à fournir les taureaux d'une même corrida, on les répartit en fonction de leur ancienneté, c'est-à-dire de la date de leur première présentation en plaza de Madrid. S'ils sont six ou plus – comme dans une corrida concours –, on applique strictement la règle. Si chaque élevage livre une paire de taureaux, le plus ancien commence et termine obligatoirement le spectacle, laissant la seconde et la pénultième place au suivant et ainsi de suite. Si le nombre de bêtes s'avérait être inégal, les élevages se classeraient toujours par ordre d'ancienneté pour la sortie des premiers taureaux, mais le reste serait tiré au sort par les représentants des matadors, cas se présentant lorsque interviennent, en dernière heure, des remplacements ordonnés par l'autorité après la reconnaissance vétérinaire.

Une fois arrêté, l'ordre de sortie est porté sur un état, affiché à l'entrée des arènes. Alors, commence la séparation [*apartado*] des bêtes, à laquelle le public est généralement admis sur paiement d'une légère taxe d'entrée.

Tonto [sot] Nom donné au taureau dépourvu de tout nerf* et sans malice.

Topón Caractéristique du taureau qui heurte de la tête [*topar*] sans donner le coup de corne. Perceptible dans la suerte de pique, elle révèle une absence de nerf conjuguée à une bravoure plutôt limitée.

Toreado Épithète appliquée au taureau qui donne des signes manifestes d'avoir été antérieurement toréé et, notamment, freine au milieu de la passe pour chercher de sa corne les pieds du torero effacé derrière la cape. Suivant le règlement, il sera retiré de l'arène à la requête du matador concerné, corroborée par l'avis favorable de ses collègues.

Le mot s'emploie aussi, avec une acception différente, dans l'expression *llevar el toro toreado,* un des plus importants préceptes de l'art du toreo. Il revient à suggérer que, pour assurer sa pleine emprise sur l'animal, le torero doit, au cours des passes et même dans leur intervalle, ne pas cesser de retenir son regard avec le leurre, mettre le plus grand soin à le conduire, contrôler exactement la cadence de ses charges et lier son travail pour qu'il ne présente pas de solution de continuité. L'animal, ainsi subjugué, se livre habituellement à l'homme [*entregarse*] de la façon la plus totale. Toréer n'est pas faire des passes à tort et à travers, mais toujours *llevar el toro toreado.*

Toréer Adaptation française du verbe espagnol *torear*: combattre un taureau. Son emploi ne sera sans doute jamais ratifié par l'Académie, mais il s'avère difficilement remplaçable dans tout commentaire tauromachique.

Toreo Ensemble de préceptes, arrêtés par les premiers professionnels au XVIIIe siècle, et dont l'objectif est de faire un spectacle d'art de la très ancienne tradition humaine du combat du taureau sauvage.

Si le toreo à pied s'est enrichi de finesses nouvelles et a constamment élargi la gamme des suertes, ses principes de base, tous inspirés de la réaction naturelle des bêtes, sont demeurés identiques. Aussi, entre-t-il quelque vanité dans la distinction communément faite du toreo ancien et du moderne. Dire, souvent sur la foi de documents remontant aux premiers balbutiements de la photographie et toujours pris à taureau arrêté, qu'hier le torero se passait celui-ci de moins près, écartait sensiblement les pieds ou pliait les jambes, c'est s'attarder à un aspect mineur de la question.

La différence entre les deux époques du même art relève essentiellement du choix du bétail combattu. Jusque vers 1920, il portait sur des taureaux faits, âgés de plus de quatre ans, dont le nerf★ avait rarement été diminué par l'effet de la sélection, et qui requéraient une lidia★ attentive. Postérieurement a commencé une réduction calculée de leur instinct défensif et de leur force – nécessairement compensée par une recherche plus systématisée de la bravoure – qui permet de prendre avec eux davantage de privautés. Le toreo a pu ainsi progresser dans la voie de la recherche esthétique, au prix d'une perte relative de son émotion première et de son intérêt. Sans doute, cette évolution devait-elle mieux répondre à l'extension contemporaine du public de la corrida. En tout cas, il suffit qu'un torero d'aujourd'hui se trouve opposé à un adversaire rappelant ceux d'autrefois pour qu'il le torée obligatoirement à la manière de ses aînés. La circonstance ne laisse jamais de surprendre les nombreux spectateurs désormais insensibles à la conduite courageuse d'une lidia difficile, dans la mesure où ils sont habitués à voir courir des animaux standard. Ils en éprouvent un naïf sentiment de frustration et ne tardent pas à manifester leur impatience.

Le toreo n'a pas changé, sinon la corrida. Longtemps, elle a eu pour objet de montrer un taureau sauvage en liberté et de le faire combattre par un homme. Maintenant, elle tendrait plutôt à mettre en vedette un homme en l'opposant à l'ombre d'un taureau.

Toreo tiré

Toute passe de cape ou de muleta, dans laquelle la charge d'un taureau, figé et n'avançant qu'au ralenti, demande à être arrachée centimètre par centimètre [*tirar del toro*] sur une distance relativement courte. Ce recours – le seul que permettent les adversaires diminués – suppose une grande faculté de *mandar*★. Le fait que le matador se situe obligatoirement à la pointe de la corne ne doit cependant pas susciter une illusion excessive de courage. Il est plus dangereux de provoquer à une distance raisonnable et d'attendre, sans bouger, la charge d'un taureau rapide et fort. La raison en est bien simple. De près, l'animal est embarqué – c'est-à-dire a le regard capté par l'étoffe – dès avant son départ. De loin, la chose reste à faire au cours d'une charge généralement accélérée, et comporte – en réduction – la délicate manœuvre du passage d'un satellite d'une orbite à l'autre.

Torero

Nom générique de tous les combattants de l'arène. *Puntilleros, picadores, péones, banderilleros, matadors* sont des toreros, exactement comme les divers spécialistes ou gradés de l'armée peuvent légitimement revendiquer la qualité de soldat.

Le mot de toreador n'est pas une pure invention de Mérimée, ni de Bizet. Il désignait au XVIe siècle le chevalier qui affrontait les taureaux à la lance, pour son entraînement militaire. (V. CORRIDA*) Le poète andalou Fernando Villalon a soutenu que le terme torero venait du latin *taurarii*, appliqué, disait-il, aux gladiateurs romains spécialisés dans le combat du taureau.

Torete

Terme dépréciatif désignant un animal de médiocre prestance.

Toril

Lieu où les taureaux sont enfermés, pour être lâchés successivement dans l'arène. Il se compose généralement d'un couloir central sur lequel donnent, de part et d'autre, des cellules obscures [*chiqueros*] dans lesquelles les bêtes ont été enfermées à partir de midi, le jour même de la course. Au-delà du couloir, se trouvent les cours [*corrales*] destinées à les recevoir à leur débarquement. Le public est admis à les visiter jusqu'à l'heure de l'*enchiqueramiento* [mise en *chiqueros*]. Ce peut être l'occasion pour lui de vérifier, par un examen des taureaux, si la dépense d'un billet d'entrée est justifiée. Des villes comme Madrid, Séville et Valence ont pris l'habitude d'exposer le bétail de leurs grandes ferias, quelques jours à l'avance, dans des enclos extérieurs aux arènes (« Batan » à Madrid, « Venta de Antequera » à Séville, « Venta del Saler » à Valence).

Réunis dans les *corrales* de la *plaza*, ces superbes taureaux de la Corte montrent, à se retrouver ensemble comme à l'élevage, une surprenante placidité.

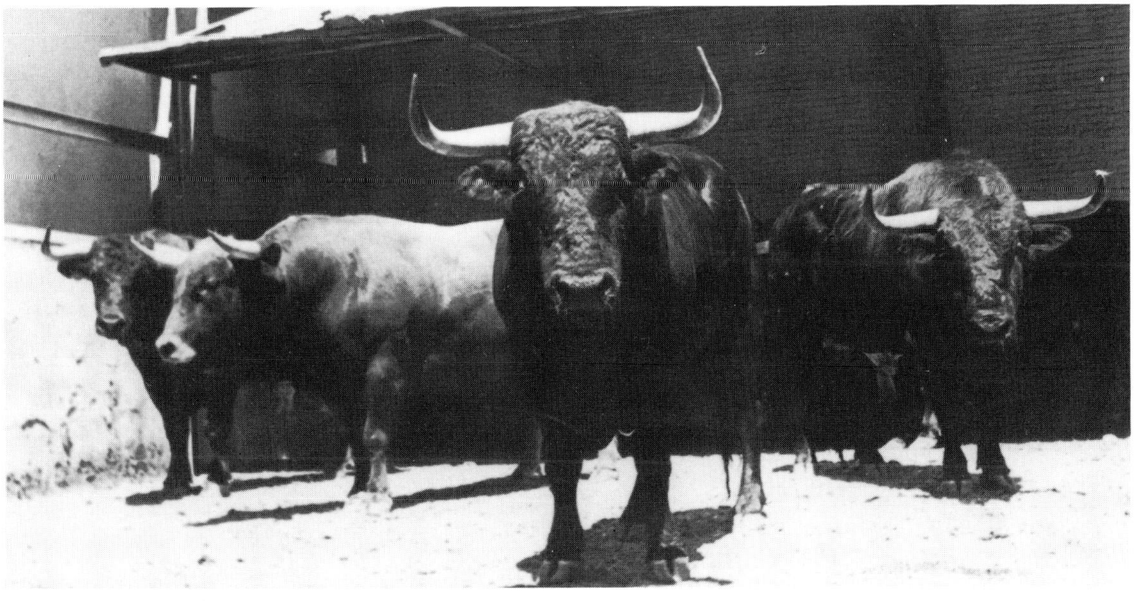

Tranquilo

Ruse habituelle à un torero pour esquiver la difficulté ou le danger d'une suerte.

Trapío

La traduction littérale serait : prestance. Le trapío d'un taureau tient dans la finesse de son type morphologique, le développement normal de ses cornes, sa taille, la force de ses pattes, et point du tout dans son poids, qu'une alimentation accélérée peut toujours assurer. Il s'apprécie à l'œil nu, dès l'ouverture de la porte du toril. On dit couramment d'un animal qu'il a beaucoup ou peu de trapío. En serait-il dépourvu, on le qualifierait invariablement de *terciado*★.

Trastos

[outils] Désigne les armes du matador : cape, muleta, épée. L'action de les utiliser s'exprime par le verbe *trastear,* dont le sens tauromachique est de préparer le taureau pour l'exécution de l'estocade. Le travail du matador devient ainsi le *trasteo*.

Tremendisme

[*tremendismo*] Mot d'acception récente, pour désigner la recherche systématique de la sensation forte. À vrai dire, se sont toujours opposés deux modèles de toreo : l'un s'inspirant de la perfection artistique, l'autre visant à créer une émotion accrue par une démonstration de pure audace. Suivant leurs tempéraments et leurs recours respectifs, les toreros inclinaient vers l'un des deux. Ainsi en alla-t-il dans la rivalité historique de Lagartijo, plus artiste, et de Frascuelo, plus entraîné par sa vaillance insigne. Toutefois, la fin du XIXe siècle vit un garçon, Espartero, défier le maître qu'était alors Guerrita, sur le plan de la seule témérité, et en mourir en plaza de Madrid, l'année 1894. La soudaine popularité, qu'il avait trouvée auprès du public, devait lui susciter des continuateurs. Après Reverte, un des plus caractéristiques a été le Sévillan Antonio Montes, tué à Mexico par le taureau « Matajacas », le 13 janvier 1907. Son subalterne de confiance, le banderillero José Maria Calderon, devint par la suite le moniteur des débuts de Juan Belmonte. Sans doute la circonstance n'a-t-elle pas été étrangère au fait que le grand torero de Triana, tout en ne s'écartant jamais du fondement classique du toreo, se soit employé à lui donner plus d'émotion par une limitation du jeu de jambes, une extension du mouvement des bras, des appels à distance plus rapprochés et sa façon de se serrer dans le cou du taureau, à l'occasion de ses demi-véroniques magistrales ou de ses *molinetes* si personnels. Toutes choses qui apparurent révolutionnaires à l'époque.

La locution *tremendismo* [école de l'épouvante] a été forgée

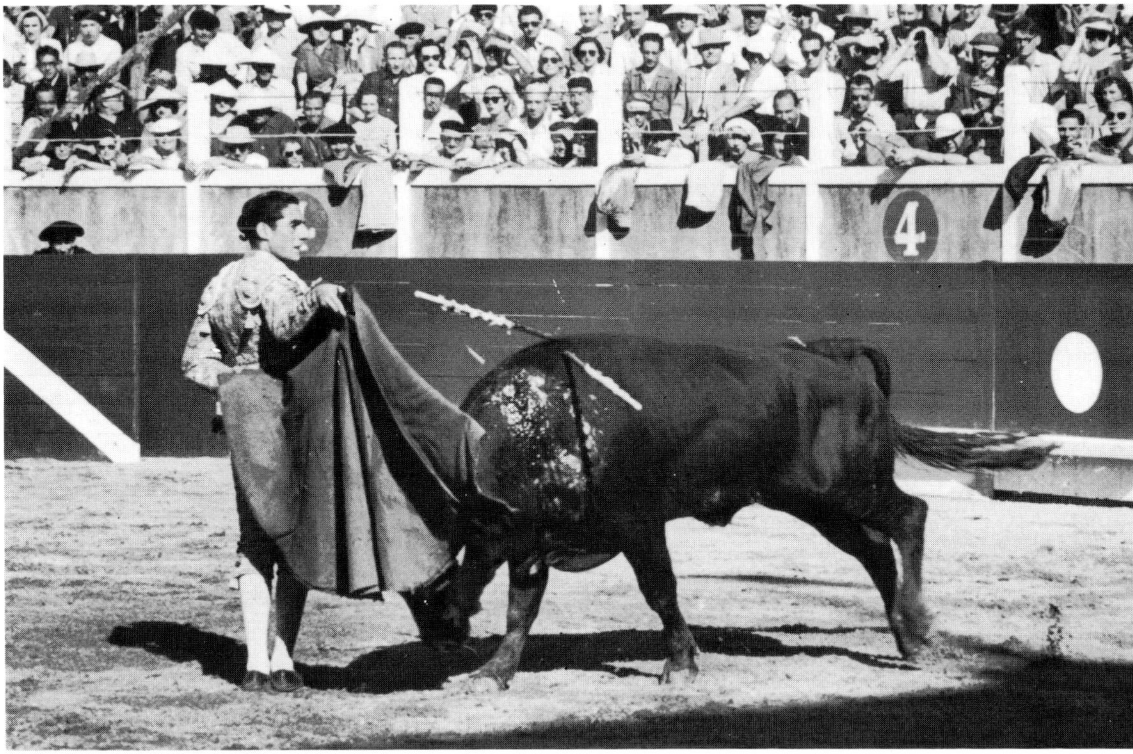

Le *tremendisme*, c'est l'art d'effrayer le public plutôt que de l'envoûter. Avant le Cordobés, Litri s'y est employé : on le voit ici dans une *manoletina*, regardant le public des gradins, comme offert aux cornes.

postérieurement par la propagande des matadors, que – suivant le vocabulaire marxiste – on pourrait tenir pour les « épigones » de Juan Belmonte : Manolete, malgré sa forte personnalité, Litri, Chicuelo II, Pedrés, le Cordobés.

L'écueil du *tremendismo* est qu'il tend singulièrement moins à dominer un adversaire qu'à communiquer au spectateur une impression de plus grand danger couru. Tout naturellement, il se prévaut donc d'animaux plus faibles, plus jeunes et aux cornes souvent épointées, tournant ainsi, dans sa réalité profonde, à une caricature de la corrida, dont le précurseur a été le génial torero bouffe Llapisera, avec ses « charlotades » populaires des années 1920. Plusieurs des effets désinvoltes obtenus par lui devant des veaux de deux ans, et qui portaient au maximum sur une assistance largement composée d'enfants et de femmes, ont été plus ou moins transposés en corrida. C'est notamment le cas de la *chicuelina*, que Llapisera pratiquait déjà à la blague en se jouant de l'insignifiance de ses adversaires. Apparemment, le *tremendismo* constitue moins un facteur de progrès de la corrida qu'il ne représente, à terme, une fâcheuse menace de mutation de son caractère essentiellement dramatique.

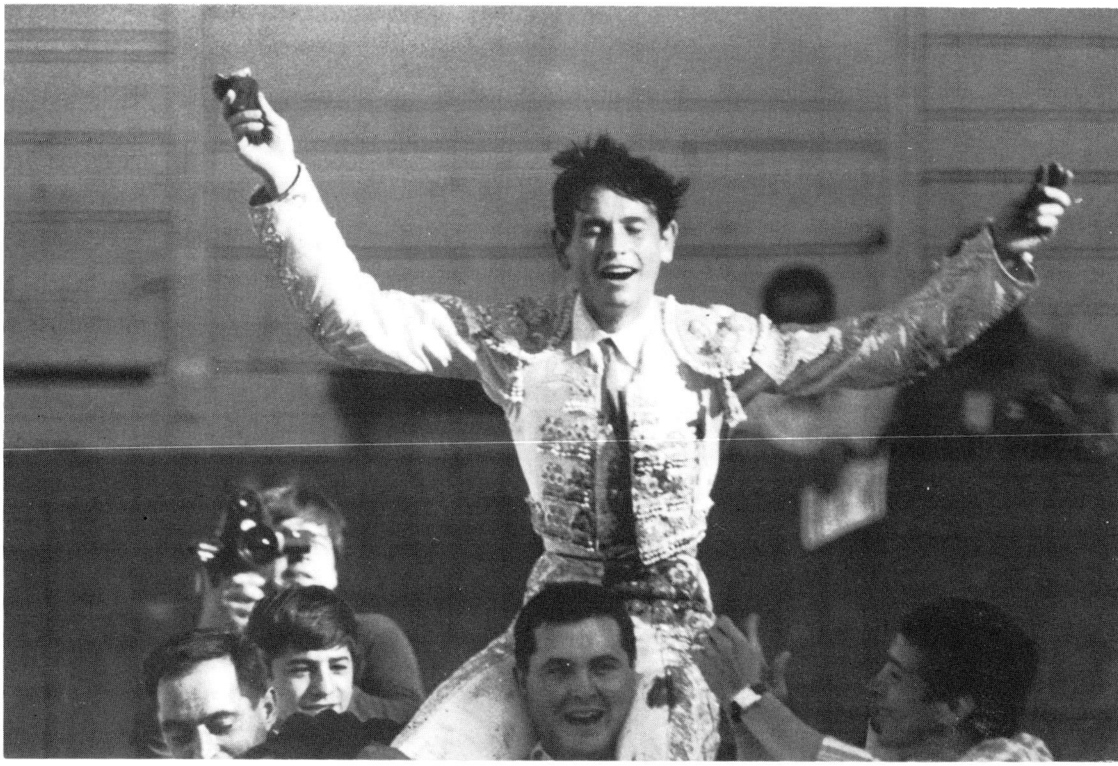

Trompicar

Le fait, pour un taureau, de heurter le torero à la fin d'une passe et particulièrement de l'estocade. On dit alors que le torero est sorti de suerte *trompicado*. L'incident a toujours pour origine une conduite de la bête non adaptée à la vivacité de son tempérament.

Trophées

Leur multiplication récente répond plus à la sentimentalité accrue du public qu'à l'élévation de son enthousiasme. D'ailleurs, une complicité s'établit entre toreros et organisateurs de corridas pour les faire apparaître nombreux dans les télégrammes de presse adressés aux quatre coins du pays, ainsi qu'en Amérique latine.

Le premier, dans l'ordre, est l'octroi d'une oreille du taureau. Sans doute a-t-il pour origine qu'aux tout premiers temps du spectacle l'assistance, après un très grand coup d'épée, réclamait l'attribution au matador du prix de la viande de l'animal tué par lui, en sus de son cachet alors relativement modeste. L'oreille était la contremarque d'une pareille faveur. En fait, l'amputation du cartilage n'a pris force de coutume que vers la fin du XIXe siècle et de façon très progressive. Dans la plaza de

Deux oreilles en mains, Palomo Linarès sort *a hombros* des arènes d'Arles. Tous les triomphes n'ont pourtant point la même valeur...

Madrid, la première eut lieu en 1876 pour le gitan Chicorro, la deuxième pour le modeste Cacheta (1898), la troisième infiniment plus sérieuse pour Vicente Pastor (1910). À Séville, la première oreille coupée fut celle du taureau « Cantinero » de Santa Coloma accordée d'enthousiasme à José Gallito, le 30 septembre 1915.

Sur l'octroi d'une oreille, sont venus se greffer ceux d'une seconde, de la queue [*rabo*] et, pendant un court temps, de la patte, celui-ci maintenant strictement interdit par le règlement à raison de la laideur de la séance de découpage qu'il implique.

D'après les dispositions actuellement en vigueur, la présidence accorde obligatoirement la première oreille après avoir vérifié, par un rapide décompte des mouchoirs agités, que la moitié de la plaza la sollicite. La seconde oreille et la queue relèvent de sa seule appréciation.

Les subalternes, solidaires des succès de leur patron, s'employaient volontiers à trancher eux-mêmes ces appendices et n'hésitaient pas à sectionner une oreille par le milieu, pour faire croire qu'il en avait obtenu deux. Aussi, leur ablation se fait-elle dorénavant sous le contrôle d'un alguazil chargé de les remettre en personne au matador récompensé.

Le fait d'avoir obtenu deux oreilles donne droit, en plaza de Madrid, à une sortie en triomphe par la porte principale des arènes. Les autorités, bien avisées, veillent cependant à ce que cette tolérance ne dégénère pas en abus. Les « porteurs » sont souvent des « spécialistes » rémunérés par les matadors.

Trotón

Taureau trotteur. Celui qui, au lieu de prendre le galop à son entrée dans l'arène, se déplace au trot. Il est souvent dit de lui qu'il trotte tel un cochon [*trote cochinero*]. Le détail est interprété comme le signe annonciateur d'un relatif manque de bravoure.

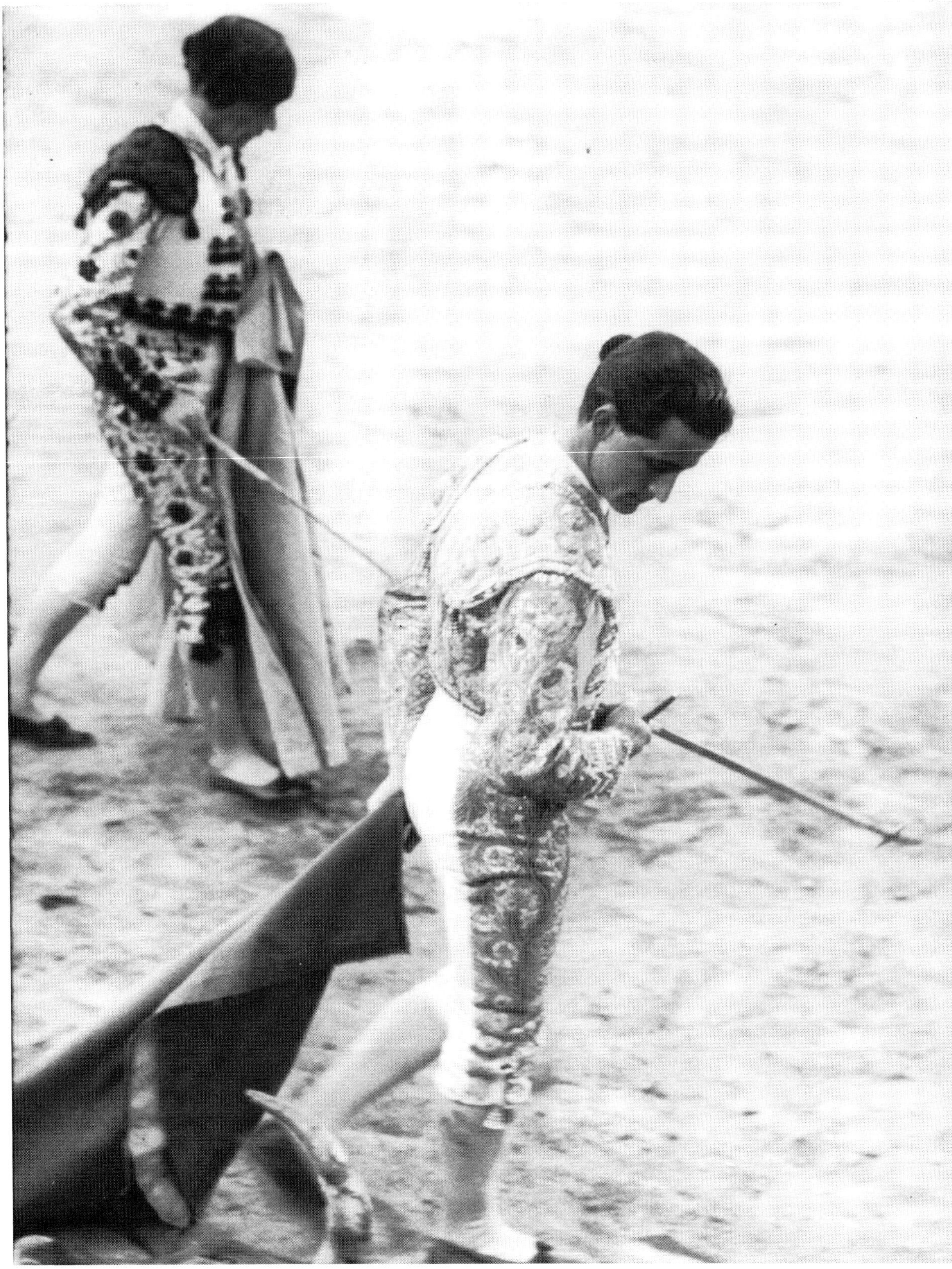

V | Y | Z

Vaciar

Action capitale de croiser le bras tenant la muleta sous celui de l'épée, pour bien dévier le mouvement en avant du taureau à l'instant de la réalisation de l'estocade. On dit aussi « faire la croix » [*hacer la cruz*]. Autrement, le coup de corne dans l'aine est fatal.

Valais

Haute vallée de la Suisse où les paysans ont accoutumé d'organiser, en plein air, des « combats de vaches reines ». Portant un gros collier de cuir, auquel est suspendue une clochette, elles sont amenées sur une prairie par leurs propriétaires et laissées en liberté. Tour à tour, elles se défient et luttent furieusement l'une contre l'autre. Les deux plus fortes finissent par s'affronter mutuellement et la victorieuse reçoit le titre de « reine », décerné par un jury.

Au contraire des combats de coqs, il n'y est pas pris de paris. Une foule assez nombreuse se tient néanmoins à la limite de la prairie pour assister à cette manifestation traditionnelle. Une légende – assurément dépourvue de confirmation – voudrait qu'Annibal, le chef carthaginois, ait un jour laissé dans la région des taureaux, qu'il ramenait d'Espagne dans les bagages de son armée. La vie demi-sauvage des hauts plateaux suffirait mieux à expliquer la réaction du bétail local.

Valencia, Victoriano

[Cuevas Roger] Né à Madrid en 1933, petit-fils du péon de confiance d'El Espartero, neveu des matadors José et Victoriano Valencia, avantageusement connus autour des années 1920, il offre la particularité d'avoir terminé ses études de droit à l'Université de Salamanque et conquis le titre d'avocat, tout en se préparant à devenir torero. Matador depuis 1958, il s'est affirmé un artiste de classe dans certaines grandes occasions, mais ne semble pas avoir fait l'effort nécessaire pour se maintenir à la place qu'il aurait pu espérer tenir. Quatorze fois blessé, ses connaissances juridiques en font un auxiliaire précieux de la section syndicale des toreros.

Le Viti, dont la gravité hautaine n'est pas sans rappeler parfois celle de Manolete, vient de descabeller un adversaire. À la mine du *péon*, plus qu'à la sienne, uniformément austère, on peut voir que ce n'est pas un instant de triomphe.

Vallespir

Vallée du Roussillon se terminant sur les premiers contreforts des Pyrénées – tel le mont Recasens – où ont longtemps vécu des taureaux à demi sauvages. Depuis des temps très anciens, ses habitants ont accoutumé de les associer à leurs jeux et à leurs fêtes. Dès le XVIe siècle, dans la petite ville de Céret, l'habitude était chaque vendredi de défier pendant un quart d'heure le bœuf acheté pour le ravitaillement de l'abattoir [en catalan : l'*afflouchée*]. Lors de la fête votive de Saint-Ferréol, le 15 septembre, la jeunesse allait quérir auprès des paysans de la montagne un lot de bêtes plus particulièrement agressives, pour jouer avec elles sur la place de la ville, tromper leurs charges et faire des passes en utilisant, comme leurre, la ceinture de laine rouge [en catalan : *faixa*] portée sur leurs pantalons. Bientôt, l'habitude s'établit de mettre à mort le sixième et dernier animal, malgré l'opposition des autorités régionales.

L'extinction progressive de ces troupeaux pyrénéens a fait rechercher des animaux à l'extérieur, d'abord des Camarguais amenés par le « quadrille » provençal d'Ambroise Pouly. Dans ces spectacles, se distinguait déjà un enfant d'Arles-sur-Tech, Victor Altèze, ébéniste de son métier et qui se faisait annoncer comme « la terreur du Roussillon » ! Puis, ce fut le tour des bêtes espagnoles. Ainsi, des taureaux de Ripamillan vinrent-ils les premiers en 1907. La construction d'arènes en dur, inaugurées en 1922 et contenant 4 800 places, l'intelligente direction de l'Espagnol Vicente Jorda ont contribué à faire aujourd'hui de Céret une des importantes villes françaises de tradition taurine, réputée pour le sérieux du bétail présenté. Bien des futures vedettes de l'arène y ont paru à leurs débuts, notamment Diego Puerta et El Viti qui, gravement blessé, se vit condamné, de ce fait, à de longs mois d'inactivité.

Partie du Vallespir, la tauromachie s'est insinuée dans la moitié est du Roussillon. Si une plaza de bois, un moment montée à Perpignan, a définitivement disparu, en revanche Collioure ouvre la sienne chaque année au 15 août et Canet-Plage, comme Argelès-sur-Mer, organise l'été des petites novilladas sans picador.

Vara

Synonyme de pique.

Vazquez, Andres

« Si vous ne me laissez pas manger à votre table, vous finirez par manger à la mienne. » 3 mai 1970. Andres Vasquez interpelle ainsi Paco Camino juste avant le paseo qui l'amène à Madrid devant six toros de Victorino Martin. Ce fut le plus grand fait de gloire de ce torero à la gueule burinée, au courage d'acier, mais non dépourvu d'intelligence devant les cornes de ses adversaires. Jusqu'alors on disait des toros de Victorino Martin que seuls les illettrés oseraient les affronter. Andres Vasquez prouva le contraire, coupa deux oreilles à son troisième adversaire, sorti *a hombros* par la grande porte, assurant par là même la future gloire de l'éleveur et devenant l'un des toreros préférés du difficile public madrilène. Un grave coup de corne à Séville le conduisit à interrompre une valeureuse carrière commencée à Madrid en 1962, date de son alternative.

Vazquez, Curro

Au seuil de l'année 1970, le garçon incarnait une des plus brillantes promesses de la tauromachie. Né à Linares en 1951, d'une famille relativement aisée mais frappée de revers de fortune, il ressentit l'appel de la vocation dès l'âge de dix ans. Avec le consentement de son père, il fréquenta assidûment les tientas* andalouses pendant cinq années consécutives. Il n'est donc pas étonnant qu'il ait surpris par un solide métier. Personne ne pouvait espérer toutefois qu'il possédât aussi une classe et un goût qui l'apparentent à la figure exceptionnelle de Pepe-Luis Vazquez. Son seul point faible demeure, pour le moment, l'estocade.

Passé aux mains du Pipo, promoteur du Cordobés et de José Fuentes, il s'est affirmé avec tant d'éclat au cours de sa première saison de novillero qu'il a sollicité l'alternative à sa terminaison, le 12 octobre 1969 en plaza de Vista Alegre (Madrid). Un bœuf ingrat de Cobaleda lui a alors infligé sa première blessure grave, avant qu'il ait eu le temps de l'estoquer.

Cette blessure, le jour de l'alternative, prit valeur de légende. Celle qui veut que le courage s'échappe avec le sang versé. De fait, Curro Vazquez, pendant des années, a eu du mal à faire oublier l'image du novillero surdoué, héritier annoncé des plus grandes figures. Peu à peu, sans jamais certes retrouver la confiance de ses débuts, Curro Vazquez, quoique médiocre

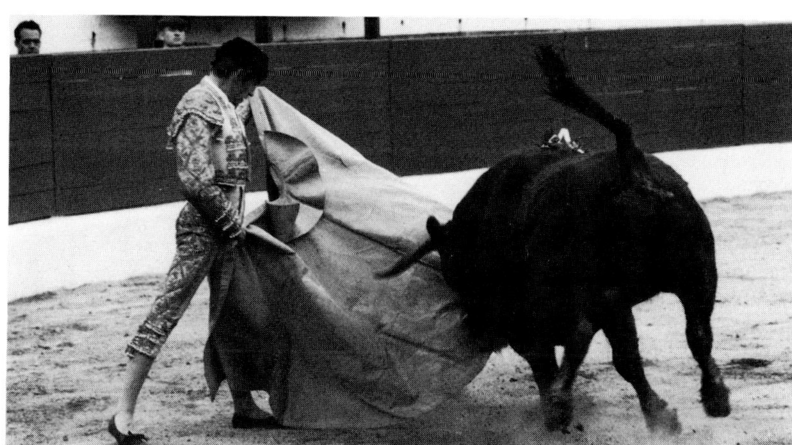

Dans le style très sobre et coulé qui l'a fait comparer à Paco Camino, Curro Vasquez reçoit le taureau pour une véronique.

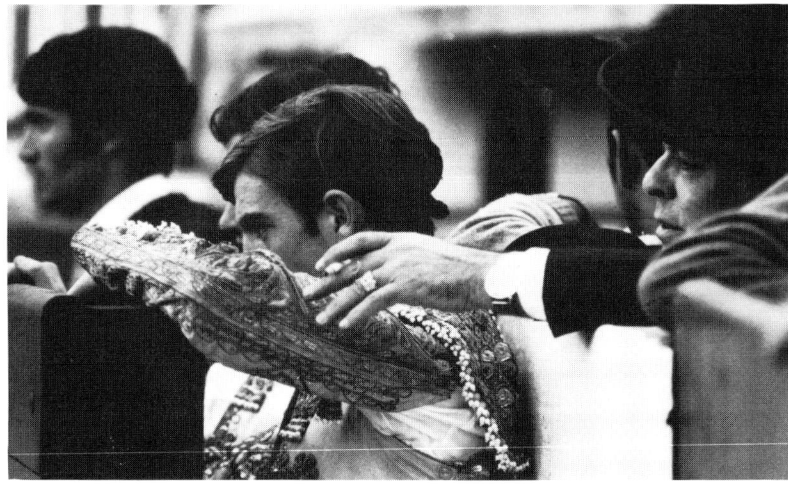

Curro Vasquez, à ses débuts, reçoit les conseils de son *apoderado*, le bellâtre Pipo. Mais tous les deux voient-ils le taureau du même œil ?

tueur, est arrivé à se tailler une place appréciable. À contre-courant des modes, il s'est imposé comme le torero classique, celui qui laisse toujours au toro sa distance et n'essaie pas de lier coûte que coûte une passe à la précédente. Rien d'étonnant donc que Madrid en ait fait son torero et qu'Antoñete le considère comme son fils spirituel. L'élégance et la douceur de ses gestes, la lenteur de sa passe rappellent au public nouvellement converti qu'il existe un autre toreo que celui exécuté au fil des cornes. Son opposition, au milieu des années quatre-vingt, à Paco Ojeda donna des après-midi jubilatoires pour l'affrontement de deux styles et de deux conceptions de l'art tauromachique. Plusieurs fois blessé, Curro Vazquez n'a jamais cessé de toréer depuis ce 12 octobre 1969, se contentant d'une vingtaine d'apparitions par saison.

Vazquez, Pepe-Luis

Né à Séville en 1922, il entra comme surnuméraire à l'abattoir où était employé son père. Il découvrit là sa véritable vocation en se mesurant presque journellement au nombreux bétail de combat, dont les années de la guerre civile espagnole obligeaient les éleveurs de la région à se défaire. Avant même d'avoir positivement revêtu l'habit de lumières, les espoirs éveillés par sa participation à quelques *becerradas*★ étaient devenus le thème favori des milieux taurins de sa ville. À peine y eut-il débuté, à quinze ans, qu'il passa presque sans transition de l'anonymat à la popularité, tant était déjà grand son art et précoce sa maturité. Bientôt Madrid l'accueillit, s'enthousiasma et lui ouvrit le chemin de l'alternative, qu'il confirmait en 1940 dans une corrida organisée pour la visite de Himmler, lequel s'éclipsa au deuxième taureau avec l'excuse de ne pouvoir supporter davantage... la vue du sang !

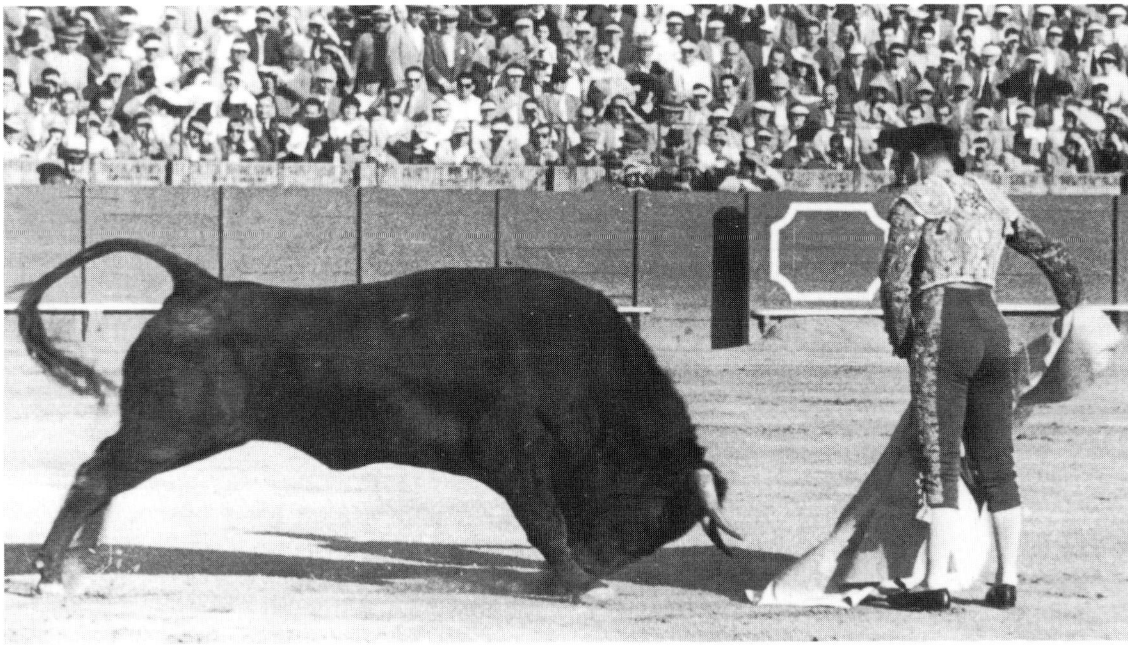

Pepe-Luis Vazquez à la cape : la simplicité, plus belle que l'ornement.

Le nom seul de Pepe-Luis Vazquez, pour ceux qui l'ont connu, suffit à évoquer sa tête claire, sa connaissance insigne des bêtes, sa technique très sûre, sa quiétude, sur lesquelles s'épanouissaient une aisance naturelle presque désinvolte, une grâce proprement andalouse et surtout à la cape, dont il jouait de façon magistrale, une rare profondeur [*hondura*★]. Des lidias entières, telles celles de sa journée fameuse d'Aranjuez ou de son triomphe avec un *sobrero*★ de Castillo de Higares à Madrid, ont laissé des souvenirs impérissables.

Artiste jusqu'au bout des doigts, il ne fut jamais un bagarreur et ne livra pas vraiment à Manolete la bataille qu'une partie du public attendait de lui. Il est vrai que le Cordouan, d'un style moins pur que le sien, l'éclipsait à l'épée. Handicapé par sa petite taille, Pepe-Luis ne réussit jamais à être un grand tueur, mais sut se trouver des accommodements pour réaliser efficacement la suerte. À partir de 1950, il montra moins d'empressement à tenir sa place dans les arènes et finit par se retirer en 1953. S'il revint ultérieurement, ce ne fut que de façon épisodique et sans se laisser voir dans son ancienne splendeur.

Quatre frères, Vazquez, Rafael, Manolo, Antonio et Juan, accédèrent également à la profession. Manolo, matador à vingt et un ans (1951), fit un beau torero, très complet, dans la ligne de Pepe-Luis, quoique avec plus de sobriété. Il inaugura une manière de passe de muleta, avec *cite*★ de face et les pieds joints, d'un plus grand effet sur le public que sur le taureau lui-même, puisqu'il peut difficilement ainsi être conduit jusqu'au terme de sa charge. Un instant en balance avec Antonio Ordoñez, dans la faveur populaire, celui-ci devait le déborder par sa classe exceptionnelle. Gravement blessé à plusieurs reprises, il décida de s'écarter des arènes en 1958. Sollicité de reprendre l'épée, neuf ans plus tard, il se rendit vite compte que son heure était passée.

Son retour dans l'arène en 1981, âgé alors de cinquante et un ans, est une merveilleuse surprise. Sollicité pour donner l'alternative à son neveu, Pepe-Luis, fils de sa légende de frère, il s'entraîne comme un forcené. Tellement que cet après-midi du 19 avril 1981 rappelle aux aficionados andalous l'époque bénie de ses débuts, et un toreo classique, lent et inspiré. Sur la lancée, Manolo Vazquez accepte quelques contrats dont un pour la corrida du Corpus, l'une des dates les plus importantes de la feria sévillane. Triomphe. Séville ouvre la Porte du Prince. Il sort sur les épaules de ses admirateurs, rêve qu'il n'avait jamais pu réaliser lors de sa jeunesse. Manolo Vazquez décide de continuer. Douze corridas en 1982. Dix-neuf en 1983, sans pâlir de la comparaison avec des toreros qui pourraient être ses petits-fils. Et surtout un final comme Séville les aime. Six toros pour lui seul le 12 octobre. À nouveau la Porte du Prince ouverte à deux battants. Manolo Vazquez arrêta définitivement après un festival à Bayonne l'année suivante.

Velas

[bougies] Synonyme de cornes très relevées et pointues.

Ventajista

Terme appliqué au matador qui se prévaut de recours illicites ou dénués d'élégance. Par exemple : une estocade intentionnellement portée basse.

Véronique

(V. CAPE★) Jusque vers 1913 approximativement, les toreros la donnaient de face, en se fendant largement sur le côté, les mains tenues hautes afin d'assurer la sortie★ de la bête.

À partir de Juan Belmonte, elle s'est exécutée de trois quarts, position autorisant une conduite du taureau plus précise et plus lente, que Gitanillo de Triana mit le premier à profit pour baisser les mains et le diriger presque comme dans une passe de muleta.

Par contre, Manolete réalisait ses véroniques de profil, en séparant les pieds sur une ligne parallèle au voyage de son adversaire. Aussi ne fut-il jamais un véritable artiste de la cape.

La qualité d'une véronique, et de tout le toreo de cape, est d'atteindre à un grand naturel et d'utiliser pleinement la longue charge de la bête au premier temps du combat. Elle doit littéralement couler derrière la cape, ainsi qu'on le lui voit faire avec Antonio Ordoñez, par exemple.

Vista

« Coup d'œil » du torero, qui lui permet d'interpréter d'avance ce que le taureau va faire et d'y parer avec la rapidité nécessaire. La vista n'est pas également donnée en partage à tous les toreros. Le terme a été popularisé par la devise de la célèbre escadrille de chasse du capitaine Garcia Morato : *« Valor, vista y al toro. »* Littéralement : Courage, coup d'œil et au taureau !

Viti, El

De son vrai nom : Santiago Martin. Né à Vitigudino en 1938, fils d'un artisan rural, il n'échappa point à l'ambiance tauromachique d'une province (Salamanque) dotée de nombreux élevages de bétail de combat. Lié d'amitié avec le propriétaire de l'un d'eux, Francisco Garzon, il trouva chez lui matière à intensifier son entraînement. Ses débuts furent discrets et une ennuyeuse blessure reçue à Céret (France) avec fracture du bras le tint éloigné des arènes toute l'année 1958, mais sa volonté eut raison de ses premiers déboires et, après avoir triomphé comme novillero à Madrid, il brigua l'alternative en 1961.

Salamanque comptait enfin avec la vedette qu'elle cherchait depuis longtemps, toutes les tentatives antérieures dans ce sens ayant, tôt ou tard, échoué par suite du courage insuffisamment affirmé des toreros issus de la région. Sous des apparences de solennité grave et de sobriété propre aux Castillans, le Viti recèle une faculté très remarquable de *temple*★. Elle n'imprime pas seulement à ses passes de cape ou de muleta une émouvante profondeur. Elle lui permet également, avec des adversaires sur la défensive, de réduire la fréquence de leurs coups de cornes et de tirer d'eux des faenas★ d'autant plus brillantes qu'elles paraissent

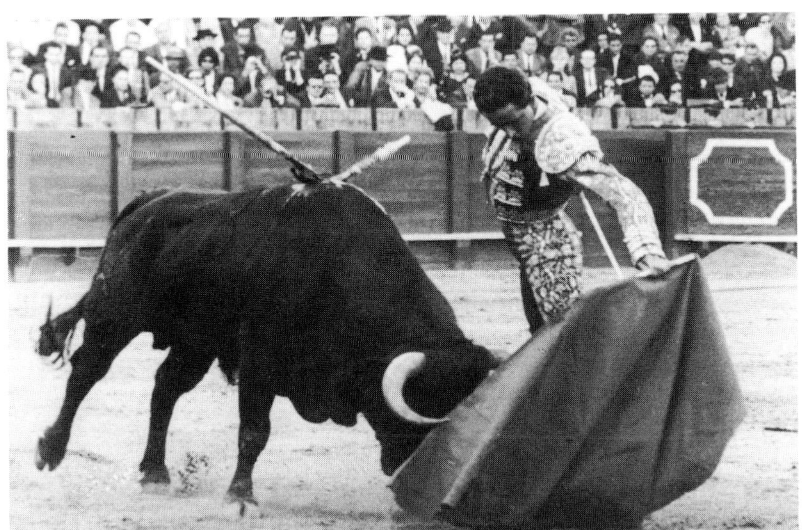

Le *temple* remarquable du Viti est le secret de sa domination.

inespérées. Il se confie davantage avec les taureaux de Salamanque qui lui sont plus familiers que les andalous, dont la force et la rapidité semblent parfois le surprendre, mais il n'hésita point à affronter en plaza de Madrid des taureaux de Miura nullement faciles. Détail admirable, les six ne cessèrent de *puntear* (V. CORNE★), mais il ne laissa pas une seule fois aux siens l'occasion de le faire dans sa muleta. C'est devant un adversaire de Samuel Flores qu'il remporta en 1966, à la feria de Séville, le plus grand succès de sa vie avec une aisance telle qu'on lui trouva presque une grâce du terroir.

Une belle décision à l'épée et, quand l'occasion s'en présente, une exécution assez limpide de l'estocade au *recibir* concourent à faire du Viti un matador complet, porté au tout premier plan des figures de l'actualité.

Santiago Martin « El Viti » se retira deux fois, en 1972 et en 1975, avant d'arrêter définitivement en 1979 et de se reconvertir comme éleveur, chez lui, à Vitigudino, dans la finca « El Palancar ». Ses toros de pure souche Atanasio Fernandez ne lui donnèrent pas un statut de ganadero comparable à celui qu'il obtint tout au long de sa carrière. « El Viti » fut certainement l'un des rares toreros à bénéficier d'une même aura dans toutes les arènes. Il fut, par exemple, adopté par l'afición de Séville (après une magistrale faena face à un toro de Samuel Flores en 1966), distinction rarissime pour un non-Andalou, mais passait aussi bien devant les difficiles Bilbaino que devant le public en fête de Pampelune, sans parler de Madrid où, après avoir tordu des Miura, il toréa avec succès les Victorino Martin, alors annoncés comme de nouvelles terreurs.

Des revers financiers l'ont amené, en 1993, à vendre sa ganaderia à Jose Maria Manzanares.

Voir venir le taureau

[*ver llegar*] Prise de conscience immédiate, chez le torero, des caractéristiques (tête tenue haute ou basse, corne maîtresse, accélération, longueur de trajet...) de la charge★ de tout adversaire. Qui échoue à acquérir ce coup d'œil [*vista*★] s'expose à un double risque : celui d'accorder aveuglément sa confiance aux bêtes qui pourraient l'accrocher ; celui de se méfier de celles qui lui offriraient au contraire l'occasion d'un triomphe certain. Un tel manque de discernement est rédhibitoire et cause tôt ou tard l'insuccès de matadors pourtant très artistes. Comment ne pas penser, par exemple, à l'irrégularité de Curro Romero ?

Voltereta

[cabriole] Le fait, pour un torero, d'être pris et jeté en l'air sans être blessé.

Voyage du taureau

[*viaje*] Mot communément employé par les toreros pour désigner la trajectoire de la charge d'un taureau. Dans la mesure où elle a été déterminée par l'attirance d'une *querencia*★, ils la qualifient de *viaje natural*. On utilise ce dernier pour faire passer les animaux dépourvus de vraie bravoure★.

Vue du taureau

Dans l'étonnement général que suscita la révélation du toreo de Manolete, un vétérinaire de Santander, nullement informé de la technique de la corrida, écrivit un court livre pour accréditer l'idée que le grand matador cordouan utilisait un cône de non-visibilité, d'une longueur de deux à trois mètres, déterminé chez le taureau par la position latérale de ses yeux. Placé de face et à cette distance, Manolete n'était pas vu et n'avait qu'à sortir la muleta hors du cône pour que la bête s'élançât, sans le cueillir ! L'explication, dans son extrême simplicité, fit beaucoup de dupes.

La vérité est tout autre, les toreros et les aficionados compétents le savent bien. Le taureau ne cesse de fixer les jambes de l'homme qui se dirige vers lui et c'est seulement quand celui-ci s'arrête qu'il détourne son regard sur le leurre, avancé exprès pour le capter. Le geste décisif est alors de le retenir sur la surface de l'étoffe, ce qui professionnellement s'appelle « ne pas perdre la tête du taureau ». Quant à l'importance même dudit cône, à l'intersection des visions monoculaire et binoculaire de l'animal, l'autorité du vétérinaire, le docteur Pablo Paños Marti, en a fait justice. « Nous ne pouvons, affirme-t-il, admettre, jusqu'à preuve du contraire, qu'il dépasse vingt centimètres. » Il faut toujours se garder de l'application précipitée de données scientifiques à un domaine mal connu de qui ne l'a pas abordé et en ignore les subtiles réalités. On croirait par exemple rêver quand on lit sous la plume d'un autre vétérinaire non moins réputé – le docteur Sanz Egaila – que la musique des arènes contribue à développer l'agressivité des taureaux. Cependant, elle ne joue pas au cours du premier *tercio*★, où le maximum d'agressivité est requis. Et pourquoi les éleveurs n'y recourent-ils point, dès lors, dans leurs tientas★ ?

Dans un art qui repose sur la captation du regard de l'adversaire, on comprend que tout défaut de l'œil entraîne des complications sérieuses. Le plus courant est la lésion causée par l'épine d'une haie ou la pointe d'un fil de fer barbelé. Il est aussi des bêtes chez lesquelles l'adaptation de la vision binoculaire est déficiente. Elles discernent de loin, mais point de près : ce sont les dangereux *burriciegos*. Enfin, il faut tenir compte du fait que bien des animaux se congestionnent les yeux, un court moment, en poussant le cheval du picador, raison pour laquelle a été prévu l'intermède des banderilles.

Yema

[crème] Point où doit se porter le coup d'épée, pour qu'il ne rencontre aucune résistance et soit efficace. On dit d'une bonne estocade qu'elle a été placée en pleine yema [*en la misma yema*].

Yiyo, Jose Cubero El

« Pali este toro me ha quitado la vida ! » Juste avant d'expirer dans les bras de son péon de confiance, Yiyo eut le temps de se rendre compte de sa mort. Il avait vingt et un ans, ce vendredi 30 août 1985, à Colmenar Viejo, un bourg de Vieille-Castille. Yiyo, un an auparavant, avait tué le toro qui venait de blesser mortellement Paquirri. Né à Bordeaux le 16 avril 1964, Jose Cubero apprit à toréer en compagnie de son frère dans la cour d'une école privée où, les samedis, tous les immigrés espagnols attachés à la corrida aimaient se retrouver. Il était tout petit mais grave. « Mira El Yiyo », disait-on. Le surnom lui resta jusqu'à ce que sa famille, retournée à Madrid, l'autorise à intégrer les rangs de la toute nouvelle *Escuela Taurina*. Il y fut un prodige en compagnie de Lucio Sandin et de Julian Maestro. Au point que Mont-de-Marsan le fit venir lors des fêtes de la Madeleine toréer dans une novillada du matin. Surdoué, Yiyo faisait partie de ceux qui n'ont pas besoin d'apprendre. Le 30 juin 1981, à Burgos, il prend l'alternative des mains d'Angel Teruel et Manzanares comme témoin. Il a dix-sept ans. Madrid en fait un de ses toreros favoris. Logique quand, comme lui, on admire le vieil Antoñete qui le prend en affection, et Curro Vazquez. En quatre ans, il devient une figure du toreo. Perfectible certes, mais dominateur et sûr de lui, donnant des passes templées et dominatrices à pratiquement tous les toros que le sort lui réserve. Ce jour d'août 1985, il torée admirablement « Burlero », toro de Marcos Nuñez. Il dessine une grande faena et rentre droit pour l'estocade. Dans un dernier mouvement, le toro bouscule le matador, plonge sa corne gauche dans la poitrine, le soulève et le rejette.

« Burlero », avant de mourir, a tué le Yiyo.

Zurda

Synonyme de main gauche, souvent employé par les toreros. Sont réputées passes de *la zurda* toutes celles (naturelles, de poitrine...) qui sont exécutées de cette main.

Goya a fixé les souvenirs que lui ont laissés sa participation passionnée aux *capeas* de son Aragon natal. On lui doit, ainsi, une information unique sur les combats désordonnés et violents d'où est sortie la corrida moderne.

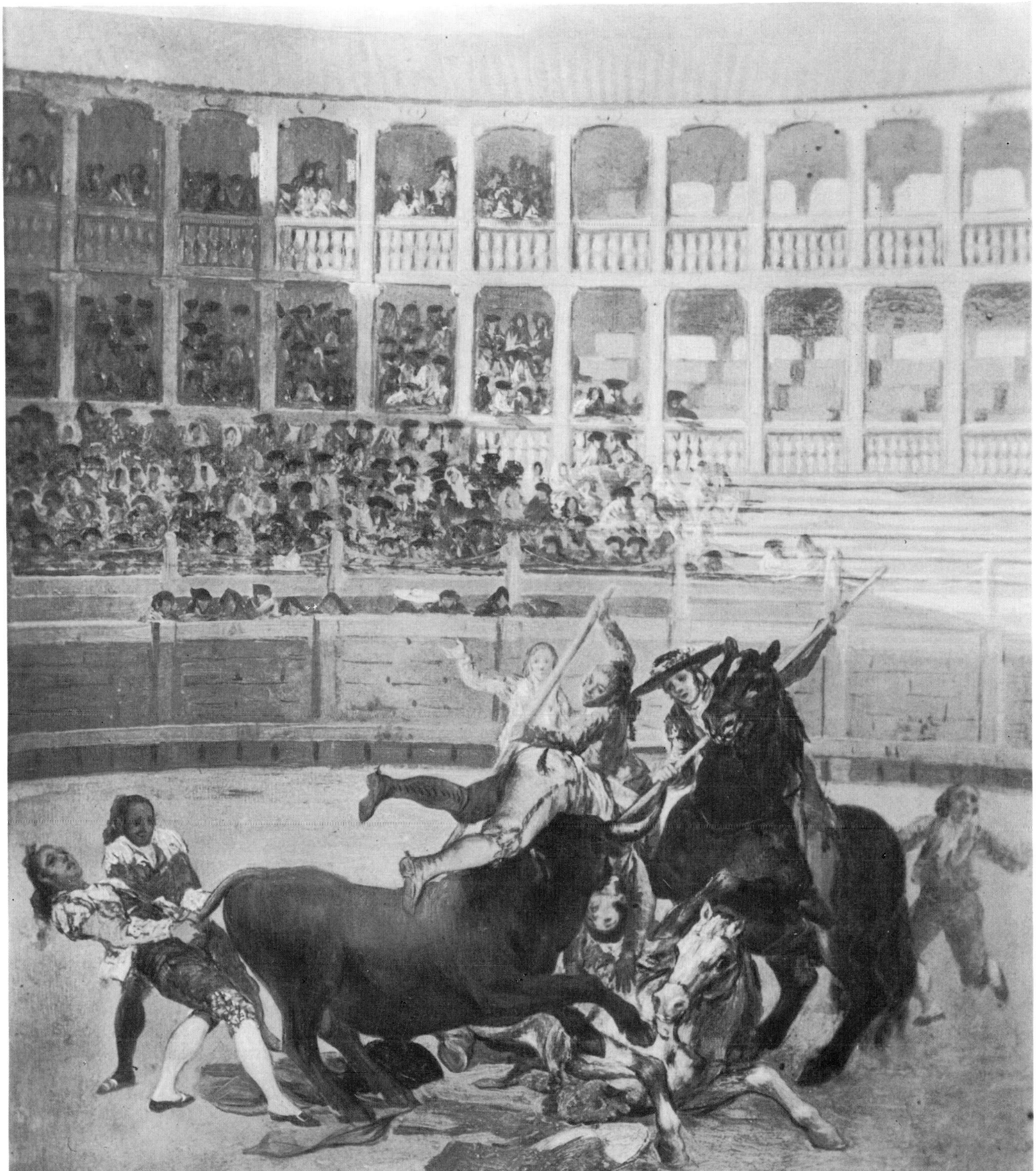

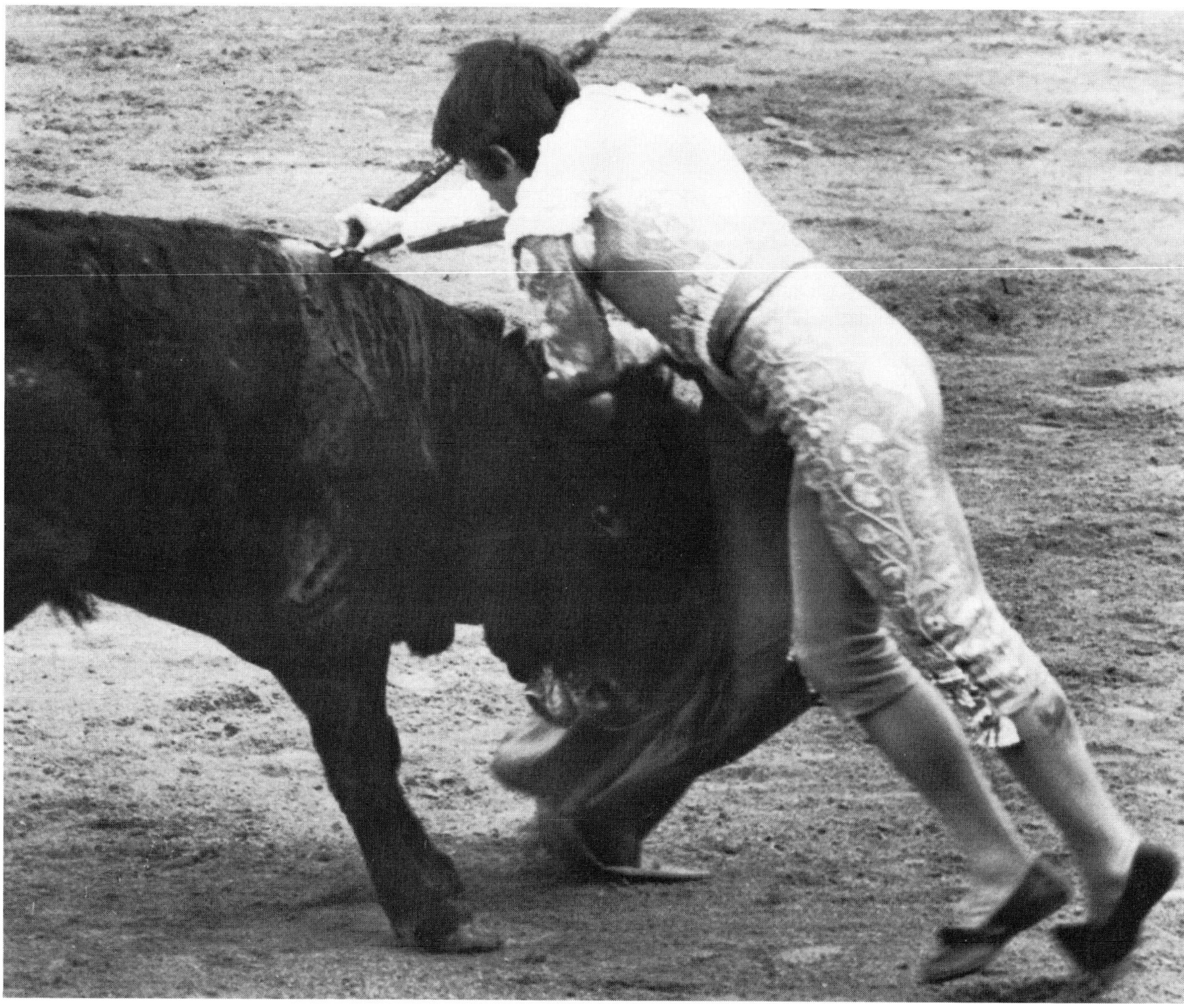

Suerte : Se dit de tout acte tauromachique. Ici, c'est la *suerte* suprême, la mise à mort, exécutée avec une décision exemplaire par Robert Piles qui est, avec El Nimeño et Simon Casas, l'un des jeunes toreros français les plus en vue.

Principales suertes tauromachiques

Bibliographie

Établie par Auguste Lafront et actualisé par Yves Harté.

Antoine (Jacques), *Les Doigts de fer, Connaissance de la course de taureaux provençale et camarguaise*, Nîmes, 1968.
Aubier (Dominique), *Guerre à la tristesse*, Paris, Delpire, 1955 ; *Deux secrets pour une Espagne*, Paris, Arthaud, 1964.
Batalla (Marius), *Amateur tauromache*, Toulouse, 1931.
Benjamin (René), *Taureaux et Méridionaux*, Paris, Éditions du Capitole, 1930.
Bennassar (Bartolomé), *Histoire de la tauromachie*, Desjonquères, 1993.
Bergamin (José), *La Solitude sonore du torero*, préface et traduction de Florence Delay, Le Seuil, 1989.
Bernard (Marc), « Notes sur la corrida », *Preuves*, janvier 1956 ; « La Corrida », *La Nouvelle Revue française*, avril-mai 1964.
Blancou (Maurice), *Règlement taurin*, texte officiel, Nîmes, 1965.
Blasco Ibañez (Vicente), *Arènes sanglantes*, Paris, Calman-Levy, 1910.
Casas (Simon), *Tous toreros*, Denoël, 1985.
Cau (Jean), *Les Oreilles et la queue*, Paris, Gallimard, 1961 ; *La Folie corrida*, Gallimard, 1992.
Cela (Camillo José), *Torero de salon*, Verdier, 1989 ; *L'Afficionado*, Verdier, 1992.
Clément (Catherine), Coupry (François), *Torero d'or*, Robert Laffont, 1992.
Cocteau (Jean), *La Corrida du premier mai*, Paris, Grasset, 1957.
Conrad (Barnaby), *Le Matador*, Paris, Gallimard, 1953.
Conrad (Jack Randolph), *Le Culte du taureau, de la préhistoire aux corridas espagnoles*, Paris, Payot, 1961.
Cossio (José-Maria de), *Taureaux et Poésie* (Anthologie), Paris, Seghers, 1966.
Darracq (Jean-Pierre, dit Tio Pepe), *Miura*, UBTF.
Dedet (Christian), *Le plus grand des taureaux*, Paris, Le Seuil, 1960 ; *La Fuite en Espagne*, Paris, Le Seuil, 1965.
Deltrull (Gabriel), *Thémis aux arènes ou les Courses de taureaux devant la Loi*, Foix, 1950.
Denys (Jean), *Les Clameurs se sont tues*, Tours, Mame, 1959.
Diaz-Cañabate (Antonio), *Le Monde magique des toreros, De Juan Belmonte à Luis Miguel Dominguin*, Paris, Flammarion, 1955 ; *Au cœur de la corrida*, Paris, Flammarion, 1957.
Domecq (Alvaro), *Toro bravo*, Presses du Languedoc, 1993.
Don Rivas (pseudonyme), *L'Esprit de la corrida*, Marseille, 1910.
Dupuy (Pierre), Casanova (Pierre), *Toreros pour l'histoire*, La Manufacture, 1991.
Durand (Jacques), Maigne (Jacques), *L'Habit de lumière*, Ramsay, 1985.
Farrere (Claude), *San Fermin de Pamplona en Navarre*, Paris, Les Œuvres Libres, janvier 1926.
Flanet (Véronique), Veilletet (Pierre), *Le Peuple du toro*, ouvrage collectif, L'Herne, 1986
Franklin (Sidney), *Ma vie de torero*, Paris, Correa, 1953.
Gomez de la Serna (Ramon), *Le Torero Caracho*, Paris, Nouvelles Éditions latines, 1945.
Guerra de Cea (Miguel), *Des toros et des hommes*, Paris, La Table Ronde, 1960 ; *Le Lion de Castille*, Paris, La Table Ronde, 1963 ; *Matadors de gouttière*, Paris, Gallimard, 1968.
Hemingway (Ernest), *Mort dans l'après-midi*, Paris, Gallimard, 1938.

Insua (Alberto), *La femme, le toréador et le taureau*, Paris, Guilmain, s.d.
Juan Leal (pseudonyme), *Toros*, Bordeaux, Picquot, 1935 ; *Corridas*, Bordeaux, Péchade, 1950.
Lacouture (Jean), *Signes du toro*, Julliard, 1979.
Lafront (Auguste), *Technique et art de la corrida*, Toulouse, 1947 ; *La Corrida, tragédie et art plastique*, Paris, Prisma, 1948 ; *Encyclopédie de la corrida*, Paris, Prisma, 1950 ; *Histoire de la corrida en France du second Empire à nos jours*, Marcel Petit, 1977.
Lapierre (Dominique) et Larry Collins, ... *Ou tu porteras mon deuil*, Paris, Robert Laffont, 1967.
Le Grand (Michel), *Les Courses de taureaux dans le sud-ouest de la France jusqu'au début du XIXe siècle*, Mont-de-Marsan, Lacoste, 1934.
Leiris (Michel), *Miroir de la Tauromachie*, Paris, GLM, 1938 ; *Haut Mal* (avec « Albanico para los toros », 31 poèmes inspirés par la corrida), Paris, Gallimard, 1969.
Lera (Angel Maria de), *Les Trompettes de la peur*, Paris, Gallimard, 1960.
Lestié (Georges), *Règles et Secrets de la corrida*, Mont-de-Marsan, Lacoste, 1949.
Magnan (Jean-Marie), *Le Pèse taureau*, Paris, Éditec, 1963 ; *Taureaux pour Pedres-Curro Romero-El Cordobès*, lithographies de Jean Cocteau, Paris, Trinckvel, 1965 ; *Le Temple tauromachique*, Paris, Seghers, 1968.
Marion (Jean), Le Carpentier (Jean-Marie), *Écrire sur la corrida*, Acte Sud, 1987.
Mauron (Marie), *Le Taureau, ce dieu qui combat*, Paris, Albin Michel, 1949.
Montherlant (Henry de), *Les Bestiaires*, Paris, Grasset, 1926 ; *Le génie et les fumisteries du divin...*, Paris, La Nouvelle Société d'Édition, 1928 ; *Taurinus Furor*, Paris, Les Œuvres Libres, mai 1950 ; *España Sagrada*, Paris, Wapler, 1951 ; *Le Plaisir et la Peur*, burins de Madeleine Melsonn, Paris, 1952 ; *Hommes et taureaux*, gravures d'Odette Denis, Paris, 1963.
Moral (José Antonio del), Arevalo (José Carlos), *Vie et mort de Paquirri*, Filipacchi, 1986.
Neville (Edgar), *Le Porteur de toréadors*, Paris, Hachette, 1959.
Pelletier (Claude), *L'Heure de la corrida*, Gallimard, collection "Découvertes", 1992.
Peyré (Joseph), *Sang et Lumières*, Paris, Grasset, 1935 ; *De cape et d'épée* (nouvelles), Paris, Grasset, 1938 ; *La Tour de l'or*, Paris, Robert Laffont, 1947 ; *Guadalquivir*, Paris, Flammarion, 1952.
Plumeta (pseudonyme), *La Tauromachie moderne*, Nîmes, 1913.
Popelin (Claude), *Le Taureau et son combat*, Paris, Plon, 1952 ; *La Corrida vue des coulisses*, Paris, La Table Ronde, 1964.
Rémy (Gaston), *Les Courses landaises...*, Mont-de-Marsan, Lacoste, 1949.
Rey (Henri-François), *J'aime la corrida*, Lausanne, 1962.
Reyles (Carlos), *L'Ensorcellement de Séville*, Paris, Éditions Excelsior, 1926.
Reynier (Jean), *Toros et pesetas*, Paris, Éd. France-Empire, 1956.
Saint-Paulien, *Les Défenseurs*, Paris, Fayard, 1960 ; *Histoire de la corrida*, Paris, Fayard, 1968.
Samat (Jean-Toussaint), *Sangar taureau*, Paris, La Renaissance du Livre, 1923 ; *Camard gardian*, Paris, Éditions de France, 1924.
Spota (Luis), *C'est l'heure, matador*, Paris, Robert Laffont, 1956.
Tauromachie, art profond (ouvrage collectif, douze collaborateurs), Paris, Éditions du Tambourinaire, 1951.
Viard (André), *Comprendre la corrida*, Barbara Sol, 1986.
Zumbiehl (François), *Des Taureaux dans la tête*, Autrement, 1987.

ILLUSTRATIONS

Albert, Dax : 8, 208, 270. M. André : 52, 71. Arjona, Séville : 60, 170, 301. Baldomero, Madrid: 31, 145a, 145b. P. Bataille : 66. M. Berho : 14, 27, 56/57, 69, 127, 129, 161, 184/185, 192, 193, 198, 248/249, 255, 269. Cano, Madrid : 291. Cartier Bresson (Magnum) : 296 Chaprestos, Logroño : 173. L. Clergue, Arles : 156, 235. Philippe Dodier, Avranches : 61, 62, 99, 272. Dubasque : 74/75. J.L. Duzert : 114, 118/119. J. Esten (Holmès-Lebel) : 80. George, Arles : 68, 264. Giraudon : 257. J.F. Grousset : 221. Hermès, Madrid : 40, 176, 192, 156b. Interpress : 4. Jesus, Madrid : 258, 303. Kay-Lawson (Rapho) : 51. D. Lacroix : 200. Laffitte : 164. Archives Auguste Lafront : 24, 72, 73, 141, 163. Lennart Nilsson (Rapho) : 103b. Marin, San Sébastian : 32, 262. Martinez, Saint-Jean-de-Luz : 205. Ministère de l'Information et du Tourisme espagnol : 112. Ch. Mouraret, Nîmes : 148. A. Ocana, Bayonne : 293. V. Olivar : 49, 216/217. Paul-Robert, Bordeaux : 307. Perauer (Holmès-Lebel) : 294. Archives Claude Popelin: 42, 43, 276, 287. M. Riboud (Magnum) : 92, 238. F. Sébastian, Barcelone : 50, 151, 284. Archives Seuil : 190. P. Taris : 79, 168/169, 189, 203, 252. P. Townend (Holmès-Lebel) : 86. N. Treat (Holmès-Lebel) : 19. D. Velez : 223. B. Vigné (Rapho) : 31. Villar, Madrid : 308. R. Viollet : 42, 48, 65, 81, 139, 141, 148, 178a, 178b, 179, 191, 213, 225, 274. Yan, Toulouse : 22, 26, 38, 45, 77, 87, 103a, 106, 121, 136, 193, 222, 246, 299, 300.

Nous remercions tout particulièrement M. Auguste Lafront et M. Francis Cantier qui ont bien voulu nous communiquer de précieux documents de leurs archives.

MAQUETTE ET P.A.O. : LE LIVRE À VENIR
ACHEVÉ D'IMPRIMER
MAME IMPRIMEURS À TOURS
DÉPOT LÉGAL MAI 1994 - N° 21433 (31990)